东方教育文库
系列教育丛书

上海市浦东新区教育局

U0619950

慧

——教育

提升教师评价素养的浦东实践成果集萃

上海教育出版社
SHANGHAI EDUCATIONAL
PUBLISHING HOUSE

《慧教育——提升教师评价素养的浦东实践成果集萃》系上海市浦东教育发展研究院李百艳主持的 2023 年上海市教育科学研究项目"基础教育'教师评价素养'模型建构与区域运用的行动研究"（C2023094）的成果。

编　委　会

本书编委会

李百艳　王　宇　张琼文　孙翔宇　褚　钰

前言

　　"东方教育文库"是浦东新区为出版高质量的教育研究成果而设立的一个项目。通过"东方教育文库"的编辑出版,形成有品位的、能多方面反映浦东教育改革与发展面貌和教育研究成果的系列教育丛书。

　　"十四五"时期,是浦东落实中共中央、国务院《关于支持浦东新区高水平改革开放打造社会主义现代化建设引领区的意见》,实现新时代浦东教育高质量发展的重要时期。《浦东新区教育发展"十四五"规划》指出,要着力打造"五育并举、公平优质、开放融合、活力创新"的新时代浦东教育品牌。在各级政府的领导下,浦东教育已经实现了快速发展,不仅规模持续扩大,而且内涵日益丰富,呈现出多样化、特色化的发展趋势,在教育改革与发展过程中涌现出许多新的业绩和成果。许多校长用先进的办学理念进行教学改革,积极探索新颖的办学之路,大胆实践,在提升教育质量、建设师资队伍、建设校园文化、创建学校教育特色等方面取得了显著的成效,获得了丰硕的改革成果,积累了丰富的办学经验。浦东新区作为上海市区域教育综合改革创新示范区和国家级信息化教学实验区的叠加效应正在形成。

　　同时,在学校的改革、发展过程中,我们也看到,有许多教师怀着强烈的热情,投身于教育教学探索中,在专业发展的道路上孜孜不倦地追求,探索教育规律,研究课堂、学生、教材,努力寻找解决问题的策略和方法,探索有效的教学方式,最终形成了鲜明的教学特色,积累了丰富的教学经验。这些成功的经验具有显著的推广价值和实践意义。

　　总结和推广成功的学校办学经验和教师教学经验,对推进教育改革和发展,提升区域教育的整体水平具有积极作用。出版"东方教育文库",就是希望能更好地宣传当前基础教育改革发展的业绩,彰显优秀学校的办学特色,总结优秀教师的教育教学经验,使更多有办学特色的学校和校长、有教学特色的教师进入公众视野,发挥优秀成果的影响力和辐射示范作用。

"东方教育文库"的推出,有利于树立学校和教师的研究典范,为广大教师提供丰富的教育信息和研究资源,为学校和教师搭建交流、分享成果的平台,有利于引领广大学校和教师走上规范化、精致化的科研之路,促进群众性科研的持续性发展。同时,"东方教育文库"的出版,也有利于扩大一批优秀学校和品牌教师的社会影响力。

"东方教育文库"系列教育丛书收录的著作内容广泛,涉及教育教学多个领域,既有对教育综合改革创新示范区、国家级信息化教学实验区建设等重大问题、前沿探索的追踪,又有对立德树人、课程建设、学科教学、数字化转型、班主任工作、学校管理等改革焦点、实践难点的探讨;既有反映教育教学改革实践的优秀科研成果,又有反映校长办学经验和教师课改智慧的典型案例。

由于我们的认识水平有限,加上时间仓促,"东方教育文库"系列教育丛书中难免会有一些不足之处,恳请广大教育同仁批评指正。

编 者

目录

区域篇

实践篇

区域篇

第一章 区域教师评价素养提升的研究驱动与理论廓清

第一节 区域教师评价素养提升的政策依据与现实动因

一、以教师评价为牵引,助推区域教育高质量发展

习近平总书记强调,当前,我国教育已由规模扩张阶段转向高质量发展阶段。要坚持把高质量发展作为各级各类教育的生命线,加快建设高质量教育体系,以教育高质量发展赋能经济社会可持续发展。[①] 国家"十四五"规划纲要中明确提出"建设高质量教育体系"。在围绕建设高质量教育体系中,以教育评价改革牵引教育领域综合改革是重要一环。以教育评价改革为牵引统筹推进育人方式、办学模式等教育整体改革,助推高质量教育体系建设已经成为新时代教育发展的共识和时代所需。教师作为教育理念的实践者和教育活动的实施者,教师评价素养的高低决定了我们的教育评价改革在多大程度上能够实现。党委和政府、学校、教师、学生、社会五类主体中,教师与学生的联系最为紧密,教师作为教育系统中的关键育人主体,是教育评价改革的实践推动者,是推动新时代教育评价改革的"第一责任人"。因此,主动对标高质量发展要求,提高教师的评价素养,既是提升教师专业素养的内在要求,也是提升教育教学质量的关键要素,要以高水平的教师评价素养牵引基础教育评价改革进程,助力浦东新区高质量教育体系建设。

---

① 钟曜平.以高质量教育体系奠基民族复兴[N].中国教育报,2024-03-07.

二、落实各级政策要求,攻关教育评价改革难题

2020 年,中共中央、国务院印发《深化新时代教育评价改革总体方案》(以下简称《总体方案》),明确提出"探索建立中小学教师教学述评制度,任课教师每学期须对每个学生进行学业述评,述评情况纳入教师考核内容"。2021 年,《上海市深化新时代教育评价改革实施方案》中指出,"提升各级各类教师评价素养,引导教师合理运用相应评价方法和工具开展学生过程性、形成性评价,在学习过程中给予适时适当反馈,促进学业水平提升"。2021 年,《浦东新区深化新时代教育评价改革行动方案》中指出,"探索教师评价素养发展机制,培育全体校长和教师教育评价基本功,教师要主动提升评价素养,有效开展学生评价"。上海市和浦东新区相继出台关于教育评价改革的文件,这些文件的行动路径从"总体方案""实施方案""行动方案"三个方面,明确了教育评价改革的理念思路、操作路径与突破重点。

从区域视角出发,我们应积极贯彻中共中央、国务院及上海市和浦东新区的文件精神,对教育评价改革难题主动攻坚,强化教师对学生的评价主体责任,切实以教师评价素养提升为目标,落实改革要求。

三、以实践问题为导向,提升区域教师评价素养

浦东新区战略地位高、教育体量大,教育改革任务重、高质量发展挑战大。作为社会主义现代化建设引领区、"十四五"上海首个教育综合改革示范区,浦东新区近年来相继获批义务教育教学改革实验区、中小学科学教育实验区、信息化教学实验区、婴幼儿照护示范城区、幼儿园保育质量提升实验区等五个国家级教育实验区,以及高中"双新"、课程领导力提升和项目化学习三个市级项目区。区域内共有基础教育学校 660 多所、学生 55 万多人、专任教师近 5 万人。学生占上海市 1/4,教师占全市的 1/5,同时,教师增速特别快,近几年,新入职教师每年超过 2500 人。① 把这样一个教育大区建设成教育强区,迫切需要建设高素质的教师队伍。在教师素养的构成中,教师评价素养是其专业素养的关键部分,影响着

---

① 李百艳.区域教师研修数字化转型的路径与实践——以上海市浦东新区为例[J].中国教师,2023(09):78-82.

教师的教育观、学生观、质量观。教育评价要从在职教师日常教学着手,从而使得"教师具备充分的评价能力去有效地实践学业评价及其变革,使评价发挥促进学生学习的正向作用"。[①]

教育发展的时代大背景要求"教师"这一角色不再是教育评价的局外人,而是教育评价的应然主体,他们从传统评价的边缘走向了评价的中心。这就需要教师"能做评价""会做评价",并能够利用评价结果促进教育教学活动的调整和改进,实现"为了学习的评价"。

第二节 区域教师评价素养提升的研究脉络与概念廓清

一、区域教师评价素养提升的研究脉络

20世纪后半叶起,国内外对教育评价理论的研究经历了范式的转型(测量时代—描述时代—判断时代—建构时代)与重心的转移(管理主义—操作实用主义—科学实证主义—相关利益者建构主义),实现了四代教育评价理论研究的跃迁,呈现出由单一主体评价到多元主体协商、由他觉被动评价到自觉主动评价、由注重筛选甄别功能到注重引导激励功能、由国外翻译引介到本土理论创生的整体趋势(陈玉琨,1999;李吉桢,2019;刘五驹,2014;熊杨敬,2018;张民选,1995;周朝森,1992;周志刚、杨彩菊,2014)。随着四代教育评价理论研究的演变与迭代,评价素养(assessment literacy,Stiggins 1991)成为绕不开且必须回应的关键问题,关系到评价主体的资格认证与专业发展,涵括知识、技能、伦理等方面的素养要求。其中,"教师"作为学生发展最直接的观察者和引导者,是多元主体的连接者,成为最受关注的评价主体,其"评价素养"构成近年来的研究热点。在"教师评价素养"模型建构中,本研究将充分考虑教育的接受者(学生)、评价信息的使用者(区域教育行政管理部门、家长等)的立场和利益,评价标准凸显"以学生为中心",强调评价主体的多元化、差异化、协同化,重视多元主体的对话与交流。

---

① 郑东辉.教师评价素养发展研究[M].杭州:浙江大学出版社,2014:2.

本研究围绕"教师评价素养"这一主题搜索了近十年国内外相关文献,从研究数量来看,尤其从 2014 年开始,与教师评价素养有关的相关研究数量明显上升。从研究深度看,教师评价素养研究也呈现出逐步扩展的特点,具体体现在:深入研究不同学段、不同学科、不同区域以及不同职业发展阶段的教师评价素养。对此,围绕本研究主题,主要从教师评价素养的基本内涵与维度、测评工具与影响因素、区域培育路径与实践探索等三方面对已有研究脉络作简要梳理。

1. 教师评价素养的基本内涵与具体维度研究

(1)基本内涵。综合国内外已有研究,教师评价素养内涵的界定方式主要有两种。一是通过描述具有评价素养的教师的特征来定义内涵。波帕姆(Popham,W.J)认为有评价素养的教育者需要了解一些基本测量原理的常识,而不是一堆心理测量的新奇术语。[①] 斯蒂金斯(Stiggins,R.J)认为,有评价素养的教师知道合理的与不合理的评价之间的差别,知道他们在评价什么,为什么要这样评价,怎样才能评价所关注的学业成就,怎样才能获取学生的优秀表现,评价中可能存在哪些风险,以及如何规避这些风险。[②] 韦伯(Webb,N)认为教师的评价素养是关于评价学生知道什么、能做什么的方法类知识,如何解释及运用评价结果去促进学生学习、提高教学有效性的实践类知识。[③]

二是直接定义内涵。王少非认为,教师的评价素养就是指教师所拥有的关于评价活动诸领域的知识、技能、能力和相关的理念。[④] 郑东辉提出,教师评价素养是指教师从事学业评价所应具备的专业技能,教师的评价素养主要由教师的评价知识、教师的评价技能、教师的评价态度三个维度所构成。[⑤] 刘志耀与徐立波把教师评价素养定义为教师个体或群体在现代教育评价理论的指导下,以评

① Popham W. J.Needed:a dose of assessment literacy[J].Educational leadership,2006,63(06):84-85.

② Stiggins R. J. Assessment literacy for the 21st century[J].Phi Delta Kappan,1995,77(03):238.

③ Webb N.Assessment literacy in a standards-based urban education setting[DB/OL].(2002-04-01)[2022-10-8].

④ 王少非.教育评价范式转换中的教师评价素养框架[J].教师教育研究,2009,21(02):65-69.

⑤ 郑东辉.教师评价素养内容框架探析[J].教育科学研究,2010(10):34-38.

价的知识与技能为基础在教育、教学实践中不断增强教师设计与实施评价活动的技能,提升在评价意识、评价思考、评价交流、评价应用以及评价人文精神等方面的认识水平,理解教育评价活动的价值的内在的修养或品质。① 杨国海认为,教师评价素养是教师所拥有的关于评价尤其是课堂层面评价活动诸领域的知识、技能、能力和相关的理念。② 周文叶等认为,教师评价素养是选择并运用适当的评价方式收集、分析和使用评价信息促进学习、改进教学的意向、知识和能力。③ 马隆(Malone,M.E)认为,评价素养是指教师理解、分析和运用学生表现信息来提高教学的能力。④ 李顺雨把教师课堂评价素养定义为,教师在课堂情境中为了促进学生的学习,通过使用多种评价方法针对学生的学习过程和结果进行评价时,所体现出的知识、技能、态度和价值取向的集合。⑤

总结来看,已有研究中的教师评价素养:①指向教育教学活动以及对于学生的检测和评定;②侧重评价者具备用什么评价知识和怎样运用评价知识去实现评价活动的技能;③少数文献把教师评价素养定义为单维的理念、智能、知识或能力,多数文献将素养理解为内在修养或品质,一个包含知识、能力、态度、理念或意识的综合体。

(2) 具体维度。多为通过借鉴国外的研究成果建构其"评价素养结构"。包括教师应具备的评价意识、理念、术语、知识、能力等(王少非,2009;杨国海,2011;Brookhart,2011);从"三维素养"角度来建构教师评价素养结构,侧重评价知识、技能、价值观(郑东辉,2009)。从"过程"视角来建构,包括评价的概念、意识、规划、解释、描述、评估、改进、伦理等诸多要素(钟启泉,2012)。多数学者认为,评价的内容应以学生学业的知能成就为主,部分研究也涉及学生的情感表现(崔允漷,2008;EllenWeber,2003)。

---

① 刘志耀,徐立波.教师专业评价素养:内涵、构成要素及培养策略[J].内蒙古师范大学学报(教育科学版),2007(12):57-60.

② 杨国海.教师评价素养的内涵及框架[J].当代教育科学,2011(04):17-19.

③ 周文叶,周淑琪.教师评价素养:教师专业标准比较的视角[J].比较教育研究,2013(09):62-66.

④ Malone M E. Training in language assessment[J].Encyclopedia of language and education,2008:2362-2376.

⑤ 李顺雨.初中教师课堂评价素养研究[D].大连:辽宁师范大学,2019.

2. 教师评价素养的测评工具与影响因素研究

（1）测评工具。包括教师评价素养问卷与量表的编制（Daniel，King，1998；Mertler，Campbell，2005），如教师评价素养问卷（TALQ）、课堂评价素养量表（CALI）。基本涵盖评价目标、评价伦理、评价结果解释与交流等共同关注的维度，包括评价知识、评价能力和评价态度三个维度（郑东辉，2014）。教师评价素养的发展与支持是最为忽视、提及最少的维度。

（2）影响因素。不同学科教师评价素养的内外部影响因素的归因研究（李亮，王蔷，2020；曾小珊，2020；Boyles，2005；Inbar-Lourie，2013），涉及历史、数学、语文、体育、道德与法治等学科（如石彩娟，2018；张琪，2018）。多集中于"英语"学科，采用三维——评价观念、评价知识和技能以及评价伦理（如李亮、王蔷，2020），或四维——评价信念、评价知识、评价技能和评价伦理（如李萌，2019；孙佳慧，2021）。初中、小学和学前教育阶段的研究较少。

3. 教师评价素养的区域培育路径与实践探索研究

（1）培育路径。呈现两个趋势：宏观上重系统设计，如政策制度、教师教育课程设置、教师个人自主发展等。微观上重"教学评一体化"。多数认为用以提升教师学业评价素养的途径是开展有针对性的培训（李冬梅，2018），如中小学教师评价培训的多种模式与培育路径（赵雪晶，2014）。

（2）实践探索。反映区域教师评价素养的概貌（陈玉华，2011；贾林芝，2020；赵士果，2020；徐晓虹，2018），涉及义务教育学段的沿海发达地区、欠发达地区、西部边远市（县）等区域调研对象，反映区域层面教师的评价素养不容乐观，亟待实践层面的探索。

4. 当前研究的不足与进一步研究的空间

总体来看，"教师评价素养"研究已经成为教育评价改革研究的热点与难点，具有重要的学术影响与社会影响，关系到新时代教育评价改革的整体效果。主要研究创生点包括：

（1）亟须更新教师评价素养的时代内涵与实践基础。新时代赋予教育评价改革新的价值内涵与实践诉求，教师评价素养的时代内涵与实践基础相应地需要做出新的解读与阐释，已有研究尚未有深入关注。

（2）亟须聚焦教师评价素养的核心要素与区域样态。已有研究总体呈现散点化、碎片化样态,尚未在区域生态系统内形成整体化、结构化,缺乏关联式研究教师评价素养的核心要素、整体结构及主体间相互关联的影响等。

(3) 亟须建构教师评价素养的模型结构与发生机制。区域生态系统中教师评价素养具有独特的发生机制与本土化的模型结构。已有研究更多是从"静态"层面阐述教师评价素养的基本内容,对其内蕴的指标体系及其"动态"发生机制的研究尚未深入。

(4) 亟须凝练教师评价素养的典范案例与区域经验。已有研究虽从"宏观层面"提出了教师评价素养提升的方法路径与发展方向,但更需要从"区域层面""学校层面"乃至"教师个体层面"把握生动案例,讲好基础教育评价改革的"区域故事"。

二、区域教师评价素养提升的概念廓清

(一) 教师评价素养

综合国内外的观点来看,目前教师评价素养的外延主要涉及微观、中观和宏观三个层面的内容:①微观层面的评价素养以斯蒂金斯最初的定义为参照,认为评价素养特指教师对学生进行学业评价时所应具备的素养;②中观层面的评价素养主张从课堂教学的角度出发理解评价素养,认为它是教师应该拥有的关于评价活动尤其是课堂教学评价活动的素养,也称为教学评价素养或课堂评价素养;③宏观层面的教师评价素养则从更加广阔的视角出发,认为教师在评价学生、评价课程、评价教材等多个方面均需要具备评价素养,它作为一个普适性概念适用于所有与教师教育教学有关的评价活动。

本研究将教师评价素养的本质性定义界定为:"教师通过不断修习而内化的,能够从事日常教育教学评价活动所具备的评价价值取向、评价意识、评价知识以及评价能力的综合表现"。为了实现教师评价素养的可观测、可转化为评价实践的目标,将其操作性定义界定为:教师在正确理解评价的基础上,能开展合理的评价行动、科学地解释和运用评价结果,并能自觉对自身各种评价行动进行反思和再评价。同时,由于评价目的、评价对象等的不同,教师在不同评价情境中应具备的评价素养会有所差异。本研究聚焦中小学的课堂教学、综合素质评价、学业成就评价三个应用场域,聚焦学前的一日活动应用场域。

（二）教师评价素养的模型结构

本研究建构了中小学教师评价素养的内涵框架,概括为"四要素"和"三场域"。"四要素"是根据教师评价素养本体层理论,从内容维度来界定教师评价素养的构成要素,具体包括教师的评价价值取向、评价意识、评价知识、评价能力。①评价价值取向,包括:评价的发展性(通过评价来促进人的发展、事物的向好),评价的全面性(综合使用多种方法全面地进行评价),评价的公平公正性(对待评价的客体对象一视同仁,不偏私)。②评价意识,这里的"意识"有名词和动词的双重性,意为意识、觉察与发现,包括:对外部(客体对象)的评价意识,对自身(评价活动)的评价意识。③评价知识,包括:关于评价目标的知识,即知道如何清晰地界定课程目标、教学目标、学业目标和评价目标;关于评价方法的知识,即知晓各种评价方法的优劣及适合的条件;关于评价过程的知识,即清楚如何收集评价信息;关于评价结果的知识,即懂得如何报告、交流、管理与运用评价结果以促进教和学。④评价能力,包括:设计评价方案、明确评价目标;运用评价方法,收集评价信息;解释评价结果,促进学生发展;使用评价反馈,调整教学决策。

"三场域"是根据教师评价素养应用层理论,聚焦应用场域来做划分,具体包括课堂教学、综合素质评价、学业成就评价三个应用场域。基于此,建构了中小学"教师评价素养指标体系"模型(见图 1),研制了浦东新区中小学教师评价素

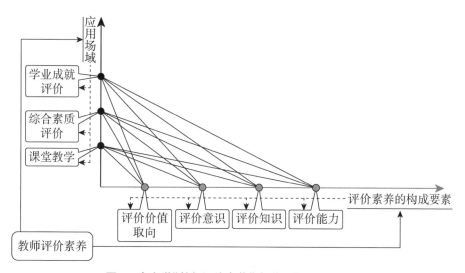

图 1　中小学"教师评价素养指标体系"模型构成图

养关键能力测评问卷。通过科学调研发现教师评价素养全貌特征及关键表现，为后续区域提升教师评价素养实施路径的统筹设计奠定实证基础。

特别说明，学前教师评价素养内涵框架在"四要素"层面和中小学保持一致，在具体场域层面根据学前教学场景聚焦幼儿园"一日活动"这一场域，在此作统一说明，后文不再赘述。

（上海市浦东教育发展研究院　张琼文　邓娜）

第二章 基础教育教师评价素养的区域指标体系设计与应用①

第一节 教师评价素养指标体系研发的总体设计

一、定位与原则

（一）关注教师教育教学行为评价的正确方向

教师开展评价的狭义内涵领域往往是学生学业成就评价。随着教育改革的深入，在促进学生综合素养提升的共识下，教师更要关注如何通过正确的评价，引领学生核心素养的综合发展。同时，"双新"教改落地，发挥校本智慧，教师接过接力棒后，如何更新课改理念，利用适宜的评价方法，发挥评价应有的价值，"实现以评促教、以评促学，促进学生全面发展"②，是新时期教育评价改革对教师提出的时代要求。

（二）还原真实教育情境以增强教师代入感

教师是使用"教师评价素养指标体系"的重要群体，指标维度要来源于教师真实的教育教学情境，指标内容更要符合教师的基本认知。如，在"提升课堂教学质量"板块，提问观察、对话交流作为即时性评价如何应用，根据学生真实反馈

---

① 王宇.区域中小学教师评价素养指标体系的研发设计与应用初探［J］.浦东教育，2024（03）：4－9.

② 教育部办公厅.关于印发《基础教育课程教学改革深化行动方案》的通知.［EB/OL］.（2023－05－05）［2023－11－19］.http://www.moe.gov.cn/srcsite/A26/jcj_kcjcgh/202306/t20230601_1062380.html.

如何调整教学内容,纸笔作业、表现性作品等多类型作业的设计,如何做阶段反馈与个性化辅导,等等;在"评价学生学业成就"板块,如何设计情境性命题与表现性评价任务、数据分析与成长性变化的增值评价,等等;在"促进学生综合素质"板块,多元化任务、过程性作品搜集、学业述评,等等;在"幼儿园一日活动"板块,聚焦0—6岁幼儿活动要求,围绕"健康与体能""习惯与自理""自我与社会性""语言与交流""探究与认知""美感与表现"设计评价任务、标准与方法,根据幼儿特点,重视行为观察的评价过程,同时采用行为述评、个别支持、家园沟通等方式开展评价改进。教师在参考使用"指标体系"过程中,结合自身教育经验感受与指标描述语言,达成认知上的共鸣,就能更好地理解"教师评价素养指标体系"的指导意义。

二、内容与形式

"中小学教师评价素养指标体系"重点呈现三个维度的内容:提升课堂教学质量、评价学生学业成就、促进学生综合素质发展。"学前教师评价素养指标体系"重点呈现"幼儿园一日活动"这一评价场景。每个维度下分成一级指标、二级指标与评估要点三个部分,循序渐进。

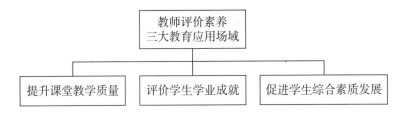

图1 中小学教师评价素养指标体系内容维度图

具体的呈现方式,均以易于读取信息的指标表格的形式,供教师日常翻阅。有如说明书一般,随翻随找,逐一对照,反思教育教学过程中的行为表现与知识能力现状。

第二节　教师评价素养指标体系的具体解析

一、立足课堂，"双新"课改下教师应具备的评价关键能力

（一）设计理念

一轮轮的教改，逐步确立的核心思想是"促进学生真实学习的发生"。华东师范大学课程所崔允漷教授说道：教学智慧要关注学习，学习智慧要形成主动性的知识建构，评价智慧要具备情景性、解释性与表现性特征。[①] 课程教学维度下谈教师评价素养，既要关注教师视域也要兼顾学生视域，只有对两者的评价合而相融，评价才能发挥出应有智慧。依托相关课改理念结合各指标阐述如下。

①目标制定。要关注课程目标与学习目标，在目标中要明确教师应引导学生用怎样的方式方法达成学习效果。②评价设计。在教学任务基础上思考课堂中的评价任务，特征上要结合生活实际，具备情境性，类型上兼顾测评任务与表现任务，通过各类评价方法引导学生理解评价任务，并在过程中表达是否理解和掌握。③目标检测。教师引导学生实现自我评价，利用描述性评价方法（观察、提问等）、检测性评价方法等客观分析学生学习情况，及时修正或保持教学评价任务。④作业布置。在促进学生核心素养发展目标下，教师要提升表现性评价作业设计与应用的能力，同时将分层作业落实到位。⑤个别辅导与阶段性总结。在"关注教育的公平""每一个孩子得到最适宜的教育"等理念引导下，要关爱全体学生，无论是提问、作业、辅导等各个教学环节都要兼顾学生的个性化发展。同时，单元教学后，通过过程性评价，反思诊断一段时间的教学效果，及时调整难度与内容，促进学生学习的发展。

（二）指标解析

该维度下指标要点如下页图 1 和表 1 所示：

---

① 郑东辉.教师评价素养发展研究［M］.杭州:浙江大学出版社,2014.

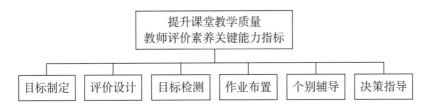

图1   教师评价素养(提升课堂教学质量)指标要素构成图

表1   教师评价素养关键能力的重要指标解析表(维度一:提升课堂教学质量)

	一级指标	二级指标内容解析
维度一:提升课堂教学质量教师评价素养关键能力指标	1. 目标制定	从"学生学会"角度,教学目标设计中要具体化呈现"双新"课程目标与"学业质量"的达成;教师要适当引导学生在学习前了解目标的内容与一些基本方法
	2. 评价设计	基于教学任务设计评价任务;评价任务类型要多样;评价方法设计要适切
	3. 目标检测	多元评价方法(提问、观察、测评等)开展即时反馈;鼓励学生自我评价、同伴评价;根据即时评价结果修正(保持、调整)教学方案
	4. 作业布置	设计分层作业与多类型作业:适宜知识能力检测的作业、适宜高阶能力或者情感表达的表现性作业(任务、作品);关注作业改进教学
	5. 个别辅导	关心关爱全体学生,科学设计辅导计划,跟踪改进
	6. 决策指导(阶段性)	阶段性调整教学计划,重视家长学生反馈学习情况,引导学生合理设计学习目标

二、升级质量观,科学提升教师学业成就评价能力

(一) 设计理念

指导"双新"课改发生的重要教育评价范式的转变之一为:从心理测量学范式到教育评估范式的转变,从单纯的对错指标测验到促进学生的有效学习测评的转变。学生学业成就的评价除了评价必要的知识和技能外,更强调高阶能力的测评,如,问题解决的能力、创新能力、批判思维能力、有效合作沟通交流的能力等。因此,学生学业成就评价要在情境化的、较复杂的、有挑战性的任务中展开,在过程

中激发学生用所学所思,解决真实演化的问题,提升融入当下社会的必备品格与关键能力。根据时下课改中学生学业评价理念对研发相关指标的启发阐述如下。

①标准研判。考试内容要与课程标准一致;考试和课程标准在复杂性、认知和技能要求上要相一致;难度水平应该与标准所要求的相一致,任务呈现方式适合于学生的认知水平。②命题设计。具备情境性、挑战性特征外,命题要激发学生高级思维与能力的提升。③检测阅评。评价不应将学生定为被评价的对象,学生要参与到评价过程中,评价标准不仅有教师的主导,也要激发学生的主体参与。④质量分析与反馈改进。评价不是简单的排名和比较,要产生积极的价值:促使学生自我反思,促进教育的改进。

（二）指标解析

该维度下指标要点如图 2 和表 2 所示:

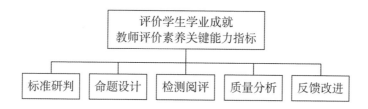

图 2 教师评价素养（提升课堂教学质量）指标要素构成图

表 2 教师评价素养关键能力的重要指标解析表（维度二:评价学生学业成就）

	一级指标	二级指标内容解析
维度二: 评价学生学业成就教师评价素养关键能力指标	1. 标准研判	所教所学所评的一致性
	2. 命题设计	命题方向（落实"学生发展核心素养":正确价值观、关键能力、必备品格）;命题内容（探究性） 命题属性（符合测量学原理与规律）
	3. 检测阅评	根据学科特点,制订纸笔测评学科的命题阅评规则与表现性任务测评的命题阅评规则
	4. 质量分析	应用统计测评知识;综合各学科特点,定量与定性结合,客观学业述评;对学生与家长合理解释测评结果
	5. 反馈改进	促进学生自我反思、教师个性化辅导、同伴互助、家校协同改进学习问题,进而达成学习目标

三、素养导向,提升教师促进学生综合素质发展的关键能力

（一）设计理念

2002年12月,教育部颁发《关于积极推进中小学评价与考试制度改革的通知》,明确指出:"中小学评价与考试制度改革的根本目的是为了更好地提高学生的综合素质和教师的教学水平,为学校实施素质教育提供保障。充分发挥评价的促进发展的功能,使得评价的过程成为促进教学发展与提高的过程。"学生综合素养发展目标包含"基础性发展目标"和"学科学习目标"。基础性发展目标内容包含:道德品质、公民素养、学习能力、交流与合作能力、运动与健康、审美与表现;学科学习目标体现在课程改革中的学科核心素养。目前,上海市已经启动高中和初中的综合素质评价工作。

发展学生综合素质是信息化时代的智慧要求,但不能走入误区,如,将其变成一种外部评价,又一种形式的纸笔测验;变成割裂式评价,以"素质"及其"分目标"为"观测点",建立"常模",给出孩子们分数或者等级;变成两张皮的评价,中高考就是对学科学习做评价,综合素质就"基础型素质"做评价,二者不相互联系。

综合素质评价要促进学生个性发展的评价,各类素质是相互融合于学生个体之上的,不能割裂;真实性的评价要真实反映出学生综合素质情况,要通过过程性的记录、档案袋等方式去设计情境任务,开展评价;保障诚信基础上开展学校内部的评价。因此,通过表现性评价实施综合素质评价,是可行而必然的应用之路。

根据对学生综合素质评价的相关理论的理解,对研发指标的指导性表现为:

①评价设计。表现性评价不能只是引发学生对错性思考,而是要引导学生的批判性思维、问题解决等高层次的认知技能,这种高层次的认知技能就是特定的知识、技能背后的大概念。确认大概念,形成表现任务,确定评分规则再进行判断表现。②评价过程。综合性评价要注重解决问题的过程及解决过程中的策略应用,往往通过档案袋法(任务—规则—表现作品—评价结果)来记录学生的有效学习的表现。③综合述评。评价不仅关注结果,更关注过程中学生的成长与变化,通过质性与量化相结合的评估方式,对学生的表现进行综合述评。

（二）指标解析

其中指标要点如图 3 和表 3 所示：

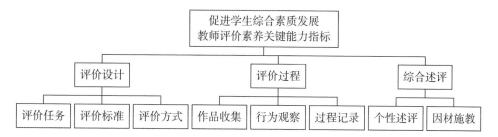

图 3 教师评价素养（促进学生综合素质发展）指标要素构成图

表 3 教师评价素养关键能力的重要指标解析表（维度三：促进学生综合素质发展）

	一级指标	二级指标	三级指标内容解析
维度三：促进学生综合素质发展教师评价素养关键能力指标	1. 评价设计	1.1 评价任务	评价任务应具备的特点（情境性、真实性、过程性），评价任务关注结果也关注过程；评价标准与规则引导个性化、多元化学习成果孵化；评价方式体现表现性评价、协商评价精神，倡导基于证据
		1.2 评价标准	
		1.3 评价方式	
	2. 评价过程	2.1 作品收集	及时收集校内外各类作品，归档；基于观察开展激励性过程性评价，引导改进学生消极学习行为
		2.2 行为观察	
		2.3 过程记录	
	3. 综合述评	3.1 个性述评	发展性述评学生"五育"的发展，形成学生综合素养画像；给予不同学生群体适宜的教育指导，促进学生综合素养发展
		3.2 因材施教	

四、聚焦场景,提升幼儿教师评价素养关键能力

（一）设计理念

在"双新"课改背景下,幼儿园教育强调以儿童为中心,关注幼儿的全面发展和个性化成长。2001 年教育部印发的《幼儿园教育指导纲要(试行)》中明确指出:评价应成为促进幼儿学习与发展的有力工具,而非单纯的检测手段。幼儿教师的评价素养不仅要关注幼儿的学习结果,更要关注学习过程,通过情境化、真实性的评价任务,引导幼儿在游戏和活动中自然发展。

聚焦幼儿园"一日活动"要点,设计教师评价素养关键能力指标。①评价设计。评价任务设计要贴近幼儿生活,创设真实情境活动,激发幼儿兴趣与参与感,同时确保评价信息准确可靠,反映幼儿的学习与发展;评价标准需细化幼儿表现性行为,调整观察表或检核表,鼓励个性化与多元化成果;评价方法应注重观察、记录与分析,运用多种方式,倡导基于证据的评价。②评价过程。教师需持续观察幼儿行为表现,选择适宜的观察方法与工具,全面收集幼儿的素材记录并进行归类与分析,同时客观记录行为表现,梳理发展事例,为评价改进提供依据。③评价改进。教师应综合评价过程,客观准确地述评幼儿表现,改进结果呈现形式,体现欣赏与激励态度;识别幼儿个性需求,提供差异化教育支持;构建家园合作机制,定期沟通,共同促进幼儿发展;依据评价结果,阶段性调整活动组织与实施,优化教育策略。通过科学的评价设计、过程记录与改进,幼儿教师能够更好地促进幼儿的全面发展与个性化成长。

（二）指标解析

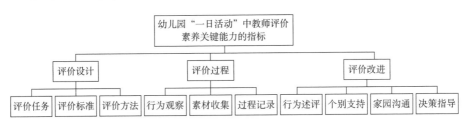

图 4　学前教师评价素养(幼儿园"一日活动")指标要素构成图

表4 幼儿园"一日活动"中教师评价素养关键能力的指标解析表

	一级指标	二级指标	三级指标内容解析
幼儿园"一日活动"中教师评价素养关键能力的指标	1. 评价设计	1.1 评价任务	设计情境化、真实性的评价任务,确保评价信息准确可靠,反映幼儿学习与发展;细化评价标准,调整观察工具,鼓励个性化与多元化成果;注重观察与分析,运用多种评价方式,倡导基于证据的评价
		1.2 评价标准	
		1.3 评价方法	
	2. 评价过程	2.1 行为观察	通过行为观察、素材收集和过程记录,全面了解幼儿发展水平并为评价改进提供依据;全面收集幼儿多种形式的素材记录,进行归类与分析,为评价提供依据;客观记录幼儿行为表现,梳理发展事例,为评价改进提供依据
		2.2 素材收集	
		2.3 过程记录	
	3. 评价改进	3.1 行为述评	综合述评幼儿表现,改进结果呈现形式,体现欣赏与激励态度;提供差异化支持,促进幼儿个性化成长;构建家园合作机制,定期沟通,共同促进幼儿发展;依据评价结果,阶段性调整活动组织与实施,优化教育策略
		3.2 个别支持	
		3.3 家园沟通	
		3.4 决策指导（阶段性）	

第三节　教师评价素养指标体系应用初探

一、关注课堂教学中教师评价素养的提升

（一）区域指标方向

教师评价素养指标体系（提升课堂教学质量）"目标检测"中指明,教师通过描述性评价方法,如,观察、提问、对话等开展即时性评价,及时了解课程进度中学生学习真实情况。

（二） 校本实践范例①

上海师范大学附属浦东临港中学,落实指标要求,确定校本研究与实践重点:课堂有效提问是教师在精心预设问题的基础上,通过创设良好的问题情境,在教学中生成适切的问题,引导学生主动思考,进行质疑和对话,全面实现预期教学目标,并对提问及时反思与实践的过程,通过小切口"课堂提问",实现教师评价能力的提升。

具体来讲,学校根据布鲁姆目标认知理论"知识、理解、应用、分析、综合、评鉴",结合国内学者陈朝晖理论观点与校情学情,在教学课堂中从"问、思、用、创"四个方面设计教师课堂有效提问评价量表。更值得肯定的是,量表根据使用对象的不同,又分为上课教师反思自用表、听课教师评价表以及学生使用表,以"教师提问"方法在提升教师评价能力方面贡献校本实践智慧。

二、精进学业成就中教师评价素养的提升

（一） 区域指标方向

根据教师评价素养指标体系(优化学生学业成就表现),在非考试学科、跨学科主题式教学中,通过表现性评价方法,围绕"教学目标—表现任务—记录观察—评价规则(方法)—学生学业成就结果……"提升教师的命题能力。

（二） 校本实践范例②

建平实验张江中学,在探索项目化学习过程中,梳理问题导向的表现性评价指标,思考:如何评价学生在小组合作中的表现? 如何评价学生在各种实践活动(实验、探究等)过程中所表现出来的能力? 如何评价学生各种各样的学习成果? 如何评价学生的课堂展示? 如何评价学生探究性作业的达成度? 确定:表现性评价指标包括:过程评价——合作精神,沟通能力,工具使用,实践能力;成果评价——内容、形式、互动,指向"做中学、用中学、创中学"的非考试学科、跨学科学习表现性评价设计实施,具体流程为:教学目标确立(落实核心素养)、表现任务设计、评价规则制定(量表设计)、学习记录观察(过程性评价)、学生学业成就(表现性评价)。

---

① 相关材料根据上海师范大学附属浦东临港中学赵玉梅校长发言材料整理。
② 相关材料根据建平实验张江中学张淑艳校长发言材料整理。

三、优化学生综合素质中教师评价素养的提升

（一）区域指标方向

根据教师评价素养指标体系（促进学生综合素养发展）中，区域指标明确在以发展学生核心素养下，任务设计、过程记录、综合述评方面的教师评价能力的提升要求。

（二）校本实践范例①

上海戏剧学院附属浦东新世界实验小学构建大数据支持下的学生综合素质评价体系，确定"五育评价维度"，设计各育评价量规，建立"德智体美劳"五大评价场景，智能采集学生表现数据，实现学生综评采集、展示、汇总、分析闭环，最终生成每个孩子的阶段成长报告，供家长、学生、任课老师等不同对象使用，通过评价引领学生多元化发展。

区域探究教师评价素养的研究与实践，从学理界定、区域调研到指标体系的完善，在前期保障研究科学性基础上，也兼顾学校使用的指导性与便捷性。后续，"教师评价素养指标体系"要着重在应用实践中发挥效用，通过学校的真实使用，去繁存简，去伪存真，迭代升级为 2.0 版，更要激发校本智慧，孵化有操作性的实践案例，惠及更多浦东教师。

四、完善幼儿园在"一日活动"中教师评价素养的提升

（一）区域指标方向

根据教师评价素养指标（幼儿园"一日活动"），区域指标聚焦 0—6 岁幼儿活动要求，根据幼儿特点，围绕评价设计、评价过程、评价改进等方面重视行为观察的评价过程，同时采用行为述评、个别支持、家园沟通等方式开展评价改进。

（二）校本实践范例

东方江韵幼儿园在区级指标基础上，聚焦音乐俱乐部中教师对幼儿自主表达能力的评价素养的提升，研发了配套教师评价表，包括 2 份教师评价参考用表和 4 份教师评价实践用表。2 份教师评价参考用表解决"评什么"的问题，即《音

---

① 相关材料根据上海戏剧学院附属浦东新世界实验小学周怡校长发言材料整理。

乐俱乐部中幼儿自主表达能力观察行为指引表》和《对幼儿自主表达能力的教师评价素养水平观察参考表》，为教师评价提供了客观公正的评价参照标准。4份教师评价实践用表解决"怎么评"的问题，即评价前期的评价计划——《音乐俱乐部活动项目评价设计单》；评价中期佐证幼儿发展状况的观察记录表——《音乐俱乐部活动项目观察评价记录表》；评价后期对幼儿的评价以及个性化支持改进的——《音乐俱乐部活动项目评价改进单》；教师与同伴依据优势与不足进行完善与优化、了解发展状态的——《教师在音乐俱乐部中幼儿自主表达能力评价素养自评与他评表》。

（上海市浦东教育发展研究院　王宇）

第三章 基础教育教师评价素养的区域现状及改进——基于上海市浦东新区中小学的调研发现

第一节 基础教育教师评价素养的区域调研概述

一、调研目的

本调研旨在摸清区域教师评价素养的基本情况,聚焦教师评价素养"关键能力"现状,以"关键能力"作为教师评价素养内涵框架"四要素"的操作抓手,分别聚焦课堂教学、综合素质评价、学业成就评价三个应用场域的关键能力,以此挖掘影响教师评价素养关键能力的因素,进而为区域提升教师评价素养找准着力点与有效路径。

二、调研内容

依据美国 1990 年《教师教育评价能力标准》中确定的教师的七种评价能力,作为本研究在课堂教学、学生综合素质、学业成就三个应用场域设计题项内容的指导框架。结合国内学者郑东辉[①]、王少非[②]等学者在其研究中的论述,本研究问卷共分为四个部分,具体构成如下。

第一、二部分为基本信息,共计 19 个题项,主要涉及被调研教师的性别、教龄、职称、任教学科、荣誉称号等个人信息以及教师所在学校的地理位置、学段、所属集团

---

① 郑东辉.教师评价素养发展研究[D].上海:华东师范大学,2009.
② 王少非.教育评价范式转换中的教师评价素养框架[J].教师教育研究,2009,21(02):65-69.

等学校信息。第三部分含量表测评与能力测验两类共 15 个题项,量表测评(13 个)主要收集教师课堂教学评价与学生综合素质评价关键能力现状,能力测验(2 个)主要用于检测教师是否具备对学业质量分析数据的正确解读能力。第四部分 1 个题项,主要收集教师培训需求。第二部分和第三部分中间设置测谎题提高数据质量。

在具体场域关键能力方面,课堂教学聚焦教学目标设计、作业设计等 8 个方面关键能力,综合素质评价聚焦任务类型设计、评分标准研制等 5 个方面关键能力,学业成就评价聚焦学业质量解读、学业教学改进等 2 个方面的关键能力,具体能力指标见表 1。

表 1　教师评价素养"关键能力"指标题项

场域	关键能力指标
课堂教学评价	1. 根据学习目标和教学质量之间的评价关系,设计出明确清晰且符合课程核心素养要求的教学目标 2. 教学过程中,使用合适的评价方法(课堂观察、有效提问、课堂检测等),对课堂教学中目标的达成情况做出较为准确的评价 3. 通过小组研讨、鼓励发言、相互批改作业等方式方法,引导学生自评、同伴互评,参与到课堂评价过程中 4. 通过口头解释、板书示范、课堂练习等方式方法,帮助学生了解课堂即时评价结果,引导学生清晰认知自身课堂学习效果 5. 通过教师评估、学生自评等形式,在客观呈现评价结果的基础上,保持或者灵活调整教学进度 6. 对不同学业水平层次的学生,设计并布置分层作业或者表现性作品 7. 梳理各类作业(作品)中的共性问题,针对后续课堂教学进度及重点做改进 8. 关注特殊学生群体存在的具体学习问题,并能针对性指导
综合素质评价	1. 科学设计展现学生素养多维发展的任务类型(演说、小论文、调研报告、创意作品等) 2. 客观合理设计综合评价任务的评分标准(规则),鼓励学生获取个性化、多元化的学习成果 3. 根据学情特点,激发学生主动而真实地参与各类主题的任务(项目) 4. 真实(数字化)记录学生各类作品,建立作品档案袋 5. 根据评分标准(规则)开展学习成果的自评、互评与他评,认定结果等级
学业成就评价	1. 学生学业质量测评后,得到了如下数据报告图,其中针对学生学业水平的描述从高到低分为 A、B、C、D 四个等级。以下哪个解读信息是正确的(略) 2. 学科测评结束后,本年级学生学业成就表现的得分率与标准差(满分 100 分)如下所示,请您选出该班教师在接下来的教学中最应该改进的教学举措(略)

三、调研对象

本次问卷调查覆盖浦东新区中小学各学段、各学科、城区与远郊等各类型基础教育学校教师,涉及 265 所学校,共 16880 余名教师。未发现答题异常事件及测谎题不通过的问卷,最终回收有效答卷 16880 份。

四、调研过程

本调研过程共分为现状质性访谈、问卷试调研、问卷正式调研三个阶段。

第一阶段:现状质性访谈。

区域甄选涵盖中小幼在内的 41 家单位为课题研究实验校,对其中 29 家中小学前后开展 2 场访谈调研,结合文献研究基础,梳理形成区域中小学教师评价素养关键能力的指标雏形,内容包括:在课堂教学、综合素质评价、学业成就三个场域下,如何设计评价、开展评价、评价反馈等指标要点,进而设计调研问卷初稿。

第二阶段:第一次问卷试调研。

41 家实验校内,每校 30 余名教师参加问卷无记名调研,问卷作答后形成了 1300 个试调研数据。梳理调研结果发现问题:一是,因调研内容题项量大,作答时间平均为 30 分钟,时间太长,影响调研效果。二是,问卷结构不够合理,并未根据整体研究中教师评价素养发生场域(课堂教学、综合素质评价、学业成就)进行题项分类。三是,尤其在课堂教学与综合素质评价场域下的教师评价素养能力指标点表述不够充分,如,缺少评价方案设计、评价方法应用、评价结果改进、评价数据采集等指标点的调研内容。

第二次问卷试调研。

重新调整问卷内容,优化调研题项后,重新在 41 家实验校内,另外选择教师参与问卷调研,获得 1949 个数据。整体调研情况良好,调研时间控制在 15 分钟左右。通过皮尔逊交互检验,进一步优化了基础信息变量,如,将教师职称初级、中级的描述更清晰;教师教龄 0—10 年,分成了 0—3 年与 4—10 年;增加教师参加过教师评价学习的相关调研题目。进一步优化了教师评价素养的应用场域结构表述,将之前问卷中独立的教学评价方案设计、教学过程的评价行为、长作业设计标准的分量表统一为课堂教学评价量表。

第三阶段:问卷正式调研。

在上述阶段的试调研过程后,调整完善调研题项,区域整体开展调研工作。

五、调研工具

本问卷具备较好的信效度。本问卷共分为四个部分,其中第一部分和第二部分主要为教师和教师所在学校基本信息收集,第四部分为教师培训需求的调研。因此,主要对第三部分进行信效度分析。第三部分主要分为三个分量表,其中课堂教学评价分量表(共计 8 个题项)和综合素质评价分量表(共计 6 个题项)为 5 点分量表,信度计算以课堂教学评价分量表和综合素质评价分量表,14 个题项计算 Cronbach α 系数。课堂教学评价量表、综合素质评价量表与总量表的 α 系数分别是 0.958,0.955,0.963,量表具备较好的信度。

本问卷的效度检验主要针对第三部分进行,将学业水平评价量表的两个具有唯一正确答案的能力检测题作为效标,共计三种水平,两题全对赋 2 分,一对一错赋 1 分,两题全错赋 0 分,并分别与课堂教学评价分量表、综合素质评价分量表和总得分计算肯德尔相关系数,结果分别为 0.039,0.035,0.036($p<0.01$),说明该问卷效度较好。

本次数据分析的软件主要为:SPSS Statistics 23.0、SPSS Amos 21 软件。数理分析方法有:问卷信度检验(克隆巴赫信度检验法)、问卷效度检验(效标检验法)描述性统计分析方法(百分比例)、推断性统计方法(方差分析、卡方检验、聚类分析)等。

第二节 基础教育教师评价素养的区域调研结果

一、区域教师评价素养的四维度本体表现

(一)教师的评价行为多发生于课堂教学场域

本次调研结果发现有 15307 人(占比 90.68%)会进行课堂教学评价,有 12409 人(占比 73.51%)会进行学生综合素质评价,具体统计结果如表 1。

表1 调研样本:教师是否开展课堂教学评价与学生综合素养评价的分布情况

	通常会做/已开展	不做/暂未开展
课堂教学评价	90.68%	9.32%
学生综合素养评价	73.51%	26.49%

进一步深入分析人群交叉情况发现:同时开展两种评价的教师人数为11870人(占比71.76%),仅开展前者为3437人(占比20.36%),仅开展后者为539人(占比3.19%)。因此,相对于学生综合素质评价,教师更加关注课堂教学评价,即:课堂教学是当前教师评价行为发生的重点场域。

(二)教师有较为主动的评价意识,且具备一定评价知识基础

问卷量表题项作答前询问教师是否有评价实践参与经历,其中11870人(占比71.16%)既开展课堂教学评价又开展综合素质评价,仅1034人(占比6.20%)均未参与过课堂教学评价或综合素质评价。说明区域教师开展评价的意识较强。统计结果如图1。

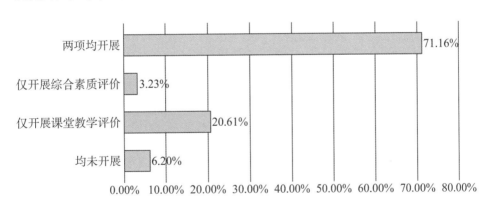

图1 调研样本:教师开展评价实践的人数分布情况

问卷题项调查教师"是否有学习教育评价相关知识",有14917人(占比88.37%)曾经学习过教育评价相关知识。统计结果如图2。

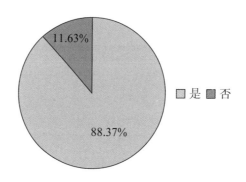

图2　调研样本:教师学习过教育评价相关知识的人数分布情况

根据上图可得,调研中大部分教师学习过教育评价相关知识,换言之,教师们具备了科学开展教育评价实践的较好的前置条件。

为客观了解教师评价能力水平,问卷在"学业成就评价"场域中设置了两道题,测评教师是否能够通过学业质量分析图表信息,获取对学生群体学业成就发展情况的正确结论与跟进策略。最终有5021人(占比29.75%)两题全对,6845人(占比40.55%)各答对一题,合计有11866人(占比70.30%)答对了一题以上教育评价知识题目。统计结果如图3。

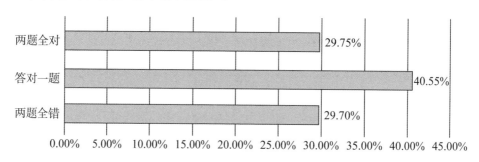

图3　调研样本:教师学业成就评价能力不同水平的人数分布情况

从本次调研结果来看,浦东新区的教师自陈学习过评价相关知识的人数比例为88.37%,具备一定学业成就评价能力的人数比例为70.30%,从数据描述统计结果看,浦东新区教师具备较好的评价知识基础。

(三)教师评价能力的经常性表现与关键性表现存在明显反差

教师评价能力的经常性表现是指各题项中均值最高的题项,即日常教学中教师最常表现出的评价能力。教师评价能力的关键性表现是指通过分析一批高评价能力得分的教师,经相关性检验确定哪项指标得分对他们总得分影响最为显著,即为关键性表现指标。① 以横轴代表题项表现频繁程度,越靠右的点代表越经常性表现,以纵轴代表题项与总分相关程度,越靠上的点代表越关键。

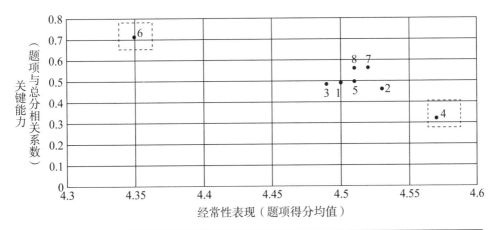

题项	平均分	相关系数
1. 根据课程目标和学业质量标准之间的关系,设计出明确清晰且符合课程核心素养要求的教学目标	4.5	.492**
2. 教学过程中,使用合适的评价方法(课堂观察、有效提问、课堂检测等),对课堂教学中目标的达成情况做出较为准确的评价	4.53	.462**
3. 通过小组研讨、鼓励发言、相互批改作业等方式方法,引导学生自评、同伴互评,参与进课堂评价过程中	4.49	.486**
4. 通过口头解释、板书示范、课堂练习等方式方法,帮助学生了解课堂即时评价结果,引导学生清晰认知自身课堂学习效果	4.57	.321**
5. 通过教师评估、学生自评等形式,在客观呈现评价结果基础上,保持或者灵活调整教学进度	4.51	.498**
6. 对不同学业水平层次的学生,设计并布置分层作业(作业学科)或者表现性作品与任务(非作业学科)	4.35	.715**
7. 梳理各类作业(作品)中的共性问题,针对后续课堂教学进度及重点做改进	4.52	.563**
8. 关注学生个性化需求,并能个别化指导	4.51	.561**

图 4　课堂评价场域中经常性表现与关键性表现对比分析

① 该指标的计算方法为:选取课堂教学评价量表平均分高于 4.5 的教师,共 9222 人,计算该量表 8 道题目分数与量表总分的皮尔逊相关系数,发现题项"对不同学业水平层次的学生,设计并布置分层作业(作业学科)或者表现性作品与任务(非作业学科)"与总分相关最高,相关系数为 0.715(p<0.01),因此界定该指标为课堂教学场域中的教师评价能力关键指标。

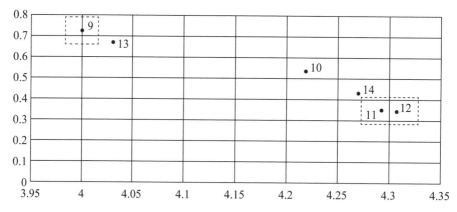

题项	平均分	相关系数
9. 设计出提升学生素养多维发展的评价任务类型(演说、小论文、调研报告、创意作品等)	4	.732**
10. 设计的评价任务具有情境性、真实性、过程性等特征,能激励学生在适宜难度挑战的任务中,动手实践,合作协商,解决问题	4.22	.532**
11. 客观合理设计综合评价任务的评分标准(规则),鼓励学生获取个性化、多元化的学习成果	4.29	.347**
12. 根据学情特点,激发学生主动而真实地参与各类主题的任务(项目)	4.31	.340**
13. 通过数字化等方式,真实记录学生各类作品,建立作品档案袋	4.03	.673**
14. 根据评分标准(规则)开展学习成果的自评、互评与他评,认定结果等级,并能用欣赏、激励的态度做出有温度的学业述评	4.27	.418**

图5 综合素质评价场域中经常性表现与关键性表现对比分析

结果显示,在课堂教学评价场域与综合素质评价场域中,教师评价能力的经常性表现与关键性表现存在反差。例如,课堂评价场域中的指标6与综合素质评价场域中的指标9都呈现了高相关性、低经常性的特征;课堂评价场域中的指标4和综合素质评价场域中的指标11、12则都呈现了低相关性、高经常性的特征。深入分析指标内容指向发现,指标4、11、12更多指向评价的行动层面,组织评价实施、记录学生表现与成果、反馈评价结论等,而指标6、9则指向多种评价任务面对不同学生的分层分类设计。

分析上述调研结果所得:教师普遍具备较为主动的评价意识,知识储备较好,注重形成最终的评价结果,但在评价目标的把握、合理的评价任务设计、开展分层分类评价以及评价过程的引导上仍有所欠缺。结合具体场域来看,在课堂评价场域中,随着新课改的不断推进,教师在课堂教学中会有意识地运用多种教学方法来促进学生获得即时的反馈结果,但在分层次作业设计方面等关键能力方面还需要再深化提升。在综合素质评价场域中,教师能够根据评价需要设计多样化、多维度的评价任务类型,但在根据学情激发学生的真实参与评价任务方面还需进一步优化,这也意味着提升教师评价素养不能止步于评价任务的设计之初,还需要看学生本身对评价任务的参与度以及完成度。

正如有研究者指出的国际教育评价发展趋势中,"对评价结果的理解、分析和使用能力、基于评价数据来改进教学的能力等应成为教师有限发展的评价素养。"①结合对课堂教学评价与学生综合素质评价影响因素的深入挖掘,也会发现以上方面也是评价素养核心的能力,需要从根本上提升教师评价专业知识与能力,才有可能啃下评价的"硬骨头",实现评价素养的提升,让学生真正获得全面而有个性的发展。

二、高评价素养教师群体的影响因素分析

将课堂教学评价问卷得分、综合素质评价问卷得分与学业成就评价素养检测这三项数据作为变量,使用 K-means 聚类算法分析,结果发现,参与评估的教师可分为 6 类,其中类别 6 教师在以上三项得分都相对较高,即为高评价素养的教师群体,共计 2212 名教师。

将以上高评价素养教师群体作为画像特征挖掘对象,以教师人口因素,如性别、学段、学历、教龄、职称、专业荣誉、任教学科、职务等为因素变量或者分类变量,以课堂教学评价、学生综合素质评价、学业成就评价得分为因变量,进行单因素方差分析、卡方检验、独立样本 t 检验。地毯式全覆盖检验后,具备显著差异的因素变量或分类变量即可认为是高评价素养教师群体的画像特征,主要数据发现如图 6。

---

① 曾琳.OECD 国家教育评价发展的关键主题检视[J].比较教育研究,2017,39(04):39-45.

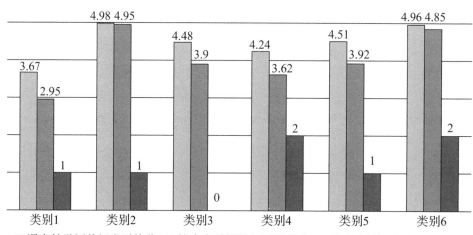

图6 教师评价素养聚类后各类特征

（一）教师职业特征——教龄因素：青年教师参与教育评价更具活力

对不同教龄段教师的课堂教学评价量表得分、综合素质评价量表得分进行单因素方差分析与事后比较，对学业成就评价素养检测结果进行卡方检验与事后比较。结果发现，不同教龄教师在课堂教学评价量表得分上的差异显著（F＝10.132，p<0.05），在综合素质评价量表得分上的差异显著（F＝37.512，p<0.05），教龄0—10年教师得分事后检验多重比较结果显著高于其他教龄段（p<0.01），拥有更好的评价素养表现。校级骨干教师及职称未评教师在以上三个方面也具备类似结论，而这批群体往往也是教龄0—10年的教师，这从另外角度验证了青年教师群体开展评价的热情高，评价素养表现更优秀。分析原因：这一教师群体正处于职业发展的快速上升期，更多机会参与当下教育改革项目与实践。教育评价改革自2014年国务院印发《关于深化考试招生制度改革的实施意见》以来，正好经历了十年的探索期，也带动了这一代教师评价素养的快速提升。结合Ogan-Bekiroglu, F., & Suzuk, E. (2014)[①]对职初教师评价素养的研究发现，职初教师普遍具备一定评价知识储备，但缺乏实际操作经验，让职初教师更多参与教

---

① Ogan-Bekiroglu F, Suzuk E.Pre-service teachers' assessment literacy and its implementation into practice[J]. Curriculum Journal, 2014, 25(03):344－371.

科研活动是评价素养提升非常重要的支持因素。因此,在教师职后专业发展建设工作中,应重视借助教研活动提升青年教师评价素养的提升,让评价素养突出的教师能够获得更多职业发展的机会。

(二)教师职业特征——职务因素:班主任教师能更好地胜任教育评价实践

对是否正担任班主任的教师分别进行了课堂教学评价和学生综合素质评价量表独立样本 t 检验。结果发现,正在担任班主任的教师在课堂教学评价量表得分上差异显著($t = 11.874, p < 0.01$),在综合素质评价量表得分差异显著($t = 8.707, p < 0.01$)。此外,担任班主任不同时长的教师在课堂教学评价量表得分上差异显著($F = 11.495, p < 0.01$),在综合素质评价量表得分上差异显著($F = 10.613, p < 0.01$)。其中在课堂教学评价上,21 年以上的班主任具有更高的评价素养,而 1—5 年的班主任具有更高的学生综合素质评价与学业成就评价素养。

班主任群体整体表现出较高的评价素养,其中高年资的资深班主任更关注传统课堂,在课堂教学评价中更有优势;而低年资的班主任则具备更多的评价专业知识,能够更好地解读与分析学业成就评价结果,也更加关注综合素质评价的工作实践。班级授课制的传统赋予班主任对学生更多的管理责任与评价权力,班主任综合能力表现突出,对学生影响最大,意味着这一群体的教师更能在教育教学改革实践中开展高质量的教育评价探索。

(三)教师职业特征——学段因素:小学学段教师开展教育评价的优势明显

对不同学段、不同教龄段、不同职称教师的课堂教学评价量表得分、综合素质评价量表得分进行单因素方差分析与事后比较,结果发现,不同学段教师在课堂教学评价量表得分上的差异显著($F = 302.033, p < 0.05$),在综合素质评价量表得分上的差异显著($F = 134.525, p < 0.05$),小学教师得分事后检验多重比较结果显著高于初高中教师($p < 0.05$)。

值得关注的是,初中和高中学段按照上级要求,需要每学期完成学生综合素质评价工作,评价结果将作为高中与大学招生录取的重要参考依据,小学目前暂时并未有全市统一要求;而实际问卷调查结果却发现小学教师在综合素质评价分量表上的得分更高。分析原因,一方面,小学段没有中考、高考这样的高利害考试,素质教育理念,学生德智体美劳全面发展等理念有效落地,综合素质评价能够常态化;另一方面,从综合素质评价分量表的题项可以发现,题目内容多针对新课程实施背景下综合素质评价任务设计、作品采集与解读评价等,更多指向评价的过程与教育中的应用,而当前开展的初高中生综合素质评价工作则主要针对学生每学期综合素质发展结果,过程性评价相对欠缺。

三、教师评价素养提升需求分析

(一) 偏向于综合性的专业提升

本次调研中对教师所需专业支持的调研发现,教师们更希望获得区域层面组织的"专业研讨"和"展示交流平台"的支持,占比分别为 72.77% 和 72.16%。区域层面组织的相关活动,其产生的价值一方面是通过专家引领,指点教师评价素养方面的迷津;另一方面是为区内教师专业成长搭平台,建资源,助力教师专业水平快速提升与认可。Clark, A. K., Nash, B., & Karvonen, M.(2022)[1]在针对教师评价素养诊断系统的研究中发现,"正确解读和应用评估结果"是教师评价素养的关键能力,也是培训支持相对薄弱的领域。这提示了浦东新区在后续实践中,区域专业发展资源供给应精准定位教师需求与教师评价素养发展关键领域,这将加速教师评价素养提升的效率。

(二) 聚焦于具体教师群体的提升

针对相对选择较少的"长线程、体系化的理论知识课程"与"专家跟踪式实践指导"选项进一步数据挖掘发现,在"非师范专业、未担任班主任、教龄在 4—10 年、未评职称"的教师群体中有 73.1% 的教师对"长线程、体系化的理论知识课程"仍具有比较迫切的需求。由此可见,针对这一群体,仍需要从长线程、体系化的理论知识课程开始提供资源支持,帮助非师范专业、教学经验相对稚嫩的教师群体夯实评价知识基础,获得评价素养的快速提升。

---

① Clark A K, Nash B, Karvonen M. Teacher Assessment Literacy: Implications for Diagnostic Assessment Systems[J].Applied Measurement in Education, 2022(01):35.

第三节 基础教育教师评价素养的区域实践改进思考

一、调研重要结论

（一）教师评价素养的提升需要平衡场域与锻造能力

结合本研究教师评价素养"四要素""三场域"的内涵框架与实践现状可以发现区域教师评价素养的结构特征与深化方向。在"四要素"中区域内教师有较为主动的评价意识和一定的评价知识基础，在评价能力方面呈现出在不同场域上的差别。在"三场域"中综合素质评价和学业成就评价作为较新和较难的领域应有意识关注和突破，而课堂教学作为主要评价场域，教师评价素养在此场域中的提升需要向更精准化、评价结果有效使用等方面探索。

同时，聚焦具体场域的关键能力，教师在经常性能力基础上需要有意识提升关键性能力的培养。在课堂教学评价场域中，教师一般能够及时给予学生评价，但教师在将评价结果运用到作业设计等精准教学方面的能力上，还可再通过有效举措予以提升。在综合素质评价场域中，教师可以尝试构建学生深度参与的评价任务生态，如设计"情境化—项目式"评价任务，开发多元化评价支持工具，从而提升学生对评价任务的参与热情。

（二）中青年教师为教育评价改革实践中的重要力量

上述调研结果发现，教龄相对较短的校级骨干教师在课堂教学评价、学生综合素质评价与学业成就评价量表测评中均获得了更高的得分，即整体的教师评价素养较高。同时，这类教师人口的变量因素，包括：职称未评、担任班主任、学习过教育评价相关知识、本科学历，建构起的教师形象群体，成为推进教师评价素养实践的中坚力量。中青年教师群体在新课改背景下展现出对新课改核心理念的高接受度和实践转化能力，相较于年长教师，中青年教师普遍对"学生核心素养""评价改革"等新课改要求更具敏感性，对新的评价工具等技术赋能方面也相对有优势。同时，正处于专业成长的上升期，教学理念新、接受新鲜事物快，更愿意在教育评价改革攻坚中做出积极探索。因此，依托好这类教师，中青年教师群体通过承上启下的角色定位,推动学校教师队伍的整体评价素养的发展,带动年长教师适应变革,引领年轻教师专业成长,以点带面提升区域教师评价素养,价值意义较大。

(三) 辐射推广小学段教师评价素养的高表现经验

从评价改革的导向来看,将学生综合素质评价结果应用于考试招生的重要参考依据,是希望进一步发挥评价改革的指挥棒作用,以评价打破"唯分数论"。根据上述调研结果可以看到,相比于初中段、高中段的教师,小学学段教师相对具备较高的评价素养,同时学校变量下,城区、办学时限长的小学教师评价素养水平较高。分析背后的原因,一方面小学段的升学压力和学业负担相对较轻,另一方面小学段近些年在项目化学习、提升学生综合素质方面积累了诸多可借鉴的经验。因此,通过小学学校的重点实践,可先成为破解教育评价改革的突破口,积累经验,推广至其他学段。同时,小学学段教师在综合素质评价中体现出来的评价素养的领先,提示教育决策者与管理者,在实际操作层面,依然需要关注改进结果评价、强化过程评价、探索增值评价与健全综合评价,最终实现评价撬动育人方式的变革。初高中受到考试压力、社会氛围、家庭环境等多重因素的影响,客观上限制了教师评价素养的提升,在积极学习小学相关方面的探索经验基础上,攻克难点,特别是在课堂教学方式、综合素养评价、先进学业评价方法应用上形成全学段提升教师评价素养的可操作路径。

二、实践改进设想

(一) 开展有组织的教育科研,通过课题群引领教师评价素养提升

评价改革是一个系统工程,需要多元主体协同发力。浦东教育发展研究院有组织地开展了教育评价课题组合式研究,围绕学校、教师、学生三大改革主体顶层架构了五项教育评价科研课题,分别是四项市级课题"基础教育'教师评价素养'模型构建与区域应用的行动研究""素养导向下的学生五育融合评价指标体系研究""全员导师制背景下教师学业述评要素建构和校本制度创新研究""区域学校发展性督导评估实践研究"以及区级重点课题"综改背景下中小学、幼儿园自我督导体系建设研究",打出一套教育评价改革组合拳,通过具有引领性、探索性、关键性的课题群研究,整合理论与实践,联通区域与学校,搭建评价研究

立交桥,促进教师评价素养提升。

（二）明确供需支持,满足重点需求的区域专业支撑

结合教师评价素养提升需求和实践现状,一方面侧重于综合性的专业提升形式,即区域与学校联动,理论与实践相结合,加强培训课程资源整合,贴近教师教育教学实际,深化教师评价素养培训课程建设。同时,通过好书共读、论坛交流等方式让教师把实践中的问题反馈出来共同研讨,帮助教师围绕"评价目标把握""评价任务设计""过程性评价实施的专业能力"等方面提升理论与实践双向建构的能力。另一方面聚焦于教师评价素养的结构性需要,在评价结果的运用、评价标准的制定、评价工具的开发等方面提供针对性的专业支撑。

（三）加速成果孵化,凝练关键教师群体的实践智慧

调研结果显示,中青年教师、小学段教师都是教师评价素养提升的关键性教师群体。聚焦这批教师,通过"试点校孵化"的方式,以课题为引领,一地一案,一校一策,以"提升教师评价素养黑匣子解密行动"的思路,从实践角度解密教师在点滴教育教学日常中是如何思考、设计、实施、反思评价行为的,这对启迪其他群体教师提升教师评价素养亦能起到积极作用。

（上海市浦东教育发展研究院　李百艳　王宇）

第四章　基础教育教师评价素养提升的区域实施策略

第一节　从理念协同到实践协同，实验校引领下的区校共进

基础教育评价改革不断深入推进，教师评价素养的提升面临理念先进但实践滞后的普遍困境。区域层面的政策设计往往难以直接转化为学校的创新实践，而学校的自主探索又容易陷入碎片化、低效化的困局。为解决这一矛盾，浦东教发院构建"区域统筹—实验校引领—校本创新"的行动模式。这一模式通过实验校，推动理论与实践的双向转化。

一、实验校引领：从理念到实践的桥梁

浦东新区教育体量大，增速快，基础教育教师数量占全市的五分之一，且近几年新入职教师每年两千余人。面对教育体量大且新教师比例高的区情现状，遴选出一批学校先行实践，是稳妥且高效的路径。实验校作为"改革先锋"，承担着双重使命，一方面需要将区域的导向转化为校本实践，另一方面需要提炼经验，反哺区域的策略优化。实验校在此过程中既是区域导向落地的"试验田"，也是经验输出的"孵化器"。

遴选出的实验校通常教师队伍整体素质较高，具备较强的教育教学能力和专业素养，能够更好地理解和运用新的评价理念和方法，发展意愿强烈，且在以往的教育教学改革中已经取得了一定的成果，积累了一定的经验。多数实验校是学区或集团的领衔校，具有较强的引领和示范作用，可辐射带动其他成员校。这种部分学校先行先试、由点及面铺开的推广模式，能有效缩小区域学校在教师

评价素养实践上的差距,高效地带动区域整体提升。

二、理念协同:区校共进的价值基础

理念协同是区校共进的逻辑起点与行动指南,区域与学校之间若缺乏共同的价值认同与目标共识,则易陷入形式主义的泥潭。理念协同是在区域和学校两个层面上,对教师评价素养的内涵与提升路径形成共同的价值认知和行动方向。这种协同不仅仅表现为简单的一致性,更是深层次的理念融合与互动。通过理念的深度融通,构建区校协同发展的思想共同体,为教师评价素养提升奠定认知基础。

1. 价值共识,回归育人本位的评价观重构。教师不仅仅是评价的客体,更是评价的主体,其评价素养的发展意味着主体性的觉醒,是自身作为评价主体的专业自觉以及承担育人使命的主动担当。促进学生全面发展是教师评价素养提升的核心价值。提升教师评价素养能够为学生提供更全面、更准确的评价,有助于发现学生的潜能和特长,促进学生的个性化发展。教师能够关注学生的综合素质和能力培养,不仅注重学业成绩的评价,还重视学生的品德、情感、态度、价值观等方面的评价,促进学生的全面发展。提升教师评价素养有助于教师在评价过程中给予学生及时、有效的反馈和指导,帮助学生认识自己的学习情况和存在的问题,引导学生进行自我反思和自我评价,培养学生的自主学习能力和自我管理能力,使学生能够更好地适应未来社会的发展需求。同时,教师通过不断提升评价素养,能够更好地反思和总结自己的教学实践,发现教学中存在的问题和不足,进而改进教学方法和策略,实现自身的专业成长。

2. 目标同频,从政策文本到校本实践的转化。理念协同的关键在于优化将区域宏观目标转化为学校微观行动的路径。2021 年 12 月,浦东新区区委、区政府在《浦东新区深化新时代教育评价改革行动方案》中,明确提出探索教师评价素养发展机制。实验校的引入以及教育行政部门—高校—浦东教发院—学校的联动机制使得区域目标始终与教育实践保持同频共振。区域层面,教育行政部门和专业机构承担着政策、资源支持与理念引领的重要角色,通过组织专家团队,深入研究基础教育教师评价素养的内涵、构成要素以及提升策略,形成具有科学性和前瞻性的区域理念框架;定期深入学校进行调研和指导,了解学校在理念上以及实践中遇到的实际问题和需求,提供针对性的支持和帮助。学校则及时向区域反馈实践中的成果和困惑,为区域理念的优化提供实践依据。学校层面,则是区域理念的解读者、实践者以及经验反哺者。实验校积极组织教师参与区域组织的活动,吸收和内化区域理念,并结合本校的实际情况,进行校本化转化。例如,根据学校的办学特色、教师队伍现状、学生特点等,制定符合本校的教师评价素养提升计划和具体措施。通过双向互动,不断缩小区域理念与学校实践之间的差距,实现区域与学校在教师评价素养提升上的共同目标。

3. 文化共生,构建评价改革的生态共同体。协同不仅是理念上的共识,行动上的合作,更是文化上的融合与创新。通过区域与学校共同的实践探索,教师评价素养提升的协同不仅仅是特定时期的行动策略,更是日渐生成的文化自觉。这种文化自觉推动教师在日常教学中不断反思和改进评价行为,推动教师评价素养的持续提升,形成一种以学生为中心、以评价促发展的区域教育生态。

三、实践协同:区校共进的行动关键

在基础教育教师评价素养提升的区域实施过程中,实践协同是区校共进的核心环节,也是确保教师评价素养提升从理念走向行动的关键步骤。实践协同不仅要求区域与学校在目标和方向上保持一致,更强调在具体行动中的深度协同与资源整合。通过实践协同,区校能够共同探索教师评价素养提升的有效路径,形成可复制、可推广的经验模式,从而推动区域教育的整体发展。

1. 构建区域与学校的联动机制。实践协同的首要任务是建立一套高效、稳定的区域与学校联动机制,确保双方在教师评价素养提升工作中能够紧密配合、协同推进。区域发挥统筹规划和协调引领的作用,研究制定《"教师评价素养"实验校区校联动管理实施方案》,明晰目标路径,明确区校双方的职责与分工。建立常态化的沟通机制,通过定期召开课题论证、组织专题研讨,及时交流工作进展、分享实践经验;围绕教师评价素养提升中的热点难点问题展开讨论,共同探讨解决方案。此外,还建立了动态调整机制,根据实践中的反馈和效果评估结果,及时优化行动方案与实践策略,确保实践协同的持续改进和优化。

2. 开展系统培训与研讨活动。教师评价素养的提升离不开系统的培训,区域设计系统化的培训课程,涵盖评价理念、评价方法、评价工具设计与使用等内

容,依托专业的教育培训机构、高校专家团队,采用线上课程、线下讲座、工作坊、案例分析等多种形式与主题的培训以及研讨交流活动,满足不同层次与类别教师的学习与交流需求。学校根据区域培训内容,结合本校教师的实际需求,开展校本培训与教研活动,通过集体备课、教学观摩、课后反思等方式,将评价素养提升融入日常教学实践。

3. 推动评价工具校本化实践。教师评价素养提升需要将评价理念转化为具体的评价工具与方法,并在教学实践中有效应用,这个过程是区域专业引领与学校智慧的有机融合。区域层面研究设计评价工具通过模板,组织专家团队,跟踪学校实践进展,及时发现协同过程中的问题,确保实践协同持续、深入推进。学校层面,将区域研制的评价工具成果与本校实际深度融合,结合本校的办学理念、课程设置、学生特点等,进行微调与创新,形成具有本校特色的评价工具。这样的实践逻辑,既避免了工具开发的随意性,又保留了实践创新的弹性空间,使得评价工具既具专业高度,又接基层地气。

第二节　以指标适配为抓手,区域到校本指标的落实与完善

指标体系的适配性既是顶层设计的科学性问题,也是基层实践的操作性难题。区域层面的理念往往具有宏观性和指导性,注重从整体上把握教师评价素养提升的方向和目标,而校本化的实施则需要兼顾学校特色与师生情况,对区域理念进行细化和校本化解读。这一过程不仅需要构建科学的传导机制,更需要实践调适,让评价指标真正成为教师专业成长的导航仪。

一、区域顶层设计:构建分层分类的指标框架

区域层面研究并建构基础教育教师评价素养的核心要素,包括评价价值取向、评价意识、评价知识、评价技能四维度,研制覆盖幼儿园与中小学不同学段,涵盖课堂教学质量、学生学业成就以及学生综合素质发展、幼儿园一日活动四类评价场景。以"关键能力"撬动教师评价素养发展的两大指标体系,即《浦东新区学前教师评价素养关键能力通用指标(1.0 版)》《浦东新区中小学教师评价素养

关键能力通用指标(1.0版)》。指标既有统一性,又有一定的弹性空间,便于校本层面根据实际情况进行调整。这两个指标体系不仅为教师提供了明确的方向和参考,也为学校的评价工作提供了科学的依据。为了确保指标的有效实施,区域层面还配套制定了详细的解读指南和操作手册,帮助学校和教师深入理解指标内涵,掌握评价方法和技巧。同时,区域还定期组织培训和交流活动,提升教师的评价素养和实践能力,推动评价指标在校本层面的有效落地和持续优化。

二、校本转化机制:弹性适配与特色创生

校本层面是区域指标的落脚点,学校根据区域指标的设计逻辑与要点,结合自身特点对指标进行细化和特色化调整,主要包括研读、提取、细化、完善指标四个核心阶段。例如,广兰幼儿园以"领读式"与"辨析式"两种形式开展对区域指标的"解析式研读",让教师在学中引思、辩中引悟的循环中准确理解幼儿教师评价素养的内涵与作用;天虹幼儿园针对初步构建的校本评估指标体系及评价工具,广泛征集教师的意见,对原有指标体系中对于教师不易理解的内容进行了甄别与调整,将调整后的指标体系与评价工具再次投入到实际的教育教学与管理实践中进行检验;三林中学以区域指标为基础,结合学校教师评价素养的现实样态,以学校百年文化品牌"仰高文化"为背景,制定了基于"仰高文化"的教师评价素养的校级目标,着力构建基于"仰高文化"的教师评价素养评价体系;蒲公英幼儿园从教师评价意识、观察评价工具、教师评价能力、园本保障机制四个方面创生了校本化指标体系;莲溪小学创生出核心素养视角下小学语文教师阅读情景化命题能力指标体系。这种校本转化既响应区域宏观指标的指导性,又通过校本化过程实现了基于校本特色的实践创新。

三、动态优化路径:跟踪指导与沟通机制

为确保区域到校本指标的顺利适配,建立有效的沟通与协作机制至关重要。区域与实验校定期召开研讨会,共同探讨指标实施过程中的问题与解决方案;由学校代表分享校本指标调整经验,区域专家进行现场指导和答疑,助力实验校明晰学校亮点特色、进行成果孵化。学校内部充分沟通协作,组织教师参与校本指标的制定与完善过程。通过教研组会议等形式,广泛征集教师意见,确保校本指

标既能体现区域要求,又能贴合校本实际。同时,区域建立跟踪指导机制,由区域专家团队对实验校进行一对一的跟踪指导,定期评估校本指标的实施效果,提出改进建议。此外,还建立线上沟通平台,如微信群、钉钉群等,方便实验校之间交流经验、分享资源,形成互助互学的良好氛围。通过这些动态优化路径,区域与实验校共同推动校本指标的持续优化和完善。

第三节　以赋能教师为导向,区校培训内容的设计与实施

区校协同培训体系是赋能教师专业成长的核心引擎。当区域与学校从"任务驱动"转向"需求驱动",从"统一供给"转向"精准定制",教师评价素养的提升便不再是单向的知识灌输,而是基于真实教学场景的深度对话与共生共长。这种以教师发展需求为核心的培训模式,通过分层分类的课程设计、数字赋能的研修生态、实践导向的行动研究等策略,使评价素养真正成为教师专业能力的"生长点"。

一、精准分析培训需求,设计教师成长路线

在设计培训内容之前,清晰把握现状、精准分析培训需求、明确教师成长方向是确保培训工作持续推进、取得实效的关键。

1. 深入调研,全面了解教师评价素养现状。区域在项目伊始先对区域内教师评价素养的现状进行了全面、深入的调研。调研涵盖多个维度,包括教师对评价理念的理解、评价方法的掌握、评价工具的使用能力、在实际教学中运用评价促进学生学习的情况以及培训意愿与需求等。同时,还组织部分学校教师开展座谈,深入挖掘教师在实际教学评价中遇到的具体问题和困惑,例如,在课堂即时评价中如何给予学生精准且有激励性的反馈等,如此,在设计后续培训方案时就有了重点。

2. 数据分析,精准定位教师成长需求。在收集到大量调研数据后,运用科学的数据分析方法,对数据进行深入挖掘和解读。通过定量分析,如统计教师在各项评价素养指标上的得分分布,找出整体的优势与薄弱环节。同时,结合定性分

析,对教师访谈和案例中的关键信息进行提炼和归纳,了解教师在评价实践中面临的实际问题和需求。不仅关注了区域教师群体的整体情况,还充分注重类别差异,不同教龄、不同学科、不同教学经验的教师在评价素养方面存在的差异。通过细分教师群体,更精准地定位了各类教师的成长需求,为后续的培训设计提供针对性的指导。

3. 制订培训计划,明确教师成长方向。基于调研和数据分析,以及访谈的结果,区域制定了幼儿园、中小学实验校教师的培训提升计划。培训计划明确教师的成长方向,涵盖从基础理论知识到实践操作技能的全方位提升。对于评价素养基础较弱的教师,培训内容侧重于评价基本理念、常见评价方法的介绍和简单评价工具的使用。而对于有一定评价经验的教师,则设计多元化评价方式运用、评价数据分析与应用等高级主题。

二、系统设计区域培训内容,聚焦重点难点痛点

区域在设计培训内容方面,在系统性和全面性的基础上,聚焦评价素养提升中的重点问题与关键环节。培训内容既涵盖教育评价的基本理论,同时也关注国际前沿,还注重将理论与实践相结合。

构建全面系统的培训内容框架。基于前期的调查与分析结果,区域设计的培训内容涵盖教师评价素养的各个方面,构建了一个全面的培训内容框架,包括教育评价的基本理论与前沿理念,如表现性评价、作业设计与命题等,帮助教师从根源上理解评价的目的与价值。还邀请知名教育评价专家进行专题讲座,通过案例分析和互动研讨,使教师深入领会这些理论在实际教学中的应用。同时,聚焦评价工具与方法的实操性培训,如评价量表设计、评价数据收集与分析等专题,让教师亲身实践并掌握各类实用的评价技术和手段。此外,区域培训还关注教师在实际教学中如何运用评价结果进行教学改进和学生指导,提升教师的评价应用能力。

聚焦重点难点痛点,精准设计培训内容。对于教师反映的在评价实践中遇到的实际问题和困难较多的主题,将区域分析整合确定为培训的重点。例如,许多教师在课堂即时评价中存在反馈不够精准、激励性不足等问题,培训中专门设计针对课堂即时评价技巧的模块,通过观摩优秀教师的课堂反馈案例,分析不同

反馈方式的效果,引导教师掌握多元化的反馈技巧。评价数据的分析与应用也是教师评价素养提升中的难点之一,培训中利用实际的教学数据,指导教师如何运用数据分析工具和统计方法,解读数据背后的学生学习情况,从而为教学决策提供依据。此外,针对教师在学生综合素质评价、跨学科评价等方面的困惑,培训内容也应有所涉及,帮助教师突破评价实践中的瓶颈。例如,邀请教育评价领域专家进行专题讲座,如《核心素养背景下的命题研究及测评启示》《科学而有艺术的评价——新时代教师的必修课》《运用数据思维——基于数据实证认识教育真相》《课堂教学中的表现性评价》《"新课标,新教材,新命题"》等。此外,区域还组织优秀教师案例分享活动,将区域内成功的评价实践进行提炼与推广,为教师提供可借鉴的范例。

三、实时建立"研读+"反馈模式,持续优化知识体系

除系统培训之外,深入研读专业著作、实践应用与分享是搭建教师评价素养知识体系的重要途径。为此,区域还组织实验校教师进行专著研读,通过系统地阅读和研究相关专业书籍,教师能够全面理解教育评价的理论基础和方法论,然后将所学所得付诸实践应用;通过有效的反馈,教师能够将专业著作中的理论知识与教学实践紧密结合,不断反思和改进自己的评价行为,为提升自身评价素养奠定坚实的知识基础。

专著研读与研讨。区域搭建共读交流平台,从 2023 年 9 月至 2024 年 6 月开展了两期共计 12 次的线上好书共读活动,第一期以郑东辉教授《教师评价素养发展研究》著作为主,第二期以围绕一个主题分享理论(专著、论文等)和实践(校本的成熟经验)为主。在遴选第二期共读主题中,实验校先期探索有了思考与突破,但也遇到了棘手的问题,如,"善用课堂中即时性评价工具——师生有效对话""校本化量表指标如何设计""表现性评价任务如何设计"等,更具针对性设计研读主题,参与感强,研究味道浓。41 所实验校代表教师参与其中,每次活动包括主题领读、经验交流(点评)、文字报道以及心得感想等环节,充分激发每位教师的参与热情。教师们积极发表读书心得,交流评价实践中的困惑与解决方案,形成了良好的学习共同体。文字报道与心得感想的整理与分享,进一步深化了研读成果。教师们将每次活动的收获以文字形式记录下来,不仅有助于巩

固知识,也为后续的实践应用提供了参考。这些文字资料在平台上共享,形成了宝贵的集体智慧库。

实践应用与分享。为了增强实效性,一方面,在培训体系中安排了实践应用与案例分析板块内容,让教师设计评价方案,实施评价并进行反馈,随后进行小组讨论和专家点评,帮助教师在实践中反思和改进。另一方面,面向学校教师征集评价实践案例,组织案例评选活动,将优秀的评价实践案例进行汇编,形成《2023教育评价改革浦东进行时——〈基础教育"教师评价素养"模型构建与区域应用的行动研究〉课题获奖案例汇编》《浦东教育》"教师评价素养"专刊征集等案例征集,并广泛推广。这些案例不仅帮助教师将所学付诸实践,凝练为成果,还激发了教师之间的互相学习和创新,促发了经验与智慧的流动。通过实践应用和案例分享,教师们能够更深入地理解评价理念,磨炼评价技能,形成了源源不断的正向反馈。

第四节　聚焦评价场景,分类实施教师评价素养重点举措

教师评价素养的呈现场景并非全面放射状的,而是聚焦在三类评价场景上的,因此分类实施重点举措,是确保教师评价素养提升工作针对性和实效性的有效路径。通过深入分析课堂教学、学生学业成就、学生综合素质评价三个不同场景下的需求与问题,采取相应的重点举措,能够有效推动教师评价素养的提升。

一、聚焦核心素养,完善教师课堂评价

成功的课堂评价策略源于对教学目标的明确设定、提问技巧的灵活应用、引导方法的有效性以及反馈机制的优化。从《浦东新区中小学教师评价素养关键能力通用指标》中也可以看到,指向课堂教学质量提升的教师评价素养关键能力被分为目标制定、评价设计、目标检测、作业布置、个别辅导和决策指导等维度。这些因素在课堂中的有机结合,为教师在课堂评价中落实学生核心素养提供了重要保障,也是教师评价素养在课堂场域的重要体现。课堂教学评价实验校在

落实区级评价指标的过程中,推动了教师投入课堂教学评价的探索与实践,也从实践中发现了与之相印证的评价能力关键点。

（一）素养导向的评价设计,打造以学生为中心的课堂

具有高评价素养的教师能够通过教学目标的明确设定,将学生核心素养的培养融入日常教学中。传统的教学目标往往侧重知识和技能的传授,而评价素养较高的教师会在设定教学目标时充分考虑学生的思维能力、合作能力、创新能力等核心素养的培养,通过对课堂评价的合理设计来推动这些目标的实现。例如,张江高科实验小学在"大单元视角下",改变了传统教学目标的制定方式,把教学目标的设计转变为评价目标,立足学生立场,能够指向学生的行为表现,且具有三维统整性。有了指向学生素养达成的课堂教学目标后,如何通过合理的课堂评价任务的设计,来反映学生核心素养的达成,对教师的评价素养也提出了更高的要求。在课题组大量案例中可以发现,课堂评价任务的设计呈现了情境性、综合性的趋势。即教师不再通过简单的问答、书面练习等方式核查知识的识记,转而通过真实情景,让学生尝试综合运用知识来进行问题解决。例如,周浦小学结合不同学科的特点,注重实用,以学生能够理解的任务表达方式来设计课堂评价任务,取得了较好的教学效果。

（二）化筛为泵的评价反馈,促进学生深度学习

在课堂教学中,评价环节是促进学生学习和提升教学质量的重要手段。通过有效的评价反馈,教师不仅可以发现学生的学习困难,还能及时调整教学策略,进一步激发学生的学习动力,促进深度学习。课题组教师从课堂中最常见的评价环节入手,围绕如何提问、如何组织学生进行自评与互评,以及教师多种评价反馈策略的运用进行深入探讨与梳理,让课堂评价从即时筛查学生知识掌握情况,转变为促进学生深度学习的有力支撑。在引导和反馈环节中,教师的作用在于通过及时、精准的反馈,帮助学生改进学习方法和思维方式。在课堂评价中,教师应根据学生的回答和表现,给予针对性的建议和鼓励,帮助他们看到自己的进步和需要改进的地方。提问,是课堂教学中最常见的评价环节之一,也是促进学生思维发展的重要工具。如,懿德中学聚焦反馈评价,发展出复式问答结构,并制定了《课堂对话评价表》,提升教师课堂提问互动水平,引发学生深度学习。即时反馈,是提问以外的课堂中教师重要的评价行为。课题组教师在实际

教学中,尝试运用了多种反馈策略,以确保评价的有效性,帮助学生在接收到反馈后及时调整学习方法,促进持续改进。例如,周浦小学在实践中针对学生不同的课堂学习表现,梳理提炼了四种有效的课堂反馈方式,来实现对学生的积极引导。

(三)技术赋能的评价样态,助力关注个体差异

随着教育技术的不断发展,尤其是"三个助手"等课堂数字化转型的项目推进,课题组教师尝试将多种技术应用于课堂教学评价,借助现代技术工具的支持,更加细致地分析课堂教学过程中的数据。通过这种方式,教师不仅能够复盘课堂教学的整体效果,还能关注到学生的个体差异,从而实现个别化跟进,并进一步改进课堂教学策略。

首先,技术为教师提供了更为丰富的评价手段。传统的课堂评价主要依赖于教师的观察与主观判断,而借助技术,教师可以使用在线测试、课堂互动系统、作业管理平台等工具,实时收集并分析学生的学习数据。通过这些技术工具,教师能够轻松获取学生的答题情况、参与度、课堂反应等多维度数据。这些数据为教师提供了精准的学生学习表现和课堂效果反馈,从而避免了单一评价方式的局限性。

其次,数据分析能够帮助教师更加准确地识别学生的个体差异。技术不仅能够呈现学生整体的学习情况,还能细化到每个学生的知识掌握度、学习速度和学习困难点。例如,教师可以通过数据平台查看某个知识点的整体掌握情况,并进一步分析哪些学生在该知识点上存在困惑。这种个性化的数据呈现,能够帮助教师及时调整教学计划,为有特殊需求的学生提供针对性的帮助和支持,促进个别化教学的实现。

更重要的是,借助技术和数据,教师能够复盘整个课堂教学过程,找到提升教学质量的有效途径。通过课堂数据的分析,教师可以反思哪些教学环节有效激发了学生的参与,哪些部分仍需改进。这种复盘不仅限于知识的传递,还包括学生互动、思维参与和情感投入等多方面。基于数据的反馈,教师可以更有效地优化教学设计,增强学生的学习体验。

二、优化评价依据与工具,完善教师学业成就评价

学生学业成就评价作为教师评价素养的重要组成部分,能够帮助教师全面

了解学生的学习状况,从而对学生进行针对性的指导和帮助。同时,发现教学过程中的不足之处,及时调整教学策略和方法,以提高教学效果,进而提升教师自身的专业素养和教学能力。

(一)构建科学的评价依据与原则

1. 基于学科核心素养

在"双新"(即新课程、新教材)背景下,落实学科核心素养已成为学校办学不可或缺且至关重要的任务。这一转变不仅是对传统教育模式的深刻反思与革新,更是顺应时代发展需求,培养具有创新精神、实践能力、国际视野和社会责任感的高素质人才的必然要求。为了紧跟这一时代潮流,不少学校纷纷加入相关研究中,例如建平实验张江中学的《核心素养导向学生学业成就领域的教师评价素养提升研究》、江镇中学的《双新背景下的教师评价素养档案袋实践研究》、莲溪小学的《核心素养视角下小学语文教师阅读情景化命题能力提升的研究》等。

2. 情景化评价

情景化评价是一种深度融入学生生活与学习实际的教学策略与评估手段,它旨在通过精心设计的、贴近学生日常经验或未来可能面临的真实或模拟情境,为学生提供一个展示其学习成果、应用能力及综合素养的平台。这种评价方式超越了传统的纸笔测试或单一技能考核,更加注重学生在复杂、多变环境中的综合表现与问题解决能力。

在情景化评价中,教师会根据学科特点、教学目标以及学生的年龄特征和学习需求,创设一系列具有挑战性、趣味性和实用性的任务场景。这些场景可能模拟了现实生活中的工作场景、社交互动、问题解决过程,或是基于学科知识的虚拟探索任务。学生被置于这些情境中,需要运用所学知识、技能以及批判性思维、创新思维等高级认知能力,来应对挑战、完成任务,并在此过程中展现自己的学习成果和能力。

例如,莲溪小学教师进行阅读情景化命题设计研究时,利用研究阅读、综合阅读和个性阅读的方式创设合理阅读情景和丰富的情景任务,促进学生全面且均衡地成长,并及时根据数据反馈改进教学方法与命题内容。

3. 多维度评价

学生学业成就评价应当超越单一的考试成绩框架,构建一个涵盖学习态度、课堂互动深度、作业质量,以及项目实践成果在内的多维度评价体系。这一体系旨在要求教师全方位、多维度地捕捉学生的学习表现与进步,从而更加真实、准确地反映学生的综合学习状况。例如,建平实验张江中学建立的校本化学业述评指标框架便从品德发展、学业发展、个性表现、劳动素养以及实践创新等五个方面综合评价学生的学业成就。

(二) 选择恰当的评价工具和方法

1. 标准化测试

标准化测试是一种具有规范标准,并严格按照科学程序组织的测验方法。它涵盖了测验全过程的标准化,包括确定测验的目的和计划、项目的编制、测验的管理、评分记分以及分数解释等各个环节。例如,北蔡高中就是选择了标准化测试——月考作为辅助教师评价的工具。

2. 表现性评价

表现性评价通常要求学生在某种特定的真实或模拟情境中,运用先前所获得的知识完成某项任务或解决某个问题,以考查学生知识与技能的掌握程度,或者问题解决、交流合作和批判性思考等多种复杂能力的发展状况。它强调创设真实情境,即便是模拟情境,也必须能激发学生在真实情境中相似的反应,以考查学生在现实生活中分析问题和解决问题的能力。例如,莲溪小学研究的情景化命题其实就是表现性评价中的一种方式。

(三) 应用评价结果促进发展

应用评价结果促进发展是一个关键过程,它涉及将评价所得的信息、见解和结论转化为实际行动,以推动个人、组织或项目的持续改进和成长。

1. 制定个性化发展计划。根据评价结果,为每位学生制定个性化的学习和发展计划,帮助他们明确学习目标和改进方向。

2. 优化教学策略。教师根据评价结果反思自己的教学方法和策略,及时调整和优化教学方案,提高教学效果,提升教师评价素养。

3. 激励与表扬。对表现优秀的学生给予适当的激励和表扬,激发他们的学习积极性和自信心;对表现不足的学生给予必要的帮助和支持,鼓励他们克服困难、取得进步。

例如,北蔡高中的教师在运用信息化教学平台监测学生学业数据时,敏锐地识别到一名学生的成绩出现了显著波动,宛如"过山车"般起伏不定。针对这一异常情况,教师迅速介入,深入剖析其背后的原因,并精准判断为该生的基础知识体系尚不牢固所致。随后,教师针对性地制定了个性化辅导方案,强调巩固基础的重要性,并引导学生回归课本,以期通过扎实基础的学习策略,帮助该生稳定并提升学业成绩。

三、关注多元发展,完善教师综合素质评价

在学生综合发展的评价过程中,成功的综合评价策略源于对学生"五育"成长目标的明确设定、过程性与表现性评价的有效结合、教师反馈能力的提升,以及多维度评价证据的采集与运用。从相关研究和实践中可以看出,指向学生多元发展的综合评价关键能力应涵盖评价目标设定、评价过程设计、学生成长轨迹监测、个性化反馈以及评价数据的运用等多个维度。这些要素的有机整合,不仅为教师有效落实学生综合素养评价提供了保障,也彰显了教师在综合评价中的专业素养。

(一) 强化过程性评价,学会激励学生

首先,过程性评价的核心在于贯串整个教学过程。教师的评价素养体现在通过持续观察和记录学生在学习过程中的表现,能够及时捕捉到学生在不同学习阶段的进步与不足。例如,通过课堂上的互动、讨论、作业完成情况以及合作项目中的表现,教师可以清晰地了解每个学生的学习习惯、兴趣点以及他们在遇到困难时的应对方式。通过这一过程,教师能够在学生学习过程中进行及时的引导与调整,帮助他们树立正确的学习态度,保持学习兴趣。

其次,教师在过程性评价中不仅是记录者,更是激励者,这也成为教师评价素养体现的重要导向。评价的重点不应只是指出学生的错误或不足,而是要通过积极的反馈和有效的激励措施,帮助学生建立自信。同时,过程性评价还能够帮助教师更好地理解学生的兴趣和个性化需求。不同学生在学习过程中表现出的兴趣点各不相同,通过对这些表现的细致观察,教师能够更有针对性地进行课程设计与活动安排,提升学生的学习参与度。例如,对动手实践感兴趣的学生,教师可以在课程中融入更多的实验和项目学习环节,从而使他们在学习过程中得到更多的成就感与满足感。例如,上海戏剧学院附属新世界实验小学在"80 天

环游世界"项目化学习课程中,为了评价学生在项目化学习中的表现,学校依托校本评价工具,设计了"环游点评台"评价环节。教师观察学生在项目化学习过程中的参与度、合作情况、问题解决能力等,及时记录学生在探究、实验、讨论等环节中的表现,评价其学习态度和方法的有效性。通过这样的即时反馈与激励,学生的综合素质和实践能力得到了显著提升。他们在项目化学习中学会了如何与他人合作、如何解决问题、如何创新思考。这些能力不仅对他们的学业发展有帮助,还将对他们未来的职业生涯产生深远影响。同时,他们也形成了良好的学习态度和习惯,为终身学习打下了坚实的基础。

(二)探索表现性评价,学会解读学生

在课题组的探索中,多家学校围绕表现性评价开展教师评价素养提升的研究实践。表现性评价逐渐成为教师在跨学科学习、项目化学习等教育场景中有效评估学生综合素养的重要手段。它不仅强调学生的实际应用能力,更通过设计真实情境中的任务,让学生展示其在多学科知识融合、合作能力和创新思维等方面的表现,这对教师评价素养也提出了更高的要求。通过这一过程,教师可以采集多样化的评价证据,深入解读学生的素养发展,并提供显性评价结果,助力学生的全面发展。

首先,在跨学科学习中,教师对于表现性评价的任务设计往往结合多个学科知识,要求学生在解决复杂问题的过程中将各学科的知识和技能加以应用。其次,表现性评价能够生成多类型的评价证据,教师应具备解读学生素养发展多维度评价依据的关键能力。在跨学科或项目化学习中,学生通过口头汇报、书面报告、项目展示或实践活动,展示他们的学习成果。这些成果不仅包括显性的学业成就,还包括隐性素养的发展,如批判性思维、解决问题的策略等。通过对这些多元证据的分析与解读,教师可以全面了解学生在不同场景中的表现,从而做出更具针对性的反馈。教师对于表现性评价实践的另一个关键在于它帮助教师将学生素养发展显性化。传统的纸笔测验往往局限于对知识点的检测,而表现性评价则通过任务情境,突出学生在实际应用中的能力。这种能力的显现,有助于教师通过解读学生在任务中的表现,判断他们是否具备相应的核心素养。最后,教师在实施表现性评价时,还应当加强对学生素养发展的跟踪与反馈。在项目完成后,教师可以组织反思性讨论,让学生自我评估和同伴互评,以加深他们对自己能力的认识和改进方向。同时,教师也可以通过个性化的反馈,帮助学生进一步明确其发展中的优势与不足,推动学生素养的持续提升。例如,上海市实验学校东校根据学科特点和学生需求,开发适宜的评价工具,如评价量表、观察记录表、作品分析框架等。结合信息技术,开发电子评价平台,便于教师收集、存储和分析评价数据。鼓励教师创造性地使用评价工具,如利用思维导图评价学生的创意思维,使用模拟软件评价学生的实践操作能力。以上举措都为师生提供了开展表现性评价的操作支架,也为教师积累了丰富的评价证据,提升了综合评价与解读学生的专业水平。

(三) 健全综合性评价,学会成就学生

在课题组的实践中,通过建立完整的学生综合发展体系,教师能够全面均衡地关注学生在德、智、体、美、劳等各方面的发展,进而发现学生的闪光点,激励每一个学生的潜能,充分发挥评价的育人功能。

首先,构建综合性评价体系的基础在于明确评价目标。这一目标不仅包括学业成绩的考量,更应涵盖学生的道德品质、身心健康、审美能力和实践动手能力等各个方面。教师需要在教学设计中,将各育人维度有机结合,通过课程活动、课外实践及社会服务等多样化的形式,帮助学生在德智体美劳各方面实现全面发展。其次,教师在实施综合性评价时,需采取多元化的评价方式,以全面捕捉学生的表现和发展。例如,课堂内可通过观察、讨论、表现性任务等方式获取学生的学习态度和合作能力;课外则可以通过实践活动、社团参与及社会服务等方式,评估学生的动手能力和社会责任感。这种多元化的评价方法,不仅帮助教师全面了解学生的成长轨迹,也为学生提供了多样化展示自我的机会,让每位学生都有机会在不同领域中展现自己的特长与潜能。在评价过程中,教师应注重发现学生的闪光点。每个学生都有独特的个性和发展路径,教师需要通过细致的观察与评估,识别学生在某一方面的优异表现。此外,教师在综合性评价中还应关注对学生的激励和支持。通过及时的反馈与指导,教师可以帮助学生认识到自身的优点与不足,鼓励他们设定适合自己的学习目标。这种鼓励不仅仅是对学业成绩的认可,更是对学生在德、智、体、美、劳等多方面努力的肯定,进而促使他们不断进步,追求卓越。最后,健全的综合性评价体系还需要与学校整体教育目标相结合。学校应建立一套完善的评价机制,鼓励教师之间的合作与交流,共同探讨学生评价的最佳实践。通过集体的智慧和经验,教师能够不断优化评价策略,更有效地促进学生的全面发展。

综上所述,通过健全综合性评价体系,教师能够在学校教育中全面关注学生的多方面发展,发现每位学生的闪光点,激励与成就他们,充分发挥评价的育人功能。这不仅是教师评价素养的重要体现,也有助于培养学生的综合素养,为学校教育的质量提升打下坚实的基础。

第五节   健全机制保障,持续推进区域教师评价素养提升

在基础教育教师评价素养提升的区域推进过程中,机制保障是关键支撑。通过构建区域教育"研究立交桥",浦东教发院为区域教师评价素养的提升提供战略支持与机制保障。浦东教发院将大城市交通解决方案的现代化"立交桥"作为一种教育隐喻,探索多主体参与、多中心协同、多系统开放、多路径交会的教育研究转型的解决方案,主动探索从传统的教育管理转向现代化治理。构建区域教育"研究立交桥",以支撑区域现代化引领区建设与教育综合改革为使命,聚焦基础教育发展中的重点、热点、难点、堵点等关键问题,以问题解决为导向,以提升质量为目标,以智能技术为载体,多元主体协同联动开展"大教研",为教师成长开辟新天地、建立新赛道,形成全域覆盖、层次丰富、互为融通、便捷有序、智慧开放、动力强劲的"教—科—研—训—评"一体化新型区域教育治理形态,进而推动区域教育从合作共治、整体智治走向良法善治境界。① 区域教育"研究立交桥"作为顶层治理机制设计,在推进区域教师评价素养提升过程中,发挥重要作用。对外,以浦东教发院为牵头方,"G—U—I—S"四方主体立体联动;对内,"教—科—研—训—评"五个条线协同推进;同时,着眼长远,接续跟进与研究的长效机制持续推动提升区域教师的评价素养。

---

① 李百艳.构建区域教育高质量发展"研究立交桥"的探索与实践——以上海市浦东新区为例[J].中国教师,2023(01):22-26.

一、"G—U—I—S"立体联动,多元主体合作共治

"G—U—I—S"联动机制由区域教育研发机构即浦东教发院主导牵头,通过整合政府(Government)、高校(University)、浦东教发院(Institute)及学校(School)四维力量,有组织、系统性、科学性、长期性地推进,形成"政策引领—学术支撑—专业赋能—实践创新"的完整闭环。不仅破解了传统教师培训中"学用脱节""资源碎片化"等难题,更涵养了可持续发展的区域教师评价素养发展生态。

政府在"G—U—I—S"联动中发挥着政策制定、资金支持和组织协调的关键作用。浦东新区政府出台《浦东新区深化新时代教育评价改革行动方案》,明确提出探索教师评价素养发展机制,将教师评价素养提升纳入基础教育教师整体发展规划。高校在联动中发挥学科优势和专家资源优势,对课题组的研究提供了理论支撑以及论证支持,为实验校提供全程跟踪的专业理论指导和实践培训支持,推动一线教师对评价素养从"被动接受"转向"主动应用"。浦东教发院则以专业赋能学校,推动实践转化。浦东教发院根据区域教师发展现状和需求调查结果,制定研修计划,整合各方资源,组织开展针对性的培训课程和学习交流活动;强化科研引领,通过专题培训、研讨会、学术交流活动等弥合理论与实践的鸿沟;建立教师评价素养研修资源库,通过浦东新区"日新谭"线上平台向全域学校和教师开放,实现资源共享最大化……这一系列举措大大提升了区域幼儿园、中小学教师评价的科学性。实验校作为机制的终端落脚点,需要将外部资源转化为内生动力。完善校本研修制度,将教师评价素养的提升纳入校内培训、教研活动和评价实践;深化校本实践,促进教师在实践中不断探索和创新;营造一种重视教师评价素养提升的校园文化氛围,让教师们认识到评价素养对于教学质量提升的重要性,从而自觉主动地提升自身的评价素养。

二、"教—科—研—训—评"协同推进,职能部门齐发力

在向外联动的同时,浦东教发院内部职能部门,围绕区域教师评价素养提升,将"教—科—研—训—评"业务条线的工作内容整合融通。

教研活动是提升教师评价素养的重要途径。区域教研部门开展教学实践指

导,引导教师在日常教学中将评价贯串于各个环节,如课堂表现评价、作业评价、考试评价等,通过多样化的教学方法获取全面的评价信息;还组织多样化的教研活动,如教学观摩、公开课、说课评课等,为教师提供展示和交流的平台,教师们分享教学经验,探讨评价方法,共同解决教学中遇到的评价难题。区域科研部门组织教师积极参与教育科研项目,结合教学实践中的评价方面问题开展研究,组织科研成果的鉴定和推广。区域师训部门,针对不同教龄、不同学科的教师设计差异化的培训内容,开展相关知识和技能的培训;组织教师参加工作坊,通过实际操作和模拟演练,提升教师的评价实践能力。区域评价部门建立教师评价素养监测机制,每学年开展教师评价素养专项测评,形成评估报告,为教师的专业发展提供参考。

三、中期—长期接续跟进,持续赋能见长效

项目的阶段性成果虽已显现,但教育评价的复杂性决定了其成效需在动态实践中不断深化、在长期推进中不断固化。为避免短期的昙花一现,区域层面建立了持续推进的长效机制,使前期探索转化为可复制、可推广的常态化实践路径。

工具升级迭代,从实验成果到标准输出。项目结题并非终点,而是进入 2.0 版研发的新起点。一方面,区域组建由高校专家、一线教师等构成的研究团队,对原有的评价指标进行优化。另一方面,编制《浦东新区教师评价素养提升操作手册》,将抽象理论转化为可直接落地的 41 个微案例,如此一来,大大提升了成果转化的实效。

辐射带动影响,从实验校到发展共同体。实验校的实践成果显著,为更进一步发挥其影响作用,区域构建了"实验校—学区、集团"辐射机制。由实验校领衔,与其所在学区校、集团校组成发展共同体,共享教师评价素养项目内容资源、成果资源以及专家指导团队,优质经验突破校际壁垒,形成点—线—面—体的创新扩散效应。

"G—U—I—S"联动机制以及"教—科—研—训—评"的协同推进,不仅实现了教师评价素养从经验积累到专业进阶的跃迁,更通过标准化评价工具开发、模块化资源库建设及迭代式经验推广,为区域教育生态优化提供了具有方法论意

义的操作范式。通过中长期的接续跟进,将持续推进区域教师评价素养的提升,为浦东新区建设基础教育高素质专业化教师队伍奠定坚实基础。

浦东教发院以系统性思维和整体性治理理念,打破"理论与实践""区域与校本""专业与行政"的壁垒,构建区域教育"研究立交桥"的协同机制。评价素养的提升不仅是技术能力的进阶,更是教育生态的重构。通过实验校引领、指标适配、精准培训、场景创新及机制保障的有机统一,不仅实现了实验校教师评价素养的全面提升,更培育了"以评促教、以评育人、以评达己"的区域评价文化。未来,随着人工智能、大数据等技术的深度应用,区域将进一步探索"智慧评价"新范式,推动教师评价素养向"数据驱动""AI 赋能"方向转型,为新时代浦东新区基础教育高质量发展注入持久动力。

(上海市浦东教育发展研究院　张琼文　孙翔宇　褚钰　邓娜)

实践篇

第一章 提升学前教师评价素养,优化"一日活动"

第一节 依托九连环复合研修模式,
提升幼儿教师户外活动材料选用的评价素养

《幼儿园保育教育质量评估指南》(以下简称《指南》)第 37 条指出:"各类设施设备安全、环保,符合幼儿的年龄特点,方便幼儿使用和取放,满足幼儿逐步增长的独立活动需要。提供必要的遮阳遮雨设施设备,确保特殊天气条件下幼儿必要的户外活动能正常开展。"①《指南》37 条不仅首次提出特殊天气户外活动的要求,更明确了户外活动材料选用的 5 个操作点和评价点。

一、问题提出:瞄准问题,明确发力点

(一) 户外活动材料选用的标准意识薄弱

我园曾对全园教师作了户外活动材料的选用的全面调研,发现普遍存在选用的标准意识薄弱。首先,教师在每周课程设计与评价中,仅有 5% 的教师会偶尔涉及户外活动材料的设计与评价;其次,户外活动材料使用专项调研中发现:60% 的教师仅选用所在场地上的材料,30% 的教师会增加少量班本材料,10% 的教师会选用校园内外的各种材料,教师对所有材料的熟悉程度、户外活动材料设计的重视程度、对幼儿深度学习的认识与材料选用优化呈正相关,材料选用品质高的教师,其班级幼儿发展水平也整体高于其他班级;最后,户外活动材料选用主题调查中发现:因十三个场地特有材料已经比较丰富,每个班级每个场地每学

---

① 中华人民共和国教育部.幼儿园保育教育质量评估指南[S].2022(02).

期最多轮到两周,50%的教师认为学校提供的各场地材料已够幼儿玩了,没想到材料选用需要教师设计和调整,30%的教师认为需要根据幼儿的兴趣提供一些班本材料,中心、区级骨干教师认为需要引导幼儿大胆选择校园内外的安全材料,材料呈现要便于幼儿发现与取用。由此可见,教师户外活动材料选用的意识比较薄弱,缺乏基于幼儿行为主动评价材料适宜性以形成改进方案的思维模式。

（二）传统研修模式提升教师评价素养的效能较低

教师评价素养是教师的教育价值观、评价意识、评价态度、评价知识、评价能力、评价技巧的综合,是存在于教师头脑内的一个完整的体系。在户外活动选用的访谈和问卷中发现:因教师普遍存在评价知识缺乏、评价能力弱、对评价有畏惧心理等问题,造成教师评价素养整体偏弱。因此,培养教师评价素养迫在眉睫,教师评价素养培养必须关注评价知识、评价方法的学习,必须在实践中助力教师学深学透知识,必须在各类场景中锻炼教师灵活使用评价方法的能力。然而传统研修模式中培训、教研、科研等各类研修活动各自为阵、各有重点的做法,虽能让教师在多条线、多内容、多任务的研修中开阔眼界,但因其着力点过多,在教师评价素养培养中呈现出内容散乱无序列、简单重复无递进、形式单调无突破等低效能现象,教师评价素养未发生显著变化。因此,探索一种符合教师深度学习特点的、能够聚焦主题、形成合力的复合型研修模式势在必行。

二、指标落实:精准解读,实现内化与创生

准确理解《浦东新区幼儿园一日活动中教师评价素养关键能力的指标》是开发教师评价素养园本指标的关键前提,集体研制教师评价园本指标及操作细则是培养教师评价素养的基本过程。

（一）解析式研读,悟透区级指标内涵

解析式研读以“领读式”与“辨析式”两种形式开展,让教师在学中引思、辨中引悟的循环中准确理解幼儿教师评价素养的内涵与作用。

领读式是在项目核心成员带领下的指标解读活动,以完整分析式读、逐条解析式读、难点剖析式读三步走的方式实施,完整分析式读重在指标整体框架结构及各要素之间关系的解读;逐条解析式读重在集体分析讨论中逐条分析指标内涵,达成共识;难点剖析式读重在借助实例微格分析,学透难懂指标。

辨析式是在项目组成员引领下,在思辨中加深记忆、促进内化的学习讨论会,采用"两类五级"评价培训支架实施,即"非本学段指标辨析"类的集体共同辨析、个人独立辨析两级;"本学段指标辨析"类的合作共商辨析、互助补充辨析、全面整体辨析。

（二）系统式开发,凝练园级指标

基于区级指标《幼儿园一日活动中教师评价素养关键能力的指标》与户外活动材料选用的综合考量,采用"研发—实践—完善"循环的方式,持续推进观察、评价工具的研发,共研发《户外活动材料选用评价表》《户外活动中幼儿深度学习观察识别索引表》等四张表格,为教师科学、系统评价提供依据和操作路径。

区级指标《幼儿园一日活动中教师评价素养关键能力的指标》是园级指标的方向灯,为园级指标制定指明方向。园级指标是区级指标在户外活动材料选用场景中具体化、细节化、层次化、重组化的体现,是将区级指标全面落地的关键支架。如《户外活动材料选用评价表》以区级指标评价设计、评价过程、评价改进诸要素为主要内容,以教师"选—用—评—改"的操作流程为序。

1. 户外活动材料选用评价表

表1 户外活动材料选用评价表

一级指标	二级指标	三级指标		
		水平1	水平3	水平5
选	学情分析	• 缺乏学情分析的意识。	• 具有从班级幼儿年龄特点、班级幼儿发展现状和幼儿需求分析的意识,但分析不够全面	• 能根据班级幼儿年龄特点、现有发展水平、兴趣需求进行准确、全面分析 • 能准确发现个体兴趣和发展需求
	卫生安全	• 具有按照卫生安全要求选择户外活动材料的知识,但在日常操作中缺乏随时随地排查卫生安全隐患的意识	• 能依据卫生安全要求选择使用材料,并能关注天气与卫生安全之间的关系	• 能发现材料存在的卫生及安全隐患,及时上报,并根据实际情况进行高质量调整

（续表）

一级指标	二级指标	三级指标		
		水平 1	水平 3	水平 5
选	准确适宜	• 选择场地内的所有材料	• 能根据学情选择材料 • 材料选择的数量、品种能满足幼儿的需求 • 具有投放班本材料的行为	• 能满足班级幼儿共性和个性差异需求 • 环境材料的种类和设计能激活幼儿的创造性 • 材料设计的种类和数量能促进幼儿优势、改善不足
	民主开放	• 能鼓励幼儿自主选择场地内的各类材料	• 具有和幼儿共同商讨材料应用的行为，允许幼儿使用园内各种材料	• 尊重、鼓励、欣赏幼儿创造性选用园内外各类材料
用	材料介绍	• 教师无材料介绍行为	• 教师具有介绍材料的行为	• 教师能全面、有序地介绍材料
	材料呈现	• 材料摆放无设计	• 能根据年龄特点设计材料呈现方式，便于幼儿快速了解材料	• 能根据幼儿的个性化差异，巧妙摆放材料，引发幼儿探索
	有效观察	• 有观察幼儿使用材料行为的意识，并用拍摄等方法进行记录	• 能比较全面观察幼儿对材料的使用情况，并借助拍摄、记录等途径，从频率、时间、方法等方面进行记录	• 能有目的、有意识地观察幼儿使用材料的持续时间、方法，并能灵活运用多种方法记录
	积极支持	• 在幼儿提出困惑时有回应	• 能关注集体的幼儿活动，并提供及时、有效的支持，方法多样	• 能全面、准确地分析幼儿的需求，并提供个性化、高质量的支持，方法多样灵活

（续表）

一级指标	二级指标	三级指标		
		水平1	水平3	水平5
评	材料选用	• 借助《户外活动材料选用评价表》，结合幼儿行为进行材料选用有效性评价	• 能熟练依据《户外活动中幼儿深度学习观察识别索引表》，结合幼儿使用材料的持续时间、频率、覆盖面进行材料选用有效性评价	• 通过倾听、交流等多途径收集幼儿对材料的喜欢程度，综合幼儿深度学习的时间、频率、覆盖面等信息对材料选用的有效性进行评价
改	材料调整	• 无调整意识或调整缺乏依据	• 能基于本班幼儿的活动和需求，从材料的种类、数量和呈现方式等方面改进	• 能从引发幼儿深度学习的视角，启发或与幼儿共同设计材料，优化方案并跟进落实

表1是供教师实施户外活动材料选用及评价的依据，具有引领教师有效评价、指引教师发展的作用，由三级指标构成，一级指标以户外活动材料选用的实施程序为线索，以简明扼要便于教师记忆和理解、形成评价思维模式为目标，确定选、用、评、改四项内容；二级指标以一级指标核心要素体现为要求，梳理出10条二级指标；三级指标是体现二级指标三个等级的典型行为描述。

2. 户外活动中幼儿深度学习观察识别索引表

表2　户外活动中幼儿深度学习观察识别索引表

领域	水平1	水平3	水平5
好奇好问	• 对活动中的事物和现象感兴趣 • 能在别人的鼓励下提出问题	• 喜欢接触新事物，对新事物充满好奇 • 喜欢提问，有提问的意愿	• 喜欢探索新事物，对探索中的新发现感到高兴和满足 • 对自己感兴趣的问题会主动追问，刨根问底，直到将问题想明白

（续表）

领域	水平 1	水平 3	水平 5
专注坚持	• 在提醒下能坚持活动,不频繁更换 • 对感兴趣的活动能持续集中注意一段时间	• 遇到困难时,能在鼓励下继续进行活动 • 活动中有注意力集中的时段	• 多次尝试性探索,遇到困难时不轻易放弃,直到任务完成 • 受同伴、教师的影响或干扰较小
乐思爱创	• 喜欢摆弄各种材料 • 能仔细观察自己感兴趣的事物,发现其明显特征 • 能用多种感官或动作探究,对结果感兴趣 • 在别人的鼓励下,愿意创造新的内容	• 乐于动手、动脑探究各类材料 • 能观察、比较不同的事物或现象,发现其异同 • 能根据观察结果提出疑问,并运用已有经验大胆猜测 • 有主动求新的意愿	• 乐于在动手、动脑中寻找问题的答案,尝试运用多种工具和方法探究,对探索中的发现感到高兴和满足 • 能用一些简单的方法来验证自己的猜测,并根据结果进行调整 • 能制定简单的调查计划,并按计划收集信息 • 表现丰富多样,追求创新,与众不同
交往合作	• 愿意与同伴共同游戏,参与同伴游戏时能友好地提出请求 • 活动中愿意分享玩具 • 发现有趣的现象时,喜欢与同伴分享 • 与同伴发生冲突时,能听从老师劝解	• 能有礼貌地向同伴表达自己的需求和想法 • 能运用简单的交往技巧加入同伴的活动 • 常常与同伴一起探索,过程中愿意倾听和接纳同伴的意见和建议	• 能在探究中与同伴合作,并交流自己的发现、问题、观点和结果等 • 敢于坚持与别人不同的意见并说出自己的理由 • 有分工合作的经验,有目的、有步骤、有效地解决问题

（续表）

领域	水平 1	水平 3	水平 5
感知表达	• 有表达的意愿,能用简单的语言表达自己的需要和想法 • 通过情绪或简单的肢体动作表达自己的活动体验 • 尝试通过照片、视频等多媒体资料帮助幼儿回顾活动,鼓励幼儿大胆讲述活动内容	• 愿意积极与他人交流自己感兴趣的事物 • 能较完整地描述自己活动的过程或发现 • 乐于使用简单的线条或图画记录自己的探究或结果	• 能清楚、连贯、有序地按自己的方式完整地表达自己的想法 • 能对自己做的计划、事情和结果进行回忆,做出简单的分析 • 能用图画、描述等方式表现探究过程或结果
自主自信	• 能按自己的兴趣选择活动 • 能为自己做的好事情或取得的活动成果感到开心 • 愿意做自己力所能及的事 • 乐意接受一些小任务	• 能按自己的想法进行活动 • 能了解自己的优点和长处,并为此感到满意 • 自己的事情尽量自己做,不轻易依赖别人 • 喜欢承担一些小任务,并尝试做简单的计划 • 愿意尝试有一定难度的活动和任务	• 能主动发起活动,活动中积极表达自己的想法并能坚持 • 做了好事情或者取得活动成果后还想做得更好 • 自己的事情能自己做,愿意学不会做的事情 • 敢于尝试有一定挑战性的任务,能设法努力完成自己接受的任务 • 能对自己做的计划、事情和结果进行回忆,做出简单的分析,并愿意做适当的调整

表 2 是供教师观察、识别幼儿深度学习发展状态的依据,具有引领教师有效观察、精准识别的作用,由两级指标构成,一级指标以幼儿深度学习的六个关键点为内容;二级指标是体现一级指标三个等级的幼儿典型行为表现。

3. 户外活动中材料选用教师自评他评表

表3 户外活动中材料选用教师自评他评表

活动区域		评价方式			评价依据
活动时间		评价方式	自评　他评		
评价教师		评价结果			
评价领域	评价内容	水平1	水平3	水平5	
选	学情分析				
	卫生安全				
	准确适宜				
	民主开放				
用	材料介绍				
	材料呈现				
	有效观察				
	积极支持				
评	材料选用				
改	材料调整				
成效					

表3是教师实施自评和他评的操作工具，教师需要根据表格的要求逐项填写，详细填写评价依据，结合表1的评价指标勾选评价相应的评价结果，自评每月最少2次，他评每月最少1次。

4. 户外活动个别幼儿跟踪式观察记录表

表4 户外活动个别幼儿跟踪式观察分析表

观察日期	××××年××月××日	观察班级	×××校区××班
观察对象		观察分析者	姓名　职称　骨干情况
活动区域概况	建议用图文方式呈现，内容包括场地特点、材料提供、材料摆放等		

（续表）

观察方法				
观察重点				
行为实录			行为分析	
时间	幼儿行为	教师行为	幼儿行为分析	教师行为分析
×时×分 — ×时×分	幼儿语言 幼儿肢体语言 幼儿情绪等	教师语言 教师肢体语言 教师观察 教师情绪等	依据幼儿发展评价指标、户外活动幼儿深度学习观察识别索引、观察重点进行逐条分析	从互动、支持等方面进行分析
×时×分 — ×时×分				
×时×分 — ×时×分 （可根据具体需要续）				
综合评价	从幼儿行为表现,综合分析教师选、用材料质量的评价			
材料优化建议	依据幼儿行为提出材料进一步调整、完善的简要方案			

表 4 是教师实施幼儿行为观察和评价的操作工具,教师需要根据表格的要求逐项填写,详细记录各项内容,可以采用视频记录二维码呈现、图文记录、文字记录等多种形式,结合表 2 的观察评价索引和表 4 各项操作指引进行评价,每月最少 1 次。

三、实施举措:靶向发力,形成经验

九连环复合研修模式是由专项实践活动、专题报告会、焦点专研坊、成长寻访营、睿思巧问会、启慧小课堂、专门评鉴活动、重构慧创论坛、重建辨析行九个环节组成的研修模式,九大环节层层推进、闭环运作,将培训、教研、科研等各类研训活动融为一体,是系统化、立体式、全方位的研修新模式。它是现代教育培训领域的重要发展趋势,以其灵活、高效、个性化的优势,为教师提供更加优质的学习体验,助力人才发展。九连环复合研修模式,既是提升户外活动材料选用品质的快速路径,更是形成研修合力,助力幼儿教师评价素养发展的创新之举。

第一环:专项实践活动——"精"设问题,引发教师关注评价

专项实践活动是指走进户外活动现场,结合现场进行问题引导下的研讨活动,其成效取决于主持人设计的问题质量和提炼能力。如在引发教师评价户外活动材料选用初期,开展了安吉箱区域幼儿深度学习情况的现场观摩与研讨活动,主持人以"你看到了哪些幼儿深度学习的行为""你认为哪些材料引发了幼儿深度学习行为""教师的哪些做法推进了幼儿的深度学习"三个问题让教师在轻松的氛围中走进评价。

第二环:专题报告会——"精"选内容,丰富教师评价知识

专题报告会是指由专业领军人员开设的专题讲座,其成效取决于内容的适切性。如教师普遍出现凭感觉评价时,开设专题报告"证据,科学评价的起点",让教师懂得实证评价对幼儿发展、对自我成长的积极意义。

第三环:焦点专研坊——"精"扣主题,端正教师评价态度

焦点专研坊以宽松的沙龙形式开展,主题由学期初教师需求调查提炼而来,每月一次一主题,由骨干教师担任主持人,其成效取决于主持人紧扣主题引发深度思考的能力。如在"看到每一个——发现孩子的精彩"沙龙活动中,主持人先以"每人讲一个户外活动中最喜欢的精彩瞬间"点燃活动热情,再以"你能说出几个孩子的精彩瞬间"引发教师自我反思,最后以"那些没有被发现精彩的孩子真的没有经历过精彩吗?"触发教师的深度思考——我的观察、评价是否体现了公平教育理念。

第四环：成长寻访营——"精"读现场，引领教师循证评价

成长寻访营以轻松的每月故事会的形式开展，根据教师需求随时开展，有集体讲和个体讲两类，其成效取决于主持人善于发现精彩故事与研修主题结合点。如，在集体观摩中二班沙水游戏后，组织"沙水中的探索家"集体故事会，不漏水的河、会爬高的水、沙子滑滑梯……每一位参与者都根据自己的观察讲述游戏故事，而故事会中出现的同一个孩子在不同老师眼中的不同故事，体现了教师全方位采集证据、全面使用证据进行客观评价的重要性，而集体故事会让执教教师在同伴的精彩故事中，提高了证据采集与评价的效能。

第五环：睿思巧问会——"精"研工具，推进教师评价创新

睿思巧问会以每学期1—2次的问题会形式展开，其成效取决于问题筛选的准确度和对策设计的专业高度。如，为了提高教师循证评价的质量，开展了"指标改改改"问题会，让教师根据指标使用中的困惑提出问题，阐明理由，形成问题集，随后采用分组逐个突破的方式，结合互动淘宝、观点陈述，形成凝聚集体智慧的指标改进版。

第六环：启慧小课堂——"精"炼分层培训，满足教师个体学习需求

启慧小课堂以分层培训的形式落实，其成效取决于教师评价共性需求和个性化需求的准确提炼及培训内容的针对性。如，在面对不同层面教师的评价困惑时，设计了基础型教师——重户外活动材料选用评价工具解读、成熟型教师——重户外活动材料选用评价工具的使用策略、骨干型教师——重户外活动质量评价与优化探索三项内容，让基础型教师能够了解、熟悉所执教年龄段的学科专业知识；成熟型教师在四表的引领下，学会有计划地全面观察与评价；骨干型教师能够基于儿童发展评价做工具的开发与实施质量评价。

第七环：专门评鉴活动——"精"用实证，增强教师科学评价观

专门评鉴活动以每月主题式专项质量调研的形式开展，其成效取决于调研前主题的选择和调研方案的制定、调研中证据的科学全面采集、调研后客观公正的实证评价。如，主题为"户外活动材料选用质量专项调研"，采用定点拍摄与跟踪观察相结合的方式，持续一个月收集各场地材料选用证据，开展基于深度学习行为的材料选用有效性的评价，形成调研报告，并与每一位教师沟通评价结果及评价依据，形成实证评价文化。

第八环:重构慧创论坛——"精"改方案,提升教师评价结果应用能力

重构慧创论坛是基于专门评鉴活动后的户外活动材料选用设计方案的再设计,其成效取决于教师对评价结果准确理解和有效把握。如,调研中提出的装扮区教师选用的材料不符合大班年龄特点和幼儿需求、无法引发幼儿深度学习的问题,教师根据大班幼儿具有替代物自制能力的特点,增加了大量低结构化材料和自然材料,采用鼓励法引领幼儿共同收集,在互动中积极树立大胆创新使用材料的榜样,以引发幼儿游戏中的深度学习。

第九环:重建辨析行——"精"施改进方案,锤炼教师比较评价能力

重建辨析行是将重构慧创论坛形成的改进方案以现场实践的方式开展,有时与第一环重合,其成效取决于对改进方案的全面落地。如,上述大班装扮区的材料选用改进方案实施中,教师不仅丰富了材料,更注重引导幼儿自主寻找材料,并在游戏中以启发提问、榜样引领等方法持续引发幼儿开展相关故事表演的道具、服装、场景的创造,让幼儿体验到了深度学习的快乐,教师在改进前后的比较评价中,总结户外活动材料选用的优化策略。

四、典型案例:深度教研,撬动教师堡垒

巧用评价表,助力师生共成长

(一) 案例背景

1. 活动缘起

端午节之际,大四班在"赛龙舟"习俗探索的过程中,有小朋友对制作小船产生了浓厚的兴趣,并在多次探索后,决定利用校园内的各种自然物制作"不会漏水的小船",并建议在水池里比比谁的小船装得多。

2. 重点观察对象

本次观察的主要对象为大四班幼儿轩轩,该幼儿在平时的各类活动中参与性较高,有较强的主动性,善于与同伴交往,并能通过合作积极尝试解决问题,有自己独立的思考。

(二) 案例深描

1. 活动前

(1) 借助《户外活动中材料选用教师自评他评表》制定观察评价计划,着重

从材料的"选""用""评""改"四大板块开展观察记录,旨在通过观察幼儿户外活动中对材料的选用,以及过程中教师的及时评价和有效改进,以促进幼儿深度学习。

(2) 运用《户外活动材料选用评价表》进行班级幼儿学情及材料需求信息收集。

第一,依据《户外活动材料选用评价表》内"选——学情分析"指标内容,根据班级实际情况收集幼儿对"船"的了解程度。如船的形状、结构、载重等。通过了解,班级90%的幼儿有做"纸船"的经验,30%的幼儿有使用自然物制作小船的经验。

第二,依据《户外活动材料选用评价表》内"选——卫生安全"指标内容,与幼儿共同商讨和遴选材料。

① 自然材料。与幼儿沟通后,师生共同去校园内寻找可以用来制作小船的自然材料。在收集前,我们讨论了哪些自然物比较适合,哪些不适合。如,比较尖锐的树枝、带刺的、有虫卵的树叶等自然材料可能存在安全隐患,不适宜作为材料进行制作。于是,在保证材料较为安全的情况下我们共同收集和筛选出了很多不同种类的树叶,如,玉兰树叶、柿子树叶等叶片较大的叶子,也有香樟树叶、金银花叶、竹叶等叶片较细小的叶子,还收集了一些长长的根茎和长短粗细不一的树枝。此外,我们还讨论了关于这些材料的使用方法,如使用竹叶时需慢慢地拿取,避免光滑的叶片划破手指。

② 辅助材料。此外,还共同收集了一些可能需要的辅助材料,如木桩、剪刀、麻绳、橡皮筋、胶带、扭扭棒、订书机等。参考《户外活动材料选用评价表》内"用——材料介绍"指标内容,进一步加深幼儿对辅助材料安全使用方法的认识。

2. 活动中

借助《户外活动个别幼儿跟踪式观察记录表》,以视频跟踪记录为主,定点拍摄、文字记录为辅的方式翔实记录活动过程。以本次活动重点观察对象轩轩展开以下观察记录。

孩子们用收集的树叶、树枝等自然材料做小船。轩轩首先选择的是麻绳团和木棒,他拿起绳子放到6根排列整齐的木棒下,看了一会儿后决定放弃使用。接着他拿起扭扭棒尝试捆绑木棒,捆起后发现木棒没有按照想象的那样平铺,而是聚拢起来,过程中试图放平木棒,但没成功。后来他看到同伴在使用双面胶,他也取来双面胶尝试将两根木棒粘贴在一起,再用扭扭棒系紧。过程中,其余幼儿都已经将自己初步制作的小船放入小溪试航,而轩轩一次都没试航过,于是老师询问轩轩是否需要帮忙,但被拒绝了,表示想要自己完成。他又把两根木棒粘在两片树叶上,再拿起第 3 根、第 4 根木棒放在两根已经粘好树叶的木棒下面,最后用玻璃胶绑树枝。通过不断尝试,轩轩的小船终于完成了,他迫不及待地拿到水池里试航。

3. 活动后

依托《户外活动中幼儿深度学习观察识别索引表》《户外活动中材料选用教师自评他评表》复盘反思,再次以自评和他评的途径发现自身存在的问题,做进一步调整和改进。

参考《户外活动中幼儿深度学习观察识别索引表》中好奇好问、专注坚持、乐思爱创、交往合作、感知表达和自主自信六个方面进行分析,从活动过程中可以用三个关键词来解读轩轩整个活动过程的表现:投入、试误、独立。投入:轩轩自始至终都在做小船,没有游离。试误:体现在幼儿多次粘贴树枝、平整捆绑住两根树枝的工具使用上,用绳子、扭扭棒、双面胶、玻璃胶,树枝间距离的调整等方面。同时老师还借助索引表发现轩轩在过程中的深度学习,如,轩轩不受教师三次介入的影响,持续沉浸在小船制作中。在交流分享中,轩轩的注意力始终落在自己的小船上,共尝试三次将小船放进水里,没有专注于教师和同伴分享的内容。看似游离教学,实则是专注于自己的探究,沉浸在自己的制作中。

(三) 案例反思

以上四张表格的运用,对教师和幼儿都起到了重要的作用。

1. 对教师的作用

(1) 指导性:评价表为教师提供了结构化的观察和评估工具,帮助教师系统地收集关于幼儿学习和发展的信息。通过《户外活动材料选用评价表》等工具,教师能够更加有针对性地了解材料的"选""用""评""改"。

(2) 反思性:评价表的使用促进了教师的自我反思。《户外活动中幼儿深度学习观察识别索引表》《户外活动中材料选用教师自评他评表》等工具,使教师能够在活动后进行自评和他评,从而发现活动组织中的问题,便于后续的调整和改进。

2. 对幼儿的作用

（1）发展性：评价表关注的是幼儿的发展过程而不仅仅是结果，这有助于支持幼儿的全面发展。通过观察幼儿在不同活动中的表现，如投入、试误、独立等，教师能够更好地理解幼儿的学习品质和需求，进而提供更适宜的支持和引导。

（2）自主性：评价表的使用鼓励幼儿自主学习和探索。在上述案例中，轩轩虽然遇到了困难，但通过不断尝试和解决问题，最终成功完成了小船的制作。这种过程体现了幼儿自主性和问题解决能力的培养。

（3）深度学习：幼儿在活动过程中表现出的积极态度和良好行为倾向是终身学习与发展所必需的宝贵品质。要充分尊重和保护幼儿的好奇心和学习兴趣，帮助幼儿逐步养成积极主动、认真专注、不怕困难、敢于探究和尝试、乐于想象和创造等良好学习品质。

本次案例中教师有效使用四个评价表，评价表在户外活动中的使用不仅提高了教师对材料、活动及幼儿评价的有效性，也促进了幼儿自主性、创造力和问题解决能力的发展。通过这种方式，教师和幼儿都能从中获得成长和进步。

（四）成效与反思：回顾总结，找准突破口

为期一年的项目研究，锤炼了教师的评价素养，创新出九连环复合研修模式，推动户外活动材料选用的持续优化，切实提升户外活动品质，促进幼儿自然、灵动成长。

1. 主要成效

（1）教师户外活动材料选用的科学意识显著增强。首先，在每周课程设计与评价中，教师均能体现材料选用与成效评价，其中50%的教师能结合表4进行深入、全面的评价，30%的教师能够对标评价，20%的教师能够进行简单的评价；其次，在户外活动材料选用专项调研中发现：90%的教师会根据各场地的特点和本班幼儿的兴趣，从幼儿园各材料库中选择材料，扩大了材料选择范围；再次，80%的教师会根据幼儿年龄特点、当前的兴趣点、幼儿现有基础选择材料，并能引导幼儿大胆选择校园内外的安全材料、材料呈现便于孩子拿得到、用得上。同时，在使用材料的过程中，教师具有"看得见、拿得到、放得回"理念，大大提高材料的使用效率。教师行为的明显改变是其材料选用意识增强的最有力证明。

（2）九连环复合研修模式促进教师评价素养快速提升。遵循教师认知规律的九连环复合研修模式,聚焦教师评价素养,让教师在现场实践中看到评价问题、引发思考,在专题报告中学习评价知识、理解评价要素,在焦点专研坊修正评价态度、强化评价自觉,在成长寻访营、睿思巧问会、启慧小课堂、专门评鉴活动中学习评价方法、磨炼评价能力,在重构慧创论坛、重建辨析行中领悟评价创新、积累评价智慧。研训一体化的九连环复合研修模式,以问题激活教师研究评价的动力,以丰富的活动类型持续推动教师在学、思、辨、行的循环中逐渐走向知行合一,实现评价素养的螺旋上升,点燃教师的职业激情。

2. 未来展望

一年的深入研究,不仅积累了宝贵的经验,也揭示了一些尚需深化研究和持续改进的地方,希望在后续的实践中能够有所突破。

（1）促进教师评价指标的准确内化,提高教师全教育视野下的综合评价能力。

（2）拓展信息技术应用场景,实现技术赋能教师评价精益化。

（3）聚焦场地材料选用的精细化评价,提高教师的个性化评价能力。

（上海市浦东新区广兰幼儿园　戚映敏）

第二节　幼儿教师评价素养提升的研究——基于音乐俱乐部促进幼儿自主表达能力的实践

音乐俱乐部是指以音乐启蒙为目的,以合唱、舞蹈、打击乐、儿童剧、欣赏等音乐小团队为载体,开展促进幼儿音乐感受力、表现力及创造力等音乐素养提升的音乐实践活动,主要由唱乐、舞乐、奏乐、演乐、赏乐五大俱乐部组成。紧扣"幼儿发展优先"理念,我园的音乐俱乐部的开展逐步转变为尊重幼儿意愿、遵循每一个幼儿的发展规律,采用自主开放的形式,促进幼儿音乐素养提升。

幼儿自主表达能力指幼儿在音乐俱乐部中,通过语言、歌唱、肢体动作、书面表征等方式,表达自己对音乐作品的感受与理解,再现与创造音乐作品的能力。本次研究,重点聚焦音乐俱乐部中幼儿自主表达能力的评价实践,围绕"为何评"

"评什么""怎么评"这三个关键问题,通过对教师施展评价的意识、知识、技能的问题排摸、观念转变、行为优化的研究来提升幼儿教师评价素养。

一、问题提出

实践初期,我们利用问卷星平台、一对一访谈、集体座谈等多种形式对全园37位教师进行现状调查,初步排摸教师评价素养现状,我们发现以下问题。

(一) 教师评价素养的全面性、科学性评价比较薄弱

在问卷中"音乐俱乐部中幼儿自主表达能力包含哪些方面?"这一问题反馈显示,大部分教师对于幼儿自主表达能力的理解多为语言表达能力,少部分教师涉及肢体表达、表征表达能力等,其理解较为片面,评价内容涵盖不了全部内容,缺少全面性。

同时教师评价时虽能对标《3—6岁儿童学习与发展指南》中的发展目标,但评价标准缺乏递进性与系统性,评价过程中主观性与随意性较强,难以客观、公正地评价幼儿的行为表现,科学性意识与指标评价亟待建立。

(二) 教师评价素养的差异性、连续性评价比较缺失

问卷反馈显示:在"音乐俱乐部活动中你会对孩子活动状态进行评价吗?"问题中有78.38%的教师能够及时评价,21.62%的教师偶尔评价,说明大部分教师都认可评价能促进幼儿自主表达能力。但在"评价时是整体评价? 小组评价? 一对一评价?"问题中,一对一评价只占13.51%,说明对个体幼儿的关注度不够,评价出现重集体轻个体的情况。

访谈中发现,教师往往就某一事件、某一现象为孩子贴上这样那样的评价标签,也不太会对某一幼儿在一段时间内发展情况进行跟踪性评价,呈现不基于个体发展特点、连续性观察跟踪等主观臆断的评价,较少意识到幼儿之间的差异性,个体发展的完整性与连续性,更难提供差异化的教育支持。

(三) 教师评价素养的多元性、反思性评价比较不足

座谈中教师谈到经常撰写学习故事和游戏故事等,试图将孩子的行为进行解读并对其进行有效支持。但很少聆听家长与幼儿的想法,三方合作的共同性与协商性评价尤显不足。有的教师对幼儿进行评价之后就将评价之事画上句号,有的教师只是为了完成任务而做,不会把评估的信息以集体、小组、个别等方

式反馈给幼儿、家长以及园领导。对于评价结果与家园共育促进幼儿后续发展之间的融合联结不够重视,评价者对评价结果的反思与反哺能力较弱,对评价目的是推动幼儿发展的价值追求落地不足。

二、指标落实

随着《浦东新区幼儿园一日活动中教师评价素养的关键能力指标》(以下简称浦东区级指标)的落地,我们评价素养的实践研究也有了前行的灯塔。学习与内化这些指标,既能更明确地知晓评价素养包含的内容,更能清晰了解评价实施的路径。为了更好地学好、用好这些指标,我们开启了精读与孵化两步走的内化征程。

(一) 精读区级指标,把握评价素养的内涵

在精读时我们通过“纵向顺序解读”与“逐条要素解读”两种方式架构理解“支架”,内化理解区级指标,引发每位教师对于评价这件事儿的新认识、新思考。

在纵向解读中,我们发现 3 个一级指标、10 个二级指标、27 个三级指标,都指向评价实施前中后三个阶段“做什么”的能力要素,这样的排列有助于教师在评价时操作顺序流畅规范。

在“逐条解读”中,教师们一起寻找其中的关键词,比较关键词与当今日常评价时的异同处,内化接下来每个环节应该“怎样做”的正确方法。我们还通过梳理“核心要素”做关键词解读,助力教师将指标与实践进行链接,有效保证评价实施的质量。

表1 浦东新区《幼儿园一日活动中教师评价素养关键能力的指标》的园本解读

(以评价任务为例)

三级指标	核心要素
1. 3—6 岁围绕《幼儿评价指南》中“健康与体能”“习惯与自理”“自我与社会性”“语言与交流”“探究与认知”“美感与表现”六个领域、0—3 岁围绕《0—3 岁幼儿发展与支持要领》中“健康与体能”“情感与社会”“认知与探索”“语言与沟通”四个领域,进行任务设计	★ 任务设计的内容必须对标《评价指南》6 个、《支持要领》4 个领域纲领性文件相关内容进行任务设计。追求评价内容的科学

（续表）

三级指标	核心要素
2. 评价任务的设计具有真实性、过程性，确保评价信息准确可靠，反映幼儿在一日活动中的学习与发展	★ 任务设计的信息采集要真实、准确、连续。注重评价过程的客观
3. 评价任务的设计能够根据幼儿年龄特点，既要面向全体幼儿，又要照顾个体差异，做到公平地评价所有幼儿	★ 任务设计的态度关注年龄特点，公平地对待全体幼儿、个体差异。践行评价对象的公平

（二）孵化园级指标，保障评价素养的提升

在浦东区级指标基础上，根据我园研究内容进行了量表的孵化，对应催生了两张教师评价参考用表和四张教师评价实践用表。六张教师评价表的出台为教师提供了评价工具，教师评价的意识更强烈，评价更客观与公正，指向性更明确。

1. 两张教师评价参考用表——解决"评什么"

（1）"音乐俱乐部中幼儿自主表达能力观察行为指引表"（以下简称"指引表"）从语言、歌唱、动作、书面表征等四大元素切入，并梳理了相关要素、观察要点、表现行为举例。如语言表达下分为语音发展、词汇发展、语句发展、语言运用发展这四个相关要素，在对应相关要素后又梳理了11条观察要点以及表现行为举例。同时，在每个要素后对应了相应的具体表现水平一、表现水平三、表现水平五，帮助教师更有效地解读评价内容。（主要内容梳理如图1）

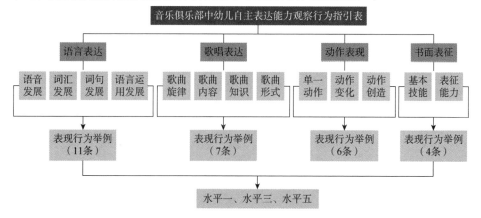

图1 "音乐俱乐部中幼儿自主表达能力观察行为指引表"内容图

（2）"对幼儿自主表达能力的教师评价素养水平观察参考表"（以下简称"参考表"）共有 3 个评价维度——评价态度、评价知识、评价技能；11 个评价内容。如，从评价态度出发梳理 3 个评价内容，评价目的的认识、个体差异评价的认识、评价结果作用的认识，对应每个评价内容模块都有水平一、三、五来反映教师的评价素养。（具体内容梳理见图 2）

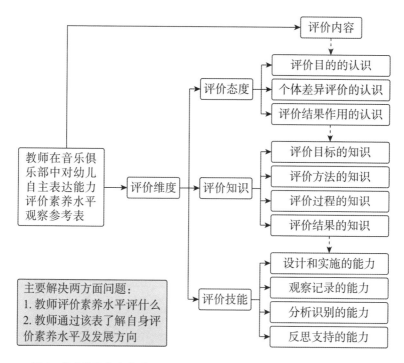

图 2 "对幼儿自主表达能力的教师评价素养水平观察参考表"内容图

2. 四张教师评价实践用表——解决"怎么评"

我们围绕浦东区级指标中一级指标的内容，出台四张实践用表。即评价前期的评价计划——"音乐俱乐部活动项目评价计划表"；评价中期佐证幼儿发展状况的观察记录表——"音乐俱乐部活动项目观察评价记录表"；评价后期对幼儿的评价以及个性化支持改进的——"音乐俱乐部活动项目评价反思改进表"；教师与同伴依据优势与不足进行完善与优化、了解发展状态的——"教师在音乐俱乐部中幼儿自主表达能力评价素养自评与他评表"。

（1）"音乐俱乐部活动项目评价计划表"（以下简称"计划表"）：我们围绕浦东区级指标中二级指标要求，在评价前依据观察对象、项目等设计相应的评价计划,从而创生了"计划表",包含项目目标、观察要素、观察方法以及观察工具,依据幼儿最近发展区、幼儿年龄特点等进行确定。观察的维度不用面面俱到,可以根据自身音乐俱乐部的特色进行梳理,选取重点观察要点。

表 2　音乐俱乐部活动项目评价计划表

项目名称			班级	
观察对象			观察者	
项目目标				
观察维度	观察要素			
语言表达	语音发展:		词汇发展:	
	语句发展:		语言运用发展:	
歌唱表达	歌曲旋律:		歌曲内容:	
	歌唱知识:		歌唱形式:	
动作表现	单一动作:		动作变化:	
	动作创造:			
书面表征	基本技能:		表征能力:	
观察方法	追踪观察□	定点观察□	视频检核□	
	个别访谈□	幼儿表征□	家园联动□	其他:_____
观察工具	手机□	定点摄像机□	幼儿故事□	其他:_____

(2)"音乐俱乐部活动项目观察评价记录表"(以下简称"记录表"):通过记录下发生的片段并使用白描的方式尽可能还原幼儿当下的行为表现,创生了"记录表"。在实际运用时,教师要及时将幼儿活动时的状态用文字、照片、录音、录像以及图画表征等方式进行记录,作为评价依据。然后结合"指引表"的相关指标进行判断。对幼儿的行为进行连续性的观察记录并在后续开展复盘思考,最终对幼儿的后续发展提出建设性建议与支持策略。

表 3　音乐俱乐部活动项目观察评价记录表

项目名称		观察时间		观察区域	
观察对象	幼儿 A;幼儿 B;幼儿 C;幼儿 D		记录教师		

（续表）

案例背景			
观察描述	片段记录	表达领域	行为评价

（3）"教师在音乐俱乐部中幼儿自主表达能力的评价素养自评与他评表"（以下简称"自评与他评表"）：此表能帮助教师对评价态度、评价知识、评价技能的表现进行反思并不断提升自身评价素养。自评与他评的结合，让教师自省在评价素养方面的优势与不足，并根据不足进行完善与优化，可以结合具体的评价案例，对自己的评价态度、目标知识、方法知识、过程知识和结果知识等方面进行具体的分析和反思。同时，使教师间了解评价素养的各自发展状态，对于提出的建议或意见可以及时思考如何在今后的评价工作中进行改进。

表 4 教师在音乐俱乐部中幼儿自主表达能力的评价素养自评与他评表

活动名称		活动领域						
评价教师		评价方式		自评			他评	
评价领域	评价内容			评价结果			评价结果	
				水平 1	水平 3	水平 5	水平 1	水平 3	水平 5
评价态度	对幼儿自主表达能力评价目的重要性的认识								
	对个别幼儿进行差异化评价的认识								
	对评价结果反思自身教育行为的意识								

（续表）

评价领域	评价内容	评价结果			评价结果		
		水平 1	水平 3	水平 5	水平 1	水平 3	水平 5
评价知识	评价目标的知识:运用工具表以及指南文件的能力						
	评价方法的知识:基于评价目标选择适宜的方法进行评价						
	评价过程的知识:注重持续性评价以及多元参与以保证客观公正评价						
	评价结果的知识:梳理得失并提出调整策略						
评价技能	制定和实施评价计划,并能灵活调整						
	运用评价方法收集有效的评价信息						
	运用各类工具表进行有效分析						
	通过评价幼儿自主表达行为与发展状况,对幼儿进行有效回应						
	反思自身评价行为,并提出后续提升方式						
自评分析跟进							
他评分析跟进							

评价时间:

（4）"音乐俱乐部活动项目评价反思改进表"（以下简称"反思改进表"）:对标浦东区级指标中的评价改进指标我们创生了"反思改进表",表格中的改进措施部分,为教师提供了反思建议,帮助他们在评价过程中发现幼儿的优点和不足,并据此提出有针对性的改进意见。

此外,评价中还要重视与家长沟通的重要性,通过了解幼儿在家庭中的表现,教师可以更全面地了解幼儿的发展情况,与家长共同商议促进幼儿发展的有效策略。

表5 音乐俱乐部活动项目评价反思改进表

项目名称				班级	
观察对象				教师	
指标		连续性追踪典型性评价描述	思考	个别支持	家园沟通
行为述评	语言表达	● 对本组/个人在整个活动项目中的语言表达能力发展水平进行客观、公正的评价,评价依据为观察提示表 ● 撰写的方式为:观点+行为描述	● 对左边需要继续发展的评价内容有针对性地提出改进意见 ● 如果是优势不需要改进的,则不要撰写	● 提供的差异化教育支持	● 与家长的沟通情况(向家长提供幼儿的发展与进步信息;邀约家长共同评价) ● 倾听家长的想法 ● 了解幼儿在家庭中的表现、营造良好的育人环境 ● 共同商议促进幼儿发展的有效策略 ● 对不同类型家长进行幼儿自主表达能力发展指导
	歌唱表达	● 与上面相同	● 与上面相同		
	动作表现	● 与上面相同	● 与上面相同		
	书面表征	● 与上面相同	● 与上面相同		
结语:		● 本活动项目中幼儿自主能力发展给予教师的收获与思考			

三、实施举措

(一)"闭环"评价流程,提升教师评价素养的全面性、科学性

在两张教师评价参考表的引领下,四张教师评价实践表的落地实施是提升教师从容地将音乐俱乐部的评价工作有效落地的质量保障。我们借助"闭环思维"模式践行闭环评价流程,将四张表与四个阶段进行对接,从计划制定到观察实施,从

自评他评到反思优化形成一个闭环递进的状态。需要注意的是,这四个过程并不是运行一次就结束,而是周而复始地循环进行,连续不断地推进幼儿的自主表达能力。

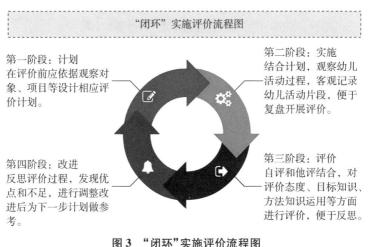

图 3 "闭环"实施评价流程图

	步骤	表
① 计划	步骤1:确定评价对象 步骤2:确定项目目标 步骤3:确定观察维度和观察要素 步骤4:确定观察方法 步骤5:确定观察工具	表2:《音乐俱乐部活动项目评价计划表》
② 实施	步骤1:白描撰写片段记录 步骤2:对表达领域进行行为评价 步骤3:提出后续思考	表3:《音乐俱乐部活动项目观察评价记录表》
③ 评价	步骤1:就评价态度、评价知识、评价技能进行自评+改进 步骤2:就评价态度、评价知识、评价技能进行他评+改进 步骤3:自评跟进+他评跟进	表4:《教师在音乐俱乐部中对幼儿自主表达能力的评价素养自评与他评表》
④ 改进	步骤1:提出后续思考 步骤2:对行为过程改进支持 步骤3:对个别幼儿提供差异化教育支持 步骤4:与家长沟通	表5:《音乐俱乐部活动项目评价反思改进表》

图 4 "闭环"实施评价具体步骤图

（二）巧用评价方法,提升教师评价素养的连续性、个体差异性

1. 运用扫描观察法——扩大观察视角

扫描观察法是指在固定的时间段内,教师按照一定的顺序或策略,对所有幼儿或特定区域内的幼儿进行轮流、全面的观察。扫描观察法特别适用于像音乐俱乐部这样需要同时观察多位幼儿行为表现的场景。为保证音乐俱乐部中幼儿的行为表现都能被观察和记录,教师需扩大观察视角。包括定机位广角记录游戏现场和教师手持进行扫描观察记录相结合的方法。力争做到记录音乐俱乐部中每一位幼儿的行为表现后能够在复盘中去发现个体的发展水平。

与观察密不可分的就是记录,教师使用记录的方式也是随着观察内容的变化而变化。一般会有视频、录音、文字、幼儿的记录等形式,每个方式都有其不同的优势,能够让教师在回顾的过程中最大限度地还原幼儿当时的语言和行为作为评价的依据。

2. 运用定点记录法——兼顾群体个体

定点记录法是指教师在特定区域内,选定一个固定的观察点,对该区域内多名幼儿的活动情况进行持续、系统地观察与记录。在音乐俱乐部中使用这种方法侧重于同时关注群体中多个个体的行为表现,以便于后续进行比对分析和个性化支持。对于幼儿群体的观察记录,教师采用定点观察的方法同时记录同一区域中多名幼儿的活动情况,从他们的语言、动作和各种行为表现上进行评价。这种观察记录的方式,可以让教师通过对区域中多名幼儿评价后进行比对,横向了解幼儿间的发展差异,从而能够提供个性化的支持,促进幼儿个体的纵向成长。

观察不同幼儿的书面表征

观察不同幼儿的动作表现

观察不同幼儿的语言表达

图 5 定点记录法观察

3. 运用追踪观察法——纵向连续评价

追踪观察法是指教师在全面观察的基础上,选定个别幼儿作为观察对象,持续、系统地记录其在不同区域、不同情境下的行为表现,以实现对幼儿个体能力发展的纵向连续评价。在全面观察的基础上,教师还要有持续观察的意识,采用针对个别幼儿的追踪观察,从该幼儿在各个区域的活动中呈现的行为表现进行评价,就各区域中出现的评价结果进行横向的对比,可以看出该名幼儿各方面能力的发展速率是否均衡,从而在后续活动中可以有侧重点地进行支持和培养,对幼儿的均衡发展起到良好的促进作用。

表 6 连续性追踪与评价列举——小仙女的变化

时间	观察记录	教师评价	幼儿自评
2023.5.4	师:"美美,你想当仙女吗?可以在演出的时候穿上美美的裙子跳舞。" 美美点了点头回答说:"嗯。"说完美美就害羞地低下了头	水平 1 虽然美美的回答很简短,但是美美愿意用语言表达自己的需要和想法	
2023.5.11	师:"经过一周自主学习和排练,你们的舞蹈跳得怎么样了呀。" 幼儿 1:"我学了动作,但是还不能跟上音乐。" 幼儿 2:"有几个动作还不会。""小仙女"们你一言我一语讨论着 美美睁大她的眼睛,轻轻地回答了老师的问题:"我会了,我也会跟音乐跳,这里要正好卡点才好看。"	水平 3 愿意与他人交谈,能较完整地讲述自己对作品的理解	
2023.5.25	距离六一儿童节展演只剩最后一周,小演员们进行着集体排练,在"仙女"们候场的时候,美美主动对同伴们说:"等下旁白会说消息上传到了天庭,这时候我们就要准备登台了,一定要排好队形不能乱,走的时候要抬着头走。"	水平 5 乐于参与讨论问题,能在众人面前表达自己的选择、计划、解决问题、评价等观点与想法	

注:此表为"音乐俱乐部活动项目观察评价记录表"的创生。

从以上案例中可以看出,通过捕捉该名幼儿的典型行为开展评价,通过不同时期教师对她的评价,结合各个量表中的指标,形成该名幼儿的成长图表,更加直观和清晰地看到幼儿的发展,也能优化教师对该幼儿的支持。

除了针对幼儿的连续观察,教师还可以针对同一区域在一段时间中进行持续地追踪观察和记录,对比起始和现状,发现活动内容的发展进程,从进程中去评价幼儿的各方面能力对于活动进程所产生的作用,这样的方法也可以从另一个侧面去评价幼儿的发展和成长。

(三)扩展评价视角,提升教师评价素养的主体多元性

1. 共享评价素材,看到更多面的幼儿

教师想要看得更多、更广,这就离不开教师之间的分工与合作,将各自观察到的幼儿行为表现与发展状态进行交流,形成对幼儿更完整的分析与了解。教师需要根据评价内容,因地制宜地主动分工,在分工之后,班级教师之间要及时沟通,将各自观察到的幼儿行为表现与发展状态进行交流,形成对幼儿更完整的分析与了解。

以下是两位搭班老师在开展音乐俱乐部活动之后进行分析、梳理的对话。

老师1:今天球球在排练活动中好像并没有表达出什么想法,就一直听从阿旭的指令走队形。

老师2:但我刚刚看到球球进入了道具组,提醒道具组的欣欣说要做一颗红五星。而且说清楚了,等一下红军要把红五星摘下来送给冬子。

老师1:看来他很清楚地知道自己需要什么道具,也能够向同伴表达自己的想法。但对于表演时所要做的一些出场动作较为听从同伴,肢体的表现欲望比较弱的。

老师2:确实球球在肢体动作方面不是特别愿意表现,但他在运动方面真的很强大,最喜欢的就是他的后空翻。

老师1:我们是不是也能够鼓励球球将一些有力的动作展现在这次的《红星闪闪》当中,或许能激发球球肢体表达的欲望。

活动后,两位搭班老师将收集到的评价证据进行合并,以保证评价的全面性。教师可以围绕幼儿在不同活动中的状态进行分析和评析,互相沟通交流,评价信息的互通能让教师避免对幼儿发展状况形成片面的了解。

2. 童言童语童画,让幼儿参与评价

随着多元主体参与深入评价,幼儿参与评价成为备受关注的话题,主要集中在幼儿参与评价的意义。如大班幼儿在表达能力、表征能力上均有所提升,幼儿参与评价过程无疑是能够激发自我意识和主动学习的能力。这时教师能够做的就是引导幼儿参与评价,如当同伴使用直观形象的图形符号时,幼儿能否理解同伴所表达的意思,通过猜测、观察、比较、讨论、分析、同伴他评等的方式,帮助幼儿加深自我认识。

演乐俱乐部——动作设计我能行

(童话剧《红星闪闪》中小红军设计出场动作)

A:"枪都做好了,我来背着试试看。"

B:"很像红军了,红军是跟着潘爸爸一起出场的。"

C:在边上一边踏正步,一边说:"这样的动作是不是很像红军?"

B:"很帅气,我们一起来试试看。"

(这时大家踏步时很不整齐,而且挤在一起)

A:"你们挤在一起干吗,红军都是有队形的。"

B:"而且你跟我的脚怎么是相反的。我们找个纸画下来吧。"

B:"我们一开始是踏步进场,记得左右分开一点,不要太近了。"(B画下火柴人,并且在边上画上了箭头,表示踏步,第二幅在人物两边画上了分开的箭头。)

B:"还有那个我们跳《红星闪闪》时候做的一个动作,很像红军冲锋的动作。"(于是 C 开始哼唱起了《红星闪闪》,"红星闪闪放光彩,红星灿灿暖胸怀……"一边哼唱一边做出了冲锋动作。)

A:"这个动作我也很喜欢。"

C:"我们还可以拿着枪做一些动作。"(C 一边做着,一边扛起枪,做了瞄准以及扶枪的动作。)

C:"这个动作很不错。"

在这个过程中,教师给予了很大的空间让孩子们能够自主地表达。惊奇地发现,孩子们通过这样直观的记录,也能够被同伴认同。评价中,不仅主体多元,而且还看到了幼儿作为评价主体一边评价一边活动,幼儿的自我表达能力也正在不断发展。

3. 家长走进评价,经历幼儿成长

家长作为最熟悉、了解幼儿的人,对幼儿成长特质的认识将影响其后续的发展。在评价中,多元主体参与的做法有助于家长和教师从多个角度达成对幼儿的认识,共同建立起对幼儿发展差异的理解。在邀请家长共同参与评价的过程中,要注重让评价过程具有可操作性。

第一,家长与教师共同制订评价内容。每学期,家长在制订评价计划的同时根据幼儿的自主表达能力现状或者音乐俱乐部相关目标与教师共同制订评价内容。

表 7 家园共育个性化评价表

幼儿姓名	豌豆	角色	黑狗子	评价时间	2024.4.25—2024.5.20
语言表达	语音清晰度	（·）语音表达非常清晰　　（·）语音表达清晰 （·）语音表达一般　　　　（·）语音表达稍显模糊 （·）语音表达模糊			
	音量控制	（·）音量适中,传达力强　（·）音量足够,但缺乏变化 （·）音量偏小,需加强　　（·）音量过大,影响听感 （·）音量控制不当			
	角色台词的准确性	（·）角色台词表达精准 （·）角色台词基本准确,偶有小错 （·）角色台词表达有多处错误 （·）角色台词表达错误较多			
	语言表达流畅度	（·）台词表达流畅,无停顿 （·）台词基本流畅,偶有停顿 （·）台词表达不够流畅,常有停顿 （·）台词表达困难,停顿较多			
	情感表达	（·）情感表达丰富,与角色相符 （·）情感表达基本到位 （·）情感表达略显生硬 （·）情感表达不足			
	台词创造性	（·）台词处理有独特见解,创造性地表达角色情感 （·）台词处理基本符合角色,偶有创新 （·）台词处理过于平淡,缺乏创新性			

（续表）

动作表达	动作协调性	（·）动作协调，流畅自然 （·）动作基本协调，但稍显生硬 （·）动作不够协调，需加强练习
	动作表现力	（·）动作表现力强，能很好地展现角色特点（如黑狗子的狡猾、凶狠等） （·）动作表现力基本到位，较好地展现角色特点 （·）动作表现力略显不足，缺乏角色特点的表现
	动作创造性	（·）动作设计独特，富有创意，为角色增色不少 （·）在动作上有所创新，体现了幼儿独立的思考 （·）动作遵循剧本要求，但缺乏创造性 （·）动作略显保守，缺乏创新和想象力
思考与支持		

第二，家长全程参与评价过程。在俱乐部开展活动过程中，有很多需要在家和幼儿共同完成的事宜，如演乐俱乐部中的熟悉台词、舞乐俱乐部设计舞蹈动作等，家长在此过程中记录下幼儿的自主表达能力。当然，教师需要随时支持帮助家长解决评价过程中遇到的问题。

第三，定期交流后续支持措施。以家长为主的评价更多地呈现幼儿在家庭中的行为，沟通就显得尤为重要。在评价活动后，定期通过不同形式跟家长取得沟通，双方借助合力完成共同实施和推进。同时根据实际情况制定下一步的跟进策略。

（四）完善保障机制，助推教师评价素养的园本落实

我们推行了评价素养提升"四步走"保障机制，在"循环往复、循序渐进"中不断推动提升教师评价素养的相关工作。

1. 系统式解读

每周在教研组内开展评价内容解读系列活动，通过对6份教师评价表的解读与运用，帮助教师真正认识到幼儿成长的差异性，并采用全面共读、块面解读和点面导读三种形式让教师更明确量表的内容和运用方法。

（1）全面共读。全体教师共读 6 份教师评价表，明确每份表指向的内容，了解实践用表和参考用表的不同功能和不同的使用环境。

（2）块面解读。在分块面解读的过程中，采用的是数字化解析、圈画关键词和理解递进性的方法。同时通过横向和纵向联合共读，圈出关键词进行对比，发现其中有一些些许的措辞变化中却蕴含着对幼儿发展的科学评价。

（3）点面导读。这是针对个别教师的个别化导读，是在量表推行的过程中，提供一些对教师个人的实操建议。

2. 沙龙式交流

开展每月一次的评价交流会，教师依据需要参与的关于幼儿发展过程交流讨论的一种重要形式，可以说说自己在评价中的那些故事，让评价这回事情通过每个评价主体的不同视角，共同剖析评价的角度、评价的方式，等等。同时通过自我反思和调整，实现"自我反思""自我评价"。通过对现状进行优化调整，并形成新的评价行动力，在下一次的评价中不断地得到推进。

3. 靶向式教研

每月两次借助现场直击、故事讲述、头脑风暴多样态的靶向式教研进行"指引表"的研究。借助视频与照片，聚焦某一问题的微格分析，在反复观看中分析幼儿产生这些行为与现象的原因，能够更好地进行记录和复盘，观察和识别幼儿的深度学习和遇到的问题，从而进一步给予支持。以信息化为载体聚焦幼儿自主表达能力发展，提升教师的评价素养。每次均围绕"为什么评、评什么、如何评"三要素开展分析解读，共生新方法，共长新技能。

4. 共通式评价

在实践中通过不断验证幼儿的自主表达能力，在评价过程中，注重家长与教师不断地沟通、互证。通过家长、教师和幼儿共同参与评价开展更加有效的评价活动，逐步形成了评价的共同体。促进参与评价的各主体之间具有共同的价值认同、评价方式等。三者之间共同协作、互相沟通、共同体验。

四、典型案例

"表"的升级　我的成长
——大四班　妮妮老师

（一）案例背景

我班本学期的音乐俱乐部活动根据幼儿的兴趣选择了《花木兰》剧目，我组建了观察舞蹈组，舞蹈组共有 5 名女孩子，自主表达能力各不相同。活动前，我对她们在活动中可能出现的种种表现进行了预设，完成了"音乐俱乐部活动项目计划表"（以下简称"计划表"）；活动中使用手机进行录制，记录幼儿自主表现情况，采用白描的手法完成"音乐俱乐部活动项目观察记录表"（以下简称"记录表"）；活动后将视频内容复盘完成"音乐俱乐部活动项目评价反思改进表"（以下简称"反思改进表"）。同时就自己在本次活动中的评价素养进行自评与他评。

（二）案例深描

1. 活动前——预设计划

我在幼儿已有经验的基础上撰写包含四大块面的观察要素、方法、工具，即使用了"计划表"。我初步判断舞蹈组的舞蹈动作的准确度、基本步伐、情感表达还有提升空间，因此计划表目标设定为：①掌握舞蹈的基本动作和步伐，对舞蹈动作有一定理解和记忆；②通过图谱、视频等多样化手段进行自主学习和练习；③在舞蹈中能表达角色的情感，有一定的艺术创造力和想象力。

另从语言表达、动作表达、书面表征三个维度出发，预设幼儿可能出现的观察要素点。

表8　幼儿观察要素表

观察维度	观察要素
语言表达	连贯表达： 1.完整性：构建完整、有逻辑的句子；2.逻辑性：能正确表达自己的观点，并进行推理
	情景表达： 交流能力：倾听他人的话语，并做出恰当的回应

（续表）

观察维度	观察要素
语言表达	词汇表达: 词汇量:使用多样化的词汇来表达自己的意思
动作表达	身体协调性: 1. 动作连贯性:能够保持连贯,各个动作之间流畅地转换 2. 左右协调性:使用左右手或左右脚时协调配合
	动作表现力; 情感表达:通过动作来表达自己的情感或态度,如通过肢体语言展现喜怒哀乐
书面表征	基本技能: 1. 书写基本要求:握笔姿势、坐姿正确 2. 书写习惯:愿意主动通过表征的形式记录
	书面表达: 计划性:表征中有一定的计划性,并且有一定的条理

在观察方法上,我采用追踪观察、视频检核和幼儿表征的方法;观察工具采用手机进行录制活动现场视频。

2. 活动中——观察记录

活动开展过程中,我根据"计划表"上内容进行观察记录。现场观察:①幼儿设计舞蹈图谱与集体排练;②幼儿分组排练与同伴指导。并且回顾视频与现场记录,运用白描的手法完成"记录表"。

记录表使我有了许多素材,我又结合"音乐俱乐部中幼儿自主表达能力观察指引表"(以下简称"指引表")进行了幼儿的行为评价。具体内容如表9。

表9 "音乐俱乐部中幼儿自主表达能力观察指引表"的观察记录

片段一:设计舞蹈图谱与集体排练

片段记录	表达领域	行为评价
片段一 A看着视频记录舞蹈动作,根据视频一步一步记录舞蹈动作,最后一共画了6个步骤,记录在图谱上 B、C、D、E看着A记录舞蹈动作	书面表征	水平五(A) 能清晰地用图画和符号表达自己选择的愿望与想法 具体行为:A能够根据视频记录舞蹈动作
A:我们画好了,开始排练吧!(大家一起把椅子放在空的地方,准备开始排练) (B、C、D开始争抢中间的位置) A:我们不要抢了,我们看着图谱进行排练。(于是大家选择一个合适的位置,开始进行排练) 第一遍排练结束后,大家发现还是有个别小朋友转圈的方向不一样,个别动作不一致,于是大家又进行了好几次的练习	语言表达 动作表达	水平五(A) 乐于参与讨论问题,能在众人面前表达自己选择、计划、解决问题、评价等观点与想法 具体行为:A能够在大家出现矛盾时解决同伴间的冲突 水平三(A、B、C、D、E) 喜欢跳舞,愿意参加律动、舞蹈、表演等活动 具体行为:幼儿能够跟着音乐和图谱进行自主排练

片段二:幼儿分组排练与同伴指导

片段记录	表达领域	行为评价
片段二 A:我现在来看你们四个的舞蹈动作 (B、C、D、E开始跟着音乐进行排练) (第一遍排练中)A、B、E你们俩的动作不对 (于是又开始了第二遍排练)A:第一个动作B不对,应该有一个上去像小鸟一样的动作 (B又做了一遍)A:还是不对,你看我的。(A进行了示范B跟着学。但是发现手还是不对,于是A亲自调整了B手的方向) A:我们再来一遍 (大家又开始了一遍,A发现第二个动作B也有一点不对)	语言表达 动作表达	水平五(A) 乐于参与讨论问题,能在众人面前表达自己选择、计划、解决问题,评价等观点与想法 具体行为:A能够根据图谱对同伴的动作进行指导 水平三(B、C、D、E) 愿意与他人交谈,喜欢谈论自己的选择、计划、评价、解决问题等观点与想法 具体行为:B、C、D、E能够接受同伴的指导并采纳建议 水平三(A、B、C、D、E) 喜欢跳舞,愿意参加律动、舞蹈、表演等活动 具体行为:幼儿能够跟着音乐和图谱进行自主排练

（续表）

A：你的手应该这样子放，你看我的。一个手应该放在脸旁边，一个手放在头上（调整结束后音乐继续） A：C 你刚刚有一个动作不对 C：哪个动作不对啊 A：这个动作应该是一个手放在这里，另外一个手打开。我再看一遍 （大家开始了第三遍）A：B 还是不对，你的动作有点慢了 （D 走过去帮助 B 调整了动作） A：我们再练一会吧，我看看你们练。 （A 指着 B、C、D、E） （开始播放音乐后）A 将舞蹈图谱放在他们的中间。A：你们看着图谱跳 A：D 你这个动作错了，手应该是从头上画一个圈再过来。在 A 的指导下，大家又练习了很多遍	动作表达	

3. 活动后——改进反思

当活动结束后我立即撰写"反思改进表"，我对 A 幼儿语言表达进行连续性追踪，典型性行为评价，并提出后续思考、个别支持以及家园沟通等多元化跟进。

和配班老师一同完成"教师在音乐俱乐部中幼儿自主表达能力的评价素养自评与他评表"（以下简称"自评和他评表"），针对这个活动开展自评和他评。在"自评和他评表"中，我们认为：作为教师，我们能在观察记录的过程中采用多种方式进行观察，记录过程能保持客观公正的态度，观察评价后能进行一定的整合，尊重幼儿的个体差异。但是在多元化评价主体上、评价后的反思能力和后续提升能力还有待提高。

（三）案例反思

1. 幼儿层面——能力提升，个性发展

音乐俱乐部给幼儿很多接触舞蹈的机会，但模仿的时间占大多数，并不能很好地展现动作和情感，同伴间遇到困难也很少通过协商解决问题，但我们基于评价进行的观察记录、反思支持等，使得幼儿的动作统一性、细节把握以及舞蹈动

作和步伐相较于之前都有很大的提升,幼儿学会了通过表征舞蹈图谱、协商分组练习解决在活动中遇到的困难。

此外复盘中我发现每个幼儿的发展水平具有差异性。每位幼儿都是独特的个体,"差异性"是幼儿成长最关键的特征,我认为应根据幼儿的实际情况,制订个性化的教学计划。在后续中我明确用评价支持幼儿个性化发展,使评价成为调整教育行为的依据,关注每一个独立的个体,接受、尊重他们的差异,以满足其成长的需求。

2. 教师层面——表格升级,支持发展

在这个活动中,我开展了整个评价进程的闭环实施,更加清楚在活动的前中后的评价内容与评价方法,更明确自己在评价态度、评价知识、评价技能三方面的评价素养情况。并且,依据这个活动的实践所需对已有表格进行修改优化和创生新表格。

(1)优化旧表。将原有的"记录表",分维度设计语言表达、动作表达的个性化表格,优化调整形成班本化的"音乐俱乐部中幼儿自主表达能力评价观察表",调整后的表格更具有灵活性,记录的方式更加多样化。

表 10　音乐俱乐部活动中幼儿自主表达能力评价观察表

观察维度:语言表达			
	水平一	水平三	水平五
词汇表达 连贯表达 情景表达	1. 愿意用语言表达自己的需要和想法,必要时能辅以简单的动作和表情 2. 愿意用声音模仿熟悉的人和动物的典型话语	1. 愿意与他人交谈,喜欢谈论自己的选择、计划、评价、解决问题等观点与想法 2. 能较完整地讲述自己对作品的理解 3. 能使用较连贯的语言和声音模仿作品中角色对话	1. 乐于参与讨论问题,能在众人面前表达自己的选择、计划、解决问题、评价等观点与想法 2. 能使用连贯、清楚的语言讲述自己对作品的理解 3. 讲述时能使用常见的形容词、同义词等,能使用表示因果、能假设相对较复杂关系的句子,语言较生动 4. 能使用连贯的语气、语调或声音模仿再现作品中角色的对话

（续表）

观察者		观察方法		观察时间	
观察内容					
分析与评价					
支持					

（2）创生新表。我在每次活动后都会让幼儿回顾自己今天的表现,对自己与同伴的表达能力进行自评与他评,这是幼儿成为评价主体的最佳操作路径。依据多次经验,我梳理生成了班本化的第二张表——"音乐俱乐部中幼儿自主表达能力自评表"。

表 11　音乐俱乐部中幼儿自主表达能力自评/他评表——《花木兰》

喜欢自己小组的表演内容吗	
在排练的过程中,最开心的事情是什么	
我/同伴在小组里的排练表现怎么样	
我/同伴的表演还有什么需要改进的地方	

经过实践我清晰感受到,幼儿发展评价引领着教师发现不同幼儿的个性化发展特点,并通过反思与调整教育支持策略,为幼儿的进一步发展提供有效的支持。

而且在这个过程中,我们的教师、家长、幼儿形成了"共同体",在实施评价的过程中,鼓励共同体在互动交流中不断反思和调整评价行为,从而实现多元主体参与评价。

在 6 份教师评价表的运用和创生过程中,见证了我的蜕变与成长,也推动了我班幼儿更加热爱音乐,热爱表达,成就每一个孩子成为更好的自己。

五、成效、反思与未来展望

（一）实践研究成效

1."评价表"的迭代更新,助推教师评价素养的全面科学

研究过程中,教师能够灵活运用 2 份教师评价指引表和 4 份教师评价实践

表,同时依据各个音乐俱乐部活动开展的实际,结合幼儿共性或个性的需求,进行了评价表的调整,形成了"评价表"不断迭代更新的"闭环圈",将4张表与四个阶段进行对接并不断闭环递进、动态调整、梳理更新,保障了教师评价素养的全面性和科学性。

2. "多样化"的观察述评,关注幼儿个体差异和完整发展

音乐俱乐部中,教师有目的、有计划地开展幼儿自主表达能力的观察与记录,选择运用适宜的观察方法,通过对素材的整理归类和简要分析来了解幼儿。特别是个体幼儿的能力发展,对其做出客观、准确的评价,梳理提炼出有针对性的改进措施,从而进一步支持幼儿的个性发展需求。同时,我们强调行为观察和素材整理的连续性,因此评价结果对幼儿发展也能保证其完整性。

3. "多主体"的合作协同,保障幼儿园评价改进的客观公正

我们明确,评价的主体除了教师还有幼儿和家长。倾听幼儿的想法,完善教师的评价的正确性;加强与家长的沟通,既让家长获得幼儿在园发展的相关信息,也让教师了解幼儿在家表现,构建起平等互信、合作互动的协同关系,通过多元联结方式助推幼儿园在实施评价改进和决策制定过程中,能够站在更加客观的立场上来调整幼儿园相关活动的组织与实施,从而推动幼儿园和幼儿的良好发展。

(二) 未来展望

1. 还需进行经验迁移,提升教师全域评价能力

后续我们将运用在音乐俱乐部中的评价经验渗透于幼儿园一日活动之中,让教师努力做到评价的常态化、连续化、个性化、多元化,支持化,使每个幼儿都在教师的发现与支持中全面发展。

2. 还需加强科技赋能,推进教师评价技能精湛

可以采用数字化平台或应用程序的形式,方便教师随时随地记录和评价幼儿的表现,期待借助多样的手段进行信息采集,对视频、照片进行数据检索、归因分析,用评价结果反思自己的教学行为与专业素养,并运用幼儿成长档案评价记录方式与孩子、家长共同评价且时刻与其交流分享,将评价知识外化为具体行为,使教师评价技能更精湛。

(上海市浦东新区东方江韵幼儿园　周密)

第三节　提升教师评价素养的园本化探索与实践——以户外活动中幼儿学习与发展观察评价为例

一、问题提出

蒲公英幼儿园自参加教师评价素养实验校项目以来,聚焦"户外活动中幼儿学习与发展的观察评价实践研究——以'一活动一反思'为载体提升教师的评价素养",我们把提升教师评价素养作为主要目的,以教师在户外活动中对幼儿学习与发展的观察评价为抓手,在研究过程中以"问题解决"为导向,持续探索提升教师评价素养的路径和方法。研究初期,通过调查问卷、教师访谈、现场观察,全面了解我园教师评价素养的现状。

在前测问卷中的评价技能板块,有一题为"我总能采用多种方法全面地收集评价信息",有86.5%的教师认为应该要多视角地对幼儿进行评价,但只有14.6%的教师能有意识地运用多途径收集评价信息,剩下的教师只利用手机进行幼儿观察记录。在评价知识板块,问题"我具备丰富的幼儿发展评价理论及方法的知识",有42%的教师认为自己掌握评价知识的程度一般,有38%的教师认为知识掌握程度较好,20%的教师认为自己完全掌握评价知识。通过前期深入调研,发现各层面教师的评价意识、知识和技能掌握程度各不相同,也存在以下共性问题。

（一）教师的评价理念存在偏差,评价缺乏价值取向

在幼儿园教育实践的过程中,教师的评价理念虽在慢慢地转变,但是仍然存在理论与实践的偏差,主要表现在以下几个方面:一是教师对评价的意义理解不深。教师知道要在户外活动中对幼儿开展评价,但到底为什么要评价? 评价之后又需要做什么不甚明了。二是教师评价的视角单一。在日常的观察评价中教师只依赖于教师个人视角观察到的信息对幼儿进行评价,也往往只通过一次活动就对幼儿"下结论",评价比较片面,对于"儿童为本、关注过程、持续推进"[①]的

---

① 上海市教育委员会教学研究室.上海市幼儿园办园质量评价指南[M].上海:上海教育出版社,2020:15.

评价价值取向缺少深度认识。

（二）教师的评价知识储备不足，评价缺乏支撑体系

评价知识是教师开展评价的基础，现阶段教师的评价知识处在一个较为浅层的水平，对于评价的内容、评价的方法、评价的标准等方面存在不足。[①] 毋庸讳言，教师评价知识的获得更多来自职前的学校专业课程、在职培训的选修课程以及教师自身实践经验，而从教师在职的幼儿园角度来说，对于教师评价素养的提升缺少系统的、针对性的支撑体系，包括相对应的培训课程、保障机制等。

（三）教师的评价能力相对薄弱，评价缺乏循证依据

在开展评价的过程中，有一部分教师在分析幼儿学习行为方面的能力较为欠缺。青年教师在评价幼儿时，会举棋不定，会主观臆断，无法开展有效评价；成熟教师在开展评价时，也会出现"唯经验论""不深入、凭感觉"的情况。综合而论，这些现象其实反映出教师在进行评价时缺少评价信息、评价方法、评价工具等，使得教师的评价缺乏循证。

二、指标落实

在区教发院的带领下，我们共同研读、学习、内化《幼儿园一日活动中教师评价素养关键能力的指标》，通过纵向解读指标分类，横向分析评价要素，帮助教师厘清区级指标的内涵，明确园级指标的方向。

（一）评价设计的园本化指引

在区级指标的评价设计部分，指出教师应当有明确的任务意识、清晰的评价标准与适宜的评价方法。在前期的教师访谈中，我园教师在评价意识方面还比较薄弱，特别是青年教师，在评价前没有明确的任务意识，也无法兼顾到幼儿的年龄特点、个体差异等。为解决教师在评价设计方面的不足，我园围绕区级指标中的评价任务和评价标准，设计了表1"户外项目活动观察计划总表"、表2"户外项目活动教师观察计划表"和表3"户外项目活动观察提示表"。计划表帮助教师有针对性地开展观察评价，提示表引导教师有重点地观察幼儿的学习行为，为评价幼儿的发展提供支架。

---

① 张琪.幼儿园教师评价素养研究［D］.重庆：西南大学，2018.

（二）评价过程的园本化指引

评价过程的指标中,对于教师的观察方法、素材收集能力都提出了明确的要求。为落实教师评价过程水平的提升,我们研制了表4"户外项目活动教师观察评价记录表"。表格中包含"观察内容""逸事记录""分析与反思""我的分析依据""下一步计划",这些内容与区级指标中的"行为观察""素材收集"与"过程记录"相匹配,支持教师在记录与思考的过程中,获得评价素养的提升。

（三）评价指标改进的园本化指引

在评价改进的指标中,提到了教师能够根据评价结果为幼儿提供个性化的支持以及调整自己的教育教学行为,这是教师自我反思的过程,为此我们创生了表5"在户外项目活动中对教师评价素养水平的评价参考表"和表6"户外项目活动中对教师评价素养的评价表(自评、他评表)",能让教师在自评与他评的过程中,带着发展的意识为幼儿提供支持,合理使用评价结果。

1. 户外项目活动教师观察计划总表及户外项目活动教师观察计划表(单次)

总表是教师对一个学期的户外项目活动制订的观察任务,包括总目标与阶段目标。单次计划表主要是单次活动的观察对象、目标、方法及工具。目的:帮助教师有目的地开展观察评价,且评价任务的设计具有过程性,确保评价信息全面准确。[①]

表1　户外项目活动观察计划总表

观察者		班级	
项目名称			
学期计划	（可以主要围绕质疑、创新、反思、合作四个维度来撰写观察总目标）		

---

① 林菊.提升幼儿教师评价素养的制约因素及建议[J].教育与教学研究,2012,26(08):7-9,15.

（续表）

阶段计划	第一阶段	（这里可以围绕项目中各个阶段进行观察目标的制订,是总目标的再细化）
	第二阶段	
	第三阶段	
	第四阶段	
	……	

表 2　户外项目活动教师观察计划表(单次)

观察者		班级	
观察对象		项目阶段	
观察维度		质疑 □　创新 □　反思 □　合作 □	

观察目标(参考"户外项目活动观察提示表")
1.
2.
……

观察方法(定点、定人、定区域、时间取样、事件取样……)
1.
2.
……

观察工具(记录表、相机、笔记本……)
1.
2.
……

注:对于本次观察的要点在方框内☑。

2. 户外项目活动观察提示表

此表沿用我园市级课题"3—6 岁幼儿科学素养发展评价的实践研究"相关成果,提炼项目化学习中幼儿学习行为与发展的四个维度,梳理相关幼儿表现行为。目的:支持教师有重点地观察幼儿的学习行为,明确教师在户外项目活动中观察评价的方向,为评价幼儿的发展提供支架。

表 3 户外项目活动观察提示表

维度	要素	观察要点	行为举例
质疑	发现问题	1. 有问题意识	• 愿意提问,有问题意识
		2. 找到问题	• 带着问题去探究 • 能就现象找到关键所在并提出问题
	提出问题	1. 提出不会、不懂的问题	• 能大胆提出自己的疑问
		2. 提出疑问,生成新问题	• 对仍没理解的问题进行追问
	批判	1. 敢于提出不同观点	• 不认同别人的观点,有自己的观点
		2. 敢于质疑和追问	• 能追根究底
创新	想象	1. 围绕问题想象	• 根据问题需要进行想象
		2. 有丰富的想象	• 会用语言、动作、绘画或其他形式呈现自己的想象 • 在想象的过程中不断丰富细节
	创造	1. 产生新想法或新方法	• 能有新的想法或做法
		2. 不断寻求新方法	• 不断寻求、尝试不同的做法 • 坚持把自己的某种想法付诸实施
反思	记忆	1. 描述活动的过程及结果	• 会回顾在活动中做了什么、产生了什么样的结果(分享经验) • 能基于回顾的信息和现象描述活动过程
		2. 意识到发生的改变或影响	• 意识到过程中的几个关键点(产生影响的时间点) • 在行动和后果之间建立联系(如描述他们的行动或行为产生了什么样的影响)
	分析	1. 有思考、分析与预设	• 会表达自己的猜测和想法 • 能针对具体问题,分析可能的原因 • 对后续探究有进一步的预设

（续表）

维度	要素	观察要点	行为举例
反思	分析	2. 调整与改进	• 能基于分析或他人的意见,思考并作出判断,调整解决问题的思路 • 当一种方法不适宜时,会尝试其他的方法 • 思考下一步可能采取的措施与方法
	评价	1. 客观评价结果	• 根据现象评价方法的有效性
		2. 判断产生结果的原因	• 猜测或分析判断结果背后的原因
合作	分工	1. 能与同伴分工合作	• 当需要同伴共同完成任务时,会互相协商(比如确定要做些什么、各自负责什么内容) • 当出现问题或矛盾时,会及时调整
		2. 有问题能一起克服	• 当某项分工任务不能胜任时,会重新调整分工 • 当分工不能完成任务时,会齐心合力一起解决 • 有解决困难的策略,比如,调整分工
	协商	1. 主动与同伴协商	• 主动承担任务,并会协商 • 与同伴发生冲突时,能自己协商,找到解决冲突的办法 • 有协商的策略,比如分享材料、轮流进行、耐心倾听他人的需求、互相帮助或提供参考建议
		2. 愿意尝试说服他人	• 不能接受别人想法时,会尝试说明原因或理由 • 当别人一时不认可时,会再次努力尝试解释与说服
		3. 寻求他人的帮助	• 不懂时,主动说不懂 • 有困难自己解决不了时,主动向同伴求助
	倾听	1. 愿意倾听他人的想法	• 当同伴表达想法时,能认真地倾听、尊重别人
		2. 愿意倾听不同的想法	• 当自己和别人的意见不统一时,愿意倾听不一样的想法
	接纳	能采纳别人的想法和建议	• 接纳别人和自己不一样的想法和建议 • 听取别人建议,调整自己的方法

3. 户外项目活动教师观察评价记录表

结合"户外项目活动观察提示表"中的内容研发"户外项目活动教师观察评价记录表",并附好填写说明,帮助教师将自己观察到的幼儿学习行为记录下来,进行识别与支持。目的:提升教师观察分析幼儿的能力,促进教师教育行为的优化,帮助教师养成定期评价的习惯。此表也是评价中的核心文本资料,通过前后期教师撰写的观察记录表对教师评价素养的提升做过程性监测,是解读教师评价素养的重要载体。

表4 户外项目活动教师观察评价记录表

教师姓名:_____ 班级:_____ 记录日期:_____

观察内容	项目阶段: 观察时长:	观察对象:□ 核心主线:□ 提出问题　□ 头脑风暴　□ 创意设计 　　　　　□ 动手制作　□ 分享改进
逸事记录	（可以从户外项目活动观察提示中选择关键要素进行记录,包括质疑、创新、反思、合作）	
分析与反思	（1）本次活动的观察目标是否达成 （2）教师在观察评价中儿童观、课程观、教育观的理念转变 （3）观察实践方法的提炼,也可以是做法的反思或经验总结 （4）反思可以面向全体幼儿发展,也可以针对个别幼儿能力提高 ……	
我的分析依据	（比如:运用哪些观察提示表、各类参考用书等）	
下一步计划	（可以根据逸事记录情况及幼儿发展情况,确定下一步的具体项目内容）	

4. 在户外项目活动中对教师评价素养水平的评价参考表

为了评价教师的评价素养水平,我园对教师在户外项目活动中的评价态度、评价知识、评价能力三维度的评价内容进行具体表现的描述,是对于评价中维度的再细化,让评价更客观、更标准化。结合表4"户外项目活动教师观察评价记录表"中幼儿具体的行为记录,帮助教师进行反思。目的:为教师进行评价素养的他评与自评提供参考依据,便于评价者参考,不仅可以让教师知道自己现有的水平在哪里,还可以进一步了解往哪一步提升,便于教师进一步提升评价素养。

表5　在户外项目活动中对教师评价素养水平的评价参考表

评价维度	评价内容	水平1	水平3	水平5
1. 评价态度	1.1 正确认识评价的目的	● 不了解户外活动中需要开展评价	● 开始意识到户外活动中需要开展评价	● 认识到户外活动中开展评价的必要性,并发挥评价的目的
	1.2 重视评价结果的作用	● 不重视评价结果的作用	● 知道自己的评价结果会影响后续的户外项目活动的开展	● 有意识地利用评价结果反思自身的教学行为
2. 评价知识	2.1 评价伦理的知识	● 不注重幼儿的隐私 ● 在活动过程中限制幼儿的尝试	● 有意识的注重幼儿隐私 ● 在活动过程中支持幼儿尝试	● 会保护幼儿隐私 ● 鼓励幼儿多尝试,并用积极的评价语言开展评价
	2.2 评价目标的知识	● 不清楚如何评价目标制订	● 主观制订评价目标,评价目标制订模糊,不聚焦	● 熟练运用工具表及指南文件合理制订评价目标,评价目标制订清晰、准确

（续表）

评价维度	评价内容	水平1	水平3	水平5
2. **评价知识**	2.3 评价方法的知识	• 缺少各种评价方法的运用	• 能使用一定的评价方法进行评价 • 基于评价目标选择一定的评价方法	• 熟练使用多种评价方法进行评价 • 基于评价目标选择适宜的评价方法
	2.4 评价过程的知识	• 仅关注结果性评价 • 不太了解多主体评价	• 有意识地运用过程性评价 • 有意识地展开教师、幼儿、家长的多主体评价	• 注重过程性及持续性评价 • 注重教师、幼儿、家长的多主体评价
	2.5 评价结果的知识	• 不重视运用评价信息 • 不知道如何运用评价结果	• 初步学会运用评价信息 • 开始知道要运用评价结果	• 对获取的评价信息，进行阶段性的梳理与总结 • 能对评价结果合理分析并分析运用
3. **评价能力**	3.1 观察记录的能力	• 对幼儿的观察缺乏方法，只是在一旁看 • 记录内容泛泛而谈，较少捕捉到幼儿学习行为	• 开始有意识地去观察幼儿的学习行为 • 具有一定的记录方法，能够借助视频、照片有目的地进行记录	• 运用多种观察方法开展观察，并能进行连续性观察 • 能根据观察提示表进行记录，记录方法多样化
	3.2 分析识别的能力	• 不会运用各类工具表进行分析 • 会随意给幼儿贴标签	• 主动借助运用各类工具表、指南文件进行分析 • 对幼儿的行为分析仍较主观	• 熟练运用各类工具表、指南文件进行分析 • 能有依据、客观分析幼儿的学习行为

（续表）

评价维度	评价内容	水平1	水平3	水平5
3. 评价能力	3.3 反思支持的能力	• 缺乏回应幼儿的意识 • 反思自身教学支持的意识薄弱	• 能根据幼儿的学习与发展状况，对幼儿进行简单回应 • 会反思自身教学行为，但缺少后续的调整与支持	• 根据幼儿不同阶段的学习与发展状况，对幼儿进行有效回应 • 经常反思自己的教学行为，并提出支持方式

5. 户外项目活动中对教师评价素养的评价表（自评、他评表）

此表凸显多方参与，包括自评与他评表，按照"在户外项目活动中对教师评价素养水平的评价参考表"中三种水平提示，教师尝试对自身评价素养进行自我反思，并由同伴对该教师的评价素养做出评价。两张表格中的要素基本相同，区别在于，他评表中有一列思考证据，是希望教师能不以自己的主观判断去评价他人，而是基于实证，有理有据地做出公正、客观的评价。目的：评价表结合自评与他评，让教师全面认识到自身评价素养的优势与不足，对他评的参与者来说，评价他人的过程也是审视自身教学行为的过程。两张评价用表的评价纬度是对应的，从而共同提升教师评价素养水平。

表6 户外项目活动中对教师评价素养的评价表（自评、他评表）

（自评表）

评价教师		被评价教师		项目名称	
评价时间		评价方式		□ 自评　□ 他评	
评价维度	评价内容	评价结果			
		水平1	水平3	水平5	
评价态度	正确认识评价的目的				
	重视评价结果的作用				

（续表）

评价维度	评价内容	评价结果		
		水平 1	水平 3	水平 5
评价知识	评价伦理的知识			
	评价目标的知识			
	评价方法的知识			
	评价过程的知识			
	评价结果的知识			
评价能力	观察记录的技能			
	分析识别的技能			
	反思支持的技能			
调整建议				

（他评表）

评价教师		被评价教师		项目名称	
评价时间		评价方式		□ 自评　□ 他评	
评价维度	评价内容	评价结果			
		思考依据		水平 1、3、5	
评价态度	正确认识评价的目的				
	重视评价结果的作用				
评价知识	评价伦理的知识				
	评价目标的知识				
	评价方法的知识				
	评价过程的知识				
	评价结果的知识				
评价能力	观察记录的技能				
	分析识别的技能				
	反思支持的技能				
调整建议					

三、实施举措

基于我园教师"评价理念存在偏差""评价知识储备不足""评价能力较为薄弱"的现实问题,结合对区级指标的校本化解读,我园从丰富观察视角、优化园本保障机制、完善观察评价工具三方面,持续探索提升教师评价素养的路径和方法,形成了一系列有特色、有成效的实施举措。

(一) 三方视角协同评价,树立科学价值取向

在研究开展过程中,发现我园教师在收集评价信息时存在形式单一的问题,项目核心团队成员在圆桌会议时通过理论研究发现,已有调查研究结果也曾提到过这一问题。在罗春艳《幼儿教师儿童发展评价素养的调查研究》中就发现,多数的教师会用手机录制视频、拍照等,手机是当前幼儿教师主要的收集评价信息的工具,也有一些教师尝试使用表格、与幼儿交谈的方式来收集评价的信息。① 可见,这一问题还是较为共性的。因此,我园不断设计提升教师评价素养的顶层逻辑,拓展数据收集视角,提升评价证据质量,有效利用"三方视角",互证评价信息,帮助教师树立基于"儿童立场"的评价理念,更好地服务于后续的分析与支持。

1. 视角内涵

三方视角包括幼儿视角、教师视角以及旁观者视角(图1)。

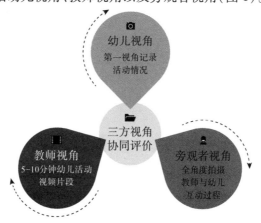

图1 三方视角协同评价图

---

① 罗春艳.幼儿教师儿童发展评价素养的调查研究——以 T 市幼儿园为例[D].贵阳:贵州师范大学,2023:38－39.

幼儿视角:为幼儿佩戴运动相机等拍摄设备,记录幼儿在户外活动过程中的第一视角,即幼儿视角。

教师视角:班主任作为幼儿户外活动的支持者,拍摄记录班级幼儿户外活动过程的第二视角,即(班主任)教师视角。

旁观者视角:由其他教师作为评价的同伴进行全角度拍摄,作为涵盖幼儿活动过程和班主任现场记录回应的第三视角,即旁观者视角。

2. 视角应用

我园教师在课题研究前,由于教师评价视角的单一,教师的评价理念存在偏差。通过三方视角的评价素材,在评价内容上存在互补,提升了评价的精准性和可信性。同时,三方视角的运用也帮助教师在评价时看得更全面,了解更深入。

随着研究的推进,我园将三方视角的应用方式不断拓展。将旁观者群体拓展至家长,引导家长共同参与观察评价,构建良好的家园质量评价。在亲子开放日活动中家长作为旁观者对教师的教育行为和幼儿的行为表现进行观察评价,这些过程性的记录能够帮助教师关注评价结果的使用,明确下一步评价任务,共同提升教师的评价水平。

(二) 三级联动工作机制,保障教师评价素养提升

为进一步促进教师观察评价素养专业能力的提升,我园也在不断审视原有的保障制度,并在实践中优化、创新符合教师评价素养建设需要的机制,通过高低结构的三级联动工作机制,在教—研—评一体化中达到全员卷入的工作成效,保障教师评价素养日常活动的推进。

1. 机制内涵

我园的三级联动工作机制有:深度会谈、圆桌会议和主题教研。

(1) 深度会谈:教师三三两两自由组合,在一个轻松日常的环境中解读幼儿户外活动中学习行为的表现,深度会谈的时间、时长、地点、对象都是不固定的,因此这种"非官方"的低结构研讨机制能够保持非常高的活动频率,能有效反馈教师在教学实践中即时性的问题需求。

(2) 圆桌会议:每月定期 1—2 次开展,主要围绕教师评价知识,开展跨校区、跨年级或跨班级的理论学习与经验分享,帮助教师提升评价知识储备。

(3) 主题教研:高结构工作机制,与圆桌会议不同的是,主题教研更凸显问

题导向和实践应用,在收集大量对于幼儿户外项目活动观察素材后,挖掘有深入探讨价值的内容,通过主题教研的形式开展研讨。

主题教研研讨内容主要有两种:一是观摩幼儿户外项目活动视频,从教师对幼儿行为的观察评价,诊断教师的评价素养水平;二是课题研究过程中,围绕教师产生的困惑或有争议的话题进行主题研讨。

表7　提升教师评价素养的园本化三级联动工作机制

机制	频率	组织形式	研讨话题	参与人员	主要负责人
主题教研	每月1次 每次2小时	核心团队统一制订活动内容和目标	1. 观摩视频,研讨教师评价素养的能力 2. 围绕教师课题研究中产生的困惑或有争议的话题进行研讨 3. 观察评价工具表优化(如观察提示表)	参与实验校项目的教师	园长 保教主任 实验校核心团队
圆桌会议	每月1—2次	可跨校区、跨年级或跨班级开展	学习评价素养理论,提出自己的发现、识别的观点和依据	参与实验校项目的教师	实验校核心团队成员
深度会谈	零星时间随时发生	3人以上发起话题	1. 分析和判断幼儿能力水平,共商支持策略 2. 其他(个体需求)	不限	教师个体

2. 逻辑关系

三条保障机制的实施存在协调发展的逻辑关系。如图2所示,在低结构的深度会谈中发现教师开展观察评价的真实需求,通过圆桌会议让研究有扎实的理论依据,再通过高结构的主题教研解决真实问题。

而在此过程中,圆桌会议里教师获取的评价知识在主题教研中被内化,主题教研中提升的评价能力在圆桌会议结合理论中被升华,理论与实践的互为转化,最终指向教师评价素养的提升。

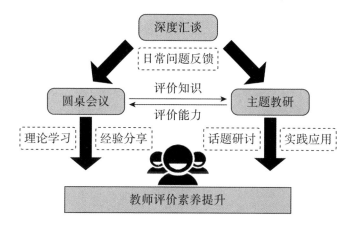

图 2 三级联动工作机制运作图

（三）评价量表应用操作，提升教师评价素养能力

在充分解读区级指标的基础上，结合我园第三轮课程领导力项目的研究经验，核心团队共同开发"解读户外项目活动中幼儿学习行为的'一活动五表'"，为教师的观察评价提供实践类工具量表。五张表格在发展"教师评价素养"中的操作应用如下。

"一活动五表"的应用过程为："户外项目活动观察计划表"—"户外项目活动观察提示表"—"户外项目活动教师观察评价记录表"—"在户外项目活动中对教师评价素养水平的评价参考表"—"户外项目活动中对教师评价素养的评价表（自评、他评表）"。五张表格之间互相联系、互相支撑，指向教师评价的设计、过程与改进。

如图 3 所示，"户外项目活动观察计划表"为"户外项目活动观察提示表"提供观察方向，"户外项目活动观察提示表"为"户外项目活动教师观察评价记录表"提供观察要点，"户外项目活动教师观察评价记录表"为"在户外项目活动中对教师评价素养水平的评价参考表"提供分析载体，"在户外项目活动中对教师评价素养水平的评价参考表"为"户外项目活动中对教师评价素养的评价表（自评、他评表）"提供评价参考，五张量表环环相扣，为提升教师的评价素养提供形成性的操作指引，让教师完成从"我想评""我能评"到"我会评"的蜕变。

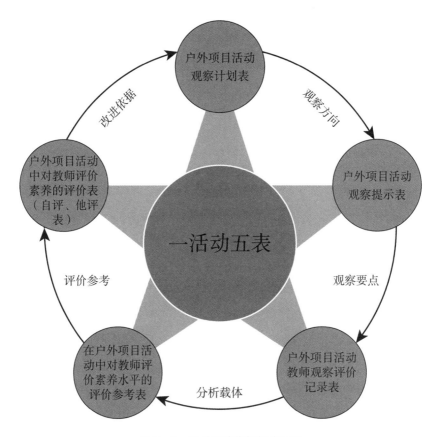

图 3 "一活动五表"内在联系图

四、典型案例

（一）案例背景

（1）户外活动名称：造长城。

（2）活动目标：在大班"造长城"活动中，教师将活动目标定位为：

① 观察幼儿根据设计图，尝试运用多种材料进行搭建。

② 观察幼儿与同伴分工合作的情况，体验合作游戏的乐趣。

（二）案例深描

在《我是中国人》主题下，孩子们对"长城"充满好奇，他们想在幼儿园搭建一座属于"自己"的长城，于是"造长城"户外活动应运而生，长城中"烽火台"是孩子们搭建的重点。可乐和萱萱的"烽火台"已经搭建了两层，现在他们想搭一座楼梯爬到烽火台的顶端看一看。

1. 教师视角——初步评价

情境描述。萱萱抬头问:"这么高要怎么上去? 我们去搬个梯子吧。"于是萱萱和可乐两人搬来一块长木板,萱萱一只脚踩在木板上,一只脚踩在地上,爬到一定高度,不一会就掉了下来。可乐也试着往上爬两步,很快也滑落下来,可乐说:"不行,我的鞋子也有点滑。"两人轮流尝试了 3 次后,萱萱提出要换一个不滑的楼梯。不一会,两个小朋友又换了一块浅色的木板,再次尝试。

视角分析。在教师的视角中,两名幼儿两次选择相同材料的木板,没有换成更简单方便的梯子或其他攀爬材料。所以,教师根据"户外项目活动观察提示表"对幼儿进行初步分析,认为两个小朋友合作能力较强,能够及时发现问题并与同伴协商解决。但反思能力较薄弱,不能及时灵活调整解决策略,尝试新的方法爬上烽火台。

2. 幼儿视角——新的发现

情境描述。当我们仔细看幼儿视角下的活动时,清楚地发现有一个攀爬架在木板旁边,但孩子们却说用这个攀爬架太简单了,依然要选择长木板。幼儿是特意选择攀爬难度更高的木板,他们真正的目的不在于能否爬上两楼,而是攀爬过程中的难度挑战。而且幼儿的两次选择,看似他们选择了相同材料的木板,但通过在儿童视角中幼儿的对话,了解到两块木板还是有区别的,第一块光滑,第二块粗糙,他们在更换材料的过程中还在探索同种材质不同粗糙程度的物体摩擦力。

视角分析。通过幼儿视角,教师重新审视对幼儿之前的评价,是主观臆断、不全面的。其实幼儿的反思和创新能力一点都不弱,他们能及时发现问题,并在解决问题的过程中检验解决方法的有效性。在教师视角中教师只关注到幼儿又拿了长木板的这个结果,而忽视了幼儿在过程中的学习探究精神。幼儿视角在教师视角的基础上帮助教师收集到更多完整的信息,从而做出更客观的分析判断。

3. 旁观者视角——再次思考

情境描述。在"造长城"的活动后,班主任教师和其他观摩教师对旁观者视角的内容进行复盘分析。总结了活动中 5 次师幼互动的成效。(见下表)

表 8 旁观者视角观察记录表

频次	教师提问	幼儿回应
1	看着小朋友反复尝试不断滑落,我认为长木板是爬不上去的,忍不住提醒:"换一种梯子试试呢?"	两个幼儿都没有回应,依然尝试长木板的攀爬
2	萱萱和可乐又抬来了一块相似的长木板。我反思是刚才提示得不准确,就问"这个和刚才那个(木板)不是一样的吗?"	萱萱说:"可乐非要用这个。"可乐说:"那个梯子滑,这个不滑。"
3	幼儿尝试后还是不行,我指着材料库里的木梯问:"那不是有梯子,可以去试试看吗?"	可乐说:"萱萱,再试试看。"萱萱立马回应道:"好,让我来。"
4	看幼儿没有回应,我再一次提示:"梯子不是更方便吗?"	幼儿依然没有回答,轮流继续尝试,但是喃喃自语"换了一块,为什么还不行?"
5	幼儿再一次滑落,我继续提醒:"你看是不是很滑,要不要换梯子试试。"	幼儿加大木板的宽度,并加上一点助跑,最终成功爬上两层烽火台

依据表5"户外项目活动教师评价素养水平的观察参考表"开展教师评价的自评与他评。发现该教师评价态度和评价知识水平较高,但评价能力较弱,主要体现在两个问题。

(1) 15分钟的游戏时间内,教师总共介入了5次,介入内容均是建议幼儿更换攀爬材料,但幼儿并未接受,教师介入过于频繁。

(2) 当幼儿真正发生困难时,却没有及时跟进,鼓励并引发幼儿深入探索。

视角分析。通过旁观者视角,教师深深地反思自己的评价行为:认识到频繁介入对幼儿的游戏也可能是一种打扰,在活动中要学会耐心等待。同时反映出作为一名青年教师,还不能完全地放手去相信孩子能完成攀爬双层烽火台的挑战。积极地介入是一种支持,耐心等待何尝不是另一种支持呢?判断是介入还是等待的标准应该仔细观察幼儿行为、正确识别幼儿需求、回应幼儿发展的过程基于儿童立场所决定的。旁观者视角对教师来说,是评价理念的一次冲击,也是形成以评价促发展的科学教育改变。

（三）案例反思

三方视角的评价素材，在内容上相互补充，让教师对幼儿的观察更全面，对幼儿的支持更科学，对幼儿的多元评价更立体。教师在三方视角的帮助下，评价理念逐渐积极，评价知识愈加丰富，评价能力也在不断提高。

五、成效与反思

（一）"三方视角"树立教师科学评价理念

在实验校活动开展初期，教师在评价理念方面存在偏差，对评价的认识停留在浅表层面，评价缺乏深度认识。通过"三方视角"的运用与剖析，不断拓展观察视角，丰富评价素材，从教师对幼儿的行为评价，不断提升教师自身的评价素养。同时，帮助教师树立"儿童本位"的科学评价理念，更深刻地理解要基于"儿童发展优先"的规律去反思、分析自己的教学行为，真正站在"儿童立场"去感受幼儿的体验，经历幼儿的经历。

（二）"三级联动机制"丰富教师评价知识

前期通过问卷和访谈了解到，教师在户外活动评价时都具有评价知识匮乏的问题。通过三级联动机制，同时辅以相关理论培训、书籍资料支持、案例分享等活动帮助教师主动学习、深度理解并运用评价知识。在后测数据中也能体现不同层面教师在不同活动中评价知识的获得不同。由此可见多种形式的支持方式可以满足多层面教师的不同需求。

（三）"一活动五表"助力教师评价能力提升

"一活动五表"在初期设计阶段不断反复推敲与打磨，旨在让各层面教师能看懂、会用。在教师评价素养课题后测的问卷中，共收到有效问卷 112 份。其中"在本次教师评价素养课题中最大的收获有哪些"问题中，共有 89 位老师提及"一活动五表"在日常工作中的运用，占总人数的 79.46%。可见通过"一活动五表"的学习与使用，帮助我园教师在观察幼儿时能更有目的和依据，在评价幼儿时能更全面和科学，以满足不同幼儿能力的发展需求。一年的课题实践，全园教师学有所获，对于户外活动中对幼儿的观察与评价有了自己的创新思考，教师评价素养有不同程度的提升。

（四）未来展望

1. 利用数字信息技术，推进研究成果的科学性

运用数字化平台或数据统计的应用程序，方便教师更科学地记录和评价幼儿表现，生成客观专业的数据，提高教师评价的准确性和合理性。

2. 优化评价表格要素，辐射工具量表的操作性

在边实践、边改进的过程中，再次优化相关评价表格，提高观察提示表的可操作性，方便教师进行记录与分析，并将这些工具量表在集团内进行辐射，从而提升区域内教师评价素养水平。

（上海市浦东新区蒲公英幼儿园　顾燕）

第四节　幼儿园集体教学中教师师幼互动评价素养的实践研究

一、问题提出

幼儿园集体教学活动是幼儿学习成长的重要环节，而师幼互动行为的质量直接影响着教学效果与幼儿的发展。然而，诸多问题、困惑和需求仍然制约着教师评价素养的提升。

（一）集体教学活动中，教师师幼互动的评价意识和能力有待提高

（1）评价意识的全面性、客观性有待加强。通过 26 名教师访谈和对比 18 名教师的研课记录，2/3 的教师在评价中提到了活动环节的设置，但鲜有评价者在研课记录中提及师幼互动在促进幼儿全面发展中的关键作用。同时，教师在评价过程中更关注幼儿的知识掌握程度，而容易忽略幼儿的情感、态度、价值观等方面的发展。此外，一些教师在评价过程中存在主观性和片面性，他们可能会受到自己的情感、经验和教育理念的影响，对幼儿的表现做出不客观的评价。

（2）教师师幼互动缺乏有效的评价方法和技巧。通过对全园 36 名教师的问卷调查，发现 25% 的教师不知道如何观察和记录幼儿的行为表现，36% 的教师对如何分析和解读幼儿的行为表现有困难，45% 的教师对给予每个幼儿有针对性的指导和反馈缺少方法。这使得教师在评价过程中难以准确把握幼儿的发展状况,从而影响了教学质量。

（二）集体教学活动中,教师师幼互动缺少可操作性评价工具

通过对本园 36 名教师进行访谈调查,发现仅有 20% 的教师能够准确评估自己与幼儿的互动效果,超过 60% 的活动缺乏有效的师幼互动评价机制。究其原因,教师在开展集体教学时,往往依靠个人经验进行师幼互动的评价,缺乏科学、系统的评价工具作为支撑。

我国教育部 2022 年发布的《幼儿园保育教育质量评估指南》（教基〔2022〕1号）,虽然涉及师幼互动的相关指标,但内容还是较为宽泛,理论性较强,教师在实际应用中难以依据该指南进行具体、细致的评价。国外的 CLASS 工具为师幼互动提供了一定的评价维度,但其文化背景和教育理念与我国存在差异,直接应用可能不符合国内幼儿园的实际需求。因此,需要研究和开发符合我园实情、具有可操作性的园本化评价工具,能够细致、全面地反映师幼互动评价素养的实际情况,为教师提供科学的反馈和指导,促进集体教学中师幼互动质量的提升。

（三）园本化的师幼互动教师评价素养的培养路径亟待探索

教师的评价素养对于提升教学质量、促进幼儿全面发展至关重要。然而,幼儿园缺乏对教师提供系统的评价素养培训,导致教师在评价理论和方法上的知识匮乏,难以进行科学有效的评价。教师评价素养的培养不仅需要个体努力,也依赖于专业共同体的支持,但这一环节在幼儿园中尚未形成或不够完善。除此之外,幼儿园缺乏对教师评价素养持续性发展的跟踪和支持机制,导致教师在评价实践上的改进和发展缺乏动力和方向。

二、指标落实

（一）解读落实,形成教师评价素养指标园本化践行指标

通过对浦东新区《幼儿园一日活动中教师评价素养关键能力的指标》进行解读,我们梳理出适宜集体教学中师幼互动评价素养提升的参考指标。

在构建师幼互动评价素养指标时,我们依据区级教师评价素养指标,以一级指标的"评价设计、评价过程、评价改进" 3 个方面和 9 条二级指标为基础,同时参考了《幼儿园保育教育评估指南》中关于师幼互动的 7 条指标和 CLASS 评价

工具中的要素,从而制订出与区级指标相匹配的《集体教学活动中师幼互动评价素养指标》,并与 CLASS 评价工具相辅相成,配套使用。

表 1　浦东新区"幼儿园一日活动中教师评价素养关键能力的指标"园本解读

一级指标	二级指标	三级指标	要点
1.评价设计	1.1 评价任务的设计	1.1.1 设计覆盖健康、习惯、社会性、语言、认知等关键发展领域的评价任务,确保集体教学活动能全面促进幼儿的发展 1.1.2 确保评价任务设计具有真实性和过程性,以便在集体教学活动中观察和记录幼儿的真实表现 1.1.3 评价任务设计应兼顾不同幼儿的需求和能力,适应个体差异,确保每个幼儿都能在集体教学中获得适当的学习机会	1. 强调评价任务的全面性,确保涵盖健康、习惯、社会性、语言、认知等关键发展领域,使集体教学活动能够全方位地促进幼儿的发展 2. 让幼儿在自然情境中展示其能力和理解,这样教师能更准确地观察和记录幼儿的真实现,进而调整任务难度和类型,以满足和适应不同幼儿的需求和能力 3. 倡导运用多种评价方式,以获取更全面的评价信息,捕捉幼儿在不同情境下的表现,从而提供更全面的评价视角。同时要求基于证据进行评价,以确保评价的客观性和有效性,而非仅凭主观判断
	1.2 观察与评价的实施	1.2.1 细化幼儿的表现性行为,并在集体教学中有意识地调整观察表或检核表来记录幼儿的互动和参与情况 1.2.2 与幼儿共同制定适用于集体教学的评价规则,增强幼儿的参与感和责任感 1.2.3 注意集体教学中幼儿的过程性表现,鼓励个性化和多元化的互动成果	
	1.3 评价方式的多样化	1.3.1 在集体教学活动中,运用多种评价方式,如教师观察、提问、儿童游戏故事等,以获取更全面的评价信息 1.3.2 注重观察、记录与分析,基于证据进行评价,确保评价的客观性和有效性 1.3.3 通过协商式评价,增强师幼之间的互动,促进幼儿自我总结、反思和改进	

（续表）

一级指标	二级指标	三级指标	要点
2. 评价过程	2.1 行为观察	2.1.1 在集体教学活动中,持续、自然、全面地观察幼儿的行为,进行过程性评价 2.1.2 选择适宜的观察方法,如扫描观察法、定点观察法等,以及相应的观察工具,以捕捉幼儿在集体教学中的表现 2.1.3 深入分析和解读观察到的行为,了解每位幼儿在集体教学中的发展水平	1. 教师要关注教学现场,重视过程性评价,持续、自然、全面地观察幼儿的行为,详细记录幼儿的互动和参与情况,为后续的评价提供详实的数据 2. 教师还可以鼓励幼儿参与评价,这不仅促进了幼儿的主动性,还帮助他们理解评价的标准和目的 3. 选择适宜的观察方法,使用相应的观察工具,有助于深入分析和解读观察每位幼儿在集体教学中的发展水平,识别和分析幼儿在集体教学中表现出的个性发展需求与特点,为每个幼儿提供个性化的支持
	2.2 素材收集	2.2.1 准确收集和保存幼儿在集体教学中的多种形式的素材记录 2.2.2 全面收集幼儿在集体教学中的日常活动素材,如影像、文本等 2.2.3 对收集到的素材进行倾听、归类、整理和简要分析,以便更好地理解幼儿的互动和学习情况	
	2.3 过程记录	2.3.1 认真观察并全面记录幼儿在集体教学中的行为表现 2.3.2 通过一段时间的观察,梳理出反映幼儿在评价任务维度方面发展的事例	
3. 评价改进	3.1 综合评价	3.1.1 综合使用行为观察、素材收集、过程记录等信息,对幼儿在集体教学中的表现进行客观、准确的评价 3.1.2 结合定性与定量方法进行评价,并根据实际提出改进措施	1. 教师要综合使用行为观察、素材收集、过程记录等信息,对幼儿在集体教学中的表现进行客观、准确的评价。这种综合性的评价能够更全面地反映幼儿的发展状况 2. 教师要合理使用评价结果,调整集体教学活动的组织与实施。使评价结果应用于指导教学实践,不断优化教学策略,以更好地促进幼儿的全面发展
	3.2 对幼儿个性的分析与支持	3.2.1 识别和分析幼儿在集体教学中表现出的个性发展需求与特点 3.2.2 提供差异化的教育支持,促进每个幼儿在集体教学中的个性发展	
	3.3 评价结果的使用	3.3.1 遵循立德树人的评价导向,合理使用评价结果,调整集体教学活动的组织与实施	

（二）利用平台，调整优化园本化师幼互动评估工具

研究立项以来，我们在深入理解和熟练使用 CLASS 评估系统的基础上，不断适应研究目标和现实条件，反思和调整对 CLASS 评估系统的认识和定位，完善 CLASS 师幼互动行为评价工具。评价工具完善与优化分为了三个阶段。

第一阶段：熟悉量表、建立理念。

这一阶段教师们围绕 8 个集体教学活动师幼互动案例实录（包括现场演绎和录像两种形式），采用 CLASS 评估工具（第 1 版）进行教学活动的自评和互评，一方面帮助教师们熟悉评价量表的使用，另一方面在研讨中提出对评价量表的改进建议。

第二阶段：结合指南、调整指标。

基于 CLASS 评估指标，结合《上海市幼儿园办园质量评价指南》中师幼互动指标以及教师对第一稿评价表运用后的意见，对评价表再次进行调整，去除了难懂、拗口的指标描述，纳入了《评价指南》中的更为专业的指标描述，用打钩（"√"）来记录，对课堂中典型的互动行为进行记录描述、分析调整，形成了 CLASS 评估工具（第 2 版）。

表 2　CLASS 评估工具（第 2 版）

一级指标	二级指标	观察指标（活动中有类似的行为请"√"选）	分析与调整
情感态度	积极氛围（PC）	1. 关系：与幼儿身体上的接近（　）；有共情行为（　）；社会性的谈话（　）；与幼儿分享（　）；像同伴一样支持（　） 2. 积极情感：观察教师微笑（　）、热情（　）观察幼儿有没有笑声（　）、积极参与人数（　） 3. 积极交流：口头表达情感（　）、通过身体行为表达情感（　）、积极的期望（　） 4. 尊重：目光接触（　）、温和及平静的语气（　）、表示尊重的语言（　）、合作或分享（　）	实录：（选择活动中互动效果好或者失败的一个片段进行简单记录）

（续表）

一级指标	二级指标	观察指标(活动中有类似的行为请"√"选)	分析与调整
情感态度	消极氛围（NC）	1. 消极情感:易怒( )、生气( )、语气严厉( )、同伴攻击( )、无关或扩大化的否定情绪( ) 2. 惩罚的控制:叫喊( )、威胁( )、身体控制( )、严厉的惩罚( ) 3. 嘲笑/不尊重:讽刺性语气/语言( )、嘲笑( )、羞辱( ) 4. 严重的否定:欺骗恃强( )、欺弱( )、身体上的惩罚( )	分析:
语言意识	教师敏感性（TS）	1. 意识:适当地预测出教学活动问题和作出调整( )、能意识到幼儿理解不足或困难( ) 2. 回应:认可情绪( )、提供安慰和帮助( )、提供个别化的支持( ) 3. 关注问题:提供有效和及时的帮助( )、帮助解决问题( ) 4. 学生自如地表现:寻找支持和指导( )、自由参与( )、承担风险( )	
	语言范例（LM）	1. 经常对话:对话频繁( )、对话少( )、没有对话( ) 2. 提问方式:开放式的问题次数( )、封闭式提问次数( ) 3. 追问:重复幼儿的话( )、通过追问拓展话题( )、自我和平行对话( )、高级的语言( )	
互动行为	关注学生的观点（RSP）	1. 灵活性和关注学生:表现出灵活性( )、结合学生的想法( )、遵从学生的领导( ) 2. 支持自主和管理:允许选择( )、允许学生主导课堂( )、让学生承担职责( ) 3. 学生表达:鼓励学生交谈( )、引导学生的想法或观点( ) 4. 限制移动:允许活动( )、不刻板( )	调整:
	行为管理（BM）	1. 清晰的行为期望:纠正错误行为( )、鼓励正确行为( )	

（续表）

一级指标	二级指标	观察指标（活动中有类似的行为请"✓"选）	分析与调整
互动行为	教育学习安排（ILF）	有效的促进:形式和材料多样（　）、学生感兴趣（　）、学习目标的清晰（　）	
	反馈质量（QF）	提供支架:反馈回路（　）、提供信息（　）、促进思考过程（　）、鼓励和肯定（　）	
教学效果	目标达成	全部达成（　）、部分达成（　）、没有达成（　）	（针对没有达成,简单说明原因）
	幼儿发展	每个幼儿都有发展（　）、大部分幼儿有发展（　）、小部分幼儿有发展（　）、幼儿没有发展（　）	
	教师发展	活动组织有序（　）、语言表达清晰（　）、提问适宜（　）、环节层层递进（　）、教学方法得当、教具或多媒体有效促进发展（　）、学具数量适宜（　）	

第三阶段:优化指标、自评互评。

在第 2 版 CLASS 评估工具的基础上,结合《集体教学活动中师幼互动评价素养指标》,继续优化评价工具,根据评价对象,细分为自评表和互评表。

自评表是执教教师通过对教学现场的观察,结合师幼互动评价素养指标,对自身的师幼互动行为进行反思和评价;互评表是现场观摩活动的老师,通过观察记录教学现场执教教师与幼儿互动情况,幼儿学习表现、课堂教学效果等结合指标,从旁观者的视角对教师师幼互动情况进行评价。通过每次活动后的自评和互评,分析师幼互动的现状,从中发现问题,解决问题,提高教育质量,提升教师的评价素养。

表 3　CLASS 评估工具(第 3 版——自评表示例,互评表见后面案例分析)

集体教学活动中教师师幼互动评价分析自评表
请执教教师聚焦自身教学课堂中的师幼互动行为,结合指标反思活动中做到了哪些,还有哪些不足,进行分析和调整。
活动时间:<u>2023.12</u>　活动班级:<u>大五班</u>　活动名称:<u>《团圆》</u>　活动领域:<u>语言</u>　自评者:<u>黄诗倩</u>

一级指标	二级指标	观察指标 (活动中有类似的行为请"√"选)	分析与调整 (建议针对某一环节或者某一片段中师幼互动行为进行分析和调整)
情感态度	积极氛围 (PC)	1. 关系:与幼儿身体上的接近(√)、分享活动(√)、社会性的交流(√)、同伴互助(　)、一致的情感(√) 2. 积极情感:微笑(√)、热情(　)、笑声(　) 3. 积极交流:语言表达情感(√)、肢体语言表达情感(　)、积极的期望(√) 4. 尊重:眼神接触(√)、友好平静的语气(√)、尊重的言辞(√)、合作与分享(√)观察画面,通过讨论、猜测等多种方式,大胆地表述对故事《团圆》的理解。 5. 根据故事回忆和排列过年的一些民俗,感受过年的热闹和喜悦	在"观察封面,谈话导入"环节中介绍故事人物时,我原先设计的问题仅仅针对绘本本身,缺乏幼儿主动参与的积极性 活动中,幼儿对"一家人在干什么"的问题,回答的内容各异,反映了幼儿的生活经验。鉴于此,我针对幼儿喜欢讲与生活经验有关的内容特点,预设了促进生生互动的问题,如增加了辅助性的追问:"你有没有在爸爸妈妈的中间睡过?是什么感觉?"等,通过结合幼儿自身生活中和家人的情感,帮助幼儿产生故事中"我"和父母的情感共鸣,让幼儿从情绪上接近绘本,且有效打开了孩子们的话匣子 在"阅读绘本,理解体验"的环节二中,我调整了出示图片的方式,在播放 PPT 的同时,增加了不同时间的故事情节的时间轴。预设的目的是将过年风俗的故事情节和时间相结合,帮助幼儿梳理中国传统民俗"过年"的先后顺序,并理解故事从除夕至初四的发展过程
	消极氛围 (NC)	1. 消极情感:烦躁(　)、愤怒(　)、刺耳的声音(　)、同伴之间的攻击性行为(　)、无名的生气或消极情绪升级爆发(　) 2. 惩罚的控制:大声呵斥(　)、恐吓(　)、身体控制(　)、严厉的惩罚(　) 3. 嘲笑/不尊重:挖苦的语气或者言语戏弄(　)、羞辱(　) 4. 严重的否定:歧视(　)、欺负(　)、体罚(　)	

（续表）

一级指标	二级指标	观察指标 （活动中有类似的行为请"✓"选）	分析与调整 （建议针对某一环节或者 某一片段中师幼 互动行为进行分析和调整）
情感态度	教师敏感性(IS)	1. 意识:预期到问题并有预案（✓）、及时意识到幼儿出现了状况（　） 2. 回应:情感回应（✓）、提供安慰和帮助（　）、提供个性化的支持（　） 3. 关注问题:有效及时地提供帮助（✓）、帮助幼儿解决问题（　） 4. 幼儿自如表现:寻找支持和指导（　）、自由参与（✓）、敢于冒险（　）	
教学效果	目标达成	全部达成（✓）、部分达成（　）、没有达成（　）	（针对达成度,简单说明原因）经过多次的试教与调整,根据幼儿的活动反馈优化了活动目标、环节提问及总结语,最终较好地达成了活动目标。幼儿能够按照送货单上的信息进行分类送货,并知道送货员工作与我们生活的关系,了解他们工作的辛苦。在活动准备中我增加了送货单解读的PPT,以便于所有幼儿都能更清楚地观察和解读送货单,提供人手一个的送货员挂牌,意在通过挂牌帮助幼儿更轻松地进入送货员的角色体验。在交流验证环节贯穿情境化的语言提示,用客人是否满意的语言引导幼儿验证,极大地缓解了对幼儿送货结果的对错评判以及给幼儿带来的紧张和压力,使幼儿在整个活动过程中的情绪状态保持良好
	幼儿发展	每个幼儿都有发展（✓）、大部分幼儿有发展（　）、小部分幼儿有发展（　）、幼儿没有发展（　）	
	教师发展	活动组织有序（✓）、语言表达清晰（　）、提问适宜（✓）、环节层层递进（✓）、教学方法得当、教具或多媒体有效促进发展（　）、学具数量适宜（　）	

（三）学习实践，生成集体教学活动师幼互动评价素养评价表

除了园本化 CLASS 评价工具《集体教学活动中教师师幼互动评价表》，我们还依据"集体教学活动中师幼互动评价素养指标"，设计了相应的评价表《集体教学活动中师幼互动评价素养评价表》，三份评价工具配套使用。

表 4　集体教学活动中师幼互动评价素养评价表（学期初、学期末）

集体教学活动中师幼互动评价素养评价表（学期初）

评价日期：_____　　教师姓名：_____　　管理组：_____

评价维度		评价内容与标准（参考师幼互动评价素养指标）	评价方法（列举）	评价记录（"√"选）	自评（"○"选）	他评（"○"选）
1.评价设计	评价任务设计	全面性、真实性与过程性，适应个体差异	观察、访谈	● 在集体活动中运用了哪些个性化回应策略：针对不同层面的幼儿进行提问（　）、肢体互动（　）、及时肯定鼓励（　）、适时提醒（　）、其他_____	1 2 3 4 5 6 7 8 9 10	1 2 3 4 5 6 7 8 9 10
	观察与评价实施	细致观察、参与式评价、过程性评价	观察、检核表	● 对集体教学中师幼互动观察评价指标：很熟悉（　）、能理解部分（　）、不清楚不理解（　）	1 2 3 4 5 6 7 8 9 10	1 2 3 4 5 6 7 8 9 10
	评价方式多样化	多元评价方法、基于证据的评价、协商式评价	观察、自评、他评、儿童学习故事等	● 对集体教学中师幼互动运用了哪些评价方法：现场观察（　）、教学活动记录分析（　）、个案分析（　）、学习故事（　）、其他_____	1 2 3 4 5 6 7 8 9 10	1 2 3 4 5 6 7 8 9 10

（续表）

评价维度		评价内容与标准（参考师幼互动评价素养指标）	评价方法（列举）	评价记录（"✓"选）	自评（"○"选）	他评（"○"选）
2.评价过程	行为观察	持续与全面观察、观察方法与工具、行为分析与解读	扫描观察法、定点观察法	• 在集体教学活动中，运用哪些观察方法：定点观察（ ）、定人观察（ ）、区域观察（ ）、扫描观察（ ）、其他_____	1 2 3 4 5 6 7 8 9 10	1 2 3 4 5 6 7 8 9 10
	素材收集	准确收集与保存、日常活动素材的全面收集、倾听、归类、整理和简要分析	影像、文本记录	• 本学年中记录集体教学师幼互动观察评价表情况：自评____份，他评____份 • 在集体教学活动中运用哪些互动方式：言语互动（ ）、肢体互动（ ）、表情互动（ ）、材料互动（ ）、其他_____ • 在言语互动中，擅长运用的方式：有效提问（ ）、进行追问（ ）、设计问题链（ ）、设计核心问题探讨（ ）、设计宽泛问题（ ）、示范性语言（ ）、鼓励幼儿大胆表达提问（ ）、激励幼儿积极参与（ ）、其他_____	1 2 3 4 5 6 7 8 9 10	1 2 3 4 5 6 7 8 9 10
	过程记录	行为表现的全面记录、事例梳理与发展分析	笔录、视频记录	• 使用 CLASS 师幼互动评价表情况：能熟练运用（ ）、不会使用（ ）、会用一些但对某些指标不理解（ ）	1 2 3 4 5 6 7 8 9 10	1 2 3 4 5 6 7 8 9 10

（续表）

评价维度		评价内容与标准（参考师幼互动评价素养指标）	评价方法（列举）	评价记录（"✓"选）	自评（"○"选）	他评（"○"选）
3.评价改进	综合评价	信息的综合使用、定性与定量方法的结合	数据分析、讨论会	● 根据信息收集对幼儿的分析情况：能观察分析幼儿（ ）、不能观察分析幼儿（ ）、能观察到幼儿某些行为和表现,但分析有困难（ ）	1 2 3 4 5 6 7 8 9 10	1 2 3 4 5 6 7 8 9 10
	对幼儿个性的分析与支持	个性需求的识别与分析、差异化教育支持	观察、评估表	● 日常教学中运用哪些评价的方法：过程性评价（ ）、结果性评价（ ）、幼儿参与式评价（ ）、其他＿＿＿	1 2 3 4 5 6 7 8 9 10	1 2 3 4 5 6 7 8 9 10
	家园合作	协同关系的建立、定期沟通与反馈	家长会、孩子通	针对集体教学中幼儿表现与家长建立沟通方式：微信（ ）、电话（ ）、语音（ ）、发送视频（ ）、发送照片（ ）家长咨询（ ）、其他＿＿＿每人每学年沟通频率平均数:（圈选）1 2 3 4 5 6 7 8 9 10 10 次以上	1 2 3 4 5 6 7 8 9 10	1 2 3 4 5 6 7 8 9 10
	评价结果的使用	遵循立德树人的评价导向、调整集体教学活动的组织与实施	教学反思、日志	● 本学期针对集体教学中师幼互助撰写情况：撰写案例＿＿篇、教学反思＿＿篇、幼儿学习故事＿＿篇、研究总结＿＿篇	1 2 3 4 5 6 7 8 9 10	1 2 3 4 5 6 7 8 9 10

（续表）

总分：		
评价素养发展需求（教师填写）：		

集体教学活动中师幼互动评价素养评价表（学期末）

评价日期：_____　教师姓名：_____　管理组：_____

评价维度		评价内容与标准（参考师幼互动评价素养指标）	评价方法（列举）	评价记录（"✓"选）	自评（"○"选）	他评（"○"选）
1.评价设计	评价任务设计	全面性、真实性与过程性，适应个体差异	观察、访谈	● 在集体活动中运用了哪些个性化回应策略：针对不同层面的幼儿进行提问（　）、肢体互动（　）、及时肯定鼓励（　）、适时提醒（　）、其他_____	1 2 3 4 5 6 7 8 9 10	1 2 3 4 5 6 7 8 9 10
	观察与评价实施	细致观察、参与式评价、过程性评价	观察、检核表	● 对集体教学中师幼互动观察评价指标：很熟悉（　）、能理解部分（　）、不清楚不理解（　）	1 2 3 4 5 6 7 8 9 10	1 2 3 4 5 6 7 8 9 10
	评价方式多样化	多元评价方法、基于证据的评价、协商式评价	观察、自评、他评、儿童学习故事等	● 对集体教学中师幼互动运用了哪些评价方法：现场观察（　）、教学活动记录分析（　）、个案分析（　）、学习故事（　）、其他_____	1 2 3 4 5 6 7 8 9 10	1 2 3 4 5 6 7 8 9 10

（续表）

评价维度		评价内容与标准（参考师幼互动评价素养指标）	评价方法（列举）	评价记录（"√"选）	自评（"○"选）	他评（"○"选）
2.评价过程	行为观察	持续与全面观察、观察方法与工具、行为分析与解读	扫描观察法、定点观察法	• 在集体教学活动中，运用了哪些观察方法：定点观察（　）、定人观察（　）、区域观察（　）、扫描观察（　）、其他_____	1 2 3 4 5 6 7 8 9 10	1 2 3 4 5 6 7 8 9 10
	素材收集	准确收集与保存、日常活动素材的全面收集、倾听、归类、整理和简要分析	影像、文本记录	• 本学年中记录集体教学师幼互动观察评价表情况：自评_____份，他评____份 • 在集体教学活动中运用哪些互动方式：言语互动（　）、肢体互动（　）、表情互动（　）、材料互动（　）、其他_____ • 在言语互动中，擅长运用的方式：有效提问（　）、进行追问（　）、设计问题链（　）、设计核心问题探讨（　）、设计宽泛问题（　）、示范性语言（　）、鼓励幼儿大胆表达、提问（　）、激励幼儿积极参与（　）、其他_____	1 2 3 4 5 6 7 8 9 10	1 2 3 4 5 6 7 8 9 10
	过程记录	行为表现的全面记录、事例梳理与发展分析	笔录、视频记录	• 使用 CLASS 师幼互动评价表情况：能熟练运用（　）、不会使用（　）、会用一些但对某些指标不理解（　）	1 2 3 4 5 6 7 8 9 10	1 2 3 4 5 6 7 8 9 10

（续表）

评价维度		评价内容与标准（参考师幼互动评价素养指标）	评价方法（列举）	评价记录（"✓"选）	自评（"○"选）	他评（"○"选）
3. 评价改进	综合评价	信息的综合使用、定性与定量方法的结合	数据分析、讨论	• 根据信息收集对幼儿的分析情况：能观察分析幼儿（ ）、不能观察分析幼儿（ ）、能观察到幼儿某些行为和表现，但分析有困难（ ）	1 2 3 4 5 6 7 8 9 10	1 2 3 4 5 6 7 8 9 10
	对幼儿个性的分析与支持	个性需求的识别与分析、差异化教育支持	观察、评估表	• 日常教学中运用了哪些评价的方法：过程性评价（ ）、结果性评价（ ）、幼儿参与式评价（ ）、其他____	1 2 3 4 5 6 7 8 9 10	1 2 3 4 5 6 7 8 9 10
	家园合作	协同关系的建立、定期沟通与反馈	家长会、孩子通	针对集体教学中幼儿表现与家长建立沟通方式：微信（ ）、电话（ ）、语音（ ）、发送视频（ ）、发送照片（ ）、家长咨询（ ）、其他_____ 每人每学年沟通频率平均数：（圈选）1 2 3 4 5 6 7 8 9 10 10 次以上	1 2 3 4 5 6 7 8 9 10	1 2 3 4 5 6 7 8 9 10
	评价结果的使用	遵循立德树人的评价导向、调整集体教学活动的组织与实施	教学反思、日志	• 本学期针对集体教学中师幼互助撰写情况：撰写案例____篇、教学反思____篇、幼儿学习故事____篇、研究总结____篇	1 2 3 4 5 6 7 8 9 10	1 2 3 4 5 6 7 8 9 10

（续表）

总分：		
改进建议（管理组填写）：		

　　这套评价工具旨在让教师通过"仔细阅读、指标解读—收集信息、预设情景—全面观察、客观记录—整理归纳、分析评价—反思与调整、沟通与分享—定期评估、持续学习"形成循环过程（如图1），将自评与他评相结合，将评价数据运用于一线教师的教学实践和幼儿园的管理指标中，引导教师在实践中深入理解和内化评价指标，提升专业能力。通过此过程，教师能够将评价指标转化为具体的教学行为，并利用评价结果不断调整和优化自身的教学策略，以更好地满足幼儿的需求，促进其全面发展，从而帮助教师获得师幼互动评价素养提升。

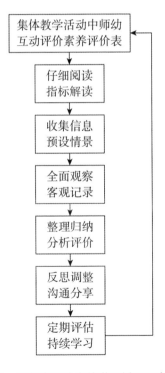

图1　教师在评价中的学习循环示意图

三、实施举措

（一）重视多元培训，提升评价意识和能力

1. 进行全园访谈，了解教师需求，规划培训课程

利用访谈的形式对全园教师进行需求调研，了解教师在师幼互动评价方面的现有水平和存在的不足。根据反馈结果，规划制定园本培训课程《集体教学活动中教师师幼互动评价素养的提升》，在园本培训中增加"教师师幼互动评价指标"的解读、园本 CLASS 评估工具的自评表、互评表的使用、《集体教学活动中师幼互动评价素养评价表》要点解析等培训内容。定期组织教师专业发展培训，重点强调师幼互动的重要性和评价方法。通过案例分析、角色扮演、模拟教学等方式，增强教师的理论认识和实践技能。这些培训课程旨在补上教师在互动评价理论与实践技能上的短板，同时强调培训内容的实用性和针对性。

2. 专家名师引领，借助资源共享，推进项目进程

邀请具有丰富实践经验的教育专家和学者来园进行指导，引入先进的师幼互动评价理念和案例分析。如，邀请华师大学前教育系苏教授线上线下指导项目研究的进程，调整研究计划、修正评价量表。又如，借助我园名师祝晓隽老师市、区级公开教学活动展示，全园教师进行师幼互动观察和记录，探析优秀教师在集体教学活动中师幼互动的教学机制，针对师幼互动话题进行讨论。此外，建立"网上邻居"资源共享平台，方便教师能够随时获取新的师幼互动评价方法及互动工具等。

3. 借助教研活动，形成学习共同体，激励教师反思提高

借助教研组、科研组、项目组、层级教师培训，在各层面开展教师师幼互动评价素养的实践研究。定期组织教师观摩集体教学活动现场，围绕具体的师幼互动场景进行深入分析，探讨有效的互动策略和评价方法。促进教师之间的开放交流和相互观摩，形成学习共同体，共同分享教学经验、评价方法和教育资源，促使教师在共情中共同提高评价素养。

（二）利用评价工具，开展集体教学活动中教师师幼互动评价实践

聚焦教学现场，我们借助园本化的 CLASS 评估工具，开展一课三研活动，主要是由一个教师开展基于一个内容的三次活动，每次在前一次互评自评的基础

上进行师幼互动的改进。

1. 发挥各组实力,开展各级研究活动

通过科研组、教研组、项目组、学科工作坊、各层级教学研讨的多方位实践活动,应用园本化的 CLASS 量表进行过程性观察记录。借助评价量表,让教师通过观察、记录、分析,来评析、反思师幼互动现状。组织集体的教学反思、研讨,每次活动后的观察评价研讨,都成为下一轮研课老师作为组织教育活动的重要依据,用于规划、调整、改进教育活动,从而使教师的评价素养得到不断提高,为幼儿创造更加优质的学习环境和互动氛围。

2. 自评与他评相结合,促进评价反思调整

积极为教师营造反思与总结氛围,搭建沟通与反馈评价问题的平台,通过自评和互评,分析师幼互动的现状,从中发现问题,解决问题,提高教育质量。同时,管理组通过访谈、资料收集、现场观摩等方式对教师的评价素养进行他评,了解教师在评价素养提升过程中可能遇到的问题和发展瓶颈,为教师提供必要的资源和支持,包括搭建平台、提供物质条件和营造心理环境等。通过自评与他评相结合,不仅为教师提供了自我学习、反思和自主发展的契机,也促进了教师内在动力的激发。

3. 指导运用评价数据,不断调整完善评价方法

定期评估和持续学习是提升教师评价素养的关键。教师需要根据评估结果不断调整和完善自己的评价方法,同时积极学习新的教育理论和评价技巧,以保持专业能力的持续增长。教师通过借助 CLASS 评价工具,了解评价自身的互动能力和互动水平,结合师幼互动评价指标,发现自身师幼互动不足的点,寻找提升的方法和途径。经过不断地观察、记录、分析、比对,在实践运用中提高评价素养。而管理层通过学期前和学期末教师师幼互动素养评价表数据的比对分析,能够全面掌握不同层面教师的评价素养、水平和需求,从而有针对性地提供指导和支持,确保每位教师都能在师幼互动评价素养方面取得实质性的进步。

(三) 建立保障机制,确保评价素养在本园落地生根

教育评价对幼儿园一线教师来说是一项比较艰巨的任务。为了确保评价素养能全方位地落地生根,保障机制显得尤为重要。

1. 建立课堂教学评价制度

明确评价的目的、原则、标准、程序和方法,确保评价工作的规范性和有效性。同时,评价制度也跟着教育实践的发展不断完善和更新,以适应新的需求和挑战。

2. 成立评价工作领导小组

负责统筹协调评价工作,领导小组定期召开会议,对评价工作进行总结和反思,及时发现问题并进行改进。

3. 确定教师师幼互动评价培训内容

帮助教师掌握评价知识和技能,提升评价能力。鼓励教师积极参与评价研究和实践,不断探索新的评价方法和手段。

4. 建立评价与反馈机制

促使保障评价素养落地,如,建立教师互助与反馈机制:鼓励教师之间相互观摩、交流互动评价经验,提出建设性反馈的意见。又如,实施互动评价激励计划,对于评价方面表现突出的教师,计算工作量,给予绩效奖励,激发教师进行评价的积极性。

通过上述的保障机制,确保了评价素养在本园有效的推广和应用,从而推动教育质量的持续提升。

四、典型案例

幼儿园集体教学活动中师幼互动行为优化的案例分析
——大班阅读活动《谁偷吃了我的柿子》

（一）案例背景

《谁偷吃了我的柿子》中激动有趣的情节深受幼儿的喜爱,于是我们以此绘本尝试开展阅读分享会活动。阅读分享会中存在大量师幼、幼幼间的言语互动,且不同于常规化的集体教学活动,其中的言语互动体量更大,生成更具临场随机性。为此,我们通过深入分析教案、师幼互动评价表,旨在探讨如何在深入理解、熟练使用 CLASS 评估系统的基础上,优化师幼互动行为,分析现状,总结问题并提出建议,以提高教师评价素养。

（二）案例深描

1. 活动准备

（1）经验准备：幼儿前期已经自主阅读过《谁偷吃了我的柿子》，经历过初试分享会的共读和结伴小组分享活动。

（2）完成了自主阅读，过程中根据幼儿的阅读笔记，梳理记录了幼儿对图画书的喜爱之处，以及自发产生的各类表述和提问。

（3）材料准备：小图书人手一本、通识标记符号若干（问号、爱心、放大镜、箭头和云记号等），与幼儿共同完成故事主要脉络的思维导图构建。

2. 活动流程

讨论话题一：你喜欢这本图画书吗？说出你的理由。（利用标识与鱼骨图）

幼儿根据自己的选择，讲讲自己喜欢这本书的理由，并观察现场其他幼儿与其产生共鸣的情况。

拓展1：搞笑——字变大表示情绪的变化。

拓展2：脚印、影子——不同脚印和影子都对应哪个动物。

拓展3：办法——奶奶针对不同发现都有哪些应对措施。

讨论话题二：奶奶为何一开始不愿意分享？到最后又为何愿意分享？（做一块2格图）

幼儿结合相关页面，讲述自己对奶奶前后不同想法的理解。

讨论话题三：动物们最后到底有没有回来？

幼儿讲述自己对故事结尾的想法。

拓展1：没有羽毛，怎么知道小鸟回来了？

拓展2：奶奶的脚印为何会在其中？

（三）案例反思

在本次教学活动中，研究团队对活动过程运用CLASS评估工具进行了记录和分析，执教者通过回看教学过程运用CLASS评估工具进行自评。

表5 集体教学活动中师幼互动评价与分析互评表（谁偷吃了我的柿子）

活动时间：__2024.5.11__ 活动名称：__谁偷吃了我的柿子__

活动领域：__语言__ 班级：__大班__ 执教教师：__吴蔡堃__ 评价教师：__徐倩滢__

一级指标	二级指标	观察指标（活动中此类行为请"✓"选）	课堂实录	分析与调整
情感态度	积极氛围（PC）	1. 关系： 与幼儿身体上的接近（✓）、分享活动（✓）、社会性的交流（✓）、同伴互助（✓）、一致的情感（　） 2. 积极情感： 微笑（✓）、热情（✓）、笑声（✓） 3. 积极交流： 语言表达情感（✓）、肢体语言表达情感（✓）、积极的期望（✓） 4. 尊重： 眼神接触（✓）、友好平静的语气（✓）、尊重的言辞（✓）、合作与分享（✓）	积极氛围： 1. 堃堃老师的教态自然，准备充分，和幼儿坐在一起，以平等的态度共同参与到分享会中 2. 在活动中能够关注全体幼儿，师幼互动和生生互动率为100%。无消极氛围 3. 蓝蓝老师在活动中能够积极回应幼儿的每一个回答，并且给予认可。在幼儿有不同的想法时，堃堃老师也能够支持幼儿相互质疑与互动，但是在过程中教师与幼儿也能够一直保持着积极的情感	堃堃老师由于前期预案和对幼儿的自主阅读观察得十分的全面细致，因此整场分享会中都是较为松弛的一个状态，但是作为一个集体教学活动而言，语言和行为的严谨性和规范性还可以更加注重
	消极氛围（NC）	1. 消极情感： 烦躁（　）、愤怒（　）、刺耳的声音（　）、同伴之间的攻击性行为（　）、无名的生气或消极情绪升级爆发（　） 2. 惩罚的控制： 大声呵斥（　）、恐吓（　）、身体控制（　）、严厉的惩罚（　） 3. 嘲笑/不尊重： 挖苦的语气或者言语戏弄（　）、羞辱（　） 4. 严重的否定： 歧视（　）、欺负（　）、体罚（　）	无消极氛围	

（续表）

一级指标	二级指标	观察指标（活动中此类行为请"✓"选）	课堂实录	分析与调整
情感态度	教师敏感性（TS）	1. 意识： 能预测到问题并有预案（✓）、及时意识到幼儿出现了状况（　） 2. 回应： 情感回应（✓）、提供安慰和帮助（　）、提供个性化的支持（　） 3. 关注问题： 有效及时地提供帮助（✓）、帮助幼儿解决问题（　） 4. 幼儿自如表现： 寻找支持和指导（　）、自由参与（✓）、敢于冒险（　）	教师敏感性： 活动前,堃堃老师有对幼儿前期阅读经验以及本次分享会的图画书的详细分析,有给予幼儿对书中感兴趣的点进行问题讨论的设计	通过幼儿在活动中的表现能够看出教师平时也会一直和幼儿开展阅读分享。整个活动过程师幼都很愿意倾听同伴对画面及内容的不同想法,能积极回应,并友好地与同伴有针对性地进行讨论
活动组织	关注幼儿的看法（RSP）	1. 灵活性和关注幼儿： 灵活性（✓）、采纳幼儿的观点（✓）、赞同幼儿的想法（✓） 2. 鼓励幼儿发挥自主性和主导性： 给幼儿选择权（✓）、允许幼儿主导活动（　）、让幼儿承担一些任务（　） 3. 幼儿表达： 鼓励幼儿发言（✓）、引导幼儿表达想法或观点（✓） 4. 限制移动： 允许移动（✓）、灵活（✓）	关注幼儿的看法： 1. 在阅读分享会的过程中,幼儿可以根据自己想要讲述的画面,自主翻到相关的画面,有充分的自我选择权 2. 堃堃老师能够对幼儿的表达有积极的表扬与回应 3. 当幼儿有表达不清或者表达有困难的时候,堃堃老师能够耐心等待,或者自己用语言引导帮助幼儿更好地表达	

（续表）

一级指标	二级指标	观察指标 （活动中此类行为请"✓"选）	课堂实录	分析与调整
活动组织	行为管理 （BM）	1. 清晰的行为期望 清晰的期望（✓）、一致性（ ）、澄清规则（ ） 2. 前瞻性 能预测到不当行为的出现或升级（ ）、被动应对的情况少（ ）、密切关注（ ） 3. 纠正不当行为 有效减少不当行为（ ）、关注积极行为（ ）、使用巧妙暗示来纠正不当行为（ ）、有效的纠正（ ） 4. 幼儿行为 很少违反行为规则（ ）、很少有攻击性行为和反抗行为（ ）	行为管理： 堃堃老师提出的话题能够让每位幼儿都有话可说，幼儿可以根据自己的选择，讲讲自己喜欢这本书的理由，并引发其他幼儿与其产生共鸣 教育学习安排： 关于最后老奶奶是否愿意分享柿子的画面，堃堃老师为幼儿提供了阅读工具放大镜、气泡等，帮助幼儿更好地从同一个画面中寻找不同的信息佐证自己的想法，比如消失的围栏、动物的脚印、熟透的柿子等。丰富的阅读工具提供了幼儿更多参与的机会	在阅读分享会之前，幼儿都开展了自主阅读，教师也梳理记录了幼儿对图画书的喜爱之处及存在的问题，这些都让堃堃老师在组织幼儿开展讨论的过程中更具有针对性。但是在"好"与"不好"的讨论中，教师对于个别幼儿表述的理解有一定的误解，如果能够更多让幼儿澄清自己的意思就更好了
	教育学习安排 （ILF）	1. 有效的促进 教师参与（✓）、有效提问（✓）、提高幼儿的参与度（✓） 2. 多样化的活动形式和材料 提供丰富的活动形式让幼儿参与（✓）、有趣的能启发想象力的材料（ ）、动手机会（ ） 3. 幼儿有兴趣 积极参与（✓）、倾听（✓）、注意力集中（✓） 4. 学习目标的澄清 先行组织者策略（✓）、总结（ ）、重新定位目标（ ）	课堂效率： 整场分享会中幼儿都知道自己应该带着对这本书的已有经验参与到其中，而且话题都是围绕着图画书展开的，很少有偏离主题的情况	

（续表）

一级指标	二级指标	观察指标（活动中此类行为请"✓"选）	课堂实录	分析与调整
活动组织	课堂效率（PD）	1. 学习时间最大化 提供活动（✓）、当结束时允许选择（ ）、很少出现混乱、中断的情况（ ）、有效完成管理任务（ ）、进度（ ） 2. 常规 幼儿知道要做什么（✓）、清晰的指令（ ）、幼儿很少偏离主题（✓） 3. 过渡 短暂（ ）、清晰的下一步（✓）、蕴含学习机会（ ） 4. 准备 材料充分（✓）、易取（✓）、熟悉课程（ ）	认知发展： 教师通过开放性的提问鼓励幼儿思考和表达。比如在最后讨论老奶奶到底是不是好人，幼儿能够根据图画书的画面寻找更多的线索来佐证自己的想法。教师在过程中只是起到了一个主持人的作用，充分给幼儿自由讨论的机会	
教育支持	认知发展（CD）	1. 分析思考 "为什么"/"怎么做?"（ ）、问题解决能力（ ）、预计/实验（ ）、分类/比较（ ）、评价（ ） 2. 创造 集体自由讨论（✓）、计划（ ）、创作（ ） 3. 整合 将各个概念联系起来（✓）、与已有知识的整合（✓）、与现实世界联系（ ）、实际生活中的应用（ ）、与幼儿的生活相联系（ ）		

（续表）

一级指标	二级指标	观察指标 （活动中此类行为请"√"选）	课堂实录	分析与调整
教学效果	目标达成	全部达成（√）、部分达成（ ）、没有达成（ ）	堃堃老师组织的《谁偷吃了我的柿子》的大班阅读分享会活动，让我对于分享会的组织又得到了很多新的启发。首先，我看到了每一个孩子都能够积极参与其中，大胆表达自己的想法，并结合画面佐证自己的发现。另外，其中运用到的阅读工具也更好地支持了幼儿阅读，比如用到了问号、爱心、放大镜、箭头和云记号等，并与幼儿共同完成图画书主要脉络的思维导图构建，这样的形式能够让幼儿逐步养成这样的思维方式，从会读一本书到会读一类书	
	幼儿发展	每个幼儿都有发展（√）、大部分幼儿有发展（ ）、小部分幼儿有发展（ ）、幼儿没有发展（ ）		
	教师发展	活动组织有序（ ）、语言表达清晰（√）、提问适宜（√）、环节层层递进（ ）、教学方法得当（ ）、教具或多媒体有效促进发展（√）、学具数量适宜（ ）		

1. 情感支持维度

（1）现状分析：教师通过设计有趣的讨论话题、鼓励幼儿大胆表达、积极回应同伴想法等方式，为幼儿提供了情感支持。然而，从评价表中我们可以看到，部分幼儿在讨论中参与度不高，幼儿互动行为明显少于教师，课堂语言动态比上也能发现，幼儿在前五分钟，以及10—20分钟这两个时间段内情绪较为高涨，其余时间数据下降明显，这可能与教师在情感支持方面还不够全面、细致有关。观察记录显示，部分幼儿提问次数较少，开放式提问不是很多，这可能反映了他们在课堂上的积极性不足。

（2）问题归纳：①教师对内向幼儿的关注不够，未能充分激发其学习兴趣。②教师在情感支持方面的策略单一，缺乏层次性和针对性。

（3）建议措施：①教师应在课堂上更多地关注内向幼儿，通过个别指导、鼓励表扬等方式激发其学习兴趣。②教师应结合幼儿的个性特点，制定多样化的情感支持策略，如同一问题下幼儿间的一对一互动、故事中的角色扮演寻找同理心等，以提高幼儿的参与度和积极性。

2. 课堂组织维度

（1）现状分析：教师在活动中采用了提问、讨论、拓展等多种教学方法和手段，有效引导幼儿参与课堂活动。然而，评价表中反映出部分幼儿容易分心，特别是活动的最后十分钟，师幼互动更接近于讲授型，这可能与教师的课堂组织不够有序紧凑有关。而且，教师在提问后的等待时间较短，平均等待时长少于1秒，这可能限制了幼儿深入思考的机会。

（2）问题归纳：①教师的课堂组织策略不够紧凑，容易使幼儿分心。②教师在提问后的等待时间较短，不利于幼儿深入思考。

（3）建议措施：①教师应精心设计教学环节和节奏，确保活动紧凑有序。同时，利用游戏、表演等形式吸引幼儿的注意力，提高他们的参与度。②教师在提问后应给予幼儿足够的思考时间，鼓励他们深入思考并表达自己的想法。此外，教师还可以设计开放式问题，引导幼儿从不同角度思考问题。

3. 教学支持维度

（1）现状分析：教师通过设计有层次的问题和拓展活动，引导幼儿深入思考和理解故事内容。然而，评价表中反映出部分幼儿在理解故事情节和角色关系时存在困难，这可能与教师的教学支持不够到位有关。教师在讲解故事情节和角色关系时的话语量较大，但幼儿的实际理解程度有待提高。

（2）问题归纳：①教师对教学支持的策略不够明确，缺乏针对性的讲解和引导。②教师在讲解过程中话语量较大，但幼儿的实际理解程度有待提高。

（3）建议措施：①教师应明确教学支持的策略，通过举例子、画图等方式帮助幼儿理解故事情节和角色关系。同时，教师可以设计有针对性的拓展活动，引导幼儿深入思考和理解故事内涵。②教师在讲解过程中应控制话语量，注重启发式教学，鼓励幼儿主动思考并表达自己的想法。同时，教师还可以通过观察幼儿的表现及时调整教学策略，以满足不同幼儿的学习需求。

本案例通过对《谁偷吃了我的柿子》教学活动的深入分析发现教师在情感支持、课堂组织、教学支持等方面存在的问题并提出了相应的建议措施。希望教师们能够加强学习和实践，不断提高自身的评价素养，为幼儿提供更好的教育环境和发展机会。

五、成效与反思

经过实践,教师们在师幼互动评价方面的意识有了显著提高,丰富了评价知识,提高了评价技能,使得师幼互动的质量也得到了显著的提升,为孩子们营造了一个更加和谐、充满启发性的学习氛围。

（一）教师的师幼互动评价素养获得提升

1. 评价理念的转变

教师在研究中参与大量课例的现场观察,其观察记录能力得到了提升,评价语言更加丰富,观察和实践的策略更加多元,并在不断的反思和自我评价中逐渐规范自身的评价理念。

2. 评价能力的提升

通过使用园本化 CLASS 评价工具,教师能客观、系统地观察和反思集体教学中的互动方式,更好地认识良好师幼互动的特点,如敏感性、尊重儿童观点、鼓励思考表达等,其对教师师幼互动的评价落脚点也更有针对性,更具深度。

3. 专业获得成长

教师意识到与幼儿的互动不仅是教学,也是自我成长的机会,明白团队合作的重要性,通过共同分享经验,互相学习来提升互动评价素养。

（二）聚焦项目实证研究,获得了大量研究成果

通过聚焦集体教学活动过程,开展观察、记录、评价、反思,在幼儿园教科研组、区学科工作坊、见习教师基地等集体教学活动中逐步积累了大量的研究资料,形成教师自评表43篇,他评表100余篇;经验文章10篇、课例分析50节,形成了本研究的文献综述、调查访谈等,积累了丰厚的研究资料。

研究过程中,我园于 2023 年 11 月承办《集体教学活动中师幼互动行为观察与改进研究》区级展示专场,对研究进行了中期汇报,并展示了针对课例的现场教研过程。由园长茅琴美老师撰写的《幼儿园集体教学活动中的师幼互动行为探析——基于 CLASS 评估系统的应用》在《浦东教育》上发表。

（三）探索评价素养培训路径,健全保障机制

首先,由研修管理团队负责制定个性化的培训计划,采用多样化的培训方式,构建完善幼儿园培训体系;其次,加强评价理论学习,开展评价实践训练,建

立评价反馈机制,将评价素养纳入培训内容,强化评价与培训的结合,以评价促进培训效果的提升;第三,建立学习共同体,营造积极的学习氛围和宽松的评价氛围。通过以上路径和策略的探索与实践,逐步构建完善了幼儿园培训机制,提升了教师的教学评价素养,进而有效推动了幼儿园教育教学质量的整体提升。

(四)教师评价素养的提升需持续关注与深化

通过课题实践研究,教师不仅在师幼互动评价方面取得了提高,也对教师专业提升产生了深远的影响。然而,教师评价素养的研究道路依然漫长且充满挑战。如何在评价指标上进行更为精细的打磨,使之更贴近教育教学的实际需求?又如何持续激发教师们的评价热情,让他们始终保持对评价工作的高度关注与投入?这些问题都需要我们在未来的道路上继续探索与实践。

(上海市浦东新区天虹幼儿园　茅琴美　金筱隽)

第五节　幼儿园科学项目活动中 提升教师评价素养的实践研究

教师评价素养是教师专业素养的重要组成部分,是指教师在评价过程中所展现出的综合素质和能力,它涉及对评价对象的理解、评价方法的掌握、评价标准的运用以及评价结果的解释等多个方面。

科学项目活动是我园的特色活动,是教师预设和幼儿生成相融合的一种课程样态,科学项目活动实施的过程中需要教师基于对幼儿兴趣问题的捕捉,结合幼儿科学发展指标,设计评价任务,对幼儿进行观察、支持与调整,推进项目的实施与动态调整,促进师幼共同成长。科学项目活动中的评价能够帮助教师明晰项目任务、项目过程、教学情况、幼儿表现等多方面的情况,从而改进教学,支持幼儿有意义的学习,推动科学项目持续开展。教师在评价过程中通过学习、参与、反思,不断提升自身的教学评价素养,进而提高专业能力。

一、问题提出

教师的评价素养高低决定了评价的质量,直接关系到教师的教育教学质量以及幼儿的学习效果。所以提高教师的评价素养有助于评价工作的进一步提升,教师应注重克服自己评价素养存在的问题。

(一)教师对评价意义认识肤浅,评价能力不足

为了了解教师对评价素养的认识及平时开展评价的方法,我园对不同阶段的教师进行了调查问卷及访谈,结果如下。

1. 在科学项目活动中教师缺乏主动评价的意识。在开展科学项目活动时,教师会观察、分析、解读幼儿的行为,但在各个阶段开展评价的意识不足,不善于主动开展评价活动。

2. 教师缺少制定评价指标的技能。我们发现92%的教师认为评价指标应由学校提供,只有8%的教师尝试自行设计,教师长时间来养成了学校给予评价表才会进行评价的习惯。

3. 少部分教师愿意自己尝试设计评价指标,但往往无法全面覆盖评价的内容和纬度。通过对教师的访谈、教师现场活动观摩以及研讨会议等发现,教师对科学项目活动的评价认识还不够深入,同时还发现教师对于评价内容不清楚,也不太擅长设计评价指标。

所以在科学项目活动中的教师要评什么,指标的设计是否依据幼儿的年龄特点,评价指标的设计是否准确可靠、贴近幼儿的发展,等等,是亟须教师学习和提升的。

(二)教师对形成性评价缺乏了解

形成性评价在幼儿园科学项目活动中扮演着至关重要的角色,它可以帮助教师及时了解幼儿科学认知和探究能力的发展情况,从而对教育教学策略进行相应调整。遗憾的是,幼儿园教师可能没有充分理解形成性评价的意义和实施方式,缺少有效观察、记录和分析幼儿的方法以及汇总信息后如何形成支持性行为,这样就错失了促进幼儿主动探索、培养科学兴趣和思维能力的良机。因此,需要提高幼儿园教师对形成性评价的认识和操作技能。

二、指标落实

我们借鉴了区内一级、二级指标的制定标准,选择了评价设计、评价过程及评价改进三个评价指标,这三个维度的评价恰好与我园开展的科学项目活动的

过程相匹配,使我园制定的指标的分层和标准能与区域指标统一,保证评价的全面性。基于我园的课题是围绕科学项目开展的,故在三级指标中,罗列了围绕科学项目活动开展的教师关键素养发展的评价标准,形成了具有我园科学项目特色的评价表,使每一项指标都更具指向性和针对性。

结合区里教师评价素养关键指标,根据我园实际研究,建立了适合我园科学项目的指标。

表1　幼儿园科学项目活动中教师评价素养关键能力的指标

一级指标	二级指标	三级指标
1. 评价设计	1.1 评价任务	1.1.1 围绕上海市《幼儿园评价指南》《观察指引》《临沂一村幼儿园幼儿科学发展指标》等,教师能进行评价任务的设计 1.1.2 评价任务的设计要反映科学项目的真实性、过程性,体现幼儿在科学项目活动及三个阶段中的学习与发展 1.1.3 评价任务的设计能根据幼儿年龄特点,既要面向全体幼儿,又要照顾个体差异,做到公平地评价所有幼儿
	1.2 评价标准	1.2.1 依据评价任务,细化幼儿表现性行为,有意识地调整观察表或检核表 1.2.2 根据幼儿的年龄特点确定适当的参与范围,教师与幼儿共同制定评价规则(第三阶段幼儿的总结反思反映幼儿自我评价) 1.2.3 能根据过程性的幼儿表现,及时调整观察点,鼓励个性化、多元化的评价
	1.3 评价方法	1.3.1 具体在实现任务时,可以通过多种方式达成(包括但不限于:教师观察、教师提问、儿童项目故事等) 1.3.2 拓展评价方式方法,注重观察、记录与分析,倡导基于证据的评价 1.3.3 增强评价双方自我总结、反思、改进的意识和能力,倡导协商式评价

（续表）

一级指标	二级指标	三级指标
2. 评价过程	2.1 行为观察	2.1.1 能制定观察计划，基于评价任务维度明确观察要点，有持续、自然、全面的观察意识，有过程性评价意识 2.1.2 根据观察目的、内容和场景，选择、制定适宜的观察方法（包括但不限于：扫描观察法、定点观察法、追踪观察法等）及观察工具（包括但不限于：视频观察表、连续观察检核表等） 2.1.3 对所观察到的行为进行深入的分析和解读，以此为依据了解每一位幼儿现有发展水平
	2.2 素材收集	2.2.1 基于评价任务的维度，有目的地收集并保存幼儿在科学项目活动中多种形式的素材记录 2.2.2 全面、全过程地收集幼儿在科学项目活动中的素材记录（包括但不限于影像、文本、信息平台等） 2.2.3 对收集到的素材进行倾听、归类、整理，并做简要的分析
	2.3 过程记录	2.3.1 了解过程记录的目的，认真观察幼儿在科学项目活动中的行为表现，并做客观全面的记录 2.3.2 梳理反映幼儿在评价任务维度方面发展的项目活动事例
3. 评价改进	3.1 行为评述	3.1.1 综合评价过程中的行为观察、素材收集、过程记录等进行客观、准确的评价。能根据实际改进评价结果呈现形式 3.1.2 以定性和定量相结合的方式进行评述，并有针对性的改进措施 3.1.3 在评述中，能捕捉典型行为，对幼儿个性特点、优缺点进行全面分析，在述评中体现欣赏幼儿、激励成长的态度
	3.2 个别支持	3.2.1 识别与分析幼儿个性发展的需求与特点 3.2.2 能够带着发展意识为幼儿提供差异化的教育支持
	3.3 家园沟通	3.3.1 构建家园合作互动的协同关系，引导家庭充分利用家庭等资源开展亲子科学小实验等活动 3.3.2 向家长提供幼儿发展与进步的信息，帮助家长形成对幼儿科学素养发展的正确理解，商量相应对策
	3.4 决策指导	运用评价结果，阶段性调整幼儿科学项目活动中的内容、方式等

三、实施举措

（一）建立形成性评价环节链，整体提升教师评价素养

形成性评价，作为一种教育评价的重要形式，对于幼儿园科学项目活动具有不可或缺的作用。它不仅帮助教师监控和调整教学过程，而且能够促进幼儿的主动学习和思考。然而，要发挥形成性评价的最大效用，教师需要在日常实践中不断优化其评价方法。因此我们采取了一系列方法来帮助教师优化形成性评价。

1. 加强教师评价工具使用的方法培训

定期的专业发展培训帮助教师了解最新的评价理论和实践，掌握有效的评价工具和方法。此外，同事间的交流和合作也有助于教师分享经验，相互学习。所以在培训中帮助教师不断地了解形成性评价的方法，能有效地提高教师的评价能力。

（1）帮助教师了解形成性评价。形成性评价的各个环节是如何链接的，包含哪些方面，如何运作，这些内容的学习可以帮助教师更清楚地开展相关的评价。因此在培训和学习中，让教师学习相关内容是很重要的。评价任务的制定、获取学习证据、解释证据、诊断差距、给予反馈、教学调整、搭建支架、缩小差距，这样的评价链学习，每个环节中的做法，如何开展、如何优化、如何提高，都在一次次的研讨和学习中不断清晰。

（2）解决教师评价任务制定的困惑。有效评价的前提是要清晰地知道我们为什么要进行评价，希望通过评价达到什么目的。因此，教师要知道在科学项目活动中，如何根据幼儿科学发展指标以及活动的价值设定具体的评价目标，如幼儿的科学知识掌握、探究能力、幼儿兴趣等。这些目标将直接影响教师如何组织活动、选择什么样的评价工具以及如何解读评价数据。

2. 形成观察行动的整体框架

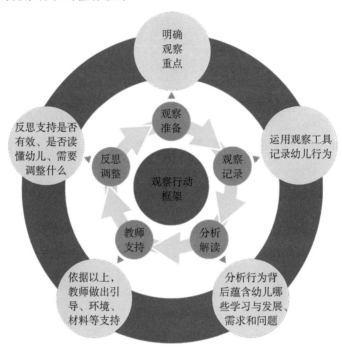

图1 科学项目活动观察行动框架图

3. 梳理形成性的评价链

形成性评价对于教学活动自有其独特价值,它不仅可以监控教学全过程,还能使教学变得更有序、更有效。因此,教学时首先需要建构科学项目活动的形成性评价链。我们组织教师共同学习形成性评价的定义、目的、做法以及措施等相关的理论知识,然后结合实践共同梳理科学项目活动中的形成性评价链,[1]见图2。

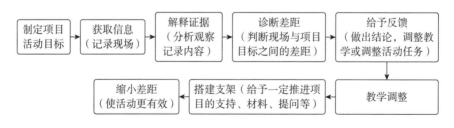

图2 科学项目形成性评价环节链

---

① 郑东辉.教师评价素养发展研究[M].杭州:浙江大学出版社,2014.

4. 及时反馈评价效果

在科学探究活动中,教师及时的参与、反馈对幼儿的学习和开展形成性评价至关重要,所以在活动中,教师会观察倾听幼儿的问题,进行问题的判断及后续的推进,调整活动内容或调整活动材料,抑或是提供指导性问题来支持幼儿的思考。这种及时的互动不仅能够增强幼儿的学习动机,还能即时调整教学策略,以适应活动的需求,幼儿的行为和教师的反馈具有双向性特点,他们之间相互往复,不断提升教学质量。

形成性评价不是一个简单的任务,它需要教师具备深入的理解、灵活的应用和不断的创新。通过对活动的实施和研讨,更好地了解和促进幼儿在科学项目活动中的学习,从而提升教学质量和幼儿的学习成效。

5. 建立多元保障机制

提高教师评价素养的机制是一个系统工程,涉及多个方面的协同努力,以下是一些关键的机制。

(1) 绩效奖励制:在教师专业发展标准中,职称评定、绩效考核等制度中,将教师的评价素养作为重要指标,激励教师主动提升评价能力。我园在四个层面的教师专业发展评价标准中,放入教师评价素养的关键内容,如评价理念、评价知识、评价技能和态度等。

(2) 协同反思制:双周开展实践观摩,要求教师拍摄相关视频、音频和照片、收集作品,鼓励教师积极探索和应用新的评价方法和技术,聚焦问题和现场活动内容,共同反思,对评价任务设计是否科学、如何观察解读幼儿、教师支持改进策略是否有效等进行讨论。

(3) 平台展示交流制:搭设平台,为教师创设共享的学习氛围,鼓励教师之间互相学习、交流评价经验。比如,让教师分享自己的评价案例、方法和心得,形成共同成长的良好氛围,分享的同时让教师们积极互动交流,不同层面的教师提出不同的困惑,在交流中共同促进、协同成长。

(4) 骨干专家引领制:定期召开骨干会议,研究教师们关于评价的问题和对策,骨干教师们通过学习和实践,自己悟透吃透,再传达和培训教师,帮助教师明确评价的意义和理念等。对于评价工作中的疑难杂症,我们通过请进来的方式,请华师大的专家和教师们头脑风暴、指导实践,解决评价实践中的问题。

(二) 制定各类工具表,助推教师评价素养能力

为了帮助教师开展科学项目活动,以及在项目活动中更好地推进活动,结合问卷、访谈中的教师困惑,我们制定了一系列的量表来帮助教师开展对科学项目活动的评价活动,给予教师支撑。

1. 明晰幼儿科学项目活动中关键发展指标

我们依据《3—6岁儿童发展行为观察指引》中探究与认知领域科学探究维度,以及自我与社会性领域人际交往维度,与《高瞻课程理论与实践——学前儿童观察评价系统》中的幼儿科学和技术领域的关键发展指标为参考,梳理出幼儿科学项目活动中关键发展指标。我们将《3—6岁儿童发展行为观察指引》探究与认知领域科学探究维度中,用一定方法探究周围感兴趣的事物与现象,在探究中认识事物与现象等维度,以及自我与社会性领域人际交往维度与《高瞻课程理论与实践——学前儿童观察评价系统》中科学和技术领域的关键发展指标观察、分类、预测、实验、解释、交流想法维度进行整合。由科学探究、交往合作、倾听表达三个维度构成,每个维度包含其二级指标,以及三级指标。例如科学探究维度其二级指标为喜欢探究、探究能力、认知建构。同时,匹配二级指标,梳理出幼儿在各子维度中的发展水平,考虑幼儿发展具有个体差异性,分为水平一、水平三、水平五。①

以此,更聚焦帮助教师对幼儿科学项目活动的学习与发展进行过程性的适宜规划;帮助教师在开展项目活动过程中进行观察并记录儿童的行为表现;能让教师在项目实施过程中,从关注认知到更多关注幼儿的科学素养,较为全面地评价幼儿科学领域的发展水平。

表2　幼儿科学项目活动中关键发展指标

一级指标	二级指标	
1. 科学探究	1. 喜欢探究	
	2. 探究能力	(1) 观察能力
		(2) 动手能力
		(3) 推理能力

---

① 李莉.乐科学　共成长:幼儿园科学项目活动的探索与反思[M].上海:上海科学普及出版社,2022.

（续表）

一级指标	二级指标	
1. 科学探究	2. 探究能力	（4）表征能力
		（5）计划制定与信息收集能力
	3. 认知建构	
2. 交往合作	1. 建立关系	
	2. 合作能力	
3. 倾听表达	1. 倾听习惯	
	2. 语言表达	

2. 形成科学项目观察评价系列表

在科学项目活动的开展过程中，教师如果需要开展形成性的评价就离不开对幼儿的观察、记录以及分析。我们针对不同的环节制定配套的观察评价表，以帮助教师记录在科学项目活动中幼儿的表现。分别为科学项目活动实践表、科学项目活动观察表和科学项目活动教师自评表。①科学项目活动实践表由执教者在活动开展前进行填写，在填写的过程中可以帮助教师明确科学项目活动形式、内容以及预设的活动重点，使活动目标更明确。②科学项目活动观察表由观摩教师在观摩教师的项目活动时，从第三者的角度对教师开展实践活动情况进行观察与记录，他们能结合执教者提供的实践表，对活动进行有针对性的记录，并对教师的现场进行评价。③科学项目活动教师自评表则是由活动负责老师在项目结束后结合活动预设目标、幼儿活动情况、教师观察表、项目进展表、各类素材等内容，对活动的设计、实施做一个比较全面的活动评价。

表3 科学项目活动实践表

项目名称		班级		日期	
项目方向性目标：					
项目开展情况：					

（续表）

本次项目活动	探究内容	
	探究形式	
	预期目标	
	观察评价重点	
	问题支持	
	反思与调整： 1. 对本次项目活动"有意义"的解读 （你认为今天的活动有意义吗？可用幼儿在活动中的行为、教师提供的支持等来佐证，可参考幼儿科学项目活动中关键发展指标） 2. 下一阶段的思考与调整 （活动中幼儿又生成了哪些问题或兴趣点？后续如何推进）	

在项目开展的活动中，执教老师往往会把更多的注意力放在参与实践活动中，而同伴的观察则是从旁观者的角度，他们往往会记录得更客观，也经常能记录到执教者容易忽略的部分。

表4 科学项目活动观察表

项目名称		班级		日期	
探究内容					
探究形式					

（续表）

预期目标	
重点观察	
观察情境	

形成性观察记录:(观察幼儿表现与教师的形成性评价)	调整与建议:

"科学项目活动教师自评表"是帮助执教教师回顾科学项目活动开展各个阶段的成效,以及对项目活动中形成性评价的开展情况做一个全面的评价。

表 5　科学项目活动教师自评表

项目名称:_____ 项目年龄段:_____　　 指导老师:_____

阶段	指标项	得分	描述	佐证依据
评价设计(30分)	科学项目的立项话题是否是幼儿感兴趣的话题(10分)			
	幼儿感兴趣的话题中哪些有科学元素(8分)			
	我看到的可探究性的问题是什么(6分)			
	从哪几个方面来探索这个问题(6分)			

（续表）

阶段	指标项	得分	描述	佐证依据
评价过程（40分）	幼儿是否明确问题/教师是否帮助幼儿聚焦问题（10分）			
	老师是否了解幼儿在这一项目中的经验水平（10分）			
	基于幼儿们探究过程中遇到的困难是否给予支持？什么支持（举例说明：问题引导/材料提供/环境创设/……）（10分）			
	提供支持性手段后的效果如何？如何调整（10分）			
评价改进（30分）	是否帮助幼儿重新聚焦问题（6分）			
	一起讨论做了什么？发现了什么（6分）			
	是否帮助幼儿一起回顾项目历程（6分）			
	是否让幼儿对已探究的成果进行展示（6分）			
	教师是否对幼儿的成果欣赏及肯定（6分）			

四、典型案例

（一）项目背景

阳光明媚的一天，幼儿到户外去进行活动。走在操场上，他们想到了玩一个有趣的游戏——踩影子！他们发现影子有时在前，有时在后。基于幼儿们对影子的兴趣和发现，于是我们决定开展《光影的世界》科学项目活动，探索不同时刻的影子。经过和幼儿们一起讨论，大家一起在操场上用粉笔画下影子，然后早上、中午和下午分别记录影子是怎样变化的。

活动开展前,我预设了项目的评价任务:

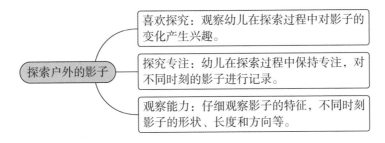

图3 "户外影子"评价任务设计

(二)过程记录

六六和新雨在户外活动时间里,兴致勃勃地探索户外的影子。六六开始给新雨画影子,按照新雨的影子轮廓开始画起来了。过了一会,六六拿着粉笔在地上涂鸦,画起了自己喜欢的章鱼,说:"这是章鱼的影子!"对影子的变化似乎并不感兴趣。六六先是在地上画了几条彩色的线条,然后画了一些简单的图案。不一会儿,将粉笔扔在一旁,抬起头来看到新雨正在玩踩影子的游戏,便兴奋地加入了进去。

基于评价任务中观察幼儿在探索的过程中对影子产生的变化,我发现六六对影子的变化表现得兴趣不高,更愿意使用粉笔进行涂鸦活动,此刻的兴趣点在于创造,而不是影子的科学探索。我想:六六在探索时容易被其他活动吸引,而且对持续记录或深入探索影子的专注度不够,因此无法观察到不同时刻影子的变化。怎么才能提高六六的探索专注度呢?

为了更好地开展项目活动,于是经过上次的项目活动的调整与反思,制定了"科学项目活动实践表",其中包含探究内容、探究形式、预期目标、重点观察、观察记录,开展了第二次活动。

表6 科学项目活动实践表

项目名称	光影的世界	班级	中三班	日期	2024.4.12
项目方向性目标: 引导幼儿观察和记录影子的变化,初步理解影子的形成和变化规律					

（续表）

项目开展情况：

教师带领幼儿到户外活动,利用阳光和操场的开放环境,开始了对影子的探索。幼儿们在操场上自由活动,逐渐对影子产生了兴趣。幼儿通过户外活动,使用粉笔记录不同时刻影子的变化

本次项目活动	探究内容	不同时刻的户外影子变化
	探究形式	户外观察与记录
	预期目标	幼儿能够观察和记录影子的变化,初步理解影子的形成与变化
	观察评价重点	1. 幼儿喜欢探索,持续关注影子的变化 2. 幼儿观察并记录不同时刻影子的特征和变化
	问题支持	1. 你觉得影子会变长或变短吗 2. 影子不同时刻有哪些不同的变化

我也加入了他们的游戏,我问新雨:"你觉得影子会变长或变短吗?"新雨还在思考的时候,六六马上就接话了:"不会的吧。"我发现我的问题成功地引起了她的兴趣,于是我拿来了不同颜色的粉笔,和她说:"真的不会吗? 你先把新雨的影子用白色的粉笔画下来,我们中午再来看看。"她认真地画起了新雨的影子。中午吃完午餐,六六就迫不及待地问我:"什么时候再下去看看呀?"当我带他们重新来到早上的场地上时,六六马上就发现了:"老师,早上画的影子,现在站过去很多地方都露出来了。"我提示她用不同颜色的粉笔画下来,下午我们再来观察。

因为我的参与,六六和新雨用不同颜色的粉笔记录了影子的变化,对影子的变化表现出持续的兴趣。六六还仔细观察影子的长度和方向,发现上午影子较长,中午影子变短,下午影子变长并向另一侧移动。通过不同时间段的比较,她不仅识别了影子的形状、长度和方向的变化,还联系到了太阳的位置变化对影子的影响。

经过两次科学项目活动的实践,全面评估活动,包括活动的设计、实施、效果等。通过自评,教师可以发现教学活动中的优势和不足,从而进行有效的调整和改进。

表7 科学项目活动教师自评表

阶段	指标项	得分	描述	佐证依据
评价过程（40分）	幼儿是否明确问题/教师是否帮助幼儿聚焦问题（10分）	7	教师通过提问引导六六关注影子变化的问题,从而聚焦于科学探索的主题	"于是我也加入了他们的游戏,我问新雨:'你觉得影子会变长或变短吗?'六六马上就接话了:'不会的吧。'从而引起了六六对影子的兴趣"
	老师是否了解幼儿在这一项目中的经验水平（10分）	8	教师观察到六六在探索影子变化过程中容易被其他活动吸引,并通过互动了解她对影子的变化兴趣不高,更愿意进行涂鸦活动	"六六对影子的变化表现得兴趣不高,更愿意使用粉笔进行涂鸦活动,此刻的兴趣点在于创造,而不是影子的科学探索"
	基于幼儿们探究过程中遇到的困难是否给予支持?什么支持（举例说明:问题引导/材料提供/环境创设/……）（10分）	8	教师通过提问和提供不同颜色的粉笔,帮助六六进行影子变化的记录,并通过互动保持她对影子变化的兴趣	"我拿来了不同颜色的粉笔,和她说:'真的不会吗?你先把新雨的影子用白色的粉笔画下来,我们中午再来看看。'"以及"我提示她用不同颜色的粉笔画下来,下午我们再来观察"
	提供支持性手段后的效果如何?如何调整（10分）	8	通过教师的引导和提供的材料,六六对影子的变化表现出持续的兴趣,仔细观察并记录了不同时间段影子的变化,发现了影子的长度和方向的变化与太阳位置的关系	提到"六六和新雨用不同颜色的粉笔记录了影子的变化,对影子的变化表现出持续的兴趣。六六还仔细观察影子的长度和方向,发现上午影子较长,中午影子变短,下午影子变长并向另一侧移动"

（三）项目反思

基于评价任务,教师在项目活动中观察到幼儿在探索中兴趣发生了转移的情况,于是调整了策略,通过驱动型问题引导幼儿进行思考探究,在项目活动过程中收集幼儿探索不同时刻影子的表征,在探索之后搭建分享交流的平台,让幼儿表述自己的探索过程和发现。评价任务是幼儿发展的评估工具,帮助教师及时了解幼儿的发展状况、兴趣和需要,也能帮助教师全面地解读幼儿的行为,从而实施更加个性化的调整策略,在教师反思的过程中以批判性和分析性的眼光看待项目活动实践,提升教师的评价素养。

五、成效与反思

(一) 以评促学,提升教师、幼儿共同发展

在科学项目活动开展的过程中,通过实践梳理总结了帮助教师提升评价素养的方法。

1. 深入实践现场,共同探讨教学策略

我们在设计观察表的同时,带领教师一同深入教师实践现场,对活动进行观察、记录、分析、评价,积累实践素材。在此过程中,教师结合理论知识对实践现场进行分析的能力不断提升,对活动的评价能力也不断提升。

2. 提供适宜工具,提高教师评价效率

工具表的使用能够帮助教师在评价过程中,有了一定的参照指标,也让教师能有目的地进行观摩和评价,我们看到当教师们对活动进行分析的时候,会有意识地选择工具表进行观察、倾听、解读、评价。

(二) 有效利用形成性评价,提高教师的评价能力

1. 学会预设评价任务

教师对形成性评价的整个流程不断明晰,从需要学校提供统一的评价标准到尝试根据科学项目活动制定评价任务。在项目活动开始前,他们会对自己的活动做一些前期评价任务的制定,并且制定评价任务也能更贴近幼儿的发展,这从后期的幼儿活动中也能看出。幼儿的兴趣浓厚,与教师预设的评价任务差距不大。

2. 学会对项目活动现场进行调整

我们在活动过程中看到了教师的变化,从记录幼儿观察时没有明确的目的,到有意识地记录幼儿行为,并能根据相关工具对幼儿行为进行分析;从仅是观察者的角度开展活动到观察后适时引导,给予帮助,在过程中体现形成性评价。

3. 学会基于评价的项目优化

在研讨过程中,我们听到了教师对项目活动的改进,不再是"从我想这样……"的角度出发了,更多的是基于评价的任务,"我认为……"的声音。教师会拿着各种工具表、评价表,有理有据地表达自己对项目的理解。

教师的成长过程也是对形成性评价深入理解和执行的过程,她们的评价能力将得到不断提升。

(上海市浦东新区临沂一村幼儿园 李莉 陈旻慧)

第六节 运用"游戏故事"提升教师户外游戏评价素养的路径研究

一、问题提出

(一)关键概念界定

户外游戏故事:通过观察、记录和分析幼儿在户外游戏中的行为表现,评估幼儿认知、情感、社会行为等方面的发展水平。强调在自然的游戏情境中对幼儿的表现进行系统地观察,并以游戏故事的形式记录和呈现幼儿的发展过程,从而提供全面、动态的发展评估。

教师户外游戏评价素养:教师评价素养是指教师在进行学业评价时所应具备的一系列专业知识、技能和态度。[1] 教师的任务主要是通过观察了解游戏了解儿童,通过环境的创设和适当的介入支持幼儿的游戏。[2] 故定义为教师在进行评价幼儿户外游戏活动时,所持有的观念和所表现出的观察、解读、支持、反思能力。

(二)分析存在问题

1. 教师对于自身游戏评价素养能力提升路径不明确

我园教师在提升户外游戏评价素养方面,普遍感到迷茫。他们不清楚如何

---

[1] 郑东辉.教师评价素养发展研究[D].上海:华东师范大学,2009.

[2] 上海市教育委员会.上海市学前教育课程指南[M].上海:上海教育出版社,2009.

系统地规划自己的成长路径,缺乏明确的目标和阶段性任务,导致提升效果不显著。

2. 教师对于如何借助游戏故事开展评价缺乏操作性工具辅助

虽然教师们认同游戏故事评价法的价值,但在实际操作中却苦于没有具体、易用的工具支持。现有评价工具要么过于复杂,要么不够贴合实际需求,使得教师们难以有效利用游戏故事进行高效评价。

3. 园所对于如何整体带动教师队伍提升游戏评价素养缺乏抓手

我园在推动全体教师提升游戏评价素养方面,缺乏有效的整体规划和具体措施。园所未能充分利用集体教研、培训等活动,形成系统的提升策略,导致教师队伍的整体评价素养提升缓慢。

二、指标落实

(一)精读区级指标,把握评价素养的内涵

1. 评价体系体现全面性与系统性

区级指标体系全面覆盖了评价设计、评价过程及评价改进三大关键环节,确保了评价的全面性与系统性。评价任务设计围绕幼儿发展的多个领域,注重真实性与过程性,强调既要面向全体幼儿,又要兼顾个体差异,体现了评价的公平性与科学性。

2. 评价方法体现多元化与个性化

区级指标中多次提及观察、记录与分析方法的多样性,如采用教师观察、儿童游戏故事、视频观察表等多种手段,鼓励教师在评价过程中根据实际情况灵活选择。同时,注重评价过程的个性化,强调教师需根据幼儿的具体表现和行为特点进行差异化评价,提供针对性的支持和指导。

(二)孵化园级指标,保障评价素养的提升

1. 强化教师户外游戏评价的针对性

针对性突出体现在指标体系的详细划分上,如"评价标准"中强调对幼儿游戏发展的理论知识的参考,再比如"评价改进"中强调了教师能够运用丰富的专业知识和方法,帮助幼儿有效克服游戏中的各种挑战,并促进他们的发展和成长。这些使得教师在进行评价时能够更加聚焦于户外游戏,提高评价的针对性和实效性(见表1)。

2. 细化行为指标促进教师理解性

为每一项评价指标都列出了不同层级的行为表现,如"结合实践"中从"能够结合评价结果,调整教育实践的方式方法,提升幼儿户外游戏活动中能力的发展"到"能根据评价结果制定个性化的教育实践计划,关注整体与个别的共同发展,关注幼儿各项能力的全面发展"的递进关系,为教师提供了清晰的自我评估和发展路径。这种细化不仅有助于教师明确自己的评价水平,还能指导他们根据具体行为表现进行有针对性的改进和提升,从而提高评价的专业性和有效性(见表1)。

表1　园级指标(以"评价设计"部分为例)

一级指标	二级指标	三级指标	行为表现		
			行为表现1	行为表现3	行为表现5
1. 评价设计	1.1 评价任务	1.1.1 认真负责	1.1.1.1 能够认识到评价在幼儿发展中的重要性,并能运用评价工具对幼儿的游戏行为进行评价	1.1.1.3 关注评价对幼儿发展的作用,能积极地、多角度地对幼儿的游戏行为进行评价及思考	1.1.1.5 重视评价对幼儿发展的作用,能积极地、有重点地、多角度地落实对幼儿游戏行为的评价,关注个别与整体的观察
		1.1.2 客观公正	1.1.2.1 能够结合评价指标观察幼儿在游戏中的行为,愿意对幼儿在游戏中的表现进行评价,简单描述幼儿游戏行为背后的学习与能力发展	1.1.2.3 能有效运用评价指标,结合幼儿的游戏行为进行有效的评价,全面了解幼儿游戏行为中表现出来的学习与能力的发展	1.1.2.5 能在游戏中对幼儿的游戏行为进行全面及深入的评价,敏锐地发现幼儿个体与整体的不同发展需求
		1.1.3 结合实践	1.1.3.1 能够结合评价结果,调整教育实践的方式方法,提升幼儿户外游戏活动中能力的发展	1.1.3.3 能将评价的结果与日常教育实践相结合,实施切实有效的教育实践,丰富幼儿的游戏经验,助推幼儿户外游戏水平的发展	1.1.3.5 能根据评价结果制定个性化的教育实践计划,关注整体与个别的共同发展,关注幼儿各项能力的全面发展

（续表）

一级指标	二级指标	三级指标	行为表现		
			行为表现 1	行为表现 3	行为表现 5
1. 评价设计	1.2 评价标准	1.2.1 充足认识	1.2.1.1 对幼儿游戏行为和发展特点相关的理论知识不足，不够深刻或者有偏差	1.2.1.3 能根据游戏水平指标等工具，对幼儿的游戏发展做出基本正确的判断	1.2.1.5 了解幼儿在不同年龄段的游戏行为和发展特点，将理论与幼儿实际情况相结合，进行合理的评价
		1.2.2 标准清晰	1.2.2.1 对幼儿游戏发展目标和标准模糊，对幼儿有过低或过高的要求	1.2.2.3 熟悉评价标准，包括各年龄段幼儿在游戏领域应达到的目标和标准，分析基本正确	1.2.2.5 熟悉评价标准，且能够对收集到的信息依据评价标准进行分析，评价结果具有一定深度
	1.3 评价方法	1.3.1 幼儿游戏发展的理论知识	1.3.1.1 对评价方法的认识不足，评价活动缺乏系统性、逻辑性	1.3.1.3 知道多种评价方法（包括但不仅限于观察、记录、问卷、访谈法）及其应用场景，能使用至少一种方法，有目的有计划地开展评价活动	1.3.1.5 掌握多元化的评价方法，能依据具体情况选择合适的方法，有目的、有计划地开展评价活动，全面、真实地评价幼儿游戏

3. 孵化系列量表增强实操性

以区级指标为指引，我们生成了一系列的量表，包括两类——参考表和实践表，参考表如园级指标、幼儿户外游戏水平评价指标等，实践表包括教师评价素养发展规划单、户外游戏观察记录表等。两类量表相互指引和生成，构成了层层递进的落地推进体系和全面科学的游戏故事评价体系（见图1）。

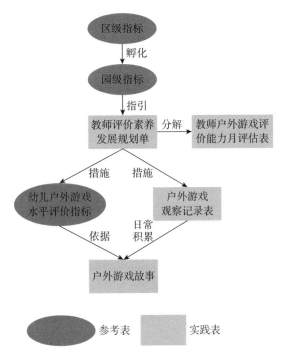

图 1 区级指标的实施路径

三、实施举措

在提升教师户外游戏评价素养的路径研究中,我园以"游戏故事评价法"的推广运用为抓手,帮助教师规划评价素养提升路径,建立园所游戏故事评价常态,提供园所研修机制保障,多举措协同提升教师评价素养。

(一) 精准诊断:规划教师评价素养提升路径

为了深入了解每位教师在户外游戏评价素养方面的现状、优势与不足,做好精准的诊断,明确其评价素养提升的具体方向、目标和步骤,能为后续制订个性化的提升计划提供科学依据,有助于教师清晰地认识到自己的成长路径,也便于园所为教师提供有针对性的培训和支持,确保提升路径的针对性和有效性。

1. 学期初诊断:精准定位,明确发展路径

学期伊始,我园组织由同行专家和园内骨干教师组成的诊断团队,通过综合运用问卷调查、游戏现场观察、案例深度剖析等多种方式,对教师户外游戏评价能力进行全方位的初始诊断。诊断内容涵盖教师的评价理念、技能掌握情况、实

践应用能力以及存在的问题与不足等多个方面。基于诊断结果,诊断团队为每位教师制定个性化的能力提升计划,明确学期内需要重点关注和突破的评价能力点,为后续的评价与反馈工作提供精准的定位和明确的发展路径(见表2)。

表2 教师评价素养发展规划单(举例)

教师姓名:陈艳

发展名称:户外建构游戏中的中班幼儿表现性评价与教师评价素养提升计划	
规划实践阶段:2024年3月—2024年6月	
自我诊断	
现阶段的主要问题: 1. 在评价幼儿游戏行为时,缺乏与孩子的沟通互动,主观性较强 2. 不能依据评价任务,细化幼儿表现性行为,并有意识地调整观察表或检核表 3. 不能运用评价结果,对幼儿提出有针对性的改进措施	自我分析: 1. 对幼儿游戏过程中的深度观察不够 2. 对幼儿在游戏中表现性行为的分析与判断存在偏差 3. 在运用游戏故事对幼儿的学习与发展进行有效评价方面缺少反思的力度和深度
发展目标: 1. 观察:能够追随幼儿,正确"三观"(儿童观、游戏观、课程观),有目的、连续性地观察幼儿建构游戏中的行为 2. 解读:关注建构游戏中幼儿的情感表达、经验迁移、问题解决、交往合作、安全界限、倾听童音、理解童心 3. 支持:通过倾听与对话、复盘与反思的结果进行支持与调整,回应幼儿的需要,追随幼儿发展的路径与策略	

规划实践路径

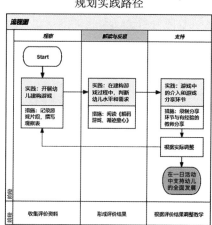

（续表）

任务（与发展目标对应）	措施（与任务对应）
1. 撰写《解码游戏，循迹童心》读后感 2. 创设班级"游戏故事分享墙" 3. 录制本人游戏分享视频，通过圆桌讨论，与同事剖析	1. 学习与研究：阅读关于表现性评价和游戏故事的专业书籍与文章，了解最新的评价理念和实践方法 2. 实践探索：在户外建构游戏中，观察并记录中班幼儿的表现，尝试运用游戏故事的方式进行表现性评价 3. 反思与调整：每次评价后，反思自己的评价方法和效果。根据实际情况进行调整 4. 同伴互助：与同事分享自己的评价实践，听取他们的建议，共同提升评价素养

2. 每月评价与反馈：持续监控，及时调整策略

在学期进行中，我园实施每月一次的户外游戏评价能力评估制度。教师们需按时提交自己的游戏评价案例或记录表，由园内评估团队进行细致审阅和评估。评估团队关注教师在评价过程中的表现，包括评价方法的运用、评价标准的把握、评价结果的呈现等方面，并给予客观公正的反馈（见表3）。评估结果会及时反馈给每位教师，明确指出他们在评价中的优点和不足，并提供具体的改进建议。同时，我园还定期组织教师分享会，鼓励教师交流评价经验，分享成功案例，相互学习，共同进步。

表3 教师户外游戏评价能力月评估表（举例）

教师姓名：程佳妮		班级：小二班	评估时间：2024.6			
	发展水平	具体描述	3月	4月	5月	6月
方法运用	典型表现五 熟悉评价标准，包括各年龄段幼儿在游戏领域应达到的目标和标准，分析基本正确	6月：幼儿自评的方法增加了游戏区域板，幼儿可用哭脸和笑脸记录游戏中的心情、发现的问题等；除此之外还与家长交流幼儿在家的情况，并且鼓励同伴间互评				

（续表）

	发展水平		具体描述	3月	4月	5月	6月
方法运用	典型表现三	知道多种评价方法（包括但不仅限于观察、记录、问卷、访谈法）及其应用场景，能使用至少一种方法，有目的有计划地开展评价活动	4月：了解了一些评价方法，尝试运用游戏故事评价幼儿的游戏行为 5月：除了运用交流分享和幼儿自评的方法评价幼儿以外，还会结合幼儿在一日活动中的其他表现来评价幼儿，如：一对一倾听				
	典型表现一	对评价方法的认识不足，评价活动缺乏系统性、逻辑性	3月：对评价的方法不了解，仅通过游戏分享评价幼儿				
标准把握	典型表现五	熟悉评价标准，且能够对收集到的信息依据评价标准进行分析，评价结果具有一定深度					
	典型表现三	熟悉评价标准，包括各年龄段幼儿在游戏领域应达到的目标和标准。分析基本正确	5月：能够对照评价标准分析幼儿的行为，比较客观。但对游戏行为的判断不够准确，如对建构和探究行为的区分不够清晰 6月：能运用评价标准比较客观准确地分析幼儿的游戏行为				
	典型表现一	对幼儿游戏发展目标和标准模糊，对幼儿有过低或过高的要求	3月：更关注能力强的幼儿的游戏行为，对能力差的幼儿的行为解读不够准确 4月：开始关注个别幼儿，但是对幼儿游戏行为的解读仍然不够客观和准确				

（续表）

	发展水平	具体描述	3月	4月	5月	6月
结果显现	典型表现五	评价结果呈现客观,佐证材料充分,评价结果呈现的形式直观,或以创新的形式呈现评价结果	6月:对照评价标准撰写连续性的案例,并且还使用直观的游戏日志和时间轴的方式呈现评价结果			
	典型表现三	能以多种方法呈现评价结果	4月:能用连续性的案例显现评价结果 5月:能用案例结合游戏日志的方法呈现评价结果			
	典型表现一	评价结果的呈现比较单一	3月:能用案例的形式呈现评价结果			

3. 学期中指导:精准培训,强化辅导效果

根据每月评价与反馈的结果,为教师提供具有针对性的培训和辅导。针对普遍存在的问题,如评价理念不清晰、评价标准把握不准等,组织专题讲座和研讨会,邀请专家进行深度解读和现场指导;对于个别教师存在的个性化问题,则安排骨干教师进行一对一的辅导,帮助他们解决具体困难,提升评价能力。此外,还鼓励教师参与课题研究,通过实践研究的方式,深化对游戏评价的理解和应用。课题研究不仅有助于提升教师的理论素养和实践能力,还能为园所的评价工作提供有益的参考和借鉴。

4. 学期末总结与前瞻:全面回顾,科学规划未来

学期末,组织总结性的培训活动,对一学期来的评价工作进行全面的回顾和总结。教师们分享自己的成长经历和收获,交流评价工作的心得和体会,共同总结一学期来评价工作的成绩和不足。同时,邀请专家和资深教师对一学期的评价工作进行深度的点评和指导,提出前瞻性的意见和建议。在此基础上,制定下一学期的评价工作计划和目标,明确发展方向和重点任务,为下一阶段的工作做

好充分的准备。

通过精准诊断定位、持续监控反馈、个性化精准培训及前瞻科学规划四大核心环节，确保了每位教师的发展路径既清晰又具针对性，实现了评价过程的动态优化与即时调整，激发了教师的自我审视与成长动力，显著增强了辅导的实效性。同时，确立了未来发展的明确导向，为持续提升教师评价素养构建了坚实支撑。这一系列综合施策，不仅促进了教师评价能力的飞跃，也全面提升了园所的教育教学质量。

（二）常态实施：优化评价实施策略

为了更好地实施"游戏故事评价法"，结合区域指标将"教师户外游戏评价素养指标"做了园本化的解读与优化，积极探索了如何运用指标实施游戏故事评价的策略和方法。这一举措旨在进一步协助教师更全面地捕捉和分析幼儿在游戏中的多样化表现，从而提升评价工作的有效性和科学性。紧密结合户外游戏活动的独特性以及教师评价素养的核心要求，精心设计了多样化的观察记录工具，确保教师在游戏现场能够轻松、高效地进行实时记录和评价。通过观察记录，教师可以对幼儿在游戏中的行为表现、情绪变化以及与环境、同伴间的互动情况进行深入、细致的捕捉。这些详尽的记录不仅为后续的评价分析工作提供了丰富、真实的素材，也为教师更好地理解幼儿的游戏体验、兴趣点和发展需求提供了有力的支持。

1. 游戏故事小月历

当教师在户外游戏中观察到幼儿某种行为多次出现的时候，可以运用科学的记录方法，如结合月历进行每日精准的记录，来系统性地捕捉和跟踪这些行为。借助精心设计的评价素养发展指标，教师可以深入分析并反思自身在发现与支持幼儿游戏行为方面的策略与效果，进而制定出更具针对性的教育策略，以推动幼儿在游戏中的行为转变。

以图2为例，教师运用了游戏日志这一专业化的工具表，详细记录了小班幼儿皮皮在长达一个月的户外游戏过程中，与游戏环境、材料以及同伴之间的互动情况。在此基础上，教师还尝试引入多元化的评价方式，包括幼儿自评、教师评价、同伴评价以及家长反馈等，从而更全面地了解孩子的游戏兴趣、探究行为及其在游戏中展现出的善于发现和思考的特点等。这种基于游戏故事小月历的评价方法,不仅有助于教师更深入地理解幼儿的游戏行为和发展特点,还能有效地提升教师的评价素养。通过持续的记录、分析与反思,教师可以不断完善自身的评价技能,进而为幼儿提供优质、个性化的教育支持。

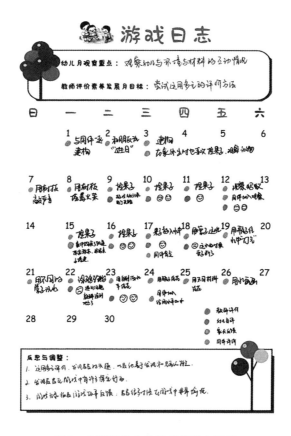

图2　小班幼儿户外游戏故事小月历

2. 游戏故事连连看

户外游戏过程中,教师应具备高度的观察敏锐性和记录准确性,以捕捉幼儿在游戏中的多样化行为,如合作互动、冲突解决策略等。幼儿在游戏中的思维是动态发展的,通过持续、系统的观察,并结合事件取样法这一科学工具,教师能够深入剖析幼儿行为背后的思维脉络,从而更准确地把握幼儿的发展轨迹。通过对某一阶段的连续记录,教师可以揭示出幼儿在游戏中的成长与变化。在此基础上,教师需要不断反思自己的支持策略是否有效,是否真正促进了幼儿在游戏中的积极表现与全面发展。这种反思不仅有助于优化教师的实践行为,更能够提升教师的评价素养,提升观察细微之处的能力、深入剖析问题的能力以及准确判断幼儿发展水平的能力。

以图3为例,中班幼儿铭铭对户外建构游戏表现出浓厚兴趣。教师运用连续跟踪记录的方法,详细记录了铭铭在建构游戏中的行为变化。通过观察发现,铭铭喜欢利用砖块积木进行搭建,尤其擅长通过垒高来表现建筑物的高度。在教师和同伴的积极互动与鼓励下,铭铭不断探索新的搭建方式,从简单的叠加式垒高到更复杂的围圈式垒高。这种连续式的跟踪记录与支持不仅极大地激发了铭铭对建构游戏的持续兴趣,也提升了他的建构技能。同时,这一过程也为教师提供了宝贵的评价素材,有助于教师在户外游戏中进一步提升自身的评价素养。

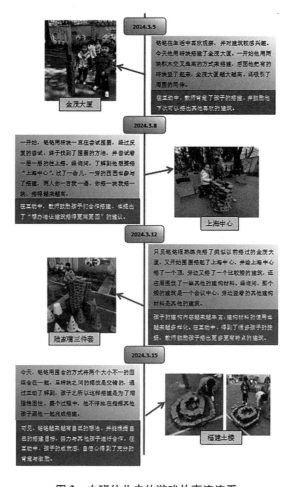

图3 中班幼儿户外游戏故事连连看

3. 游戏故事你我他

幼儿在户外游戏过程中所展现的兴趣点及面临的问题,有时难以仅凭教师的直接观察得以全面捕获。因此,教师需借助幼儿的记录表征,即从幼儿的视角出发,深入挖掘相关信息,以便更全面、深入地了解每位幼儿在游戏中的思考与体验。

以图4为例,大班幼儿玲玲在参观小学后,对模拟小学生的游戏产生了浓厚兴趣,并通过游戏故事记录表征的方式,详细记录了在小学参观过程中的所见所感。当教师审阅这些记录表征内容时,能够迅速把握玲玲的游戏设想,进而提供有针对性的支持和建议。由于大班孩子在同伴交往方面已具备一定的基础与经验,他们在游戏过程中能够根据自己的想法模拟上课情节,展现出丰富的想象力和创造力。游戏故事的记录表征,有效补充了教师在户外游戏观察过程中可能忽略的细节和幼儿的真实想法。通过事后一对一的倾听与交流,教师可以更加细致、全面地了解幼儿在游戏中的真实体验和思考过程。这些记录表征作为第一手的数据信息,对于提升教师的户外游戏评价素养具有重要价值,有助于教师更科学地分析幼儿的游戏行为,优化指导策略,促进幼儿的全面发展。

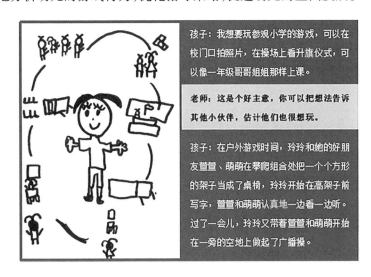

图4 大班幼儿户外游戏故事你我他

经过对评价工具的细致完善与优化,我园的教师团队现已能够更精准地实施"游戏故事评价法",全方位、深入细致地观察并记录幼儿在游戏中的多样化表现。这一举措不仅显著提升了教师的评价素养和专业能力,使其能够更科学地进行教育评估,同时也为幼儿的全面发展提供了更为精准、有效的支持和指导。

(三) 管理机制:依托数据建立评价反馈闭环

在推行"游戏故事评价法"的实践中,我园深刻认识到机制保障对于提升教育质量与教师评价能力的关键作用。为此,我们构建了一个依托数据的评价反馈闭环机制,以确保评价过程的科学性、精准性和持续改进的有效性。

1. 每周归类,初步梳理评价证据

"每周数据归类与梳理"作为该机制的首要环节,确保了评价过程的基础稳固与信息的精准捕捉。教师在明确评价目标与关键指标的前提下,针对"幼儿的游戏兴趣、环境材料的创造性利用、社交互动能力、情绪表达与情感发展"等核心维度,利用周末时间,对一周内累积的关键评价证据进行客观细致地归类与整理,借助电子档案系统或精心设计的纸质档案,确保每位幼儿的学习与发展轨迹得以全面、有序地记录与保存。通过每周的数据归类与梳理,教师能够初步勾勒出幼儿在户外游戏中的行为模式、兴趣偏好及发展趋势,为后续实施更加精准、个性化的评价反馈策略提供了翔实依据。

2. 每月解读,用评价证据引发对话

"每月数据分析与解读"是该机制的核心环节,它旨在通过解读评价证据来引发教师、幼儿和家长之间的对话,共同促进幼儿的发展。在每月解读过程中,教师需要深入分析评价证据,理解幼儿在游戏中的行为表现和情绪状态,以及这些表现背后的原因和意义。同时,教师需要将这些分析结果以易于理解的方式呈现出来,与家长和幼儿进行分享和讨论。在对话中,教师需要鼓励家长和幼儿表达自己的观点和想法,听取他们的反馈和建议。通过对话,教师可以更加全面地了解幼儿在游戏中的需求和困难,为后续的支持和指导提供更有针对性的建议。此外,每月解读还可以促进教师之间的交流和合作。教师可以分享自己的评价经验和发现,相互学习和借鉴,共同提升评价素养和能力。

3. 每学期汇总,让评价证据印证发展

"每学期数据的整理与汇总"是该机制闭环的关键环节,它旨在通过全面汇总评价证据来印证幼儿在游戏中的发展。在学期末,教师需要对整个学期的评价证据进行全面的整理和分析。这包括对每周和每月的评价数据进行汇总和对比,以揭示幼儿在游戏中的发展趋势和变化。同时,教师还需要结合幼儿的个人档案和其他相关资料,对评价证据进行深入的阐释。这有助于教师更加全面地了解每个幼儿的发展特点和需求,为制定个性化的教育计划提供依据。最后,教师需要将整理好的评价证据以报告或展示的形式呈现出来,与家长和幼儿进行分享和交流。这不仅可以让家长更加了解幼儿在园的表现和发展情况,还可以激发幼儿对游戏的兴趣和参与度,促进他们的全面发展。

这一评价反馈闭环机制确保了评价结果的及时传递与有效利用。我们将分析得出的结论与建议反馈给教师,鼓励其进行自我反思与调整,不断优化教学策略与方法。在此基础上,再次收集新的数据,进行新一轮的评估与反馈,形成一个持续循环、不断上升的闭环系统。这一过程不仅促进了教师评价能力的稳步提升,还推动了教育质量的整体跃升,为幼儿的全面发展奠定了坚实的基础。

四、典型案例

（一）案例背景

我是一名骨干教师,大教研组长、课程组长。在开展户外游戏的过程中,我能够运用一些评价工具,比较客观公正地观察和介入幼儿的游戏,并且不断反思、调整和改进自己的教育行为。我也比较重视评价对幼儿发展的作用,关注幼儿个体与整体的发展需求,能够比较灵活地运用专业知识和经验观察和解读幼儿的游戏行为,做出比较准确的判断并给予恰当的支持。

但是我对幼儿的评价方法不够多元,评价的目的性和针对性不强。比如,对个别幼儿的评价不够全面和真实;不能根据不同的情况及时、灵活地选用适宜的评价方法。

（二）案例深描

故事主人公:皮皮（男,4岁,小班）

使用规划单前:皮皮在小班上学期时表现出语言表达能力比较强,能够比较清晰地表达自己的想法。知识面比较广,能够迁移日常积累的知识解释生活中的现象。如,当他在户外游戏看到蚂蚁搬家时说,可能要下雨了。

在户外游戏时,我经常看到他会东看看西逛逛,有一段时间他喜欢拿着一根软管和柠柠等几个孩子一起去"救火",乐此不疲。后来的一段时间,他总是和柠柠一起拿着一根管子在操场上捡果子。而另一个孩子由由则是非常专注地用管道、瓶子等材料探究水的流动。

皮皮在日常活动中的表现让我对皮皮在游戏中的探究行为有所期待,但是当我看到他在游戏中的表现时,对他的专注力和探究能力产生了质疑,甚至对他不断重复捡果子的行为是否有意义,以及捡果子的目的性产生了疑问。

使用规划单后:

本学期,通过撰写教师评价素养发展规划单,我尝试用更多元的方法来评价皮皮的游戏行为。首先,在观察皮皮游戏时我除了使用拍摄视频和照片的方法记录皮皮的游戏行为以外,我还使用了"游戏日志",用月历的方式有目的地记录皮皮这一个月的游戏情况。通过记录我发现这一个月皮皮在游戏中与同伴一起建构,参与了朋友过生日的游戏,捡各种树叶在白布上敲击,用不同的树枝敲击铁柱子发出声音,用各种材料玩水、运水、给花浇水,在轮胎上涂鸦等许多游戏行为……

有一次我发现皮皮在轮胎上坐了很久,走近问他时他说发现了很大的蚂蚁。有一段时间香樟树掉落了很多果子,皮皮持续捡了一周的果子,直到掉落的果子变少了他才转移兴趣玩别的游戏。过程中,他把果子放进装水的瓶子里说有的果子浮起来了,有的果子沉下去了。当有一次交流分享时,一组孩子提出想把果子捣碎提取颜色时,皮皮说:"这些果子变硬了,没有果汁了。"

过程中,我还与皮皮妈妈进行了几次深入的交流,了解到当家长带皮皮到小区里或是公园里游玩时,皮皮也经常蹲在地上观察动植物,也会乐此不疲地捡各种果子、树叶等自然物。妈妈还说当她看到分享的游戏视频中由由非常专注地探究时,她也给皮皮买了轨道火车等很多探究类的玩具,与皮皮一起搭建和探究。

我们还在教室里制作了游戏区域版面,孩子可以把自己的照片贴在各个游戏区域并用笑脸哭脸来记录当天的游戏感受。皮皮经常会主动记录他的心情,好几次皮皮在游戏后会给自己贴两个笑脸,然后说:"今天的游戏真是太开心了,我要贴两个笑脸。"

除此之外,当我问他记录的游戏故事是什么时,他说:"元元说,水也可以画画。我去试了,真的可以,但是一会就晒干了。"

(三) 反思与调整

1. 当我更多元地评价幼儿时,我发现皮皮喜欢在大自然中观察,对自然物特别感兴趣。在不断捡果子的过程中他发现了果子从掉落时的饱满到逐渐干瘪，以及果子在水里的沉浮，这些发现都说明皮皮善于观察和思考。

2. 当他用树枝敲击铁柱子时，他会很认真地听不同粗细树枝敲击声音的区别，他也会用管子、漏斗、瓶子等玩水并且有很多发现。妈妈在家中有目的地培养皮皮的探究能力以后，皮皮的探究行为更多了。

3. 通过游戏记录板，反馈出很多时候皮皮在游戏中的情绪是非常愉悦的，虽然在游戏现场皮皮并没有表现出来。

4. 多元的评价让我能够更全面、真实地了解幼儿，皮皮在我心中的形象也更加真实、立体、丰满。

五、成效与反思

在深入总结前期调查研究与项目实施情况的基础上，我园对教师游戏评价素养提升项目的实施成效进行了全面而深刻的反思与评估。

（一）实施成效

1. 教师评价素养显著提升

项目的实施显著增强了教师的观察、解读、反思与支持能力（见图5）。教师能够更敏锐地捕捉幼儿在户外游戏中的细微表现，深入剖析这些行为背后的教育价值与幼儿发展需求，从而制定出更加个性化、有效的支持策略。如图5所示，各层级教师在游戏评价素养上的总体提升显著，尤其是向阳型教师的迅速成长，体现了积极参与和主动学习的成效。（见图6）

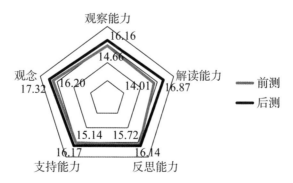

图5　园所教师各项能力指标水平的变化

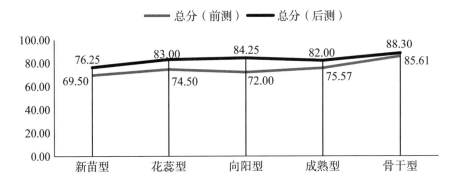

图6　各层面教师游戏评价素养总评变化

2. 探索出教师评价素养提升的最佳路径

通过项目的深入实施与持续反思,我们逐步明确并提炼出了一套行之有效的教师评价素养提升路径。这包括:首先,强化理论学习与观念更新,确保教师深刻理解游戏评价的重要性及科学方法;其次,实施分层分类培训,针对不同层次教师的需求定制培训内容,提升培训的针对性和实效性;再者,鼓励实践探索与反思总结,通过真实情境中的评价实践,促使教师将理论转化为能力;最后,建立评价反馈机制,通过定期的评估与反馈,帮助教师及时发现问题,调整策略,实现持续改进。

3. 形成了促进教师评价素养提升的有效策略

在项目实施过程中,我们探索并总结出了一系列促进教师评价素养提升的有效策略。这些策略包括但不限于:构建以数据为驱动的评价体系,利用信息技术手段提高评价的科学性和效率;实施同伴互助与专家引领相结合的支持模式,促进教师间的经验交流与资源共享;建立激励机制,表彰在评价素养提升方面表现突出的教师,激发全体教师的积极性和创造性;注重家园合作,引导家长参与评价过程,形成教育合力,共同促进幼儿全面发展。这些策略的实施,不仅有效提升了教师的评价素养,也为幼儿园教育质量的整体提升奠定了坚实基础。

(二) 反思与提升

在回顾当前项目实施成效时,我们深刻认识到,尽管教师的游戏评价素养有了显著提升,但在数据收集与分析方面,仍面临效率和准确性不尽如人意的挑战,这在一定程度上限制了评价工作的深入与精细化。鉴于此,从提升教师评价素养路径的角度出发,我们提出了以下几点反思与未来的提升策略。

1. 信息技术赋能评价。我们将积极探索并实践信息技术在评价工作中的应用,特别是如何利用先进的数据库管理系统和数据分析工具来辅助数据收集与分析。这将显著提升数据处理的效率和准确性,使教师能够更快速、更准确地获取评价所需的数据支持,从而更科学地指导教育实践。

2. 案例共享与经验交流。为了促进教师之间的学习与借鉴,我们将建立评价案例共享平台,鼓励教师上传并分享自己在游戏故事评价中的成功案例与经验心得。通过定期的案例研讨交流活动,教师可以相互学习、共同进步,形成良好的学习氛围和不断完善的评价体系。

展望未来,我们将继续以评价为引领,以信息技术为助力,不断探索和完善教师评价素养提升的路径与策略。我们期待,通过持续的努力与不断创新,我园的教师评价素养将会得到进一步提升,努力为幼儿的健康成长提供更加坚实有力的智慧保障。

(上海市浦东新区金科苑幼儿园　程丽　陈艳)

第七节　为"育"而评,互生相长——以"创美活动中幼儿发展评价设计与实施"为例提升教师评价素养的园本实践

2022 年 2 月教育部印发的《幼儿园保育教育质量评估指南》,以科学的儿童观、教育观和质量观为指引,明确了"儿童为本、过程导向、持续改进"的价值导向,切实发挥了评估的引导、诊断、改进和激励功能,是"省察"质量、提升质量的重要手段。同时《幼儿园保育教育质量评估指南》从三方面提出了改进优化评估方式的要求,"一是突出过程评估、二是强化自我评估、三是聚焦班级观察",以此提高质量评估的科学性、有效性。教师作为幼儿园教育评价的多元主体之一,是评价的主要实施者,其评价的专业水平直接决定了评价能否反映儿童真实的学习与发展情况,直接制约着教师对儿童的态度、期望,影响着教师的教育行为,[①]教师评

---

① 高敬,等.幼儿发展评价指南[M].上海:华东师范大学出版社,2021:1-2.

价素养水平决定了幼儿园教育评价改革成效,直接影响着育人目标的实现。由此可见,当下深化学前教育评价改革背景下"教师评价素养"提升已势在必行。

教师评价素养是教师在日常的专业实践中从事评价活动所需要的素养。① 按郑东辉等研究提出的观点,教师评价素养是由"评价态度、评价知识、评价技能"三位一体组成的结构模型,评价技能是评价态度与知识在行为上的综合反映,诸要素须保持一致与平衡才能形成真正的素养。可见教师评价素养形成既是教育理论光芒的交相辉映,更是教育实践智慧的相辅相成,唯有在以课程实践为载体的育人实践中修习、积淀才能得以培育与提升。

一、问题提出

通过文献研究、问卷调查、聚焦班级观察等方式对教师评价素养情况开展现状调查,发现目前普遍存在以下的问题。

其一,教师对评价素养在专业化发展中的重要性认识不足,导致教师评价知识获取主动性不够、评价态度或信念较"淡薄"、评价素养整体性水平不高。如从相关研究调查结果表明"教师评价偏低的一个重要表现就是评价知能结构不良且失衡",②从教师实际拥有的课程评价知识来源分析,来自师范类专业的教师在职前虽学过相关评价知识,但在实践中迁移、应用缺失,教师评价素养整体性水平不高。

其二,教师对评价素养促进幼儿发展的必要性理解片面,缺乏儿童视角、缺乏科学的儿童发展观,对儿童的全面发展关注较少,对儿童评价片面,评价视角狭隘,甚至缺乏儿童发展评价热情。

其三,教师对评价素养与课程发展的内在相关性认识不到位,导致评价素养在实践场景中的应用不充分,如习惯于凭经验、按模式实践课程,缺乏创生,对评价素养的反思性缺失,难以使评价素养在课程实践中得到持续修习、有效提升。

① 郑东辉.教师评价素养发展研究[M].杭州:浙江大学出版社,2014:98.
② 郑东辉.教师评价素养发展研究[M].杭州:浙江大学出版社,2014:102.

基于以上问题与思考,我园针对在职教师专业发展突出强调从实践反思性特点出发,并且立足于园本课程实施与教师专业发展一体化的价值取向,将园本创美课程实践作为教师评价素养提升的实践场域,以创美活动中幼儿发展评价的设计与实施,作为我园教师评价素养培育与提升的实践路径,开展了实践研究。

创美活动是我园坚持多年实践研究形成的课程特色,它是教师通过创设环境、材料、机会,支持幼儿自发、自由地运用美术工具或生活材料,通过想象将感知过的事实经验,进行重组、改造或创造反映儿童主体所想、所感和所欲的活动。是儿童认识自我、自然和世界并与之建立联系,促进人格成长和发展的手段。在研究中,我们将创美活动中幼儿发展评价设计和实施,与教师评价素养提升的关联性及契合点作为实践研究的突破口,积极探索教师评价素养提升的实践路径与策略,在实践创新中形成了幼儿园教师评价素养提升的实践范式。

二、指标落实

(一) 指标前置,目标导航

指标是教师评价素养提升的目标参照系,通过对《浦东新区学前教师评价素养关键能力通用指标(1.0 版)》进行解读,并结合园本创美活动课程场景,经过实践转化、两次优化,研制形成了"3 个维度、10 个子维度、18 项三级水平的表现行为描述"。指标体系具有以下特点:

1. 指标内容凸显评价素养提升的引导性

指标的纵向要素指向教师评价素养提升内容的全面性,横向突出评价素养提升的水平层次,使教师明确了提升自身评价素养"应该做什么及做得怎样",成为教师自我诊断的工具,引领着教师对自身评价素养发展的自我审视并持续提升。

表 1　幼儿园创美活动中教师评价素养关键能力指标 1.0 版

一级指标	二级指标	三级指标
1. 评价设计	1.1 评价任务	1.1.1 围绕《幼儿园评估指南》中"健康与体能""习惯与自理""自我与社会性""语言与交流""探究与认知""美感与表现"六个领域,在不同创美活动中开展评价,评价任务设计要具备情境性、真实性、过程性,真实反应出幼儿在创美活动中的学习与发展 1.1.2 评价任务的设计需根据幼儿的兴趣、年龄特点、经验水平及发展需求进行 1.1.3 评价任务的设计需面向全体幼儿、要照顾幼儿个体差异性,做到公平地评价所有幼儿
	1.2 评价标准	1.2.1 根据幼儿的年龄水平,确定适当的参与范围,教师与幼儿共同制定评分规则 1.2.2 能根据创美活动中幼儿的具体表现行为,师幼及时修订评分标准规则,鼓励个性化、多元化学习成果
	1.3 评价方式	1.3.1 创新评价方式方法,注重观察、记录与分析,倡导基于证据的评价 1.3.2 在具体实施创美评价任务时,可通过多种方式达成,体现评价方式多元性(包括教师观察幼儿绘画和手工作品,使用自研的幼儿评估量表等) 1.3.3 加强对话交流,增强评价双向自我总结、反思、改进意识和能力
2. 评价过程	2.1 行为观察	2.1.1 了解行为观察的目的,基于评价任务维度明确观察内容,有持续、自然、全面的观察意识并在创美活动中开展过程性评价 2.1.2 根据观察目的、内容和场景,选择并运用适宜的观察方法(包括观察法、谈话法、作品分析法等)及观察工具(包括逸事记录观察表、谈话记录表、作品分析记录表等) 2.1.3 对所观察到的行为进行深入分析和解读,以此为依据了解每一位幼儿现有的发展水平,并作为推动创美活动、促进幼儿发展的基础

（续表）

一级指标	二级指标	三级指标
2. 评价过程	2.2 素材收集	2.2.1 了解素材收集的目的,基于评价任务的维度,全面、全过程地、准确收集并保存幼儿多种形式的素材记录(包括影像、文本、信息平台等) 2.2.2 对收集到的素材进行倾听、浏览归类、整理,并做简要的分析
	2.3 过程记录	2.3.1 梳理创美活动中反映幼儿个性特长的童言稚语、精彩瞬间,对幼儿在活动中的表现情况进行准确记录 2.3.2 根据一段时间的观察,梳理班级一日创美活动中反映幼儿发展的事例
3. 评价改进	3.1 行为评述	3.1.1 能够改进创美活动中幼儿发展评价结果呈现形式,呈现表现性行为的描述与评定 3.1.2 能使用定性和定量相结合的方式,形成幼儿发展成长故事、档案
	3.2 个别支持	3.2.1 识别与分析幼儿个性发展的需求与特点,提出个性化的改进建议
	3.3 家园沟通	3.3.1 在进行评价任务时,教师应充分利用自然、社会和文化等丰富资源,在参与创美评价活动的过程中,应指导家长参与创美活动的质量监控 3.3.2 与家长建立平等互信的关系,定期与家长沟通,认真倾听家长的想法,了解幼儿在家庭中的表现,指导家长开展家庭环境中的创美活动
	3.4 决策指导（阶段性）	3.4.1 教师合理使用评价结果,提升评价结果反馈的利用率,遵循立德树人的评价导向,合理合规地使用评价结果 3.4.2 依据评价结果,阶段性调整幼儿园创美活动的组织与实施

表 2　幼儿园创美活动中教师评价素养关键能力指标 2.0 版（示例）

一级指标	二级指标	表现行为描述		
		表现行为 1	表现行为 3	表现行为 5
1.评价设计	1.1 评价任务	1.1.1 教师能在创美巧手吧、创美户外游戏、创美小社团等多种真实情境中实施幼儿发展评价	1.1.1 教师能在创美巧手吧、创美户外游戏、创美小社团等多种情境的全过程中实施幼儿发展评价（如，在"春天来了"主题下，教师创设写生环境，有目的地观察幼儿对自然的欣赏与感受的表达，以及基于观察表达创造的能力）	1.1.1 教师能及时抓住幼儿自发生成的各种创美活动真实情境实施幼儿发展评价（教师在开展评价时，会记录幼儿行为、思考过程、解决问题的策略等，及时反馈幼儿的表现，在任务设计时体现过程性评价。如，"春天来了"主题下，在开展写生活动的过程中，教师发现幼儿很少表达自己对花卉植物的感受。在后续评价任务设计中，鼓励幼儿用图符创编《春天》的诗歌）
		1.1.3 教师在创美活动中能针对个别幼儿发展进行评价	1.1.3 教师在创美活动中能针对全体幼儿发展进行评价	1.1.3 教师在创美活动中能面向全体幼儿兼顾个体差异进行评价
	1.2 评价标准	1.2.1 教师能在创美活动中根据艺术领域幼儿发展目标细化幼儿表现行为	1.2.1 教师能在创美活动中根据六个领域的幼儿发展目标细化幼儿的表现行为	1.2.1 教师能在创美活动中根据六个领域的幼儿发展目标细化幼儿的表现行为，并能根据过程性的幼儿表现及时调整观察点

2. 指标内涵凸显评价素养提升的实践整合性

园本化教师评价素养关键能力指标突出了教师评价知能在园本课程情境中的实践应用。指标描述以创美活动课程情境作为实施幼儿发展评价的场景，使教师评价素养提升与课程实践一体化整合；指标指向内隐了评价态度、评价知识、评价技能的结构要素，使教师评价素养提升的实践能综合考虑结构要素间的一致与平衡，让创美活动中幼儿发展评价的实践成为评价素养系统修习、提升的机会之窗。

3.综合评述	3.1 行为评述	3.1.1 教师能够使用现有评价量表或工具对幼儿的创美活动进行行为分析	3.1.1 教师能够根据不同创美活动场景灵活使用现有评价量表或工具对幼儿的创美活动进行行为分析	3.1.1 教师能够根据班级幼儿发展情况改进创美活动中幼儿发展评价结果呈现形式,呈现表现性行为的描述与评定(如,教师自主改进创美活动评价量表,细化表单中表现性行为,并分析评定)	指向教师"评价方法知识"发展
		3.1.2 教师能够根据创美活动中的观察结果对幼儿表现行为进行分析	3.1.2 教师能够根据创美活动中的观察结果使用定性或定量的方式进行幼儿表现行为分析,分析具有一定有效性	3.1.2 教师能够根据创美活动中的观察结果使用定性和定量相结合的方式,并形成幼儿发展成长档案	指向教师"评价过程知识"发展

图1 幼儿园创美活动中教师评价素养关键能力指标示例

3. 指标内核突出评价素养提升的育人目的性

教师评价素养提升的目的是更好地促进幼儿发展,因此指标描述更关注引导教师在评价实践中树立以儿童发展为本的评价观。如以"3.综合述评;3.2 个别支持;3.2.1 教师在创美活动中尊重每位幼儿的发展速率"为例,凸显了教师应具备以发展眼光看待每位幼儿的评价态度。每一位儿童都是独一无二的,他们拥有不同的兴趣、优势、挑战和成长路径,教师应当允许每个儿童获得个性化的体验,肯定每一份经历对儿童发展的独特价值。

3.2 个别支持	3.2.1 教师在创美活动中尊重每位幼儿的发展速率	3.2.1 教师在创美活动中能识别与分析幼儿发展现状,并基于幼儿发展的不足提供个性化指导	3.2.1 教师能够识别与分析幼儿个性发展的需求、特点与优势,提出个性化的改进建议(如,教师根据个别幼儿发展成长档案优势与不足,制定支持方案)

图2 幼儿园创美活动中教师评价素养关键能力指标示例

再以"1.评价设计;1.2 评价标准"下三条三级水平的表现行为为例,既体现了教师在创美活动中幼儿发展评价实施"评价目标知识"运用指引,又帮助教师导向教师需建立全领域观察的意识,确立全面发展观而非囿于幼儿艺术领域的发展。

1.2 评价标准	1.2.1 教师能在创美活动中根据艺术领域幼儿发展目标细化幼儿表现行为	1.2.1 教师能在创美活动中根据六个领域幼儿发展目标细化幼儿表现行为	1.2.1 教师能在创美活动中根据六个领域幼儿发展目标细化幼儿表现行为并能根据过程性的幼儿表现及时调整观察点

图3 幼儿园创美活动中教师评价素养关键能力指标(示例)

(二) 工具引入,过程循证

为了更有效地采集教师评价素养表现行为证据,同时开发、引入了多种评价工具对教师评价素养表现行为进行循证,如"检核记录表""逸事记录表"、个人成长档案等。其实质是运用多样化的评价工具,对教师评价素养表现行为进行事实确认,进而对行为影响因素做出分析或解释,更有效地识别、判断教师的困惑或需求并为其提供专业支持。

三、实施举措

(一) "植入式"专业成长驱动,让评价素养提升目标可测

基于以往教师对评价素养提升不重视的现象,我们将"教师评价素养关键能力指标"同步纳入《贝贝星幼儿园教师分层专业发展指标体系》,作为适应期、成长期、成熟期三类对象个人专业发展规划的目标框架,唤起教师评价素养提升的主体意识。运用档案袋评价在学年度、规划周期内持续进行自我省察、自我监测、自我调控,在各阶段基于自我评估结果,设定明确、可衡量的教师评价素养提升目标并努力达成。

（三）幼儿发展评价能力	1. 能根据观察目的、内容及场景选择适宜的观察方法及观察工具 2. 及时与幼儿、家长分享反馈幼儿的行为表现和发展状况	1. 能根据幼儿年龄特点，合理设计评价任务，能全面收集幼儿在一日活动中的表现行为，并加以分析 2. 灵活运用观察法、谈话法、档案评价法、检核法等多种不同的评价方式进行评价	1. 对获取的评价信息、评价描述等进行阶段性的梳理和总结 2. 充分运用评价结果，准确判断幼儿发展水平，调整和优化环境创设、材料提供、活动安排等

图 4　贝贝星幼儿园教师分层专业发展指标示例

浦东新区贝贝星幼儿园教师个人发展计划

（2023.9－2027.8）

项目	内容
个人情况分析	**一、个人情况分析：** 姓名：姜丽丽　性别：女　出生年月：1987.11　政治面貌：中共党员 学历：本科　专业：学前教育专业　职称：一级　任职时间：2020 年 7 月 **（一）优势：** 　　本人已有十四年教龄，具有一定的教育经验，目前承担了大班教研组长岗位的工作和 03 社区工作，在 2023 年被评为幼儿园骨干教师。在教学工作各方面有较丰富的经历和视角。同时，我通过外出学习培训的机会，能把接收到的最新的教育理念和教育观，通过自身的学习去内化、辐射组内教师。 **（二）潜势：** 　　我能坚持全面贯彻执行党和国家的路线、方针及政策，遵守党纪国法和各项规章制度，认真执行幼儿园的各项规章制度。热爱工作和幼儿，廉洁从教，但在和家长的沟通方面需再个性化些。我始终保持良好的学习态度，工作认真、负责，有一颗积极向上的事业心，在对幼儿评价方面，目前掌握的关于评价的知识、评价的技能较欠缺，表现为评价方法较为单一，评价结果的运用不到位等，需进一步提升自身的评价素养。〔剖析自身在幼儿发展评价中的薄弱点〕
教育理念	把爱心献给孩子，诚心送给家长，信心留给自己。
发展目标	1、提高自身的素质修养，认真学习教育新理念，做到理论指导实践，实践充实理论，一个有思想有目标的优秀教师。 2、提高自身专业能力，获得中小学高级教师专业技术职务。 3、能熟练运用多种评价方法，准确全面地评估幼儿的发展状况，为幼儿的个性化发展提供有力支持，进一步提升自身评价素养。〔依据薄弱点制定幼儿发展评价发展目标〕
主要举措	**第一阶段：（2023 年 9 月－2024 年 8 月）** **目标：** 1、聚焦自身专业发展中的薄弱问题，不断学习，取长补短。 2、在教育教学中有新突破，并不断优化自己的教学特色。 3、带教青年教师，以骨干辐射的作用，带动青年教师进一步提高自身专业能力。 4、深入理解评价的目的和意义，树立正确的评价观念，注重评价过程的客观性、有效性〔将发展目标分解成阶段目标〕 **措施：** 1、开展教科研理论学习，不断地提高自身文案撰写的能力，在反思中有所成长。 2、积极参与外出观摩教学活动，能结合《评价指南》进行解读与分析，提高自身能力。 3、发挥个性特长，带动共同发展，能在班组、本园教学工作中起示范带头作用 4、阅读必选及自选书目 3 本，形成读书心得，树立正确的评价态度。〔制定与目标相匹配的具体措施〕 **达成指标：** 1、完成四年个人专业发展计划，个人发展规划中充分体现专业自觉、自主。

图 5　幼儿园教师个人发展计划例举

（二）"卷入式"研修推动，让评价素养提升理念可变

在教师评价素养园本行动中我们以"研修三部曲"作为推动路径，在教师评价素养"理念建构阶段""迁移应用阶段""创新阶段"三阶段，分别采用项目培训、靶向教研、主题分享等富有启发性的研修形式，定期开展培训、教研、分享，注重课题中心组在教研活动中的引导和支持作用，共奏园内研修一体化模式的教师成长交响曲。

过程中，我们鼓励教师不仅作为评价素养关键能力提升的学习者，更是相关提升策略提出的参与者和贡献者。通过坚持开展凸显过程性、互动性和实效性的研修活动，共同探索评价的新理念、新方法，让评价不再是单一、割裂的等第划分，而是成为促进幼儿全面发展、教师专业成长的有力工具。

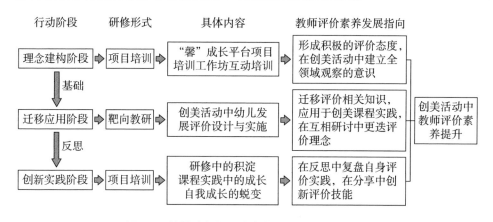

图6 研修推动教师评价素养"三部曲"行动路径

1. 理念建构阶段：依托项目培训，探究式浸入问题

（1）"'馨'成长"平台项目培训。通过成为华东师范大学"幼儿园高质量发展实践研究"项目共同体一员，以"'馨'成长"平台运用为载体，在讲座中通过各年龄段重点指标的解读，结合平台逸事记录"四要素""三原则"帮助教师理解一日活动中幼儿观察记录与评价发展的关系。

教师逐步建立起"促进幼儿发展以观察先行，分析评价为依据，形成后续教育教学策略为推进的循环渐进式"的评价理念，并深刻感受到评价任务的设计需要基于真实的一日活动场景，才能够客观反映幼儿在一日活动中的学习和发展。

（2）工作坊培训互动。我园特邀华师大李琳、季云飞教授观摩创美活动现

场,并与全园教师开展工作坊互动。以"关注幼儿在创美活动中的感受和体验"为主题,结合现场亲身操作,教师换位体验"儿童视角",感受到了创美活动对于幼儿感官、感受的焕发。

在专家教授的引导下,教师逐步意识到同一创美活动情景中,能够体现的幼儿发展是涉及多领域的,幼儿关于美的欣赏与体验、与同伴在活动中的交往与合作都是属于他们的珍贵课程体验。

工作坊式的培训互动为创美课程评价实施带来新理念,也为教师打开了新的视角、注入新的思路、实现新的突破。

2. 迁移应用阶段:融入靶向教研,协作式探索问题

在本项目教研活动中,各教研组围绕"主题创美活动下,评价任务设计如何关注幼儿各领域发展""以师幼互动助推评价过程,如何获取真实有效评价"等创美活动中幼儿设计与实施的具体问题,展开现场观摩以及小组讨论。

如,在一次小组教研分享中当主持人提问:"在推进课程当中,激发幼儿主动性的同时,如何做到观察在前,评价在后"时,中班组教师积极发言,结合自身班本化课程推进中的故事,以发起幼儿投票形成小组式的玩具探索队,分别对喜爱的玩具种类进行更为深入的研究,而教师也在过程中捕捉到了更多幼儿感兴趣的话题,鼓励幼儿积极表达自己的观点,从而拓展提升幼儿对于玩具的经验。

在过程中,我们发现园内教师在"多元评价方法探索的积极性""对评价结果运用的理解"等方面,都有了很大的转变和提升。可见,在真实而又聚焦的互动中,教师通过自评与他评相结合的方式,不断更迭着自己的评价理念。

3. 创新实践阶段:开展主题分享,创造性解决问题

在这一研究模式下,我园教师围绕"研修中的积淀""课程实践中的成长""自我成长的蜕变"三大主题,结合自己在日常开展创美活动中幼儿发展评价设计与实施中的思与行,以圆桌会议、沙龙交流、主题辩论等形式进行课程故事分享。

课程故事撰写的过程是教师在反思和复盘中对于自身评价态度、知识、能力综合应用和提升的过程。而交流的过程则能够在反复的凝练中提升教师开展幼儿发展评价的经验共享,通过多种形式的分享,能够充分树立全体教师勇于创新的课程探究意识,促进各层面教师的课程实践积极性。

（三）嵌入式实践行动，让评价素养提升行为可见

教师评价素养的提升须根植于课程实践，教师在创美活动关键场景中设计与实施幼儿发展评价，对其自身评价素养提升而言正是嵌入式的反思性实践，以此为载体有效地提升了教师的评价素养，实现了师生互生相长。

1. 评价循环中见评价素养整体提升

评价循环指创美活动中教师实施幼儿发展评价的过程，教师根据评价的结果不断改进和优化创美活动。评价循环不仅是教师评价素养的综合体现，更是其动态提升的途径。

创美活动中，教师通过评价目的和内容，运用观察的视角去分析幼儿的行为，通过"三法四表"等不同的评价方式去倾听、了解幼儿的需求，最后利用评价结果反哺促进幼儿的全领域发展。由此可见，评价循环的每一个环节都环环相扣、缺一不可。如，大班幼儿对植物角一块硬泥地开展《"泥"好呀！》班本化创美课程，教师在不同的创美活动阶段实现"泥"活动中幼儿六大领域的发展，运用"三法四表"等不同的评价方式改进活动提升自我。

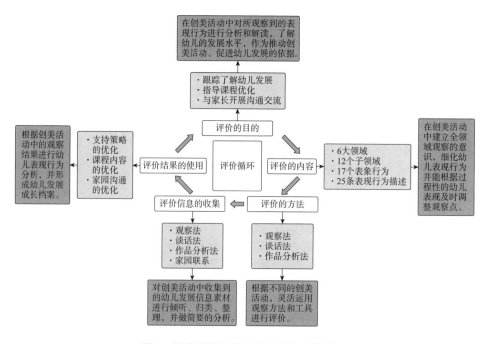

图7 创美活动中幼儿发展评价实施循环

2. 评价运用中见实践策略整体优化

评价运用就是将评价结果有效融入创美活动中,以促进幼儿的发展和优化教育质量。通过评价运用,教师的支持策略、课程内容、家园沟通可以综合促进幼儿的个体发展、教师专业素养提升以及家园有效合作。

教师在创美活动中运用儿童访谈、儿童会议等丰富多样的评价方法,结合园内"三法四表"记录工具,帮助教师明晰看到、听到和察觉到的现象,读懂幼儿的需求和想法,继而在环境创设、材料支持、活动内容与安排等支持中形成阶段性的梳理与总结。

班本化创美课程的推进,实则是对课程内容、教学方法和评价体系进行个性化调整和优化,以提高幼儿的探究兴趣和教育效果。如,在开展《窝!喔!》中制定课程计划,运用观察、谈话、作品分析等评价方法全面了解和评价幼儿表现后,收集有效的评价信息后为下一阶段的创美活动形成优化方向,形成了"计划—实践—回顾"模式。

区别以往的家园沟通没有为幼儿的发展起到实质性的成效,我园借助于创美活动开展,指导家长运用活动记录、玩美手账等形式留下评价痕迹,使家园沟通在创美活动中对幼儿的发展进行反馈,有效参与到创美评价活动中。

3. 评价参与中见教育主体整体激活

评价参与是在创美活动中,教师、幼儿、家长都参与到评价过程中,三者作为多元评价共同体,互相激发三方的主体性,呈现交互激活作用。在创美活动的实践中,每个评价主体都有其独特的视角和价值。通过评价参与,幼儿拥有了主动式学习的意愿,他们的自我意识获得了发展;家长在家庭场景中帮助教师获得更多的评价反馈信息;教师综合结果后育儿观获得了更新,设计的活动亲近幼儿,具有活力。

如"户外玩美小集市"活动中,幼儿运用"朋友圈""留言板""大众点评"等工具进行体验性评价,让不同年龄段的幼儿用不同的方式对自己参与的活动进行自主评价,幼儿可以通过绘画、摄影、讲述等多种表征方式,直接反映出对活动中环境创设、材料投放以及师幼互动、生生互动的满意度和感受。

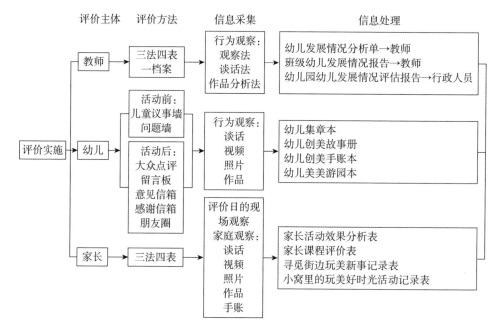

图8 创美活动中多元评价主体开展评价实施

四、典型案例

教师在创美活动中设计与实施幼儿发展评价,其实质是反映了教师对自身已有评价知识的理解与内化程度,并在评价实践场景中综合评价工具采集评价进行事实确认,对评价对象行为作出分析,使评价技能在运用或迁移中得到改善,进而在价值决断或取舍中逐步形成自己的评价态度或信念。

案例1 我"无从下手"

在教师进行幼儿发展评价实践初期,一位见习期的新教师A拿着一段3名幼儿在户外创美游戏中"装扮鸟窝"的游戏视频,向大家求助说:"今天我拍了视频,但是记录我无从下手,感觉没什么好记的,又感觉什么都能记。"

于是,在小组教研中大家以这位教师拍摄的幼儿活动视频为素材,先从"怎么看",开展了讨论:

教师1:可以先针对一个孩子观察,不然目标群体太大,确实眼花缭乱。

教师2:还可以事先预设一个观察目的,这样观察起来更聚焦了。

接着,大家又集体回顾了《创美活动中幼儿发展评价指标》,根据视频中幼儿的发展行为,两两分组各自跟踪了一位幼儿进行回看,并尝试了现场进行观察记录和分析,这一次的重点,我们落在了"看什么"上。

新教师 A:我选了幼儿路书来观察,我觉得她在领域六"美感与表现"、子领域"感受与欣赏"发展得比较好,因为她能够向同伴介绍自己发现的自然鸟窝。

教师 3:我也观察了这位小朋友,我觉得在片段中还能够体现出她在"自我与社会性"领域的发展,因为她能够主动地和朋友一起进行装饰鸟窝的活动,并且能够积极地表达自己的想法。

新教师 A 频频点头……

分析:从新教师 A 所捕捉的视频来看,她具备了一定的积极的评价态度,且对标《幼儿园创美活动中教师评价素养关键能力指标》可发现,她在"2.2 素材收集"的二级指标中体现了"能够收集并保存幼儿创美活动中的素材记录"的表现水平。

但是,在评价知识的掌握上,她还存在"行为述评"具体达成方法的缺失。通过集体讨论可知,教师 A 的主要问题在于"评价设计"缺乏思考、"评价标准"宽泛,因此,在集体研读幼儿创美活动发展指标、同素材共分析的方式下,教师 A 了解了幼儿发展评价的基本步骤,提升了教师 A 评价素养能力中"评价设计"方面的知识。

案例 2 一块"难啃的骨头"

随着教师在创美活动中进行幼儿发展评价实践进入尝试"科学评估"阶段,"评价结果的运用"成为教师普遍认为在开展课程评价循环中一块"难啃的骨头",部分教师在课程中实施幼儿发展评价时能够做到在活动现场给予幼儿及时的评估与反馈,但后续的支持和推进往往存在断层。

奚老师在一次教研活动中分享了关于自己运用不同的评价方法对班级幼儿轩轩开展连续观察的评价故事,体现了教师评价理念和实践的相互融合,展现了教师在创美活动中通过基于幼儿的发展弱势和需求提供支持,丰富幼儿在课程中的经历和体验。

（1）一张逸事记录表。

观察日期	2024.4.3	观察时间	15：00—15：30	观察者	奚老师
观察对象	轩轩	观察情境	个别化活动		
观察目的	观察幼儿对于"建筑大师"创意美术活动的兴趣以及使用不同材料进行创意搭建的情况				
观察记录	"我的美美巧手吧"个别化活动开始了,轩轩一个人来到了"建筑大师"活动区域,他选择了一张设计图底板,画了一幢蓝色的房子,对我说:"我要造一间自助购物小屋,这是自动门,里面还有很多自动售卖机。" 接着,他选择了纸板、冰棒棍和超轻黏土开始了搭建,先用超轻黏土将冰棒棍黏在纸板上,再将木板连接起来。 时间一分一秒地过去了,活动临近尾声,轩轩只完成了自助购物小屋的其中三面的搭建,他把未完成的小屋放在了一边,对我说:"我做得有点慢,屋顶还没装,只能下次再来。"				
观察照片或视频	 轩轩设计图手稿　　　轩轩创意制作现场　　　轩轩第一次创意作品				
表现行为表述	1. 整个活动中轩轩有意注意持续时间最长为 20 分钟,面部表情专注,能够在活动前用绘画的形式制定计划书,并按照自己的想法进行创美活动 2. 在创作环节,轩轩能够使用多种材料建构三维围合结构的小屋,结构牢固,色彩搭配和谐				

图 9　教师对幼儿轩轩开展观察使用《逸事记录表》进行分析

教师思考:

当我在"我的美美巧手吧"这一创美活动真实情境中,捕捉到轩轩的表现行为时,我感到些许触动。我从他的行为中观察和分析到他是一个"专注且稍显内向的孩子",从表情可以看出轩轩对于没有完成作品有一些沮丧,但他始终没有选择向他人求助,因此我觉得可以鼓励轩轩尝试与同伴沟通协商,多人分工合作。

（2）一次有意义的谈话。

第二次"我的美美巧手吧"活动中,皓皓主动提出和轩轩一起合作。

活动结束后,轩轩和同伴合作的自助购物小屋完成了,他们把自己的小屋放到了班级"建筑展"里"布展",看到新的作品,很多孩子纷纷围了过来,大家七嘴八舌地一边欣赏一边讨论着同伴的作品。

谈话日期	2024.4.5	谈话时间	15:25—15:30
谈话对象	轩轩	谈话情境	个别化学习后分享活动
谈话目的:	了解幼儿和同伴如何根据创意主题下的建筑特点进行细节装饰的想法,鼓励幼儿用完整的语言从多角度介绍自己的创意作品		
谈话内容 （问题设计）:	1. 怎么才能走进你的购物商店 2. 商店里卖的食物一定很丰富,有些什么		
谈话记录:	老师:"轩轩,怎么才能走进你的购物商店购物呢?" 轩轩:"这间小屋有两层楼,第一层是皓皓和我一起搭的,要把这里的移门(木棍门)推开才能进来,第二层的门(吸管门)更大一些,摁一下就会自己打开了。" 老师:"有两层啊,里面的商品一定很丰富吧?" 轩轩指着里面的彩色吸管说:"姐姐在里面放了很多食物。" 老师:"都有些什么呢?" 轩轩:"红色的是草莓牛奶、黄色的是香蕉,还有绿色的是冰淇淋。" 彤彤:"听起来很不错,我也想买来吃一口呢。"  轩轩和同伴共同完成的第二次创意作品		

图 10　教师在与轩轩谈话后使用《谈话记录表》记录

奚老师在课程实施后对照表单的评价素养关键能力指标进行了自评。

表3 教师评价素养关键能力自评表

记录日期	2024.4.5	记录时间	16:00	记录者	奚老师
观察场景	"我的美美巧手吧"个别化活动				
评价内容	3.综合述评;3.2个别支持				

表现行为	能 ★★★	基本能 ★★	加油 ★
教师能够根据不同创美活动场景使用不同评价量表或工具对幼儿的创美活动进行行为分析	★★★		
教师在创美活动中能够识别与分析幼儿个性发展的需求、特点与优势,提出个性化的改进建议	★★★		
教师在创美活动开展过程中,愿意与家长沟通,指导家长开展家庭环境中创美活动		★★	
自评分析跟进	两次连续观察后,我与轩轩的妈妈分享了轩轩在活动中的精彩瞬间。轩轩妈妈告诉我们:轩轩其实对建筑非常感兴趣,常常要求妈妈带他去看东方明珠、金茂大厦,但是因为妈妈比较忙,一直忽略了孩子的需求。听了我基于观察对轩轩的分析,轩轩妈妈表示,周末要和孩子一起去外滩游玩,帮助轩轩了解更多的不同建筑造型 我认为自己在后期也可以结合"我们的城市"主题下班本化课程推进,鼓励轩轩和同伴围绕自创主题开展想象,增加作品细节,如创编"小动物逛商店"等情境,进一步与自己的作品进行互动游戏		

教师与幼儿是成长共同体,在以评价促进班本化创美课程设计与实施的过

程中,孩子的全领域发展也预示着教师评价素养的逐步提高,教师在评价运用整体优化的过程中,也获得了属于一线教师的专业发展成就感。

五、成效与反思

创美活动中幼儿发展评价设计和实施的实践有效地提升了教师的评价素养,在园本课程实践与教师专业发展一体化的行动中实现了教师、幼儿、课程在贯通、融合中发展。

(一)评价与教师专业成长一体化

在以创美活动为评价实践场域的评价实践中,教师的评价主体性不断激活,评价知识不断丰富与拓展,并在评价实践应用中高阶思维得到修习,评价信念得以增强。据调查统计,园内73%的教师参与了评价指标编制或评价工具的开发与设计,100%的教师参与了评价指标的修订,100%的教师能熟练使用各类评价工具。同时教师评价技能的日益增强驱动着教师自身专业水平的整体提升。

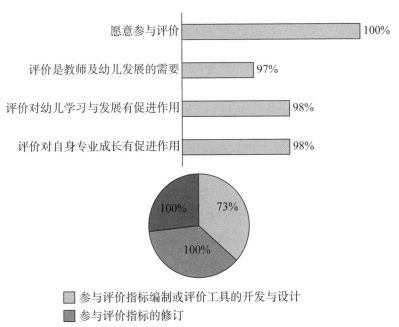

图11 幼儿园教师评价素养问卷调查结果统计

（二）评价与幼儿发展一体化

通过实施创美活动中幼儿发展评价，教师能精准定位幼儿发展目标，确立《创美活动中幼儿发展评价指标》，能够全面了解每个幼儿的发展状况和需求，确保幼儿发展的整体性和全面性。以中班幼儿各领域发展评价为例，教师使用量性分析评估方式，将幼儿的行为表现对应3种表现行为进行赋分，结果得出中班幼儿6个领域表现行为均超出平均分值，可见中班幼儿各领域的发展良好。在实施幼儿发展评价的过程中，教师不仅关注幼儿当前的发展水平，还通过评价来反思和调整教育策略，以确保教育过程与幼儿的发展需求保持高度一致，助推幼儿的持续发展。

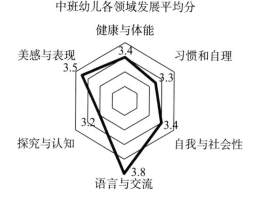

图12　中班幼儿各领域发展平均分值图

（三）评价与课程开发一体化

通过创美活动中幼儿发展评价的实施，教师对幼儿的兴趣、需要有了更多发现、理解，鼓励他们运用自己的方式、艺术形式和媒介表现真实和虚构的经历。教师为幼儿创设可以"沉浸式体验"的"活"的课程环境，使目标与形式统一；创设具有"生活美学、自然美学、创造美学"特点的"三美视角"的多元"活"材料，使形式为目标服务；创设"户外玩美集市""流动玩美体验馆""班级玩美巧手吧"等情境化的活动机会，用活动达成目标；创设支持性的具有"活力"的师幼互动关系与氛围，使幼儿的潜能变成自在自为自育的过程，进一步推动了创美课程的不断优化，实现了评价与课程发展的一体化。

教师评价素养提升是持续修习、动态优化的过程，我们将继续秉持"为育而评、以评促育"的价值取向,深入评价实践。面对数智时代,需要更多思考如何提升教师信息技术手段应用能力,以再造评价流程,在课程创生取向主导的课程运行中指引教师建构"在成长之中""在关系之中"的评价思维,使幼儿的生命成长真正因教师评价素养的持续提升而得到更多支持与助力,而教师也在这种教育机制的专业经历中,获得更高水平的自我实现。"让评价成就教育",我们继续在路上!

(上海市浦东新区贝贝星幼儿园 赵青 奚慧韵)

第二章　提升中小学教师评价素养，改善课堂教学质量

第一节　一"核"两"翼"，赋能教师评价素养提升

教育评价改革作为教育改革的核心议题，在《深化新时代教育评价改革总体方案》指引下，呈现出从理念革新向实践创新的范式转型。我校依托浦东新区"基础教育'教师评价素养'模型构建与区域应用的行动研究"课题，构建一"核"两"翼"教师评价素养提升体系，通过两年实践探索形成"理论—实践—反思"的良性发展闭环。我校积极响应，深入探索，将"一核两翼"的理念融入教师评价素养提升的全过程，力求在评价实践中创新，在创新中促进教师专业成长。

一、问题诊断与改革动因

（一）现实困境分析

随着践行"双新"的深入，对教师评价提出了更高要求，更加注重教师评价的过程性、多元化和激励性。评价体系的多元化要求学校在评价指标和方法上进行创新，这需要学校管理层和教师团队共同参与，达成共识。但在实际操作中，仍然存在如下问题。

主动地在教学中引入有效的评价是教师评价素养的一大体现，但制约教师专业自主意识的一个重要因素就是教师评价问题，以教师评价体系改革激活教师专业发展动能是亟须解决的问题之一。

（二）理论突破方向

教师的评价理论、评价知识基础、课堂评价意识比较薄弱。缺乏对教师专业成长的支持和指导，这种缺乏支持的环境使得教师难以适应教育改革的要求，从

而影响了他们的教学效果和学生的学业成就。如何提供有效的提升教师评价素养的专业支持,是亟须解决的问题。

基于 CIPP 评价模型与教师专业发展理论,研究确立三大改革维度:①构建主体参与的评价文化生态;②建立循证导向的评价实施体系;③形成发展性评价支持系统。通过制度重构破解"重管理轻发展"的评价困境,实现从"行政管控"向"专业引领"的范式转变。

二、体系构建与实施路径

(一)解读区本指标,厘清实施内涵

以育人为核心,浦东新区中小学教师评价素养指标体系把聚焦提升课堂教学质量关键能力的培养作为维度之一,成为我校教师评价素养提升的引领和抓手。在此维度中,目标制订要明确课程目标与学习路径,评价设计要结合生活,融合测评与表现任务。目标检测倡导学生自评与教师分析,作业布置注重表现性评价与分层作业,个别辅导与阶段性总结兼顾全体与个性,通过反思调整,促进学生学习发展。

(二)构建双向链接,明确实施重点

区本指标指出,在具体的评价实践中,教师要针对特定的教学情境,综合运用评价相关的知识与技能、过程与方法,以促进学生发展为目的,开展细致的评价工作。从区本指标解读来看,无疑能够有效解决上述两个问题。在校本化实施过程中,我校以一"核"两"翼"赋能教师评价素养提升。一"核"即以高质量教育为核心,两"翼"即以"自我评价、团队评价、挑战评价"三阶维度建构的,以激活专业动能为目的的教师评价模式及为教师评价素养提升提供专业支持的"三步"渐进教研支持模式。

(三)细化校本指标,赋能素养提升

学校"三阶"评价体系(见图 1:竹园小学"三阶"教师评价体系),以"对话"为策略,在民主平等的学校文化中促进教师的专业成长和主动发展。① 以课堂教学与班级管理为基础,构建了"自我发展、团队合作、主动挑战"三阶维度的校本

---

① 浦东新区教育局.基础教育"教师评价素养"模型构建与区域应用的行动研究[R].上海:2021(原第 8 条).

教师评价一级指标。自我发展,即引导教师做更好的自己;团队合作,即引导教师做更好的竹园人;主动挑战,即引导教师做更好的社会人。三阶维度一级指标下是"育德力、教学力、学习力、研究力、融合力、创造力"六力领域二级指标以及"师德修养、学生管理、德智融合、家校沟通"等 23 个观测点的三级指标,刻画了新时代竹园教师专业发展的理想画像。

"三阶"评价体系以《新时代中小学教师职业行为十项准则》为标准,以"信任取向、发展取向、效率取向、校本取向"为指导,培养竹园"五有"好教师。

(1)将协商、研讨贯串于评价的全过程。在评价过程中,我们倾听教师的声音,与教师充分沟通,并鼓励他们参与评价计划的制订、评价制度的完善、评价信息的搜集以及评价结果的讨论。这种平等互动的评价方式为教师提供了自我反省和自我成长的机会。

(2)将反思、复盘、凝练融入评价全过程。在"自我评价"阶段,教师通过反思、消化和调整,提升职业认同感,促进专业成长。在"团队评价"阶段,教师团队通过对话,培养成长态度,增强凝聚力,深化互动。在"挑战评价"阶段,通过多元对话,评价教师发展成效,激励追求卓越。此阶段帮助教师评估自身,提升针对性反思。学校管理团队识别问题,调整工作,支持教师专业发展。反思、复盘、凝练贯串评价体系始终。

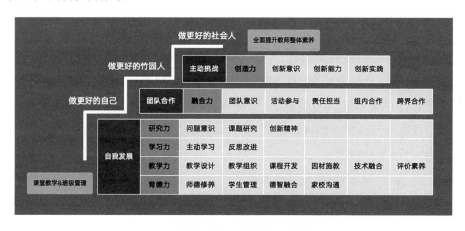

图 1　竹园小学"三阶"教师评价体系

三、技术创新与实践成效

为进一步推进教师评价素养提升工作,以"全员赛课"为平台,学校于 2023

学年第二学期聚焦一阶"自我评价"中"教学力"开展了以课堂教学质量关键能力为核心的一"核"两"翼"行动。

（一）"三阶"深化，循证评价保障教师评价素养提升

为落实区本指标（提升课堂教学质量），学校设计了"浦东新区竹园小学核心素养视域下课堂教学评价表"（见表1），包含教学设计、教学组织、数字素养、学生活动、教学效果五个一级指标，分别对应教学设计、教学组织、课程开发、因材施教、技术融合、教学评价六个观测点。教学设计注重"学生学会"，明确"双新"课程目标与"学业质量"的达成；教学组织以评促教，设计评价任务；数字素养关注学生学习成果；学生活动开展多元化学习任务；教学效果挖掘教师评价内涵，观察评价实施。

表1 浦东新区竹园小学核心素养视域下课堂教学评价表

____年级____班 执教教师_____ 学科_____ 评课日期____年____月____日

评课教师_____

课题_____

一级指标	二级指标	评价标准	权重	A	B	C	D	得分
教学设计	目标设定	依据学科核心素养目标，基于学情，制定教学目标	30%	3	2	1	0	
		目标设定合理、准确、科学，具有梯度和拓展性		3	2	1	0	
		目标阐述具体，表述清晰，能以目标导引教学		3	2	1	0	
	活动设计	精选课程内容，内容设定与教学目标高度吻合，强化单元整体		3	2	1	0	
		依据学科知识结构与学生认知规律，组织教学活动，突出真实情境		3	2	1	0	
		联系学生已有知识与经验，或跨学科丰富教学资源，强化课程综合		3	2	1	0	
		突出学科思想方法，加强知行合一，突出学科实践		3	2	1	0	

（续表）

一级指标	二级指标	评价标准	权重	分值				得分
				A	B	C	D	
教学设计	学习经历	尊重每个学生,少讲多学,让学生充分参与教学		3	2	1	0	
		灵活多样教学,激发兴趣,让学生生动活泼地学习		3	2	1	0	
		实施体验教学,以情促学,让学生带着情感去学习		3	2	1	0	
教学组织	学习指导	教师能通过追问或信息技术来解决教学中的重点、难点问题,更好地促进学生的理解	20%	4	3	2	0	
		能够根据学生行为对教学进程、难度进行适当调整		3	2	1	0	
		能够利用多种学习方式或是信息技术满足学生个体学习需求,解决实际学习困难		3	2	1	0	
		教态亲切、自然,语言准确,富有激励性和启发性,板书设计合理,书写规范		3	2	1	0	
	学习评价	关注学生的学习态度和过程,保护学生的自信心,尊重学生学习的结果和人格		4	3	2	0	
		及时采用积极、多元化的评价方式,鼓励学生个性发展		3	2	1	0	

（续表）

一级指标	二级指标	评价标准	权重	分值				得分
				A	B	C	D	
数字素养	数字化意识	积极探索新技术背景下学习环境与方式变革,愿意开展实践,有战胜困难和挑战的决心	15%	3	2	1	0	
	数字技术知识与技能	掌握在教育教学中选择学校主推项目的数字化设备、软件、平台的原则		3	2	1	0	
		熟练操作使用数字化设备、软件、平台;对设备突发状况能正确、灵活处理		3	2	1	0	
	数字化应用维度	能恰当地选择相应的信息技术手段,通过技术的运用取得较明显效果		3	2	1	0	
		能够指导学生使用数字技术资源支持学习,注重培养学生的数字素养		3	2	1	0	
学生活动	学习态度	学生明确自己的学习任务,学习活动兴趣浓、课堂气氛活跃	15%	3	2	1	0	
		学生参与活动积极主动,能和教师、同学、多媒体进行互动,有机融合		3	2	1	0	
	参与广度	学习活动的方式多样,学生能积极参与团队合作交流,参与学习活动时间合理		3	2	1	0	
	参与深度	能找到有拓展的问题或发表个人见解		3	2	1	0	
		学生能够倾听他人意见,并且条理化思考,形成自己的观点		3	2	1	0	

（续表）

一级指标	二级指标	评价标准	权重	分值				得分
				A	B	C	D	
教学效果	目标达成	实现教学目标,80%的学生能完成学习任务,全体学生都能得到收获和提高	20%	4	3	2	0	
	课堂氛围	学生体验到学习的乐趣和成功的愉悦,还有进一步学习和探索的欲望		3	2	1	0	
	学科特色	根据学科特色制定评价指标		3	2	1	0	
	个性化指标	评价任务:对学习结果与学习过程开展评价,解释学习结果,进行个性化发展建议与交流反馈 评价标准:运用 SOLO 分类理论,根据学生年龄,确定适当的参与范围,教师与学生共同制定评分标准 评价方式:注重动手操作、作品展示、口头报告等多种评价方式的综合运用,推进表现性评价		4	3	2	1	
一句话点评:			100%	总分				
				等第				

　　我们采用问卷星汇总数据,确保客观公正。在线问卷收集多方评价数据,提高评价效率,便于整理分析。① 数据分析阶段,利用问卷星功能深入剖析数据,统

———————

① 中国教育学会.智能化时代教师评价素养发展白皮书[R].北京:2023(原第5条).

计比较各评价指标得分,清晰展现教师各维度表现及团队优势与不足。

基于数据分析结果,我们进一步开展了针对性的教研活动和培训。针对得分较低的指标,我们组织教师进行深入讨论和反思,寻找问题根源并制订改进措施。同时,我们也对得分较高的教师进行表彰和激励,鼓励他们在教学中继续发挥带头的作用,带动整个教师团队的提升。

此外,我们还通过问卷星收集到的数据,为教师个人发展提供了有力支持。每位教师都可以根据自己的得分情况,了解自己的教学优势和需要改进的地方,从而制订个性化的专业成长计划。同时,学校也可以根据整体评价数据,调整和优化教研方案,更好地服务于教师的专业发展和学生的全面成长。

(二)"三步"护航,成长支撑保障教师评价素养提升

深化"三阶"评价研究,学校对各评价项目的评价对象、主要活动、量规、周期及评价部门进行了明确规定。这些评价项目采用了多种方式,包括课堂观察、学生作业分析、教师自评及同行互评等。这些工具能够收集关于教师教学表现的各种证据,为后续的评价工作提供重要依据。实践过程中,我们更需要不断地对评价指标和工具进行修订和完善,以适应不同教学环境和教师需求。同时,也对评价结果进行及时反馈,帮助教师了解自己的优点和不足,为后续的改进提供方向。这可通过作为成长支撑的教研活动来实现,我校通过"三步"渐进教研推进校本研修赋能研—训—评整体设计。(见图2)

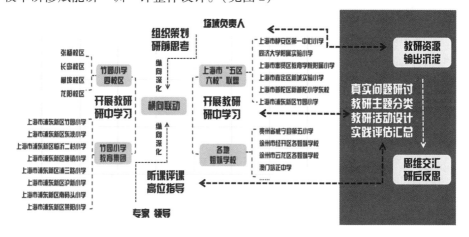

图2　竹园小学研究立交桥架构

第一步:打破校区壁垒,凸显"对话"理念。开展从一个校区到四个校区的跨校区学科大教研活动,使更多教师加入了研究的队伍,开启了教师自主学习与改变的良性循环。教研推动教师从统一思想一起做到自觉自为,更多主体的参与行为进一步凸显了"三阶"评价的对话理念。

第二步:遵照学习理论,搭建提升台阶。学校构建支撑教师专业发展的学习生态系统,通过"教研内容结构化—教研成员协作化—教研路径模式化"的学科"大"教研使得教研模式更有"研"值。将个体成长需求与学习空间建设紧密关联,在本轮推进中以提升课堂教学质量为抓手,以提升教师评价素养为目标,帮助教师获得专业满足感和成就感,既解决专业发展关键问题,又加速学校高质量建设。

第三步:架设研究立交桥,全员进阶发展。横向联动,主体交汇——纵向深化,思维交汇——线上线下,时空交汇,我校以浦东教育研究立交桥整体框架为引领,在教研实践中同样努力通过三层融通架设研究立交桥,以保障教师评价素养提升的覆盖面。

四、典型案例与构建范式

(一) 案例背景

2023 学年第二学期,英语教研组结合我校开展的全员赛课活动,围绕提升课堂教学质量的不同维度对课堂进行观察,目前 18 节英语课堂共收到 669 份问卷调查,结果显示教师在教学评价方面相对薄弱。其中,教师基本具备一定的评价意识,但在调动评价主体、运用评价结果、选择评价方式方面的素养有待提升。基于教研组的实际问题,我们站在大单元教学的视角,期望以单元复习课的评价任务设计为突破点,探讨提升教师评价素养的有效做法,进而提升学生的英语核心素养。

我们发现,评价任务不等于学习任务,也不等同于课后作业,它有着明确的指向性。评价任务指为检测学生的学习目标达成情况而设计的检测项目,包括传统的纸笔测验(试题),例如,填空题、选择题、匹配题和表现性评价(任务),再例如,课堂真实情景中的师生问答、展示、表演、实验以及复杂的纸笔任务和调查等。评价任务不仅为教师了解自己的教学效果和学生了解自己的学习情况提供依据,更是教师完善评价策略和提高评价素养的有效途径。

(二) 案例深描

为了拓展与提升教研的广度和效度,学校通过 ClassIn 平台建立集团英语教师学习共同体,从一个校区走向四个校区,再走向集团成员校。立交桥式的教研样态连接了更多教师。前期,教师通过数字教研平台发布的学习资源,以教研组为单位,学习了评价任务设计的相关文献,明确了评价任务和学习任务的区别;通过预览学历案和相关教材内容,对本次教研活动内容形成初步共识;并通过Free talk 交流互动,提出开展教学评价的困惑,形成教研期待……基于教师的困惑,英语教研组梳理并制订了本次教研活动的课堂观察表单,通过 3 个观察视角、10 个观察点引导教师有效观课和思考。(见表 2)

表 2 "指向核心素养发展的英语评价任务设计"课程观察记录表

——以 Oxford English 4B M3U2 Time 复习课为例

观察视角	观察点	观点形成
任务设计	评价任务与学习目标相匹配,能真实反映出学生的核心素养	
	评价任务指令清晰,具有情境性、真实性、可检测性,易于学生理解和实施	
	基于学习需求,选择适合的评价任务形式,如,关键提问、布置练习、口头报告、作品展示、动手实践等,关注典型行为表现,推进表现性评价	
评价方式	创新评价方式方法,注重观察与分析,倡导基于证据的评价	
	加强对话交流,引导学生共同参与课堂评价,在自我评价、同伴互评的基础上增强自我总结、反思、改进的意识和能力	
	在学生完成评价任务的过程中能够积极发现其思维闪光点,并用激励式、启发式的语言进行回应与评价	
评价标准	根据不同的评价目的,运用不同的评价工具。评价标准清晰明了,指向学生核心素养的发展	
	为不同个性特长学生提供分层评价任务,能根据过程性学习表现优化评价标准,鼓励个性化、多元化的学习成果	
	根据学生年龄,确定适当的参与范围,教师与学生共同制定评价标准	

1. 评价任务的设计

杨莉蓓老师执教的牛津英语 4B M3U2 Time 第五课时,是一节单元复习课。(回答设计了什么评价任务)教师基于单元学习目标,并将其转化为可以作为收集学生关于学习结果的行为反应的检测项目,从而确定本单元的评价大任务:"亲爱的同学们,时间对于每个人来说都非常重要,它影响着我们的生活和作息方式。请你制订一份科学的时间计划表,并准确介绍给伙伴们,一起成为一名时间管理小达人吧!"这是一个表现性的单元评价任务,为了帮助学生巩固单元所学,教师在复习课情境中将单元评价任务拆分为循序渐进的若干个小的评价任务,如,Listen and match, Read and check 等。

2. 评价任务的实施

在评价任务实施时,参研教师关注评价任务与教学目标匹配度、任务指令清晰度和任务对学习过程的支持作用。例如,教师在教学中体现评价任务和检测目标的对应,如果一个任务对应一个或多个目标,设计时可多个任务对应一个目标。Task1 高度匹配单元和课时语言能力培养目标,要求学生将动画与时间匹配,了解作息并用正确时态表达。Task2 和 Task5 通过角色扮演等形式,培养学生时间管理能力,匹配学习能力和思维品质目标。Task3 和 Task4 基于口语表达,教师提供活动贴士和评价维度,优化学生学习方式,提高学习效率。

3. 评价任务的效果

本课时评价任务是对单元学习的综合评价,既有过程性评价,又有表现性评价。在这节课中,教师借助三个助手平台,实时获得真实的学情数据,检测和评价学生的课堂表现。通过观察学生的答题速度和正确率等,及时调整课堂策略,提升了自身的评价素养。

(三) 案例反思

教研现场,在问卷星完成《浦东新区竹园小学核心素养视域下课堂教学评价表》的基础上,教师选择一个观察视角,自由组合开展讨论。现场的专家也深入各个小组与大家实时互动,答疑解惑。线上的教师则通过留言共同参与研讨,同频共振。在多元协作中,大家初步总结出若干条校本化、可操作的"评价任务设计 Golden rules"(见图 3),为今后的实践提供借鉴和反思。

图 3　评价任务设计 Golden rules

在"指向英语核心素养发展的英语单元评价任务设计"教研活动中,我们认识到评价对教师专业发展和学生学习效果的重要性。通过课例展示、教研讨论和问卷调查,我们深入了解了评价任务设计和实施的要点,并获得了提升教师评价素养的启示和经验。

首先,评价任务的项目设计必须与教学目标紧密相连。评价任务是对学生学习成果的检验,只有与教学目标相匹配,才能准确反映学生的掌握情况。因此,在设计评价任务时,我们需要充分考虑教学目标的要求,确保评价任务能够全面、准确地检测学生的学习成果。

其次,评价任务的实施需要注重学生的主体性和差异性。每个学生都是独特的个体,他们在学习过程中的表现也会有所不同。因此,在实施评价任务时,我们需要尊重学生的差异性,采取多种评价方式和方法,以满足不同学生的需求。同时,我们还要注重调动学生的积极性,让他们参与到评价过程中来,提高他们的自我认知和自我评价能力。

另外,评价任务的结果反馈与重构也是至关重要的。反馈是对学生学习成果的指导和激励,它不仅能够帮助学生了解自己的不足之处,还能够为他们提供改进的方向和动力。因此,在评价任务完成后,我们需要及时给予学生详细的反馈,指出他们的优点和不足,并给出具体的建议和指导。同时,我们还要注意反馈的方式和语言,使其既具有针对性又易于理解,能够真正起到促进学生学习的作用。

五、成效、反思与未来展望

经过一段时间的实施,我校以一"核"两"翼"提升教师评价素养项目取得了显著的成效。我们通过对项目的整体思考和评估,发现这一项目不仅提高了教师的评价素养,也促进了学校教育教学质量的提升。

(一)"三阶"评价的价值维度

"三阶"教师评价体现实现三个维度的价值诉求:其一,突出教师主体性,评价体系出台的过程是凝聚人心、达成共识的过程,教师参与制度的制订,感受被发现、被尊重、被欣赏的价值;其二,突出正向引领性,评价内容设计发挥正能量导向作用,教师评价师德、能力、业绩三位一体考量,把师德师风作为第一标准,严守红色底线,把课堂教学、班级管理作为核心职责,确保基本底线;其三,突出整体发展性,评价场景设计从教师工作特点和发展实际出发,既关注个体需求,又关注团队整体提升,既关注外显的表现,又挖掘内隐的情感。使评价从甄别走向诊断、从赋分走向赋能、从静态走向动态。

(二)教师评价能力的精准提升

针对教师评价能力不足、评价标准不清晰等问题,我们注重理论与实践相结合,通过学科大教研让教师深入了解评价素养的重要性和应用方法。综合运用实物收集、访谈法、观察法,让教师与规划、与骨干、与实证、与未来等开展多维度对话。通过对话,精准判断教师的长处、短板和需求,精准定位和精准帮扶教师成长,凸显教研的"改进"功能,使评价工具变得灵动、鲜活,教师评价素养显著提升。

(三)一"核"两"翼"与学校发展的协同效应

一"核"两"翼"实施策略回应了区本指标的价值导向,弘扬评价的发展性功能,破除影响教师队伍有效成长的评价因素;对接了学校发展的整体目标,通过校本教师评价体系的完善和创新,破除制约教师队伍建设的"短板性"问题,激发教师的成长自觉,真正"把学校建设成为模范实施国家课程的学园,学生全面个性成长的乐园,学校教师人才辈出的家园";聚焦了教师队伍建设的真问题,针对过去评价中单纯通过定目标、下任务、做统计的"量化"方式和教师队伍建设中存在的"教书与育人隔离""育人与育分混沌"等问题,通过评价变革,使"教书育人过程—问题解决—素养提升"形成强关联,从而加强评价对于教师队伍发展的针对性、有效性。

(四) 理论创新与实践推广的价值

通过一"核"两"翼"教师评价素养提升体系的构建与实施,我们不仅在实践中取得了显著成效,也在理论上做出了重要贡献。该体系的创新点主要体现在以下几个方面。

(1) 理论创新。基于 CIPP 评价模型与教师专业发展理论,构建了主体参与的评价文化生态、循证导向的评价实施体系和发展性评价支持系统。这种理论框架的构建,为教师评价素养的提升提供了新的视角和方法,突破了传统评价理论的局限性。

(2) 模式创新。提出了"自我发展—团队合作—主动挑战"的三阶评价体系和"跨校区教研—系统化研修—立交桥式发展"的三步支持模式。这种模式不仅关注教师个体的专业成长,还强调团队合作和挑战性任务对教师发展的推动作用,形成了一个动态的、可持续发展的评价支持系统。

(3) 实践创新。通过校本化实施路径,将理论与实践紧密结合,形成了"理论—实践—反思"的良性发展闭环。这种实践创新为其他学校提供了可借鉴的范例,特别是在如何将区域政策和理论框架转化为具体的校本实践方面,具有重要的推广价值。

(4) 技术赋能。引入问卷星等数字化工具,实现了评价数据的高效收集与分析,增强了评价的精准性和发展性。这种技术赋能的评价方式,为教育评价改革提供了新的技术路径。

(5) 推广价值。该体系在提升教师评价素养的同时,显著提高了课堂教学质量和教师专业自主发展意识。这种模式的成功实施,为其他学校在教师评价素养提升方面提供了可复制、可推广的经验,特别是在如何构建支持性评价文化、设计发展性评价工具以及实施校本化评价路径等方面,具有重要的借鉴意义。

当然,我们也意识到在提升教师评价素养的过程中还存在一些不足和需要改进的地方。比如,我们需要进一步完善评价体系的构建,确保评价标准的科学性和可操作性;同时,我们还需要加强对教师的培训和指导,帮助他们更好地掌握评价方法和技能,提高他们的评价素养水平。

实践研究表明:教师评价素养提升需要制度重构与文化再造双轮驱动;技术赋能可增强评价的精准性与发展性;校本化实施是破解"最后一公里"难题的关键。后续将深化评价元认知研究,构建教师评价能力发展图谱,探索"人工智能+教师评价"的新形态。提升教师评价素养是一个长期而复杂的过程,需要我们不断探索和实践。我们将继续加强教师评价素养的培养和提升工作,为学校的教育教学质量的提升做出更大的贡献。

(上海市浦东新区竹园小学 娄华英)

第二节 基于教学过程提升教师评价素养的实践研究

一、问题提出

教育毕竟是在学校中发生的,课堂是教学的主阵地,能够直接影响教学和学习成效的重要决策通常都是在课堂中发生的。[1] 因此,我们立足课堂教学,寻求通过课堂教学促进教师评价素养提升的定位点。自 2018 年以来,我校先后在多个学科开展了以促进课堂教学评价为主题的实践探索。通过开展实践研究,教师的课堂评价素养得以提升,并对教师的课堂教学实践产生了积极影响。但是,我校教师的评价素养也还存在着以下一些问题。

(一)课堂评价作用认知不足

在实际教学过程中,教师并没有意识到课堂评价的重要性,甚至忽略课堂评价的重要环节。"评价"是师生交流的第一平台,教师如何正确有效地行使手中的评价权利来帮助和促进学生的学习进步和成长成才,成为教师教学更新与教育可持续发展的核心问题。[2]

一方面课堂评价被忽视,另一方面课堂评价缺乏针对性。在实际教学过程

---

① 崔允漷.促进学习:学业评价的新范式[J].教育科学研究,2010(3):11−15+20.

② 赵雪晶.我国中学教师教学评价素养研究[D].上海:华东师范大学,2014.

中,教师往往只是用"真好""真聪明"等比较随意的语言来评价学生;当学生说出错误的答案时,教师往往通过"回答得不对,再考虑一下"或者请其他小朋友来回答等方式对学生进行评价,究竟错在哪里、如何改正及评价意图等往往容易被教师忽略。此外,教师的课堂评价时机把握不到位,评价具有滞后性。

（二）课堂教学评价实施主体和形式单一

以往学生的学习评价由教师包办代替,学生自我评价意识淡薄,既不习惯对自己的学习包括作业、练习、学习作品等进行反省评价,也不善于对他人的发言、作业等给予恰当的评价。学生往往会出现不重视,被动应付的现象,将"评价"局限于总结自己不足之处,例如粗心、基础不扎实、太马虎等笼统、肤浅的表层形式上,而且也不知怎样调节自己的学习行为和具体检测学习效果。长此以往,学生的学习积极性不容易发挥,学生的学习兴趣不容易激发。

（三）课堂教学评价存在不同需求

不同发展阶段教师的课堂教学评价存在着不同需求。新入职教师的课堂教学评价语言单一,缺乏针对性,评价语言枯燥、乏味、不具体。发展型教师对于反馈的时机、如何反馈尚不清楚。成熟型教师能够做到评价为自己的教学改进提供基础。

基于此,我们以课堂教学为抓手,通过把评价融入课堂教学,增强教师的评价意识,总结不同的教学反馈主体,创设创新评价方式,满足不同层次教师的发展需求,最终提升教师的课堂教学评价素养。

二、指标落实

（一）结合校情学情,孵化校级指标

1. 确定、聚焦关键性校级指标

在对区级指标详细研读的基础上,从纵向与横向两个角度深挖区级指标的内涵,根据两大研究主题"课堂教学""教师评价",聚焦三个一级指标——目标制订、评价设计、目标检测,基于区级指标框架,结合我校校情,对区域指标进行细化、完善与丰富。区级指标是我们开展研究行动的指南,校级指标是探索实践的成果展示与提炼。

评价必须有清晰的目标。所谓促进学习,实际上意味着学生在达成预定目标的过程中有进步。① 目标的制订是课堂教学开展的重要前提,评价任务围绕目标的实现来展开,教学目标的达成度直接决定了一节课的成功与否。三个关键性指标既涉及教师的教,又关联到学生的学,还涉及教师的评价,有望在教—学—评之间建立一致性。

2. 目标制订——修改、具化二级指标

二级指标给出了指导性建议,"明确""设计清晰""引导学生了解",这在一般意义上可以用,但是不能够对教师设计教学目标提供具体、可操作性建议。事实是,教学目标的制订复杂,来源多样,做出取舍,需要小而精,在呈现方式上也因为知识和学生年龄不同而有显著区别,因此需要进一步修改和完善(见表1)。经过修改后的校本化三级指标能够让教师明白设计缘由,又有可参考性。从描述动词来讲,可以操作、契合教学设计,适用于所有学科,具有普适性。

表 1　目标制订的三级指标

1. 教学目标的制订具体、有效、可检测
2. 教学目标的来源主要有三个:可以是教师个体或者整个教研组讨论;可以来源于学生,来源于课程;最好的教学目标制订来源于教师、学生的共同讨论与协商制订
3. 教学目标的数量不宜过多,以小而精为主
4. 教学目标的表达形式以学生可接受、可理解的词语进行描述,根据年级特点进行不同程度的区分
5. 教学目标的呈现方式是多样的,可以教师直接告知,可以是师生共同讨论得出,还可以头脑风暴得出

3. 丰富、调整"评价设计"二级指标

项目组对"评价设计"指标进行丰富和完善。例如,设计合适的评价方法,我们认为合适的评价方法要因学科、学生特点进行调整。对于评价任务的设计还需要具有逻辑性、持续性等(见表2)。

---

① 崔允漷.促进学习的课堂评价:一种增值的尝试[J].人民教育,2012(11):36.

表 2　评价设计的三级指标

1. 评价任务的设计要围绕教学重点、教学难点展开,进行有意识地选择
2. 评价任务可以是练习,可以是学生的习作,还可以是作品展示或者创造等
3. 评价任务的设计可以连贯,也可以单独存在,一般来说保持内在的一致。质量高的评价任务具有持续性
4. 选择与评价任务一致的评价方法,如,语文学科教学以交流式评价为主,写作设计以表现性评价任务为主;数学学科可以采用选择反应评价、交流式评价结合
5. 评价主体的多元性与评价任务设计的情境性
6. 评价形式主要有学生自评、同伴互评、小组评价、教师评价、家长评价等

4. 补充、分解"目标检测"二级指标

关于目标检测,二级指标提供比较具体的操作方法,在落实到校级指标时,以补充为主(见表3)。

表 3　目标检测的三级指标

1. 收集学生信息可以采用多种方法,比如,手势表示、打星、画笑脸、画荷叶等,并计数最终数量
2. 收集学生信息之后要根据学生的学习情况对学生的学习进行调整,给予及时、即时、具体的反馈
3. 课堂评价的主体除了教师、学生自我评价外,还有同伴互评以及小组评价。课堂评价的前提是评价标准的具体,能够为各种评价主体的评价提供标准
4. 教师的课堂评价除了针对学生的学情进行评价,还需要根据班级学情进行评价
5. 对评价信息的反馈除了能够促进学生的学习,还对教师的教学改进和调整提供依据

(二) 制订符合校情量表,优化教学评价策略

1. 制订教学评价表,精选指标

结合校级指标,确定本项目的课堂教学评价表,项目组成员观课、评课时结合课堂教学评价表进行研讨、交流,为教师的教学改进提供基础。经由二级指标、三级指标,再到项目组课堂教学评价表,项目组进行选择、取舍与筛选。比

如,目标制订的三级指标有 5 条,教学评价表中仅有一条。因为教学目标的来源、取舍以及描述可以视作教学开展前的准备工作。目标的分解到位、具体,容易为学生所理解是教师评价、学生自评、同伴互评的基础。只有学生理解了评什么,才会进行评价。

评价任务的类型因为学科特点、学生身心发展不同,会有千姿百态,这需要教师结合教学实际、班级学情进行评价,也不适宜进行普遍性评价。对于评价任务的选取、方法的一致性,需要提出要求。

评价表中的最重要部分为评价实施与反馈,这是课堂教学展开的重中之重。因此,评价实施与课堂反馈环节的指标比例比较高,比较翔实。考查教师的评价指标发生了变化,自然会强化教师对课堂评价的作用认知以及课堂评价能力的提高(见表4)。

表4 "基于教学过程提升教师评价素养实践研究"课堂教学评价表

姓名		学校			授课班级		
学科		时间			节次		
课题							
评价指标				10—9	8—7	6—5	4以下
目标制订	目标分解具体、到位,以多种形式呈现,容易为学生理解,符合学科课程标准						
评价任务	评价任务选取合理,重点突出,符合学生认知规律,与目标保持一致,可评价、可持续、可理解						
	任务完成后及时评价,评价方法与评价任务一致,力求恰当、有效						
教学实施	激发学生兴趣,培养旺盛的求知欲。学生学习主动、积极、投入,敢于质疑,发表自己的看法						
	关注全体,重视学法指导,注重给予学生个别反馈和集体反馈。教学方法灵活、生动,注意课堂生成资源,能够充分利用课堂事件,发挥教学机智						
	教学环境有序、互动、民主、和谐。给予学生充足的回答时间						
教学效果	落实"双基",增强体验,身心愉悦						

（续表）

评价指标		10—9	8—7	6—5	4以下
课堂反馈	课堂反馈主体多样，教师反馈、生生反馈、自我反馈、小组反馈等				
	反馈清晰、具体、有指导性和针对性				
	教师能够根据过程性和结果性的评价信息来改进自己的教学，调整教学策略，以适应学生的学习				
教学点评（侧重教师评价素养）					
总分		等第		评议人	
备注	累计得分85分以上为优，75—84分为良，60—74分为中，60分以下为差				

2. 设计教学样式，凸显评价作用

提升教师评价素养最根本的是让教师意识到评价所具有的作用，让评价的信念植根于教师心中。精心调整项目组教学设计，强化目标意识、评价任务意识，实现"教"到"学"的转变，评价融入教学（见表5）。

表5 "基于教学过程的培育教师评价素养的实践研究"教学设计

教学内容	沪教版小学数学一年级第一学期《加减混合》
学习目标	1. 通过生活中有时间顺序的"先加后减"或"先减后加"的连贯情节，说出加减混合的含义（LO1） 2. 能正确计算10以内加减混合（LO2） 3. 能根据情境说故事并列出加减混合的算式（LO3）
学习重点	正确地进行10以内加减混合运算
学习难点	能根据情境说故事并准确列出加减混合的算式
成功标准	SC1：能够用自己的话说一说什么是加减混合（P-LO1） SC2：能够说出计算加减混合从左到右的运算顺序（P-LO2） SC3：能够计算10以内加减混合的运算（P-LO2） SC3：能编数学小故事并列出加减混合的算式（P-LO3）

（续表）

教学内容	沪教版小学数学一年级第一学期《加减混合》
评价任务	T1：师生合作探究什么是加减混合（D-LO1） T2：数学书36页练习（D-LO2） T3：巩固练习3：判断对错（D-LO3）
教学准备	多媒体、学习任务单、加减混合自我评价表
教学过程	一、讨论学习目标 1. 出示本节课的学习目标（多媒体展示） 2. 师生讨论成功标准（多媒体展示） 二、复习引入 1. 利用之前学习的知识来解决这些算式（连加、连减） 2. 请同学们对这些算式进行分类 分成两类：连加一类，连减一类 总结：它们就是我们之前学习的连加和连减 师：看来你的知识掌握得很牢固。今天我们继续去百鸟园逛一逛，看看百鸟园发生了什么有趣的事 三、探究新知 1. 出示图片（先加后减） 师：你看到了什么？试着编数学故事 （原来有2只鸟，先飞来了4只，又飞走了3只，现在有几只鸟） 师：你真会提问。该怎样来列式解答呢 （2+4-3＝） 师：这里为什么+4，为什么-3 （求添加用加法，求剩余用减法） 师板书： 2 + 4 - 3 = 3 　　　6 2. 出示图片（先减后加） 师：现在这几幅图片，你又能编出什么样的数学故事，列出什么样的算式呢 （6-4+1＝） 师：为什么可以列出这样的算式？先算什么，再算什么 3. 比较两个算式 （1）比较两个加减混合的算式，和之前的连加、连减算式，有什么不同的地方 总结：有加又有减，像这样的算式我们称为加减混合 （2）比较两个加减混合的算式，和之前的连加、连减算式，有什么相同的地方 总结：它们的计算方法都是"从左往右"依次计算（板书） 师：真聪明，在加减混合中，不管加在前还是减在前，都要按从左往右的顺序依次计算 ［评价任务一］评价、反馈、巩固

（续表）

教学内容	沪教版小学数学一年级第一学期《加减混合》
	4. 及时巩固 师:同学们真聪明,通过积极动脑探究除了加减混合的计算方式,试试看用你新学的本领解决一下吧 （1）完成数学书 p36 四道题 [评价任务二] 评价、反馈、巩固 四、巩固练习 1. 捂住小嘴巴,轻声说一说编数学故事,同学列式计算 师:你们真会合作,成功根据图片意思编出故事,并列式计算 2. 根据这幅图片,你能列出什么样的算式呢 小结:没有明显的先后顺序时,可以先加后减,也可以先减后加 3. 时间过得真快,百鸟园的停车场有车进来,也有车出去,我们的学习伙伴根据车辆进出的情况分别列了几个算式,请小朋友们看一看,谁的算式是正确的 [评价任务三] 评价反馈 4.（机动）师:看来同学们对于加减混合已经有了比较深刻的认识了,那么,根据这个算式,你能试着编一编数学故事吗 $7+2-5=4$ 五、总结知识 通过今天的学习,你学会了什么 [评价学习习惯] 加减混合 $2+4-3=3$ $6-4+1=3$ ⌐6⌐ ⌐2⌐ 从左往右依次计算 ⇒

该教学设计将原有的"教学目标"表述方式调整为"学习目标",意在告诉教师,目标是针对学生的学习起点和学习状态设置,是学生所应该达到和实现的变化,鼓励教师换位思考。在教学设计中,把"成功标准"纳入教学设计中,这是对学习目标的进一步分解和细化,是学生进行自我评价的前提和参考。明确的评价任务是实施课堂教学评价的重要环节,贯串整节课的教学全过程。

3. 丰富课堂评价表类型,各具特色

课堂评价表因为学科不同、年级不同、执教教师理解不同,呈现出百花齐放的形态。一般来说,数学、语文学科因其具有知识传授技能的特点,评价表侧重知识技能的评价(见表6)。

表6 "加减混合"自我评价表(注:☆打✓)

评价项目	评价指标	评价标准	自我评价	
学习成果	1. 能够看图编故事,列出算式	评价看图编故事: 1颗星:能够看图编故事 2颗星:能够看图编故事并说算式 3颗星:能够看图编故事,说算式并说出运算顺序	☆ ☆ ☆	
	2. 能够正确计算10以内混合运算	评价数学书第36页第4题 1颗星:能够正确计算第一步 2颗星:能够正确计算两步 3颗星:能够完整地说出运算顺序,并正确计算	☆ ☆ ☆	
	3. 能够根据图意做出正确的选择	评价我会辨,我会选 1颗星:能够看懂图意 2颗星:能够正确选择 3颗星:能够正确选择,并说明理由	☆ ☆ ☆	
	评价指标	**评价标准**	**自我评价**	**同伴评价**
学习习惯	倾听	1颗星:上课能做到有时听讲 2颗星:上课能认真听讲,有参与讨论 3颗星:上课认真听讲,积极参与讨论	☆ ☆ ☆	☆ ☆ ☆
	表达	1颗星:很少举手发言,不能表达想法 2颗星:举手发言提问题,能表达想法 3颗星:积极举手发言,大胆表达想法	☆ ☆ ☆	☆ ☆ ☆
	坐姿	1颗星:有时坐姿端正 2颗星:大部分时间坐姿端正 3颗星:整节课坐姿端正	☆ ☆ ☆	☆ ☆ ☆
我得了　　　颗星				

综合学科的课堂评价表与语文、数学学科评价表存在明显不同(见图1、图2)。课堂评价表的类型和内容存在着极大的不同,但是都由评价项目、评价指标、评价标准、评价主体这几个部分构成。评价项目又分两个部分,一部分为学习成果,一部分为学习习惯。评价指标是评价项目的进一步分解,评价标准则是对评价指标的细化和具化。评价主体可以是教师、学生、同伴,甚至家长。

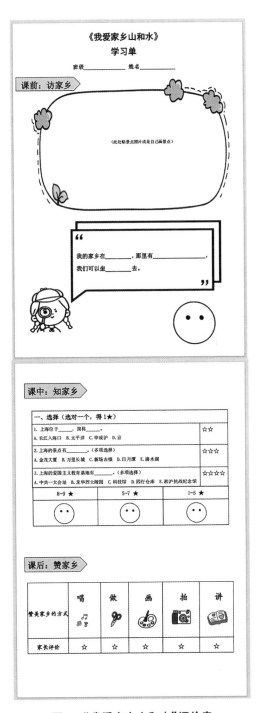

图1 "我爱家乡山和水"评价表

学习评价单

班级＿＿＿＿＿＿＿　　　　姓名＿＿＿＿＿＿＿

任务一：跟音乐做声势律动

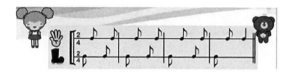

评价标准	评价结果
1. 律动动作准确	☆
2. 律动动作、节奏准确	☆☆
3. 在 12 的基础上律动次数正确	☆☆☆

任务二：圈出歌曲中的前十六后八节奏、一字多音并演唱

评价标准	评价结果
1. 能找到前十六后八节奏	☆
2. 能找到前十六后八与一字多音	☆☆
3. 在 12 的基础上能够正确演唱	☆☆☆

任务三：完整演唱歌曲

评价标准	评价结果
1. 能完整地跟伴奏演唱歌曲	☆
2. 能唱准歌曲的节奏、旋律	☆☆
3. 在 12 的基础上用自然轻巧的声音、欢快地情绪完整地演唱歌曲	☆☆☆

图 2　"洋娃娃和小熊跳舞"评价表

三、实施举措

（一）紧扣教学环节,落实课堂评价

通过"目标制订""评价任务设计""目标检测"三个环节入手,落实评价,提

升教师评价作用认知。

1. 目标设计环节，奠定教师评价的基点

（1）学为中心教学设计，强化自主学习。将每项指标融入项目教学设计中，将"教学目标"调整为"学习目标"，试图让教师多从"学"的角度来看待教师的"教"。项目教学设计将学习目标细化调整为成功标准，即成功标准1、成功标准2，成功标准的清晰制订为课堂教学评价奠定基础（见图3）。

---

16 金色的草地

【教学内容】统编版小学语文三年级上册第五单元　16 金色的草地　第二课时

【学习目标（Learning objection，简称 LO）】

1. 认识生字"钓、拢"，在语境中理解"合拢"等6个词语（LO1）

2. 能正确流利地朗读课文，说出草地的变化情况及变化原因，体会"我"观察的细致（LO2）

3. 能自己尝试观察含羞草的外形和变化情况，写下观察所得并和同学交流（LO3）

【学习重点】能说出草地的变化情况及变化原因，体会"我"观察的细致

【学习难点】能自己尝试观察含羞草的外形和变化情况，写下观察所得

【成功标准（SC）（Success Criteria：简写为 SC）Point，简写为 P 指向，P-LO1，即该条成功的标准指向学习目标1】

SC1：能够正确认读生字"钓、拢"（P-LO1）

SC2：用多种方法理解"合拢"的意思（P-LO1）

SC3：能正确流利地朗读课文第3、4自然段（P-LO2）

SC4：能说出草地的变化情况及变化原因（P-LO2）

SC5：能细致观察含羞草，并按照一定的顺序写下观察所得（P-LO3）

【评价任务（Task，简写为 T，意思为任务。Detect，简写为 D，意为检测，D-LO1，即检测目标1）】

T1：说出草地的变化情况及变化原因（D-LO2）

T2：能正确流利地朗读课文第3、4自然段（D-LO1、LO2）

T3：完成任务单（D-LO3）

【教学准备】多媒体、学习任务单评价表

图3　"金色的草地"教学设计部分

（2）针对学科学情不同，目标设计各显特色。设计学习目标时，教师用学生所能理解的动词进行表达，如，语文学科的观察、说一说、写一写、画一画等。道法学科鼓励学生学当小导游，介绍上海。目标越具体化、具象化，越容易被学生理解和内化（见图4、图5）。

《〈猫和老鼠〉故事新编》教学设计

【教学内容】统编版小学语文二年级上册第七单元　语文园地　第三课时

【学习目标（Learning objection，简称 LO）】

1. 学会认真观察图画，了解图上内容（LO1）

2. 能够展开合理的想象，将图上内容用自己的话说清楚，并试着用完整的几句话写下来（LO2）

图 4　《〈猫和老鼠〉故事新编》学习目标

《我爱家乡山和水》教学设计

【教学内容】道德与法治二年级上册　我爱家乡山和水　第一课时

【学习目标】

1. 结合生活实际，明确家乡的概念（LO1）

2. 通过资料展示，引导学生通过对上海自然、人文景观的了解、观察和讨论，发现家乡上海的美（LO2）

3. 学当小导游，介绍家乡的山和水，帮助学生建立对家乡的归属感，提升对家乡的责任感。培养学生的"家国情怀"（LO3）

【学习重点】通过资料展示、引导学生通过对上海自然、人文景观的了解、观察和讨论，发现家乡上海的美

【学习难点】学当小导游，介绍家乡的山和水，帮助学生建立对家乡的归属感，提升对家乡的责任感。培养学生的"家国情怀"

【成功标准】

SC1：能知道有关家乡的情况（P-LO2）

SC2：能感受自己家乡的美（P-LO3）

图 5　《我爱家乡山和水》学习目标

无论是语文学科三次执教《〈猫和老鼠〉故事新编》，还是数学学科的同课异构，均根据班级学情进行调整与不断丰富，以便发挥评价的最大作用(见表7)。

表7 《〈猫和老鼠〉故事新编》班情指导

班级学情	教师评价
班级1:思维活跃,想法层出不穷	鼓励式评价为主
班级2:斯文、守规矩	肯定、鼓励为主,辅以有趣的语言表扬
班级3:思维发散、解决问题多样	引导学生倾听、表达,重点评价

2. 评价设计环节,强化教师评价的实施效果

(1) 评价任务纳入教学设计。教师明确地把评价任务写进教案。在制订评价任务时,根据教学目标进行选择和取舍,评价任务的设计注重连贯性和可持续性以及可操作性。不同学科的教师结合学科特点制订不同评价任务,类型和形式多样。如,语文学科可以使用表现性评价,通过学生在完成表现性任务过程中的表现情况进行观察与评估。[①] 如,教师把一盆含羞草带到教室,学生观察含羞草的特点后来完成小练笔,并设置具体的评分标准和规则。

(2) 评价任务实施作为教学必须。一般教师把评价放在课堂教学最后一环,仅评价学生的学习习惯。项目组的课堂评价任务则贯串整节课,评价镶嵌其中。从目标的制订、任务的实施,再到目标检测,评价无不发挥其作用。该评价并非游离于课堂教学之外,而是贯串其中,并及时地对教师的教和学生的学发挥作用。执教教师关注评价任务的实施,观课教师观课的重点也在评价任务的实施。

3. 目标检测环节,注重评价信息的使用

课堂教学中的及时、即时的评价信息,如果能够被教师及时捕捉,并充分利用将能够促进教学。一方面,我们通过多样的手段收集学生的学习信息,另一方面鼓励教师给出学生积极、主动、及时的反馈与评价,以鼓励式评价促进学生学

---

① 赵德成.表现性评价:历史、实践及未来[J].课程·教材·教法,2013(2):97-103.

习。教师还会根据学生的学习信息,对于学生掌握的不足或者难点进行及时调整或者补充。

(二) 突破课堂反馈,总结四种模式

以"课堂反馈"为焦点,总结四种课堂反馈模式。

1. 肯定赞扬,给出依据

当学生的回答准确合理时,教师先给予肯定和赞扬,再说明赞扬的依据。该方式针对个体,面向全体,强调此类问题的思路和方法。

2. 部分肯定,继续追问

当学生的回答不够深入时,教师先做出部分肯定评价,再继续追问,引导学生周密而深入地思考回答。

3. 重问改问,恰当引导

当学生的回答完全不正确或者思路脱离老师所提的问题时,教师通过重新提问或者改变问题的表达方式引导学生再思考,激活思维,修正答案。

4. 归纳升华,示范回答

当学生的回答较为零碎浅显,教师可以引导学生用更加概括和富有内涵的语言总结回答,归纳升华,为学生的语言表达做出示范。

(三) 打破单一反馈主体,反馈主体多元化

1. 来自教师的课堂反馈

(1) 准确、全面而有效地收集信息。反馈的信息首先要真实可靠,错误、偏差的信息会导致教师做出错误的判断,使后续教学改进发挥不了应有的作用。教师在收集学生学习证据与信息时,可以运用多方式的手段,确保信息的准确并涵盖不同层次、不同水平学生的学习信息。

(2) 即时、具体、有指导性的反馈。反馈的意义在于为教师的教学改进提供证据,不能及时地获取反馈信息并对教师的教学提供有意义的提示与帮助,反馈的信息量再大也是没有意义的。教师的反馈信息不应该是模糊性、一般性、泛泛而谈的,而应该是针对反馈信息而做出的具体行动步骤的表达,可以为学生的学习提供行动参考。

2. 来自学生的自我反馈

(1) 利用评星、笑脸或者哭脸、手势等进行自我反馈。无论是三颗星的评

定还是哭脸、笑脸还是利用手势对反馈的结果进行表示,都呈现出程度的不同。即全部达到相应的标准才能够全部评定,或者为自己评一个满意的笑脸。通过举手或者手势表示,教师能够清楚地理解哪些学生已经达到了要求,哪些学生还没有达到要求,询问距离目标差距的原因,给予教学的调整,从而帮助学生进步。

(2)基于学生个人标准的反馈。当反馈的标准是基于个人的水平时,这种反馈的标准不依赖于同伴或者群体,是对个体所能够达到的水平的一种期望。教师在制订个人标准时,标准的制订明确而具体,且需要分层次。

3. 来自同伴的反馈

作为共同的学习小伙伴,同伴更加清楚和了解小伙伴的学习状况和学习水平,当同伴对对方的学习做出评价时,自身需要对知识有比较深刻的理解和掌握;同伴的语言更加容易为小伙伴接受;同伴相互评价的过程也是一个共同学习的过程。

(四)教师发展为基础,分段分层分学科

1. 分学科细化视角,提升侧重点培育

教师评价素养的培养离不开具体的学科背景,因为不同学科对教师的评价素养有不同的要求。[①] 语文学科以评价任务的设计、根据学情给予学生反馈为研究重点;数学学科以课堂反馈为研究重点,即通过教学反馈发现学生思维过程中的薄弱点,纠正学生思维过程中的错误点,为知识的掌握和巩固奠定基础;综合学科则以评价任务的设计实施、评价方法的运用为研究主题。

2. 因发展阶段而异,促评价素养提升

(1)新入职教师指向评价重要性。新入职教师通过观摩项目研讨课,思考如何改进和完成课堂教学,在评价素养提升方面表现出显著的差异性。一位新教师不仅认识到评价的重要性,还对评价在教学中的作用有了一定的思考和想法,并撰写论文。

(2)发展型教师指向评价目的性。通过实践研究,教师对课堂评价的作用

---

① 虞天意.小学数学教师评价素养的个案研究[D].上海:华东师范大学,2019.

有了更加清晰的认知。课堂评价可以拉近师生距离,有效提升课堂质量。

（3）成熟型教师指向评价生成性。成熟型教师能够结合学生的回答给予指导性反馈,教师会询问原因,并指出方向。

（4）专家型教师指向评价智慧性。专家型教师的评价来源于教学智慧,是对教学经验、人生阅历、教学理念的一种升华与认知。

四、典型案例

（一）案例背景

《荷叶圆圆》是一篇优美的散文,语言优美,想象丰富。文中圆圆的、绿绿的荷叶成了小水珠的摇篮,小蜻蜓的停机坪,小青蛙的歌台,小鱼儿的凉伞。全文字里行间都洋溢着童真童趣,让读者感受到夏天的美好。

（二）案例深描

1. 调整、优化教学目标

初次执教《荷叶圆圆》,教师侧重对词语、叠词的意义讲解,忽略了低年级学生的理解水平与能力,忽视了对学生感悟、感知能力的培养。

考虑到一年级学生身心发展特点,在组内教师的建议和指导下,该教师降低难度,用"动词"描述教学目标。如,用动作表演"躺""眨着""立";出示图片,帮助了解"摇篮"等词语;会看图说话。

2. 设计课前、课中、课后评价任务

设计三个评价任务,每项评价任务评价点与指向不同。课前评价任务在于指导预习,了解学情。课中评价任务指向落实核心任务,尝试初步运用,又分五个小环节:夸一夸、连一连、说一说、读一读、写一写。该评价任务紧扣课时重点,引导学生及时巩固和运用初步掌握的语言经验,通过学生自评和互评,开展针对性反馈。课后评价任务是对课中任务单的进一步运用和尝试,在于灵活运用,形成能力。三类评价任务层层递进,逐渐深入。

3. 有效的课堂反馈

通过对课前评价任务单的信息整理,教师了解到部分学生将"躺"的部首"身"一撇写出头。教学时,教师特别提醒和强调,重点指导易错点。在落实课中评价任务时,教师让学生在对比朗读中感受叠词的魅力,通过拓展句式练习,让学生关注到叠词的表达特点,在模仿中积累语言。让学生朗读时辅助动作和表情,通过多样的朗读形式,男女生赛读、合作朗读和师生合作朗读鼓励学生读中体验和感悟。

该节课,教师的课堂评价主体是多样的,有学生的自我评价、同伴评价,还有家长评价。评价表的设计符合低年级学生的思维特点,用荷叶表示、标注拼音等。每一个评价环节的设计有不同的要求,如第一题,让学生学会观察,学会表达,自我评价,要点清晰。第二题,需要学生通过整体感知课文,了解"哪个小伙伴把荷叶当作了什么",通过连线反馈学生阅读能力。第三题是对第二题连线题转述成口头表达,学生不仅要学会阅读还要学会说。第四题是对学生朗读的提升,朗读不能仅存在于能读准字音,还要理解字词。父母的评价进一步将评价推向深入,在带着动作朗读的基础上,学会背诵。

(三) 案例反思

在试教过程中,涉及评价任务单的使用时,出现了许多问题。如,一年级学生识字量有限,不能理解评价任务;教学环节多且有重复性,加上教师的教学评价,教学时间紧凑;还有的学生因为自评时画星星速度慢,耽误了教学时间。

为此,教师精简教学环节,根据教学目标精选评价任务,把评价任务单设计成学生通俗易懂的图片形式。教师进行多次修改,由画笑脸、哭脸到涂星星,再到达成学习目标可以获得荷叶,既激发了学生的学习兴趣,又能够清晰地了解到学生的知识掌握情况。

本节课通过多元化的评价方式和丰富的课堂活动,学生的学习兴趣显著提高,小组讨论和自评、互评的环节让学生感受到学习的乐趣,增强了课堂参与感。在自评中,学生逐渐学会反思自己的学习过程,提升了自主学习能力。

教师通过调整教学目标、聚焦评价任务、根据评价信息及时调整教学,不断修改和完善评价任务,进一步认识到了评价所具有的作用,提高了课堂评价能力,为以后的教学实践提供了良好的开端。

五、成效与反思

通过在具体的课堂实践中总结和归纳校级教师评价量表，借助教学过程中具体课例的实施，总结评价如何在课堂中切实落地的做法，不仅构建了符合周浦小学校情、学情、教师发展情况的教师评价素养提升体系，而且在提升教育教学质量和学生素养以及教师评价素养方面，特别是对教育生态的整体优化产生了深远影响，具有广泛的推广价值与理论实践意义。

（一）促进核心素养的实现，育人目标的达成

传统的评价模式强调知识掌握，与强调核心素养导向的教育需求难免有些格格不入。通过精心设计评价量表，从不同的维度，如，学生的参与兴趣、学生的思维深度、同伴合作或者小组合作的表现，将素养与日常教学紧密结合，从而将素养目标从抽象走向具体，从宏观走向微观。

从评价量表的制订到评价的实施，再到评价方式的多样化、评价语言的激励性，从无意识的评价到有意识的评价、有目的的评价，教师机智巧妙、诙谐幽默的评价语言，灵活多样的评价方式，不断加强自身魅力，提高课堂评价语的吸引力。基于课堂教学的反馈，伴随教学的始终，贯串整个课堂，育人目标逐渐落地开花。

（二）打破教—学—评脱节，课堂实效提升

教师正在慢慢地改变"一言堂"的局面，逐渐把学生的自我反馈、同伴的相互评价、小组的互动评价纳入课堂教学，课堂教学的主体不再是教师，更多地把学生学习的主动权交还给学生。学生可以掌控自己的学习节奏和学习步骤，根据自己的学习情况对学习进行调控，在一定意义上说，学习成为他们自己的事情，激发了学生主动学习的积极性。这种动态的实时反馈与调整，推动课堂教学从"知识灌输"向"能力生成"转型。

（三）赋能教师专业发展，丰富教师培养新路径

通过项目研究，不同发展阶段教师的课堂评价需求均得到发展与提高。新入职的教师初步认识到课堂评价的作用，且在评价语言上多给予学生鼓励与帮助；发展型教师能够将课堂评价运用到教育教学中，关注到给予不同学生不同的

学习信息反馈,与新入职教师不同,发展型教师眼中的学生学习是具体、有别的,成熟型教师能够基本上运用多种反馈主体,善于收集学生的学习信息并给予及时的帮助;专家型教师的教学评价以高度支持学生学习为主,能够熟练运用各种反馈模式和综合运用反馈主体。

基于教学过程的教师评价素养探索要求教师从经验观察慢慢转向数据分析,从模糊判断到量性具化,促进教学评价的科学化与专业化。

（四）提高学生学习兴趣,增强学习内驱力

多元的评价方式,多样的评价主体赋予学生更多的学习自主权。学习不再是外加于学生,而是学生自己的事情。这种诊断—调整—发展的良性循环模式激发了学生的学习内驱力。

基于课堂教学的多种反馈伴随着教学的始终,贯串整个课堂。教师努力以真诚的语言、亲切的语调、鼓励的言辞、温和的表情、友善的微笑、期待的目光、宽容的态度来有效地调控评价的过程,促使学生的心理常常处于一种跃跃欲试、"摩拳擦掌"和"欲罢不能"的积极状态,学生乐于学习,教师善于教学。

（五）专题研究显实效,经验做法可复制

在教师自愿参加研究的基础上,基于一个共同的研究主题结成研究共同体。共同体的人员组成既有发展阶段的不同,有学科的不同,还有年龄层次的区别。这样一个多元的研究共同体为研究开展奠定了优势互补的基础。在这个共同体中,围绕具体的研修主题开展听课、评课、议课活动,对评价量表和学生的课堂表现进行反馈和调整,从而形成新的评价量表,并再次开展教育教学实践。这种研究—实践—调整—实践的课题研究和操作模式契合了一线教师的需求。在教师层面通过实践来改善日常评价行为是发展评价素养的关键。[①] 把握好这一关键点,就抓住了提升教师评价素养的着力点。

我们的这种课题研究与教学紧密结合,研究即教学,教学即研究。这种模式可以在教师培养方面和在其他学科、其他学校都可以通用。这种区域实践,是可供兄弟学校复制和参考的评价改革经验。

（上海市浦东新区周浦小学　汪致华）

---

① 郑东辉.新时期教师到底需要怎样的评价素养[J].教育发展研究,2022(04):46-51.

第三节 大单元视角下提升小学教师
课堂评价素养的实践研究

为了深入贯彻"双新"课改,落实《深化新时代教育评价改革总体方案》《上海市深化新时代教育评价改革实施方案》《浦东新区深化新时代教育评价改革行动方案》等文件精神,以及上海市浦东新区"教师评价素养"实验校课题研究任务,我校立足大单元视角,围绕课堂教学,剖析当前教师大单元课堂教学评价素养的现状,充分利用数字技术,着力探索教师评价素养校本指标及评价实践研究。基于积累的典型案例提炼有效的评价方法与策略,并评估项目实施的整体成效,以期为"双新"背景下教师大单元教学评价素养提升的研究与实践提供有价值的思考与借鉴。

一、问题提出

随着基础教育课程改革的不断深入,大单元的教学理念与方式应运而生,教育评价的重要性也日益凸显。同时,充分利用信息技术,提高教育评价的科学性、专业性、客观性[①]也是教育评价改革的大势所趋。

我校针对教师大单元教学评价素养的现状进行排摸,发现当前教师在课堂教学评价实践中主要面临以下三大问题与挑战。

(一) 教师大单元教学课堂评价认知亟待更新

基于"双新"要求,我校教师对于大单元课堂教学评价的观念亟须更新。当前教师的评价观念普遍较为模糊,一方面教师评价的价值取向仍然停滞在针对"知识的评价",并未体现新课标下核心素养旨归的教学评价。另一方面,教师评价意识也较为薄弱,在教学过程中往往缺乏主动实施教学评价的意识。此外,教师在教学评价设计、实施、分析、反馈以及数字化应用等关键技术要素方面的认知与理解程度不够。因此,我校亟须开展各类教师大单元评价素养的培育工作,

---

① 中共中央、国务院.深化新时代教育评价改革总体方案[M].北京:人民出版社,2020.

全面树立教师大单元课堂教学评价的观念,提升对相关知识技能的理解与掌握能力。

(二) 大单元教学评价素养有待建立有效量规

目前,大单元教学作为"双新"所倡导的新型教学方式,对教师如何开展课堂教学评价的研究呈现空白状态。而建立完善的教师大单元教学评价素养校本指标体系,尤其将教师数字化评价素养指标纳入量表,对于指导我校教师在设计、实施和持续改进评价活动过程中具有至关重要的作用。开发一套教师大单元教学评价素养校本化量规已刻不容缓,它将为我校教师厘清大单元教学评价素养的内涵结构,并提供素养评估的测评工具,有助于将基于"双新"的新型评价理念真正落实于教师平时的课堂教学评价的行动中。

(三) 新时代课堂教学评价模式面临转型诉求

我校课堂教学评价模式虽然在不断优化中,但仍有评价目的较为随意、评价方式比较单一、评价内容存在片面等诸多问题。在新时代课改的背景下,课堂教学评价的理念强调"教、学、评"的一致性,而大单元教学则是把教学、学习与评价三者有机融合的有效教学模式。同时,数字时代也为课堂教学评价创新提供了关键技术支撑与可行途径。本研究聚焦大单元课堂教学,依托数字化系统全面采集分析教学全过程的有效数据,建构基于数据分析的大单元教学评价模式,助推新时代教学评价范式的转型,推动学生核心素养的有效落地。

二、指标落实

美国学者斯蒂金斯(Stiggins)首次提出"评价素养"(assessment literacy)一词。他认为,评价素养是教师在日常教学与评价行为活动中逐渐内化而成的素质。[①] 有关其素养内涵分析的发展从二维观、三维度至四维观。目前,主流的思维观认为教师评价素养应包括评价知识、评价态度、评价意识以及评价技能。[②]

我校基于国内外研究基础与浦东新区围绕课堂教学场景的教师评价素养关键能力的区域指标,借助已有的有关大单元教学与教师评价素养的研究基础,研

---

① Stiggins. R. J. Assessment literacy[J]. Phi Delta Kappan,1991(07):534-539.

② 甄苗苗.论国内教师评价素养的构念成形[J].教育界,2019(02):46-47.

究初期构建包含4个一级指标、20个二级指标及相关具体指标描述的教师大单元教学评价素养校本量表(见表1)。

表1 教师大单元教学评价素养校本量表

一级指标	二级指标	指标描述(每项满分5分)	分值
学习目标 (评价目标) 设定 (满分25分)	学生立场	站在学生的立场	
	素养导向	指向(学科)核心素养	
	可操作性	指向学生的行为表现,可评价、可检测	
	三维统整	具有统整性,至少包含两个维度(学习过程、知识技能、素养能力)	
	基于课标	基于课程标准,匹配教材内容,符合实际学情	
评价任务设计 (满分35分)	真实情境	在真实情境下,设计单元评价任务,激发学生学习兴趣	
	指令清晰	清楚表达学生要做的事情	
	可测评性	标准明确,可评价、可测量	
	目标匹配	评价任务内容(内容范围、难度水平)与设计的评价方式(师生对话、课堂提问、随堂练习、表现性评价任务、课后作业、单元作业等)、学习目标匹配	
	难度进阶	评价任务内容具有梯度性,促进学生思维的进阶	
	教、学、评一致	评价任务嵌入学习过程,能够检测学生达成目标的情况	
	数字化 评价设计	运用数字技术设计评价任务	
评价任务实施 (满分25分)	时效性评价	对学生的表现能够及时评价	
	针对性评价	评价能够指向学生的思考和表达过程,鼓励学生继续思考、继续表达	
	发展性评价	评价能够引发学生之间进一步的互动,促进反思、促进群体讨论、促进元认知的发展	
	公平性评价	在评价过程中保持公平和公正,学生机会均等	
	数字化 评价实施	评价任务能利用数字技术实施,评价任务所产生的学生数据和反馈能够用数字技术收集,便于数据处理和分析	

（续表）

一级指标	二级指标	指标描述（每项满分 5 分）	分值
评价分析运用 （满分 15 分）	评价结果收集	能全面收集和整理课堂评价相关的数据（学生反馈的结果、教师评价的行为等）	
	评价结果分析	充分挖掘评价信息中的有效内容，用于诊断与激励学生学习以及改进教学设计与实施	
	评价结果运用	结合数字技术收集并分析评价数据，促进学习评价、个性辅导与教学改进的精准化	

教师课堂教学评价素养区域指标框架主要涵盖合理目标设计、有效教学方式选择、作业布置与反馈、个性辅导等课堂教学评价的核心能力要点，其中贯串了正确的价值取向、自觉主动的评价意识以及扎实的评价知识与技能。我校根据大单元教学内涵与特征，将区域教师评价素养指标框架进行细化与校本化解读。

（一）合理目标设计

区域教师评价素养能力要点之一是能够进行合理目标设计，这主要体现在校本指标中大单元学习目标（评价目标）设定这一维度。学习目标的确定是教师开展评价实践活动的逻辑起点与落脚点。基于"双新"所强调的素养导向的教、学、评一致性理念，教师应积极转变评价观念，由传统的甄别与选拔导向，转向以促进教与学成效为核心目标。因此，我校在大单元学习目标（也是评价目标）的设定上，设置包含学生立场、素养导向、可操作性、三维统整、基于课标 5 类二级指标并明确相关的指标内容。

（二）明确关键能力要素

有效教学方式的选择、作业布置与反馈、个性辅导等区域教师评价素养的关键能力要素，主要体现在大单元教学评价任务设计、实施与分析运用三大维度。大单元教学评价任务设计应体现情境性；评价应采用包含师生对话、课堂提问、随堂练习、表现性评价任务、课后作业、单元作业等多元化方式，并充分利用数字技术的优势高效开展大单元教学评价任务的设计、实施以及数据的收集、分析与运用等领域。包括能够助力增强课堂互动性,赋能表现性评价成果展示与优化作业布置、反馈等全流程管理。尤为重要的是基于数字化平台全面采集分析教学全过程性数据,包括各类作业数据,有助于教师精准掌握学生学情,进而提升教学评价的时效性、针对性、发展性与公平性,促进教学与学习改进的精准化发展,提升个性辅导的有效性。

(三) 建构校本量表

教师正确的价值取向、自觉主动的评价意识与扎实的评价知识与技能,均呈现在学校所建构的教师大单元教学评价素养校本量表中。正确的价值取向是学习目标设定、评价任务设计、实施与评价分析运用的逻辑旨归,自觉主动的评价意识主要体现在评价任务应嵌入学习过程,实现教师教、学、评的一致性;而教师良好的评价知能则贯串于教师开展评价实践的全过程,有效促进学生核心素养的发展。

三、实施举措

为了破解学校在提升教师大单元课堂教学评价素养所面临的现实难题,我校多措并举,致力于提高教师评价素养。

(一) 设计研究思路,增强教师评价意识与认知

本项目通过组建项目专项研究团队,建立联动协同机制、教、学、研、训一体化机制、资源支持机制等全方位课题保障机制,重点围绕提升教师大单元教学评价理论与实践技能等相关主题,开展大单元共研营、教师工作坊、教学研讨会等线上线下融合、同步异步交融的系列教师研训活动,全面提升学校教师大单元教学评价素养。基于教师培训成果,初步建构大单元教学评价素养量表。对标评价素养量表,我校以实验班及试点学科为研究基础,开展基于数字化平台的大单元教学评价实践活动,通过"反复教学实践—数据采集分析—教学评价体系优化"的迭代优化,最终形成基于数据驱动的新型大单元教学评价模式及较为完善的大单元教学评价素养量表(如下图1),推动我校教师大单元评价意识与认知的不断优化。

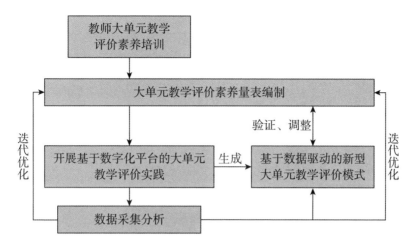

图1 项目研究思路

（二）初步编制量表，不断完善与优化评价指标

我校基于国内外文献研究以及优秀教师的大单元教学评价设计的要素提炼，结合理论与实践的研究基础，初步编制教师大单元教学评价素养量表。量表包含两个维度8个一级指标，以及更下位的31个二级指标（见表2）。这些评价指标初步勾画了教师设计与实施大单元教学评价所需具备的关键能力，从评价观念的评价价值取向、评价意识到评价知能的评价目标、评价任务的内容、方式、参与主体以及评价结果的分析、运用及反馈，为教师基于大单元视域下提升教学评价素养提供参考依据。

表2 教师大单元教学评价素养校本初步量表

评价维度	一级指标	二级指标
评价观念	评价价值取向	1. 促进学生核心素养发展 2. 改进教师课堂教学，完善教学决策 3. 落实新课程标准
	评价意识	1. 具有评价自主意识，教师主动自觉设计、实施评价并及时予以评价反馈 2. 具有评价实施前的规划意识，教师在课前设计评价方案，规划评价任务 3. 具有评价实施过程中的调整意识，教师根据课堂过程中的学生评价反馈，适时调整教学 4. 具有评价反思优化教学的意识，教师在课后综合评价结果，反思改进教学 5. 具有数字化助力教学评价转型的意识

（续表）

评价维度	一级指标	二级指标
评价知能	评价目标	1. 评价目标指向（学科）核心素养 2. 评价目标可测评,目标清晰明确,可以用真实性的任务来检测 3. 评价目标具有统整性,至少包含两个维度 4. 与学生分享评价目标
	评价任务内容	1. 评价任务内容与评价目标匹配（内容范围、认知类型、难度水平） 2. 评价任务具有可行性（时间、空间、资源条件等） 3. 评价任务内容具有梯度性,促进学生思维的进阶 4. 创设评价任务情境,贴合学生经验 5. 评价任务指令清晰 6. 评价任务完成标准明确
	评价任务方式	1. 评价任务方式多样,包括课堂提问、随堂练习（主客观题）、表现性任务、课后作业、单元作业等 2. 评价任务方式与评价目标匹配 3. 利用数字技术设计与实施教学评价,提升评价效果与效率
	评价参与主体	1. 以教师为评价主体 2. 鼓励学生参与自我评价与同伴评价 3. 适切引入家长评价
	评价分析运用	1. 全面收集学生评价证据 2. 充分挖掘评价信息中的内容,用于诊断与激励学生学习以及改进教学设计与实施 3. 运用数据驱动高效科学地评价分析,促进学习评价与教学改进的精准化
	评价结果反馈	1. 课堂反馈的及时性 2. 作业反馈的及时性 3. 评价反馈的差异化 4. 评价反馈具有激励作用

基于课题中期的专家论证以及评价实践活动的反馈,我校对大单元评价素养量表进行改进与优化。调整指标整体维度,将评价价值取向、评价意识、评价知识与技能融入大单元教学评价的全过程,一级指标聚焦大单元学习目标设定、

评价任务设计、评价任务实施、评价分析运用四大维度,二级指标提炼出教师核心关键评价素养并对每个素养进行具体界定(见表1)。如此这般,从指标的整体结构来看,既进行了简化,又凸显了教师评价的关键素养,为教师开展大单元教学评价明确具体指向,增强了评价素养量表的可操作性;另从指标的内涵来看,在教学评价的任务设计、实施以及评价的分析运用等各教学环节中,更加有针对性地为教师细化了指标描述,便于教师进行自评与他评,提高了大单元教学评价的针对性和有效性。评价量表的优化为教师开展大单元课堂教学评价提供更为全面、客观、有效的评价标准,有助于促进学生学习发展与教师专业成长。

(三) 开展评价实践,提炼有效评价方法与策略

本研究选取实验班,以语文、数学、英语、道法为试点学科,对照大单元教学评价素养量表,开展基于数字化系统的大单元教学评价实践研究。

根据大单元评价任务的目标与内容不同,选择适切数字化赋能教学评价优化的评价方式,借助数字化平台辅助教师设计与实施教学评价以及全面采集分析大单元教学课前、课中、课后的有效数据,以数字化驱动大单元教学模式的变革与评价素养量表的优化。

基于本项目的实施推进,我校不断积累并形成了一些典型案例,从中提炼出行之有效的教师大单元教学评价策略与方法,为学校更多教师持续深入开展大单元教学评价转型的研究提供行动指南。

四、典型案例

基于教师大单元评价素养量表,我校在教学评价实践中,提炼出若干有价值、有亮点的典型案例。

小学语文《青蛙卖泥塘》教学案例:合理使用评价工具,全面关注学习表现(郁伊婕老师)

1. 案例背景

课堂评价是依据教学目标,对学生的学习过程和结果进行综合评判,为教与学的改进服务的活动。传统教学对学生的评价,往往更多的是对学生学习结果的评价,对学习过程的评价甚少,不能很好地发挥评价促进发展的功能。而新课程评价与课程功能的转变相适应,过程性评价贯串语文学习的整个过程,围绕着

识字与写字、阅读与鉴赏、表达与交流、梳理与探究等语文实践活动,在具体的语文学习情境和活动任务中,全面考查学生核心素养的发展情况。其评价的目的在于促进发展,淡化原有的甄别和选拔功能,突出评价的激励与导向功能,激发学生的内在发展动力,促进其不断进步。

《青蛙卖泥塘》是统编版小学语文教材二年级下册第七单元中的一篇童话故事。该故事以生动的情节和鲜明的角色,向学生们传递了"勤劳改变生活,创造美好环境"的积极价值观。作者讲述了青蛙为了改善自己的生活环境,决定卖掉泥塘,但在听取了小动物们的建议后,通过自己的努力,最终将泥塘变成了一个美丽的地方,从而不再卖泥塘的故事。本篇课文的教学采取了大单元教学的方式,将教材中的知识点进行系统性整合和规划,设计出具有整体性和进阶性的教学内容和方法。同时运用 ClassIn 智慧教学平台辅助教学,关注学生在学习过程中的动态表现,及时反馈和调整,系统收集与分析学生学业表现的相关信息,给予评价,探索信息技术辅助课堂教学评价,提升"双新"背景下教师评价素养。

2. 案例深描

(1) 对照学习目标,确定评价目标。课前,教师根据自己对课程的理解、教学实践经验,对学习目标做具体转化,将它转化为可评价、可操作的具体内容,在 ClassIn 平台上设置了本节课需要完成的几个任务,并将每一个任务关联到评价量规。评价量规设置包含新课程标准要求的文化自信、语言运用、思维能力和审美创造 4 个一级指标以及相对应的二级指标(见表 3)。

表 3 《青蛙卖泥塘》课堂教学评价量规

文化自信	文化认同
	文化积淀
	文化理解
	文化参与
语言运用	语料积累
	语感建构
	语理习得
	语言表现

（续表）

思维能力	直觉思维
	形象思维
	逻辑思维
	辩证思维
	创造思维
审美创造	审美感受
	审美理解
	审美鉴赏
	审美欲望
	审美表现

（2）针对评价目标，选择评价方法。新课标强调，注重学生语文素养的整体提高，注意评价的整体性，这就要求了评价形式的多样性和整体性。在《青蛙卖泥塘》一课中，为了解学习目标的达成度，教师综合运用多种方式进行评价。教师依托表现性评价任务来关联学生能力素养指标，通过 ClassIn 平台设计与实施各类表现性评价任务，充分利用数字化评价工具的时效性和过程性，精准高效地对学生进行评价。例如，通过学生拍照上传画作，可以考查学生的思维能力以及审美创造能力等核心素养。教师依托 ClassIn 平台设计与实施各类表现性评价任务。

片段一：

教师：青蛙为什么要卖泥塘？一起来读读第一和第二自然段。

（学生齐读）

教师：你能用上"因为……所以……于是……"的句式说一说，青蛙为什么卖泥塘？请大家完成任务二。

（学生用平板打开 ClassIn，用语音功能录入青蛙卖泥塘的原因）

教师：让我们一起来听一听同学们的发言。（打开任务二，播放两位学生的语音）

师生根据学生发言共同评价。

片段二：

教师：草籽播撒下去后，青蛙经常给它们施肥、浇水。不知不觉，到了来年的春天，泥塘周围会发生什么变化呢？请大家在学历案的泥塘图片上画一画，并拍照上传至任务三。

（学生将画作拍照上传）

教师：（打开任务三，展示学生画作）同学们在泥塘周围都画上了绿茵茵的小草，像给泥塘铺上了一层绿毯。

师生根据学生任务成果共同评价。

此外，在开展"童话剧汇报演出"评价活动中，教师也借助 ClassIn 平台评估学生"了解童话剧内容"的程度，可以指向思维能力及语言运用的核心素养。

依托 ClassIn 平台，任课教师可以参与学生的学习过程，通过学生在学习过程中的各种表现以及平台收集的反馈数据，及时调整教学内容和教学策略，帮助学生重新规划学习路径和方法，实现预期学习目标。教师在学习评价中可以充分利用评价的检查、反馈和激励功能，引导学生不断改进自己的学习，提高学习质量。

3. 案例反思

（1）学生层面：注重学习反馈，提升核心素养。教师运用评价标准分析学生的学习过程或学习成果，形成有效的教学反馈。ClassIn 平台可以以特定评价量规为工具，对学生素养表现进行结构化分析，形成反馈信息（见图2）。教师不再是对学生表现开展简单的结果判断，而是运用内在认知方式系统评估学习质量，帮助教师辨识、诊断学生所处的发展阶段，以及可能存在的潜在学习困境或问题，以促进学生核心素养的全面提升。

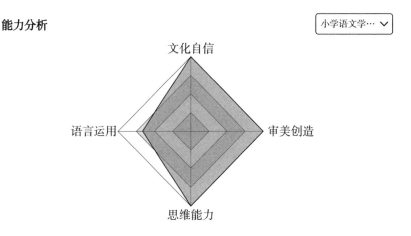

图2 《青蛙卖泥塘》语文学科核心素养结构能力图

（2）教师层面:运用评价量表,反思评价成效。运用教师大单元教学评价素养校本量表对本节课进行评价,形成本节课的评价结果(见图3)。结果显示:教师需要在学习目标的维度上加强三维统整的设计;在评价任务设计方面需加强真实情境的建构,明确指令设计,强化教学评一致性理念,数字技术与教学评价的融合更为深入;在评价任务实施方面,评价的时效性与针对性还有待加强。因此,运用评价量表,将有助于教师反思改进教学评价设计与实践,提升评价素养。

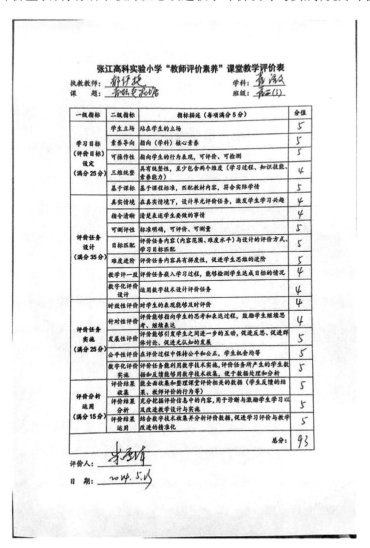

图3 《青蛙卖泥塘》教师课堂教学评价素养表

五、成效与反思

本研究项目通过综合实施,已在多个层面促进了教师大单元教学评价素养的提升和课堂教学质量的改进。以下是对项目成效的具体反思。

(一)教师大单元评价素养得到全面提升

教师充分借助数字化手段,开展各类线上线下融合,用以提升教师大单元教学评价理论与实践素养的研训活动,重视将数字技术融入大单元教学评价活动的关键指标融入校本指标体系的编制中,并将其应用于教学评价实践中,全面提升了教师大单元教学评价素养,包括评价理念的更新,评价设计、实施和分析的能力也得到显著提升。以我校黄澄宇老师开展的《谁围出的面积最大》教学为例,黄老师依托"备课助手"的"单元参考"和"课时参考"模块,快速厘清单元与单课之间的关联,设计出融合生活情境的评价大任务——为八个月大宝宝设计围栏方案以及系列子任务。在实施拖动18根小棒在方格纸上拼出长方形与正方形的教学任务中,教师通过"教学助手"动态收集课堂数据,实现教学评价的即时性和精准性。教师利用平台对比功能展示学生错例,引导学生自主纠错并分析原因;也可以通过对比两组学生的操作数据,引发认知冲突,触发学生深度思考。课后,教师借助"作业辅导助手",根据课堂学习数据,分层发布个性化练习,并根据练习的反馈数据,在后续的教学与练习讲解中进行有针对性的跟进指导,落实课后培优补差,实现个性化的评价反馈。此外,在整个教学过程中,老师通过各个教学活动中的"学习时间""行为数据""提交数据"以及作业答题数据(如图4)等精准掌握学生各个环节学习情况,并根据班级实际情况对教学做出及时的调整改进,实现数据赋能下的精准教学。

图 4　作业答题数据

（二）形成大单元教学评价数字化转型模式

依托数字化平台与工具,我校大单元课堂教学从传统的主观评价走向数字化赋能的评价模式转型,尤其是基于数字化平台能够全面支撑采集分析教学过程及结果数据,推动以数据驱动的大单元课堂教学评价方式的转型,实现评价活动的个性化、精准化、科学化。例如,我校赵颖颖老师在开展《分数的大小比较》的大单元教学中,借助"三个助手"平台构建了贯串课堂教学全过程的"数据采集—数据分析—反馈优化"的闭环评价模式:平台采集分析课前预习数据、课堂交互数据、作业完成数据,将学生的整个学习过程可视化,助力教师有针对性地设计评价任务、推送分层练习以及动态调整教学策略,实现评价从主观经验向数据实证的转型。最终在本单元测试中,赵老师所带班级四(3)班的平均分为83分,位列全年级第二,较上一单元测试成绩前进了3名(如图5),可见学生的学习效果显著提升。

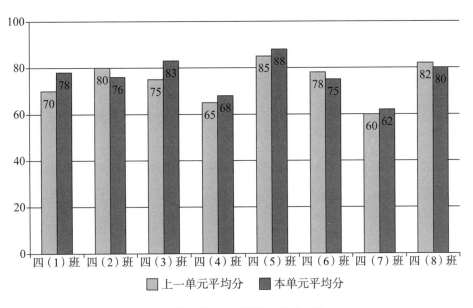

图5　单元前后测试各班平均分对比

（三）促进学生核心素养的有效发展

注重核心素养立意的教学评价,依托数字化平台能够精准评估学生大单元学习过程中的核心素养能力水平,充分发挥评价的导向、诊断与反馈作用,通过数字技术丰富创新评价手段,实现以评促学,促进学生核心素养全面发展。

基于"双新"背景下的课程教学评价改革仍在不断持续深化,智能时代对于创新人才的培养也提出了新的要求。因此,我校将进一步推进大单元数字化教学评价的实践研究,包括进一步加强教师评价素养的培训提升工作,细化大单元教学评价素养量表的评分标准以及进行跨学科教师评价素养的研究等,助推本研究质量往纵深发展。

(上海市浦东新区张江高科实验小学　陈飞　胡梁)

第四节　课堂教学中师生对话评价素养提升路径的设计与实施

一、问题提出

发展学生核心素养是 21 世纪人才培养的重要诉求,基础教育改革的趋势也因而指向了支持深度学习的课堂教学方式,以培养学生的深度学习能力,进而构建更加适应终身学习的现代教育体系,而课堂对话是师生互动、开展教学的主要途径。

课堂师生对话倡导坦诚相见、互相关照和共同成长,是师生传递信息和交流情感的常见方式,具有陪伴、澄清、推理、探问、引导、联结等价值,需要达成倾听、明晰、诠释、求同、规划、亲近等目标,是教师落实立德树人根本任务的重要路径。在教学中,教师评价素养是教师对学生课堂表现进行评价时所具备的"为何评"的评价立场、"评什么"的评价理念以及"如何评"的评价技能等综合品质。

在 2023 年 6 月课题立项后,我校开展了教师评价素养现状分析调研,聚焦课堂对话发现当前我校教师的课堂评价知识一般,课堂评价知识结构不均衡,在性别、教龄、职称、任教科目等方面都存在教师课堂评价知识水平的差异,具体表现如下。

（一）教师评价理念存在偏差,评价形式单一

对照核心素养的培养导向和评价要求,教师的评价理念仍存在偏差,主要表现在以下两个方面。一是重学业成绩,轻学生发展。大部分教师将学业成绩作为评判学生的最主要指标,而忽视学生的价值观、品德、兴趣、特长等其他方面的表现。二是教师在课堂教学中一味将原有的教学设计按部就班,而忽略学生的

产出,不反思对话的内容和效果。虽然课堂教学由"满堂灌"变成了"满堂问",但也仅仅是为了提问而提问,至于这样提问的方式能否实现师生对话预期的效果,以及学生是否真正参与到了课堂对话的过程,仍未被真正地解决。

(二) 教师课堂对话意识薄弱,评价用语贫乏

由于学校教师平均年龄不到 30 岁,教学实践经验少,在师生对话方面存在不足,如倾听意识不强、教学语言表达不够丰富等,导致课堂教学质量不够高效。大多数教师课堂对话封闭性强,弱化了学生课堂话语权和课堂对话的丰富性,束缚了学生思维和社会性发展,难以激发学生深度思考,更难以触动学生心灵,使学生成为以知识接受为目的的单向度的人。

(三) 教师课堂评价依据不足,评价科学性低

新课标颁布后,"教—学—评"一致性被广泛倡导,教评一致、以评助教、以评促学成为当前教育教学的重要理念。在这样的背景下,教师不仅要开展评价活动的设计实践,还要利用评价结果来促进学生核心素养的培育以及课堂教学的改进。

然而,教师在分析与应用评价结果方面的意识和能力存在不足,致使评价活动对于培育核心素养和改进教育教学的作用无法得到有效发挥。许多教师的课堂评价没有评价标准,缺少量表支撑,因此往往将单一粗浅的评价结果作为对学生表现的总结,而不去深入分析此评价结果产生背后的原因,更无法根据评价结果对自身的教育教学行为做出有效的调整与完善。

义务教育课程方案和课程标准(2022 年版)指出要变革育人方式,积极探索新技术背景下学习环境与方式的变革;要改进教学评价,推动考试评价与新技术的深度融合,而提升教师的评价素养则有助于推动教育改革的深入发展。因此,为支持学生核心素养的培育,学校以课堂对话为切入点,通过建立校本化课堂师生对话评价指标,在课堂教学中创造师生、生生之间的对话机会,使课堂对话有效促进学生对知识和意义的理解、创生与共享,使课堂对话优化教师教学水平,解开教师对于课堂权利控制的束缚,使学生成为有反思能力的、积极分享和表达的学习主体。

二、指标落实

(一) 精读区级指标,明晰研究方向

学校教师由于教学实践经验少,在师生对话方面存在不足,如倾听意识不

强、教学语言表达不够丰富、问题设计在逻辑关联上不够重视等,导致课堂教学质量不够高效。因此学校研读区通用指标,结合"基础教育'教师评价素养'模型构建与区域应用的行动研究"课题成果——浦东新区中小学教师评价素养关键能力通用指标中的提升课堂教学质量这一维度,围绕"明确清晰的课堂教学目标""设计合适的评价方法"以及"即时评价",确定了学校的践行重点为"课堂教学中的师生对话",将"教学提问""引导学生参与评价"以及"分层反馈"作为课堂对话研究的主要方向。

(二)迭代校本量表,助推实践成效

基于区通用指标,学校以研究带实践,以实践促研究,聚焦对话,不断优化调整校级评价指标,实现评价量表 1.0 至 3.0 的更新迭代,升级为"课堂对话评价表""课堂学习反馈表""课堂对话反思表"。

教师借助"课堂对话评价表"上的评价维度,课前,根据教学目标设计合理有效的问题链,阶梯式激活学生认知,培养思维品质;课中,在提问的基础上,通过即时评价、追问、分层反馈、同伴互评等方式,在对话交流中帮助学生建立自身对课堂学习成效的正确认识,达成学习目标;课后,教师不仅通过"课堂对话反思表"反思自身课堂对话,还邀请观课老师与学生共同参与课堂评价,分别填写"课堂对话评价表"以及"课堂学习反馈表",从三个角度客观评价自己当前的学习状态,并找到解决方法和努力的方向,做到"融评于教"。

表 1 课堂对话评价表

授课教师			授课班级		
学科		时间		节次	
课题					
评价标准			达成情况		
铺陈 B	教学目标符合学科课程标准		( )完全符合( )比较符合( )基本符合( )不符合		
	教学设计凸显学科内涵		( )完全符合( )比较符合( )基本符合( )不符合		
	教学内容符合学生认知规律		( )完全符合( )比较符合( )基本符合( )不符合		
	教学过程构建学习情景		( )完全符合( )比较符合( )基本符合( )不符合		

（续表）

评价标准		达成情况
启动 I	问题指向清晰,表达清楚	（ ）完全符合（ ）比较符合（ ）基本符合（ ）不符合
	问题设计有梯度,能引发学生思考	（ ）完全符合（ ）比较符合（ ）基本符合（ ）不符合
	对预设的问题能够及时调整	（ ）完全符合（ ）比较符合（ ）基本符合（ ）不符合
追问 P	善于利用课堂关键知识进行追问	（ ）完全符合（ ）比较符合（ ）基本符合（ ）不符合
	善于利用学生思维疑点进行追问	（ ）完全符合（ ）比较符合（ ）基本符合（ ）不符合
	善于利用课堂中的错误进行追问	（ ）完全符合（ ）比较符合（ ）基本符合（ ）不符合
	善于利用教学中的意外进行追问	（ ）完全符合（ ）比较符合（ ）基本符合（ ）不符合
评价 E	尊重学生,积极引导	（ ）完全符合（ ）比较符合（ ）基本符合（ ）不符合
	注重优势,表扬长处	（ ）完全符合（ ）比较符合（ ）基本符合（ ）不符合
	指向具体,助力改进	（ ）完全符合（ ）比较符合（ ）基本符合（ ）不符合
	引导启发,加深思考	（ ）完全符合（ ）比较符合（ ）基本符合（ ）不符合
	发挥导评,学生互评	（ ）完全符合（ ）比较符合（ ）基本符合（ ）不符合
成效 A	达成教学目标	（ ）完全符合（ ）比较符合（ ）基本符合（ ）不符合
	学生能够扎实地把握知识	（ ）完全符合（ ）比较符合（ ）基本符合（ ）不符合
	学生对任务表现出较强的学习兴趣和积极的状态	（ ）完全符合（ ）比较符合（ ）基本符合（ ）不符合
	学生基于不同的学习任务,能够调用与之相应的高阶思维	（ ）完全符合（ ）比较符合（ ）基本符合（ ）不符合
完全符合 5 分,比较符合 3 分,基本符合 1 分,不符合 0 分		得分
教学点评		评价人:

学校聚焦反馈评价,参照迈耶的 F—D—E 功能结构,将 I—R—Rv—E 模式中的回音扩展为开放、探索和多元的"追引与追应"环节,发展出复式问答结

构——B—I—P—E—A，并以这 5 个维度制订了"课堂对话评价表"（见表 1）。其中，B 为教师铺陈对话背景，在对话启动前，教师通过背景知识的叙述，构建起必要的学习情境知识，为后续课堂教学进行铺陈。I 为教师正式启动对话，P 为教师的继续追问，E 为教师或学生的总结性评价，A 为课堂成效，主要聚焦学生的知识迁移、思维品质以及教学目标的达成情况。基于复式回答的五个方面，我们结合 LICC 课堂观察 68 个观察点，整合出 20 个关键指标。通过同伴间的课堂观察帮助教师提升在课堂教学中即时评价的意识，使得教师在对话交流中帮助学生达成学习目标。

表 2 课堂学习反馈表

课堂学习反馈表				
班级		姓名		
课题				
评价标准			达成情况	
听	我能根据学习目标认真听讲		（ ）是 （ ）否	
	我能在学习过程中解决预习时存在的问题		（ ）是 （ ）否	
问	我在学习过程中能及时提出问题		（ ）是 （ ）否	
思	我在预习过程中能够提出自己的问题		（ ）是 （ ）否	
	我在学习过程中能积极主动思考		（ ）是 （ ）否	
	通过学习我有自己的见解		（ ）是 （ ）否	
	我敢于和同伴共同探索、挖掘新知		（ ）是 （ ）否	
	我会及时进行错因分析及时改正		（ ）是 （ ）否	
	通过学习和思考我能摸索出新思路或新方法		（ ）是 （ ）否	
答	我能掌握任务中的知识要点		（ ）是 （ ）否	
	我可以根据老师的引导不断细化、修正自己的表达		（ ）是 （ ）否	
	我能够将所学内容与学习过的联系起来，从而更好地解决问题		（ ）是 （ ）否	
	我能够运用所学知识解决不同情境中的各类问题与任务		（ ）是 （ ）否	
课后我还有哪些疑惑需要解决：				

　　课堂学习反思能力是学生必须具备的学习能力之一。在课堂学习中有计划地培养学生的反思能力,对学生核心素养的培养有着积极的作用。学校在课堂对话评价表编制的基础上,将学生自评表变更为相应的"课堂学习反馈表"(见表2),学生通过回顾课堂,从"听""问""思""答"四个方面对自己的课堂得失进行反馈总结。一方面,引导学生在自我评价、同伴互评的基础上,客观评价自己当前的学习状态,并找到解决的方法和努力的方向。另一方面,教师可以通过学生的反馈情况以及仍然存在疑惑的地方,在后续教学中助推教师评价话语的针对性和有效性以及时解决学生的问题。

表3　课堂对话反思表

类别		具体对话序列	课堂话语类型					即时性评价策略						即时性评价水平		
			指令	信息	选择引导	事实引导	思维引导	简单	肯定	称赞	点评	提升	素养	低	中	高
实现教学目标的对话环节																
有待改进的对话	课堂生成对话															
	改进后的对话															
对话反思																

反思作为青年教师快速成长的路径之一,不能只停留在自我赋分上面,因此,学校基于课堂话语类型和即时性评价策略与水平这三个维度制订了"课堂对话反思表"(见上页表3)。此表帮助教师通过回忆学生真实反馈,反观师生对话,记录下值得推广学习以及需要改进的对话并进行反思,后续灵活实施教学计划,或保持、调整评价方案,达成预设的教学目标。

三、实施举措

(一)搭建学习平台,正确认识评价素养

为了帮助全校教师深度理解评价内涵以及课堂对话的关键要素,营造全校良好的研究实践氛围,学校从学理研究入手,通过好书共读、专题学习、专家讲座等形式,丰富教师的理论知识储备。教师集体阅读郑东辉教授的《教师评价素养发展研究》,集中学习"IRF"话轮等研讨交流活动,明确教师评价素养以及对话的构成,提升评价素养意识。

在课题实践过程中,学校分别邀请上海市实验学校嘉定新城分校郑杰校长作"合作学习的操作要领"专题讲座,解决我校教师关于如何有效开展合作学习的困惑,让师生间、学生间在合作的基础上形成"合作对话"式课堂,重塑课堂新生态;邀请华东师范大学石雨晨教授作"促进教师专业发展的课堂话语分析"专题讲座,从互动组织模式、沟通模式,学生参与质量、教师等角色解析了课堂话语模式的分类,学习新型课堂话语模式与高质量课堂话语表征;邀请上海师范大学王洁教授作"课堂话语与教师评价素养"专题讲座,探讨如何在课堂中通过提问、解释、反馈等来搭建有效的课堂对话,从而产生真实学习的教学。

(二)丰富评价话语,助力思维品质培育

青年教师在课堂教学中无法及时、快速根据学生的回答做出有效评价。针对教师评价语言方面贫乏的情况,学校基于 IRF 话轮中的 Feedback,各学科教研组分头行动,对于学科教学中"A 类——符合预设""B 类——部分符合预设"以及"C 类——完全不符合预设"三种情况的回答设计 feedback 用语(见表4)。针对 A 类回答,教师主要通过肯定、赞扬式的反馈;B 类的回答教师通过肯定其思路,并结合实际对其进行更深层次的剖析与引导,让该学生能够自己意识到并自己尝试去完善自己的回答,提高其思维能力;针对 C 类的回答,教师主要通过鼓

励的话语建立起学生的自信心,并针对问题进行进一步的直接提示,让学生再次进行尝试。如,教师可以通过"还有什么""谁有补充""谁还能解释一下他的意思"等话语,引导学生在横纵关联中发现知识的内在联系,在与新知识的对话中发生意义联结。

表4　IRF 话轮——Feedback 反馈评价话语表

学生情况		反馈话术
【A类】符合预设答案	1	很好,这位同学对于文本的理解非常到位,表达得也很准确,预习工作做得非常认真到位
	2	你的想法很独特,老师都很佩服你
	3	刚才同学们讨论得非常好,汇报得也非常出色,虽然在解决这一问题时方法不同,但同学们都有相同的发现,为了共同的发现,请同学们相互鼓励对方一下
	4	某某同学不仅思路开阔,而且还有自己独特的见解,将未知转化为已知解决问题,非常好
	5	你是老师心目中最有潜力的学生
	6	你的努力和热情让人难以忽视,期待你有更出色的表现
	7	你的思考能力真是超乎寻常
	8	你总能带给大家意想不到的惊喜和启发
	9	这位同学回答得很完整,从观点、理由到怎么做,条理清晰,很棒
	10	这位同学你太厉害了,老师感觉你简直堪称专家了,同学们,我们要不要邀请该同学就此问题做个专题演讲
	11	同学们的眼睛真是炯炯有神,老师觉得你们的智慧一定和你们眼睛里的光彩一样耀眼
	12	你能够从题干中明确问的是什么,并且能在文中找到对应依据。让老师更惊喜的是你能够用自己的话术将所得信息整合后简洁化地表达出来,非常优秀
	13	你对……理解得很到位,连表达都展示出了自信,你的语言组织能力很强,回答问题又准确又响亮,很好!请坐
	14	你对……的理解非常准确,思路不但清晰、有条理,而且语言表达能力非常好!请坐

（续表）

学生情况		反馈话术
【B类】 引导学生说出 预设答案	15	你思考的角度很独特,如果你能够往这个方向再深入地想一想就更好了
	16	你的想法很不错,可以试试从某某角度出发,来解决问题
	17	现在大家已经走在阳光大道上了,但还需要再稍微调整一下,进行最后的冲刺
	18	这两种方法你喜欢哪个? 为什么(由学生进行评价并说明)
	19	同学,你的回答不错哦,老师感觉你刚才所表述的××方面特别好,我们顺着这个思路下去,你能再补充一些答案吗? 很好,老师理解了,经过这位同学的努力,我们知道了这个问题的完美答案是……
	20	你根据题干中的……,在原文中成功找到了相匹配的原句。但是在句子中,我们可以发现。有部分内容与题目相比较是多余的,对不对? 这个时候我们应该怎么样? 对了,要把无关信息给删除掉,不画蛇添足
	21	首先我们之前讲过……应该主要关注……对……。所以……很棒,你已经掌握了……的关键方法,相信你以后勤加练习就可以完成得更好,加油
【C类】 无法回答问题	22	这位同学可能没听清老师的问题,老师再读一遍题目啊,你看能不能试着从××角度结合我们教材中的××页的××知识作答呢? 试着说一说,老师感觉你一定可以的
	23	我们在阅读中总归会遇到……,不要害怕,附近总归藏了线索,我们要做的就是把线索找出来。先……,再……,我们先把方法掌握在手里,遇到题目就有思路了
	24	既然这样,我们就把这个问题先保留下来,接着继续学习,学到后面再进行回顾
	25	嗯,对于这种类型的题型我们应该怎么做呢? 需要……先明白问题问的是什么,可以在题干中适当圈画一定的关键词,再在文章中找出相匹配的句子,最后获得所需要的答案。来,我们再试一试

（三）延伸课堂教学，构建"懿课堂"评价体系

学校将课前准备与课后反思纳入课堂教学，确立"一体三评"的"懿课堂"体系，全面推进课堂改革，让以素养为核心的课堂教学常态化。一体是指在以学生为主体的思想指导下，教师通过课前预设对话明目标，课中开展对话促学习（师生对话、生生对话），课后反思对话促提升，让整个教学过程围绕对话与评价展开。三个环节环环相扣，相辅相成，串联为一体。三评是把原先单一的课堂评价表拓展为"课堂对话评价表""课堂学习反馈表"以及"课堂对话反思表"，通过教师互评、学生自评、教师自评三种方式，使得"评价"主体多元化，实现以评促教，提高问题设计和对话评价的能力，提升课堂教学质量。

（四）借助技术平台，赋能科学评价师生对话

为了提高课堂对话的有效性，学校鼓励教师同伴之间采取相互观察的方式，将课堂视频录像转为文字实录，通过相互提醒和建议以改进教学，探索有效对话的设计与实施路径。然而，这种手动方式耗时且难以为教师提供及时有效的反馈，对教学改进的作用非常有限。因此，为解决这一难点，学校加入华师大课程研究所人工智能助推教学变革项目。学校基于 AI classroom 视频分析，组织教师通过"切片式课堂"进行有效对话的深度研究，教师根据报告中提供的对话片段以及相关数据，从"课堂对话""学生思维"以及"教师评价素养"三方面进行集体研讨，分析优秀的课堂对话具有何种特征或效果，或不足的课堂对话可以如何改进，从而探索学生高阶思维发生的条件。与此同时，提供教学视频的授课教师也可通过对比自身前后课堂数据的变化来提高教师的教学设计能力，提升教师的教学技能以及评价素养。

四、典型案例

《大自然的语言》案例

（一）案例背景

说明文是上海中考常考的一种文体，在现代文阅读理解中占据重要的地位。那如何在平时的教学中落实说明文的教学，实现"教—学—评"的一致性，这是教师一直在探索和思考的。统编版教材八年级第二学期第二单元都是事理说明

文,对于学生而言,阅读事理说明文的难度要比事物说明文高得多,因此,教师应该借此机会,训练学生阅读事理说明文的能力。本文以八年级第二学期第二单元的第一篇课文《大自然的语言》为例,在探讨如何提升教师评价素养与促进课堂教学中师生有效对话的背景下,阐述教师如何通过量表工具优化教学评价,进而促进师生对话的深度与广度。本文不仅关注教学目标的实现,更聚焦于教师评价素养的提升及其对师生对话的积极影响。

（二）案例深描

1. 量表引入与初步应用

在初次执教《大自然的语言》时,授课教师意识到传统的教学评价方式难以全面反映学生的学习状态和思维过程。因此,教师引入了针对师生对话质量的评价量表,旨在通过量化指标评估师生对话的深度、广度和有效性。然而,在初次应用中,教师发现对"课堂学习反馈表"的使用较为生硬,导致师生对话缺乏自然流畅,预设问题与课堂追问无法很好地衔接融合。

2. 量表优化与深度融入

经过反思与调整,授课教师开始优化"课堂学习反馈表"的使用策略,将其深度融入教学设计的各个环节。具体做法如下。

（1）任务导向的师生对话。教师以《科学大众》杂志社招聘科学栏目编辑为情境,设计了四项任务,每项任务均对应"课堂学习反馈表"中的不同维度。例如,在任务一"筛选文章主要信息"中,教师不仅要求学生用思维导图呈现内容,还引导学生根据量表中的"敢于和同伴共同探索、挖掘新知"这一指标进行自我评估和同伴评价,从而促进学生之间的深度对话的能力。

（2）动态调整与即时反馈。在任务执行过程中,教师根据"课堂学习反馈表"动态调整教学策略,为学生提供即时反馈。例如,在任务二"理清说明顺序"中,教师通过不断追问和引导学生分析段与段之间的关系,帮助学生明确文章的逻辑顺序,并根据量表中的"逻辑思维能力"指标给予具体评价和建议。

（3）思维品质的进阶培养。在任务三和任务四中,教师进一步利用"课堂学习反馈表"中"我在学习过程中能积极主动思考"以及"通过学习我有自己的见解"两个指标引导学生探索说明方法和质疑改写,培养学生的辩证思维和科学素养。通过量表中的"思"和"答"这两大维度,教师能够更准确地评估学生的表现力,并据此设计更具挑战性的学习任务。

3. 量表成效与师生对话的深化

经过"课堂学习反馈表"这一量表的不断优化应用,授课教师发现师生对话的质量显著提升。学生不仅能够更准确地筛选和呈现信息,还能够清晰地表达自己的观点和理由,展现出较高的逻辑思维能力和语言文字运用能力。同时,量表的使用也促进了教师评价素养的提升,使教师能够更加全面、客观地评价学生的学习表现,为教学改进提供有力支持。

(三) 案例反思

通过《大自然的语言》的教学实践,我们深刻体会到教师评价素养与课堂教学中师生对话之间的紧密联系。量表作为评价工具,不仅能够帮助教师更准确地评估学生的学习状态,还能够引导教师优化教学策略,促进师生之间的深度对话。未来,我们将继续探索更多有效的评价工具和方法,以进一步提升教师的评价素养和课堂教学的质量。

本次教学设计的成功之处在于,它充分展示了教师如何通过量表工具提升评价素养,并以此为基础促进课堂教学中师生对话的深度与广度。这一实践不仅为本单元的学习奠定了良好的基础,也为其他教师提供了有益的借鉴和启示。

五、成效与反思

促进课堂对话评价素养的提升是一个系统化的过程,既需要师生具有课堂对话的意识和认同感,并提高课堂对话的能力,也需要逐步形成课堂对话的氛围和对话关系,更重要的是精心设计课堂对话的内容与表达形式。

(一) 评价引领,对话评价理念得到更新

教师以评价为引领,并根植于心,践之于行,例如,在备课中将预设问题以及学生可能的回答,以及评价反馈话语体现在教案之中;在课堂中积极创设,开展合作学习以及项目学习,打开学生思想的匣子,时刻注意学生课堂的生成,基于Feedback 表适时引导鼓励学生;在课后针对课堂情况进行课堂反思,改进课堂对话。

（二）精设对话，互动评价质量有所提升

以大概念统领并建立不同认知层级的问题，教师要精心设计对话内容，注意所提问题的有效性和难易程度的得当，避免因琐碎的小问题而导致"满堂问"，适当增加高水平问题，特别是对一些比较复杂的综合性问题，提高问题的深度和开放度。教师在教学设计中建立具有逻辑性的问题链，注重设计促进思维灵活性的小组合作问题。同时教师要厘清学生思维上的模糊点和突破点，既能在学生需要帮助的地方提供"扶手"，又能在学生可以自己解决的时候适时"退场"，为学生搭建思维的支架。

（三）丰富语言，评价表达能力逐渐增强

课堂中积极正向的语言能够促进师生双方的思考。一方面，学生通过教师的肯定与追问，同伴的点评与补充等形式增强自己对话的动机和信心。同时在与教师和同伴的互动中，学生不仅可以表达自己的观点，还能够聆听他人的意见。丰富的语言交流能够激发学生的思维，培养他们自主思考和批判性思维的能力。另一方面，教师课后可以通过反观课堂中预设问题的落实情况以及生成的师生对话质量，思考他们在问题链设计和评价反馈上的不足之处，为后续课堂教学提供具体的改进建议。

（四）交融共生，课堂评价策略有据可依

课堂对话并非教师"独白"或师生间的"传话"，而是一场多维互动与交融共生的"交响乐"。真实的学习发生于倾听与互学关系的形成，就要倾听每位学生的见解，把学生的思考用对话网络串联起来。这就需要教师站在学生的角度去理解学生发言背后的逻辑，并采用符合学生思维方式的方法与学生进行交流。同时，教师除了在课后使用"课堂对话反思表"进行课堂反思外，还可组织学生在课后填写"课堂学习反馈表"或组织学生进行相互评价来辅助自身提升课堂教学，帮助学生建立互帮互学关系，从而促进课后教师与学生以及学生与学生的对话互动。

（五）升级延拓，对话评价素养日臻完美

后续，学校将坚持融合创新并行，迭代观察内容。课堂观察要点太多，就会使参与教师很难一次性把握，因此需要对课堂观察要点进行精简，既要减少教师理解上的负担，又要做到准确到位，不产生歧义。同时在要素选择上，要突出本校教改的方向,即近期亟待改进的内容,否则面面俱到会影响课堂观察效果。

同时,学校要延拓师生对话评价目标,助推课堂变革,将视频俱乐部活动普遍化。学校可以通过将课堂观察结果与教师的个性化学习需求对接,形成有针对性的分层研修方案,以提高教师的学习效益。一是通过师徒结对的方式组建学习研修共同体,如同课异构,它可以使师傅在磨课与指导中思考更为深入,让徒弟在历练中精进自己的教学能力与评价素养。二是通过主题研修的方式进行指导。比如,针对个别老教师在"追问"维度课堂观察得分低的情况,专门组织开展"问题链设计"的主题校本研修,邀请在这方面有经验的教师进行分享,实现研修的私人定制。三是组建跟踪听课团队,重点围绕观课示范,帮助这些教师明确提升方向,搭建学习平台,优化评价机制。

未来,我们将继续聚焦"课堂对话"在学校教学中有序展开,有效实践,在实践过程中不断提炼、完善和及时总结,向着美好生长,为促进学生核心素养的培育、教师评价素养的提升以及高质量课堂的创建助力,为提升区域教学质量、促进教师专业成长发挥积极作用。

(上海市浦东新区懿德中学 顾继军)

第五节 教师评价素养视域下初中数学课堂有效提问的实践探索

一、问题提出

上海市浦东新区教育发展研究院设计的"区域中小学教师评价素养指标"(以下简称"指标")① 为学校"如何培养和发展教师评价素养"指明了方向,提供

---

① 王宇.区域中小学教师评价素养指标体系的研发设计与应用初探[J].浦东教育,2024 (03):4-9.

了抓手。其中,指标维度一"提升课堂教学质量"中的一级指标"目标检测"指出,教师应通过描述性评价方法,在观察、提问、对话中开展即时性评价,及时了解课程进度中学生学习真实情况。

从"聚焦课堂有效教学",到"聚焦有效教学构建高效课堂",再到"聚焦'双新'改革 构建高质课堂",建校三年,上海师范大学附属浦东临港中学始终锚定"有效""高质"发展目标,牢牢把握教育教学的重点和着力点。学校始终认为:有效提问是实现有效教学的关键,是课堂走向高质的基础。因此,长期开展不通知、不指定的"推门听课",实时把握课堂现状,观察教师课堂提问的有效性。

回归真实的教育教学场景,在倾听教师与学生的"声音"时,学校发现课堂存在"满堂问""无效追问""碎问碎答""提问的形式往往大于提问本身"等现象。由此,也引发了一系列的深度思考:现象背后,问题的本质是什么? 如何避免课堂中的无效、低效提问,如何在发展教师有效提问能力的过程中,引导学生敢问、愿问、乐问、善问,执教教师、学生、听课教师在开展有效提问实践研究的过程中可以发挥什么作用? 我们围绕这些问题,展开系列研究。

二、指标落实

(一) 研读评价标准

采用"纵向关联、横向展开"的思路研读指标。依据《浦东新区中小学教师评价素养关键能力通用指标(1.0 版)》中"提升课堂教学质量""评价学生学业成就"和"促进学生综合素质发展"三个维度,纵向研读,初步建立起对指标体系总体设计框架的认识,梳理分析各维度之间的关联;纵向研读后,从各维度内的"一级指标"到"二级指标"再到"三级指标"横向展开,逐字逐句理解指标内容,解析指标内涵。

(二) 提取有效提问

国内学者郑东辉指出,教师评价素养的内部构成,应以"课堂评价"为主,且"课堂提问"作为"课堂评价"的一种,其重要性不容忽视。① 浦东新区教育发展

---

① 郑东辉.教师评价素养内容框架探析[J].教育科学研究,2010(10):34-38.

研究院设计的指标中,维度一"提升课堂教学质量"也反复提到"提问",强调有效提问在教与学活动中的关键作用,及其对课堂教学质量提升的重要性。上海师范大学附属浦东临港中学立足校情、教情、学情,提取"有效提问"这一关键词作为学校"教师评价素养"校本研究的着力点。

提问是教师和学生课堂活动的接触点,深度问题发生在每一个课堂活动中。① 结合提取的关键词"有效提问",查找国内外相关文献,通过文献梳理,不难发现:提问并不单指一种由教师向学生发问的教学行为,而是一种教学过程,②包括教师的有效提问、学生的有效提问和问题本身。

(三) 衍生出新问题

从提问的过程上看,一般来说,教师根据教学任务要求,预设问题,在课堂中,围绕某一知识、内容进行提问,学生根据问题思考并回答。另外也存在教师根据课堂中即时生成的信息,进行辨别与选择,生成新的问题,向学生发问,学生进行思考和回答。同样地,也可以是师生间互相提问,在有问有答中,增进认识,加深思考,衍生新问题,并围绕新问题进行理答。

从提问的主体上看,主体包括教师和学生,既可以是比较常见的,由教师向学生提问,学生思考并回答,教师进行引导和评价,也可以是学生向教师提问,教师进行理答(见图 1)。

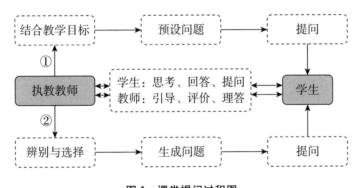

图 1　课堂提问过程图

① 陈薇,吕林海,朱宇辉.基于学生学习表现识别的"深度提问"模型构建与应用策略[J].课程·教材·教法,2021,41(08):105-110.
② 郑欣.专家型数学教师课堂提问行为案例研究[D].杭州:杭州师范大学,2018.

此外,根据已有成果和学者的观点进一步拆解"有效提问",理解内涵与外延,剖析国内外学者关于"有效提问"的论述(见表1)。

表1 "有效提问"的概念内涵综述

学者	有效提问的概念内涵
洪松舟 卢正芝①	有效提问是指教师在精心预设问题的基础上,在教学中创设良好的问题情境,在生成适当的问题中引导学生主动思考和参与对话,全面实现预期教学目标,并对提问及时反思与实践的过程
温小川②	有效提问是指既覆盖教学内容,又包含提示学生回答问题时所应采用的思维方式,从而帮助学生学会学习
温建红③	有效提问是指能较好地实现提问目的、能促进学生的理解和认识力提高的提问
郭要红④	有效提问是通过提问与应答的形式实现师生之间交流与互动以达成学习目标的教学活动
Penny. Ur⑤	有效提问的六条标准:清楚、具有学习价值、能激发兴趣、可用性和实用性、具备扩展作用、适当的教师反馈

(四) 重建校本指标

教与学,并不是单线单向的构成关系,也不是先后次序关系,而是互生互进,教学相长。如何在教学全过程更好地落实课堂"有效提问",便于教师与学生两个主体提升有效提问意识,不断检验、对照、反思、优化提问行为,提

① 洪松舟,卢正芝.我国有效课堂提问研究十余年回顾与反思[J].河北师范大学学报(教育科学版),2008,10(12):34-37.

② 温小川.论有效提问及如何实现有效提问[J].天津师范大学学报(基础教育版),2013,14(01):33-37.

③ 温建红.数学课堂有效提问的内涵及特征[J].数学教育学报,2011,20(06):11-15.

④ 郭要红.数学课堂教学有效提问的设计策略[J].数学通报,2010,49(02):15-18.

⑤ PennyUr. A Course in language teaching: practice and theory[M]. Foreign Language Teaching and Research Press,2000:139.

高"有效提问"能力,学校进一步聚焦有效提问,确定"有效提问"校本指标(见表2)。

表2 "有效提问"校本指标

一级指标	二级指标
问题设计	目标清晰、具体、问题适切
	符合学科课程标准、凸显学科内涵
	符合学生认知规律
思维发展	主动思考、敢于质疑
	能引导学生发现问题、提出问题、分析问题、解决问题
	探索新知、联系旧知,进行知识迁移
评价与反馈	反馈精准、点拨及时
	评价真实、全面、多元
教学效果	目标达成度
	学生参与度

根据有效提问校本指标,构建"一单三表",包括"学习单""教师课堂有效提问评价量表""学生课堂学习反思表"和"教师课堂教学有效提问反思表",进行教学实践,在实践运用中不断迭代优化。

三、实施举措

实验校数学教研组和浦东新区赵玉梅数学名师基地学员,从"有效提问"入手,聚焦"提问技巧"与"问题设计",开展教学实践,致力于从有效课堂走向高质课堂。整体的研究与实践思路如图所示(见图2)。

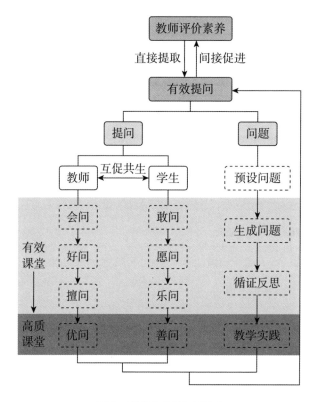

图 2 研究与实践思路图

（一）问题的设计与打磨

课堂提问是教学过程中的重要环节,对激发学生的学习兴趣、引导深入思考、促进知识掌握具有关键作用。然而,并非所有的提问都能达到预期的效果。克拉克等人强调,要实现课堂提问的积极作用,问题设计的质量是关键条件之一。[①] 为实现优质问题,本研究深入探讨了问题的研究过程,包括预设、生成、反思和实践这四个重要环节。

1. 问题预设

本研究基于构建的有效提问校本指标,结合布卢姆教学目标分类理论,设计了"学习单"和"教师课堂教学有效提问反思表"。课前,教师深入钻研教材和教学大纲,明确教学目标和重难点,建立教学问题逻辑,悉心预设问题。

---

① ［美］L. H.克拉克,I. S.斯塔尔著.中学教学法［M］.北京:人民教育出版社,1985.

2. 问题生成

基于预设的问题,在课堂上,教师根据学生的反应和课堂进展,生成新的问题。这些问题可能是对预设问题的补充和拓展,也可能是根据学生的即时反馈提出的。同时,对于学生在课堂中生成的问题,需要教师具备敏锐的洞察力和灵活的应变能力,以便及时捕捉学生的思维火花,促进课堂互动的深入发展。

3. 问题反思

通过"学生课堂学习反思表",教师根据课堂实际效果和学生反馈,评估提出的问题是否有效促进了学生的学习。同时,通过"教师课堂有效提问评价量表",参考听课教师的评价,获取更多关于问题设计和实施的建议。最后,结合"教师课堂教学有效提问反思表",从课堂问题类型、问题具有的教学功能等角度进行深入分析。经过改进后的问题需要在后续的课堂上进行再实践,检验问题是否能够真正引导学生深入思考和学习,进而培养学生的思维能力。

(二) 提问的实施与进阶

1. 教师提问:精妙设问,启迪数学智慧

教师提问能力是教学过程中的重要技能之一,它直接影响学生的学习效果和思维发展。本研究探索了教师课堂有效提问的发展路径,将教师的提问水平分为会问、好问、擅问、优问四个层次。

(1) 从读书到培训,让教师"会问"

在"会问"阶段,教师通过阅读相关书籍、参加专家讲座等方式进行理论学习,逐渐掌握问题引领教学的方法,理解"为什么要以问题引领数学教学""什么是课堂有效提问"以及"如何设计有效提问"。在这个阶段,教师的学习重点是对提问理论的认知,为后续教学实践奠定基础。例如,教师通过阅读《元认知学习》《人是如何学习的》等书籍,了解学生的学习机制和认知过程,从而明确提问的目的和原则。同时,学校组织开展系列培训,带领教师学习如何设计具有针对性和启发性的问题,激发学生学习兴趣和思维活力。

(2) 从观摩到实践,让教师"好问"

实验校在问题教学融入单元教学设计方面进行了积极的探索与实践,特别注重问题的层次和梯度,旨在引导学生循序渐进地思考和学习,从而培养探究能力和解决问题的能力。为实现这一目标,教师将理论付诸实践,观摩优秀教师课堂,学习提问技巧,经过在实践中的打磨,关注提问的时机与方式,在课堂导入、新知讲解、课堂总结等环节巧妙地运用问题来引导学生积极参与讨论和思考,并根据学生的随堂反应,灵活调整提问策略,确保问题的有效性,真正做到"好问"。

(3) 从反思到研讨,让教师"擅问"

教师紧密结合教学实际情况,参照"学生课堂学习反思表"和"教师课堂有效提问评价量表",对课堂提问进行全面深入的自检。此外,教师还通过"教师课堂教学有效提问反思表",详细记录提问过程,深入分析学生问答情况,准确找出提问中的不足,积极寻求有效的改进方法。除了自我反思,教师之间的研讨也是提升提问能力的重要途径。在研讨中,教师分享有效提问实践中的经验,倾听同伴的建议,共同探讨优化提问的策略,在"理论—实践—理论—再实践"的良性循环中,不断检验和完善提问策略,帮助教师最终达到"擅问"的境界。

(4) 从创新到引领,让教师"优问"

在教育领域,创新是推动教师提问能力发展的重要动力。面对不断变化的教学环境和学生需求,教师必须勇于尝试新的提问方式和策略,以激发学生的思维活力,提升教学效果。教师将创新的提问理念融入日常教学中,通过精心设计的问题引导学生主动探索知识,发现学习的乐趣。同时,教师还关注学生的个体差异,根据不同学生的需求和特点,因势利导,确保每个学生都能在问题引导下获得成长。

2. 学生提问:主动探索,点燃思维火花

《义务教育数学课程标准(2022 年版)》[①]对学生发现问题、提出问题能力的培养提出了明确要求,不仅体现了对学生思维能力的高度重视,也强调了主动性和探索精神在学生学习过程中的重要性。教师作为课堂的主导者,其问题设计的质量关系到学生问题提出能力的发展。本研究探讨了学生在教师问题教学引导下,从"敢问"到"愿问",再到"乐问",最后到"善问"的逐步发展过程,强调了师生问题之间的相互作用对实现课堂有效提问的积极影响。

---

① 中华人民共和国教育部.义务教育数学课程标准(2022 年版)[S].北京:北京师范大学出版社,2022.

（1）从鼓励到支持，让学生"敢问"

传统数学教学往往采用"教师出题，学生解题"的模式。在教育评价改革背景下，为了培养学生的数学问题意识，需要进行深刻转变，营造一种鼓励学生发现和提出问题的民主氛围。这种转变的核心在于引导学生从被动接受知识转变为主动的探索者和思考者。为实现这一目标，一方面，教师应给予学生充分的提问机会，不仅限于课堂和教材，还应鼓励学生随时随地提出各种问题；另一方面，教师应关注到每一个学生，确保学生拥有公平的提问机会，特别关注那些在课堂上相对"沉默"的学生，给予更多的鼓励和支持，保证对话的民主性和平等性。

（2）从引导到激发，让学生"愿问"

在鼓励学生提问的基础上，教师的角色应进一步转变为引导者和激发者。通过巧妙的问题情境设计，一方面联系现实生活创设情境，基于学生的认知基础和生活经验引导他们触景生情，发现并提出问题；另一方面，基于相似事物之间的相关性和差异性创设对比性情境，引导学生在异同点的对比辨析中提出问题。特别是在学习单中，教师通过设计容易引发学生思考的问题情境，让学生有机会提出问题，从而进一步激发提问意愿。同时，教师应给予学生积极的反馈和支持，让学生感受到提问的价值和乐趣，从而愿意主动提问，积极参与课堂讨论。

（3）从趣味到探究，让学生"乐问"

为了让学生更加乐于提问，教师需要将趣味元素融入教学中。通过设计有趣的教学活动，让学生在学习过程中感受到乐趣，从而激发好奇心和探究欲。教师可以依托"书本数学→生活数学"或"生活数学→书本数学"的双向探究途径，引导学生用数学思维解释和解决生活实际问题，在真实情境中发现和提出数学问题。这样，学生可以从中体悟数学与生活、与其他学科知识之间的联系，逐步从外部驱动的提问发展为自己乐于提问，为数学问题意识的持续性和提问能力的发展性提供动能。

（4）从方法到实践，让学生"善问"

教师通过引导学生反思提问过程、总结提问经验，让学生逐渐掌握善问的技巧。一方面，可以从概念、公式、定理的理解与辨析中找寻疑点；另一方面，可以在问题解决的过程与解题过程的错误中探寻疑窦。这样，学生将能够更好地发现问题、提出问题，并学会如何通过提问来深入理解和掌握知识。

四、典型案例

(一) 案例背景

本案例聚焦青年教师在初中数学课堂有效提问的教学实践探索中,特别是探讨了如何在教学过程中运用"一单三表"来实现教学质量的提升,以一节见习公开课"二元一次方程"为例进行具体阐释。

(二) 案例深描

1. 初次备课问题设计

本节课采用了问题引领式的教学模式,参照"教师课堂有效提问评价表"中的各项指标,设计了一系列问题。这些问题紧密围绕本节课的教学重点和难点,并且充分考虑了学生的认知规律,以问题串的形式呈现(见图3)。

> 课前预习:预习课本内容你想问什么问题?
>
> 问题1:母亲节快要到了,小丽打算用100元买一束康乃馨送给母亲,这束康乃馨由红色和粉红色康乃馨组成,已知红色康乃馨7元一支,粉红色康乃馨5元一支,那么这束花可以由几支红色康乃馨,几支粉红色康乃馨组成?
>
> 问题2:采用方程法解决问题1,可以得到怎样的方程?
>
> 问题3:这是什么方程?
>
> 问题4:什么叫作二元一次方程?
>
> 问题5:下列方程是二元一次方程的是( ).
>
> (A) $x^2+x+1=0$;　　(B) $\frac{2}{3}x+1=0$;　　(C) $x+y-z=0$;　　(D) $x+4y=16$
>
> 问题6:方程 $7x+5y=100$ 的解是什么?
>
> 问题7:什么是二元一次方程的解?
>
> 问题8:方程 $7x+5y=100$,它有多少个解?
>
> 问题9:什么是二元一次方程的解集?
>
> 问题10:将方程 $36x-4y=56$ 变形为用含 x 的式子表示 y,并求当 x 分别取2、-5时相应的 y 的值.
>
> 问题11:求二元一次方程 $x+4y=16$ 的正整数解.
>
> 问题12:通过本节课的学习内容,你收获了什么?

图3 "二元一次方程"教学设计一稿

2. 一轮试讲问题剖析

在完成问题串的设计之后,教师进行了试讲,以检验问题设计在实际课堂中的实施效果。在试讲过程中,组内教师借助"教师课堂有效提问评价表"从 4 个维度对课堂进行了全面观察,并对教学实践进行了深入点评(见图4)。试讲结束后,授课教师及时收集了"学生课堂学习反思表"(见图5),以便了解学生的真实感受和反馈。同时,结合"学习单""教师课堂有效提问评价表""学生课堂学习反思表"授课教师进行了教学反思(见图6)。

评价标准		分数(表现程度)				
		5	4	3	2	1
准	目标明确、具体、适切		✓			
	符合数学课程标准		✓			
	凸现数学学科内涵		✓			
	符合学生认知规律			✓		
问	问题设计有梯度,激发学生思考			✓		
	提出的问题能引发学生深度思考				✓	
	给予学生提问的机会,并进行指导			✓		
	提问能够因势利导,促进学生数学理解			✓		
思	对学生的回答能及时引导点拨			✓		
	对预设问题能及时调整			✓		
	对新生成问题有应对策略			✓		
	培养学生分析问题解决问题的能力			✓		
效	激发学生兴趣,培养旺盛的求知欲,增强数学学习信心,学生学习主动、积极、投入,敢于质疑,发表自己的看法	✓				
	达成数学教学目标	✓				
	学生的参与度与练习的准确度	✓				
	课堂检测效果			✓		
等第	合格					

图4 试讲"教师课堂有效提问评价表"

	评价标准	分值	得分	合计
问	及时主动提出问题	5	2	2
思	积极主动思考	1	1	3
	有自己的见解	2	1	
	遇到错误，能进行错因分析，并及时改正	2	1	
用	围绕学习目标学会倾听	1	1	2
	采用多种方法解决问题	1	0	
	能联系旧知，实现知识迁移	1	0	
	能够按照要求完成作业或测评	1	1	
	能完整梳理所学知识	1	0	
创	观点有新意、有突破	2	1	1
	敢于和朋辈共同探索、挖掘新知	1	0	
	能摸索出新思路或新方法	2	0	

图 5 试讲"学生课堂学习反思表"

类别	具体提问序列	课堂提问类型						提问教学功能			
		知识	理解	应用	分析	综合	评价	浅思	深思	反思	创思
课前预设提问	母亲节快要到了,小丽打算用100元买一束康乃馨送给母亲,这束康乃馨由红色和粉红色康乃馨组成,已知红色康乃馨7元一支,粉红色康乃馨5元一支,那么这束花可以由几支红色康乃馨,几支粉红色康乃馨组成?	✓						✓			
	采用方程法解决问题1,可以得到怎样的方程?		✓							✓	
	这是什么方程?	✓								✓	
	什么叫做二元一次方程?		✓							✓	
	下列方程是二元一次方程的是?				✓					✓	
	方程 $7x+5y=100$ 的解是什么?				✓				✓		
	它有多少个解?				✓				✓		
	方程 $7x+5y=100$,它有多少个解?				✓				✓		
	什么是二元一次方程的解集?				✓				✓		
	将方程 $36x-4y=56$ 变形为用含 x 的式子表示 y,并求当 x 分别取2、-5相应的 y 的值			✓						✓	
	求二元一次方程 $x+4y=16$ 的正整数解			✓					✓		
	本节课你学到了哪些知识?						✓			✓	
课堂生成提问	对于问题1中,这个题目中小丽用100元买一束康乃馨送给母亲,是不是100元可以不用花完,如果不用花完,有多少种购买方式?					✓					✓
	如果把 $7x+5y=100$ 看作是一个关于 y 的方程,又该如何变形呢?					✓					✓
	求一个二元一次方程的特殊解的一般步骤有哪些呢?						✓				✓

	原有教学提问	改进后提问
课后改进提问	小丽的母亲生日到了,小丽打算用100元钱去买一束鲜花送给母亲,这束鲜花要有红和粉红两种颜色的康乃馨组成,已知红色康乃馨7元一支,粉红色康乃馨5元一支,那么这束花可以由几支红色康乃馨,几支粉红色康乃馨组成?	小丽的母亲生日到了,小丽打算用100元钱去买一束鲜花送给母亲,这束鲜花要有红和粉红两种颜色的康乃馨组成,已知红色康乃馨7元一支,粉红色康乃馨5元一支,如果小丽想买6支粉红色康乃馨,那么最多还可以买多少支红色康乃馨?一元一次方程的概念是什么?它有什么特征?
	采用方程法解决问题1,可以得到怎样的方程?这是什么方程?什么叫做二元一次方程?	小丽的母亲生日到了,小丽打算用100元钱去买一束鲜花送给母亲,这束鲜花要有红和粉红两种颜色的康乃馨组成,已知红色康乃馨7元一支,粉红色康乃馨5元一支,那么这束花可以由几支红色康乃馨,几支粉红色康乃馨组成?二元一次方程的概念是什么?它有什么特征?
提问反思	(1) 问题设计不能引起学生深度思考 从整体上看,虽然所有的问题串都是围绕最初的"核心问题"展开,但解决这一核心问题的过程却被过度拆分成若干个衔接度不强的"小问题"。这种设计难以有效地引导学生的思维走向深处,激发学生的深度思考。此外,在课堂教学过程中,上课教师习惯于提出非此即彼的问题,例如以"对不对?"、"是不是?"、"行不行?"等结束语的问题。这类问题较为肤浅,学生往往无需深入思考便能随意喊叫、猜测或跟风回答,对他们的思维锻炼并无实质性帮助。 (2) 缺乏对学生引导和评价的意识 教师在提问后,学生的回答不完善,往往选择转问其他同学进行补充或提供相应的提示,而对回答的学生是如何产生答案的整个具体思考过程关注不足。这种做法不仅导致学生无法充分展示自己的思考路径和遇到的问题,也剥夺了他们从错误中学习和反思的机会。同时,问题1和问题2的设计方式也限制了学生的思维,没有给予他们足够的空间去探索多样化的解法,从而限制了学生提供多样化回答的可能性。 (3) 重视"课前预设"忽视"课堂生成" 在教学中,教师过于依赖课前的预设问题,而忽视了课堂上学生的实际反应和即时生成的新问题,这是新手教师中较为普遍的现象。在本次课中,面对学生积极提出的问题,教师以"提出的问题很棒,我们课下继续讨论"话语作为回应,回避了课堂上即时生成的问题的探讨。这种做法不仅未能充分利用课堂生成的教学资源,还可能导致学生提问的热情和积极性受挫。

图6 试讲"教师课堂教学有效提问反思表"

通过"一单三表"评价量表的反馈,发现教学中存在三个方面的问题。

(1)问题设计不能引发学生深度思考。在课堂教学过程中,上课教师习惯提出非此即彼的问题,如问题3中,教师提问"这是什么方程",学生回答"二元一次方程"后,教师仅以"对不对"作为反问,随即结束对话,并未进一步探究其背后的原因或引导学生进行深入思考。这类问题过于表面化,学生往往不需要深入思考即可轻易回答,对他们的思维锻炼并无实质性帮助。

(2)课堂教学缺少对问题的引导和及时评价。教师在提问后,往往更侧重学生答案的正确性,而对学生是如何产生这些答案的具体思考过程则缺少意图评价。例如,在问题4中,教师提问"什么是二元一次方程",A学生回答"含有两个未知数且未知数的次数都是一次的方程"。而B学生提出了质疑:"含有两个未知数的一次方程才是二元一次方程,比如 $xy = 5$,就不是二元一次方程。"教师肯定了B学生的回答,但却未对A学生的思考过程给予足够的评价关注。A学生实际上是类比一元一次方程来给出定义的,这种类比思考本身是有价值的,但教师的反馈却未能体现出对这一点的认可和鼓励。这种评价不仅导致学生无法充分展示自己的思考路径和遇到的问题,也剥夺了他们从错误中学习和反思的机会。

(3)青年教师重视"课前预设"忽视"课堂生成"。在教学中,教师过于依赖课前的预设问题,而忽视了课堂上学生的实际反应和即时生成的新问题,这种情况在新手教师中尤为突出。在本次课中,当学生积极提出问题,例如,"对于问题1中,这道题目中小丽用100元买一束康乃馨送给母亲,是不是100元可以不用花完,如果不用花完,有多少种购买方式"时,教师以"提出的问题很有自己的想法,这个问题就是要花完100元,其他的情况我们课下继续讨论"作为回应,实际上回避了课堂上即时生成的问题的探讨。这种做法未能充分利用课堂生成的教学资源,可能会导致学生提问的热情和积极性受挫。

基于"一单三表"的反馈机制,同时结合学生课前预习提出的问题,教师对问题进行了深入的研究与再设计优化(见图7)。

课前预习:预习课本内容你想问什么问题?

问题1:小丽的母亲生日到了,小丽打算用100元钱去买一束鲜花送给母亲,这束鲜花要有红和粉红两种颜色的康乃馨组成.已知红色康乃馨7元一支,粉红色康乃馨5元一支,如果小丽想买6支粉红色康乃馨,那么最多还可以买多少支红色康乃馨?

问题2:一元一次方程的概念是什么? 它有什么特征?

问题3:小丽的母亲生日到了,小丽打算用100元钱去买一束鲜花送给母亲,这束鲜花要有红和粉红两种颜色的康乃馨组成.已知红色康乃馨7元一支,粉红色康乃馨5元一支,那么这束花可以由几支红色康乃馨,几支粉红色康乃馨组成?

问题4:二元一次方程的概念是什么? 它有什么特征?

问题5:下列方程是二元一次方程的是(　　　).

(A) $x^2+x+1=0$; 　　　　(B) $\dfrac{2}{3}x+1=0$;

(C) $x+y-z=0$; 　　　　(D) $x+4y=16$

问题6:方程 $7x+5y=100$ 解是什么? 它有多少个解?

问题7:将方程 $36x-4y=56$ 变形为用含 x 的式子表示 y,并求当 x 分别取 2、-5 时相应的 y 的值.

问题8:小丽的母亲生日到了,小丽打算用100元钱去买一束鲜花送给母亲(全部用完).这束鲜花要有红和粉红两种颜色的康乃馨组成.已知红色康乃馨7元一支,粉红色康乃馨5元一支,那么这束花可以由几支红色康乃馨,几支粉红色康乃馨组成?

问题9:求二元一次方程 $x+4y=16$ 的正整数解.

问题10:通过本节课的学习内容,你收获了什么?

图7　"二元一次方程"教学设计二稿

从问题1到问题5,运用类比推理策略,实现从一元一次方程向二元一次方程的教学过渡,让学生能够自然而然地联结旧知与新知,形成扎实的知识脉络。从问题6到问题9,围绕核心问题——二元一次方程的特殊解,精心设计了问题串,并且注重"子问题"之间的连贯性和层次性,帮助学生思维沿链拓展。

3. 二轮试讲问题优化

在完成问题设计的改进后,教师进行了第二次试讲,并收集了"教师课堂有效提问评价表"(见图8)和"学生课堂学习反思表"(见图9),同时撰写了"教师课堂教学有效提问反思表"（见图10）。

评价标准		分数(表现程度)				
		5	4	3	2	1
准	目标明确、具体、适切	✓				
	符合数学课程标准	✓				
	凸现数学学科内涵		✓			
	符合学生认知规律		✓			
问	问题设计有梯度，激发学生思考		✓			
	提出的问题能引发学生深度思考			✓		
	给予学生提问的机会，并进行指导		✓			
	提问能够因势利导，促进学生数学理解		✓			
思	对学生的回答能及时引导点拨		✓			
	对预设问题能及时调整		✓			
	对新生成问题有应对策略		✓			
	培养学生分析问题解决问题的能力		✓			
效	激发学生兴趣，培养旺盛的求知欲，增强数学学习信心；学生学习主动、积极、投入，敢于质疑，发表自己的看法	✓				
	达成数学教学目标	✓				
	学生的参与度与练习的准确度		✓			
	课堂检测效果		✓			
等第	良					

图8　再试讲"教师课堂有效提问评价表"

	评价标准	分值	得分	合计
问	及时主动提出问题	5	3	3
思	积极主动思考	1	1	4
	有自己的见解	2	1	
	遇到错误，能进行错因分析，并及时改正	2	2	
用	围绕学习目标学会倾听	1	1	5
	采用多种方法解决问题	1	1	
	能联系旧知，实现知识迁移	1	1	
	能够按照要求完成作业或测评	1	1	
	能完整梳理所学知识	1	1	
创	观点有新意、有突破	2	1	2
	敢于和朋辈共同探索、挖掘新知	1	1	
	能摸索出新思路或新方法	2	0	

图 9　再试讲"学生课堂学习反思表"

类别	具体提问序列	课堂提问类型						提问教学功能			
		知识	理解	应用	分析	综合	评价	浅思	深思	反思	创思
课前预设提问	小丽的母亲生日到了，小丽打算用 100 元钱去买一束鲜花送母亲。这束鲜花要有红和粉红两种颜色的康乃馨组成。已知红康乃馨 7 元一支，粉红色康乃馨 5 元一支，如果小丽想买 6 支粉色康乃馨，那么最多还可以买多少支粉色康乃馨？	✓						✓			
	一元一次方程的概念是什么？它有什么特征？		✓							✓	
	小丽的母亲生日到了，小丽打算用 100 元钱去买一束鲜花送给母亲，这束鲜花要有红和粉红两种颜色的康乃馨组成，已知红色康乃馨 7 元一支，粉红色康乃馨 5 元一支，那么这束花可以由几支红色康乃馨，几支粉红色康乃馨组成？	✓						✓			
	二元一次方程的概念是什么？它有什么特征？		✓							✓	
	下列方程是二元一次方程的是( )：			✓						✓	
	方程 $7x+5y=100$ 解是什么？它有多少个解？			✓						✓	
	将方程 $36x-4y=56$ 变形为用含 x 的式子表示 y，并求当 x 分别取 2、-5 时相应的 y 的值。			✓						✓	
	问题8:小丽的母亲生日到了，小丽打算用 100 元钱去买一束鲜花送给母亲(全部用完)，这束鲜花要有红和粉红两种颜色的康乃馨组成，已知红色康乃馨 7 元一支，粉红色康乃馨 5 元一支，那么这束花可以由几支红色康乃馨，几支粉红色康乃馨组成？					✓				✓	
	求二元一次方程 $x+4y=16$ 的正整数解.					✓				✓	
	本节课你学到了哪些知识？						✓			✓	
课堂生成提问	只含有一个未知数且未知数的次数是一次的方程叫做一元一次方程，为什么含有两个未知数且未知数的次数是一次的方程叫做二元一次方程呢？				✓						✓
	有一元一次方程、二元一次方程那会有三元一次方程吗？				✓						✓
	三元一次方程或者其他一次方程的研究思路都是和本节课一样吗？				✓						✓

类别	原有教学提问	改进后提问
课后改进提问	小丽的母亲生日到了，小丽打算用 100 元钱去买一束鲜花送母亲，这束鲜花要有红和粉红两种颜色的康乃馨组成，已知红色康乃馨 7 元一支，粉红色康乃馨 5 元一支，如果小丽想买 6 支粉色康乃馨，那么最多还可以买多少支粉色康乃馨？	【素材】母亲节快要到了，小丽打算用一束康乃馨送给母亲，这束康乃馨由红色和粉红色康乃馨组成，已知红色康乃馨 7 元一支，粉红色康乃馨 5 元一支，…… 请你以上面提供的素材为基础，发现并提出一个问题，分析并尝试解决这个问题，必要时可以添加题目条件。
	将方程 $36x-4y=56$ 变形为用含 x 的式子表示，并求当 x 分别取 2、-5 时相应的 y 的值	你能尝试归纳求二元一次方程特殊解的一般步骤吗？
	求二元一次方程 $x+4y=16$ 的正整数解	请你以 $x+4y=16$ 为素材，结合本节课的知识设计一个实际问题，并解决。

提问反思	1. 问题设置的合理性 在课堂上提出的问题是否符合学生的认知水平？问题的难易程度是否适中，能否激发学生的思考兴趣？尤其是在用含一个未知数的式子表示另一个未知数这个知识点上，预设问题与课堂生成有所出入时，该如何提问？问题的设置是否与教学目标紧密相关？在后续教学中，我需要进一步调整问题的设置，以便更好地适应学生的需求。 2. 学生反应分析 在提问过程中，我密切观察了学生的反应，是否能够迅速理解问题并作出回答，学生的回答是

图 10 再试讲"教师课堂教学有效提问反思表"

结合"一单三表"评价量表的反馈,在教学过程中遇到生成的问题,教师能发挥学生的主动性,给学生时间和空间,激起学生探讨问题、解决问题的内驱力,让学生敢于提出问题。例如,学生问"只含有一个未知数且未知数的次数是一次的方程叫作一元一次方程,为什么含有两个未知数且未知数的次数是一次的方程不是二元一次方程呢?"教师对此给予了积极肯定,并借此问题引导学生深入剖析概念,"这位同学提出了一个很好的问题,同学们能否通过小组讨论,给这位同学一个答复呢?"教学设计也存在不足,虽然问题的设计整体上有了改进,但问题串的设计更多地偏向于记忆型、理解型和应用型等低阶思维层面,而较少涉及分析型、评价型和创造型等高阶思维的问题。

基于"一单三表"的反馈机制,对问题设计进行第三次修改,如图 11 所示。

课前预习:预习课本内容你想问什么问题?

问题 1:【素材】母亲节快要到了,小丽打算用 100 元买一束康乃馨送给母亲,这束康乃馨由红色和粉红色康乃馨组成,已知红色康乃馨 7 元一支,粉红色康乃馨 5 元一支,……请你以上面提供的素材为基础,发现并提出一个问题,分析并尝试解决这个问题,必要时可以添加题目条件.

问题 2:一元一次方程的概念是什么? 它有什么特征? 什么是一元一次方程的解?

问题 3:方程 $7x+5y=100$ 应该怎么命名? 为什么?

问题 4:二元一次方程概念是什么? 它又有什么特征? 什么是二元一次方程的解?

问题 5:下列方程是二元一次方程的是(   ):

A. $2x^2+3x=1$;   B. $x+y-z=1$;   C. $x+\dfrac{2}{y}=3$;   D. $\dfrac{2y}{3}-\dfrac{x}{6}=5$

问题 6:方程 $7x+5y=100$ 的解是什么? 它有多少个解?

问题 7:有更简便的方法求 $7x+5y=100$ 的解吗?

问题 8:求二元一次方程 $7x+5y=100$ 的一些解,有哪些方法?

问题 9:母亲节快要到了,小丽打算用 100 元买一束康乃馨送给母亲,这束康乃馨由红色和粉红色康乃馨组成,已知红色康乃馨 7 元一支,粉红色康乃馨 5 元一支,那么这束花可以由几支红色康乃馨,几支粉红色康乃馨组成?

问题 10:你能尝试归纳求二元一次方程特殊解的一般步骤吗?

问题 11:请你以 $x+4y=16$ 为素材,结合本节课的知识设计一个实际问题,并解决。

问题 12:通过本节课的学习内容,你收获了什么?

图 11 "二元一次方程"教学设计三稿

教师设计具有针对性、导向性的问题,激活已有的生活经验和基础知识,沿着问题拾级而上;问题 1 和问题 11 两个开放性问题,增强学生思维的变通性与灵活性,让学生学会多角度、多层次、多维度地分析和解决问题,提升高阶思维能力。

4. 教学展示问题精进

最后,教师进行了见习公开教学展示,并收集了"教师课堂有效提问评价表"(见图 12)和"学生课堂学习反思表"(见图 13),同时撰写了"教师课堂教学有效提问反思表"(见图 14)。

评价标准		分数(表现程度)				
		5	4	3	2	1
准	目标明确、具体、适切	✓				
	符合数学课程标准	✓				
	凸现数学学科内涵	✓				
	符合学生认知规律	✓				
用	问题设计有梯度,激发学生思考	✓				
	提出的问题能引发学生深度思考	✓				
	给予学生提问的机会,并进行指导	✓				
	提问能够因势利导,促进学生数学理解	✓				
思	对学生的回答能及时引导点拨	✓				
	对预设问题能及时调整		✓			
	对新生成问题有应对策略		✓			
	培养学生分析问题解决问题的能力	✓				
效	激发学生兴趣,培养旺盛的求知欲,增强数学学习信心,学生学习主动、积极、投入,敢于质疑,发表自己的看法	✓				
	达成数学教学目标	✓				
	学生的参与度与练习的准确度	✓				
	课堂检测效果	✓				
等第	优					

图 12 教学展示"教师课堂有效提问评价表"

	评价标准	分值	得分	合计
问	及时主动提出问题	5	5	5
思	积极主动思考	1	1	5
	有自己的见解	2	2	
	遇到错误，能进行错因分析，并及时改正	2	2	
用	围绕学习目标学会倾听	1	1	4
	采用多种方法解决问题	1	1	
	能联系旧知，实现知识迁移	1	1	
	能够按照要求完成作业或测评	1	1	
	能完整梳理所学知识	1	0	
创	观点有新意、有突破	2	1	4
	敢于和朋辈共同探索、挖掘新知	1	1	
	能摸索出新思路或新方法	2	2	

图 13 教学展示"学生课堂学习反思表"

类别	具体提问序列	课堂提问类型						提问教学功能			
		知识	理解	应用	分析	综合	评价	浅思	深思	反思	创思
课前预设提问	【素材】母亲节快要到了，小丽打算用100元买一束康乃馨送给母亲，这束康乃馨由红色和粉红色康乃馨组成，已知红色康乃馨7元一支，粉红色康乃馨5元一支…… 请你以上面提供的素材为基础，发现并提出一个问题，分析并尝试解决这个问题，必要时可以添加题目条件。					✓					✓
	一元一次方程的概念是什么？它有什么特征？什么是一元一次方程的解？		✓							✓	
	方程 $7x+5y=100$ 应该怎么命名？为什么？	✓						✓			
	二元一次方程概念是什么？它又有什么特征？什么是二元一次方程的解？		✓							✓	
	下列方程是二元一次方程的是？			✓						✓	
	方程 $7x+5y=100$ 的解是什么？它有多少解？			✓						✓	
	有更简便的方法求 $7x+5y=100$ 的解吗？		✓							✓	
	求二元一次方程 $7x+5y=100$ 的一些解，有哪些方法？					✓					✓
	母亲节快要到了，小丽打算用100元买一束康乃馨送给母亲，这束康乃馨由红色和粉红色康乃馨组成，已知红色康乃馨7元一支，粉红色康乃馨5元一支，那么这束花可以有几支红色康乃馨，几支粉红色康乃馨组成？			✓						✓	
	你能尝试归纳求二元一次方程特殊解的一般步骤吗？					✓					✓
	请你以 $x+4y=16$ 为素材，结合本节课的知识设计一个实际问题，并解决。					✓					✓
	通过本节课的学习内容，你收获了什么？						✓				✓
课堂生成提问	一共有多少种购买花的方式					✓					✓
	二元一次方程的一般形式是什么？					✓					✓
	只含有一个未知数且未知数的次数是一次的方程叫做一元一次方程，为什么含有两个未知数且未知数的次数是一次的方程叫做二元一次方程呢？					✓					✓
	母亲节快要到了，小丽打算用100元买一束康乃馨送给母亲，这束康乃馨由红色和粉红色康乃馨组成，已知红色康乃馨7元一支，粉红色康乃馨5元一支，那么这束花可以由几支红色康乃馨，几支粉红色康乃馨组成？如果100元不用花完，那一共有多少种购买方案？哪种购买花最少的钱，购买最多的花？					✓					✓
课后改进提问	原有教学提问							改进后提问			
提问反思	1. 教学目标的达成度 通过提问，本节课基本有效地达成了教学目标，学生能够掌握关键知识点和解特殊解的技巧，但学生的思维能力、分析能力和解决问题的能力是否得到了提升，这需要后续课堂以及作业中进一步观察才能获得，以便评估教学目标的达成度，并调整教学策略。 2. 互动有效性评估 在提问过程中，学生的参与度还是比较高的，愿意主动发言并分享自己的观点，促进了学生之间的交流与合作，提高学生的参与度和学习效果。 3. 课堂氛围										

图14 教学展示"教师课堂教学有效提问反思表"

整节课从学习内容、研究方法、学习价值等层面多维度地落实教学内容,通过给学生搭建自主合作探究的学习平台,突破二元一次方程特殊解难点。同时,课堂模式也从教师设计问题转变为教师引领学生发现和提出问题,这一转变显著提升了学生的课堂参与度,使得课堂从有效迈向高质。

(三) 案例反思

1. 量表运用:助力教师成长,优化教学流程

通过实施"一单三表"量表,教师能够系统地收集并分析教学过程中的多维度反馈信息,从而准确认识到教学中的优势与不足。这一量表不仅促使教师对其教学实践进行深入反思,还为他们提供了具体、有针对性的改进建议,助力教师在教学实践中不断成长,并进一步优化教学流程。

2. 问题引领:促进思维发展,深化学习体验

有效提问要求教师注重问题的质量和价值,鼓励多元思考和质疑精神,以推动学生在原有思维基础上获得进一步发展。每个问题的设计要能够引发学生深度思考,涉及的观点和内容都应具有启发性,使学生敢于质疑,能够独立、主动地以怀疑和好奇的态度进行思维活动。

3. 问题提出:培养高阶思维,践行核心素养

随着数学课程改革的深入,提升学生从数学角度发现和提出问题的能力、分析和解决问题的能力(简称"四能")已成为数学课程目标的重要组成部分。在课堂上,教师应有意识地培养学生的提问能力,逐步从教师提问过渡到学生提问,最终使学生成为能够独立提出问题的思考者。

五、成效与反思

(一) 从"会问"到"优问",助推教师评价素养提高

提问是评价的方法之一,有效提问是实现有效教学的关键环节。在有效教学中,伴随师生互动的深入,高效课堂也就此生成。通过共读、共学以及对教师问题设计的共研,教师对有效提问的必要性达成高度共识,对提问能力在教师评价素养中的重要地位有了深刻认识,同时,掌握了相关理论知识以及设计有效问题的能力,表现出了对问题设计和运用效果较强的敏感性和判断力。

课堂教学实施有效、高质的提问,与教师自身"问"的能力密切相关。除了课

前对问题预设外,课上还应关注问题对学生思维的启发作用和对学习的促进作用,掌握提问、纠错、分析、深化的时机,以问题引领教学。

同时,通过对表单的"实践—优化—再实践",提问是否有效已经成为教师教学反思的重要内容。这对改进教学准备、优化教学过程、提高评价能力、实现教学目标来说非常关键。更值得关注的是,在开展有效提问实践的过程中,惊喜地发现"有效提问"能力提升对教师评价素养发展的正向影响,这是由于提问所引发的对话、观察、互动所带来的。

(二) 从"敢问"到"善问",激活学生深度思维

教师的教,应该服务于学生的学。通过问题,知识才得以进入学生思维的门户。苏霍姆林斯基也说过,孩子提出的问题越多,那么他认识周围的东西也就越多,在学校中也会越聪明。[①]

在问题情境中,教师进行教学引导,学生借助问题进行师生、生生间的互动和交流,激发教学双方探索的积极性,促进有意义的学习,挖掘课堂更多的活力和发展的可能,从而帮助学生思维走向深刻、趋向高阶。

学生在本研究中的成长是可视的。以往的教学观察中,课堂上抛出某个问题,学生会出现"知而不答"或"不知不问"等沉默、回避的现象,有些则可能无法准确捕捉问题核心,从而"跑题",偏离教学内容、干扰课堂进展……这与学生的自尊自信、主动思考、参与度、逻辑性等有关。在开展研究的进程中,以学生的学习行为表现为证据,反观有效提问实践的成效时,发现了可喜的改变,学生在课堂中,有了更多的发问、反问和追问,问题也由低阶认知问题转变为高阶开放问题,表现出师生间的"平等"和"敞开"。

(三) 从"低阶"到"高阶",搭建稳固的"问题"脚手架

提问是师生互动的基础和桥梁,问题就像这两者之间的脚手架。有学者指出,教师基于学生的疑问和反馈,生成高阶问题并发问,可为学生构建一个"最近发展区",促生新想法。更重要的是,在这一过程中,学生学到的关于"提问"的知识多源自教师所做出的表率,这将会有助于培养学生一种重要的思维

① 丁一.小学语文有效教学的三个着力点[J].上海教育科研,2011(12):82-83.

习惯——问的能力。① 由此证明,有效提问并不是教师单向发展的,这一点,也与本研究中关于"教师有效提问发展的过程中,学生同步发展"的实践结论互为佐证。

此外,参与教学实践研究的教师也愈发认识到,一个好的问题,不仅可以吸引学生的注意力,提高参与度,还往往能推动学生在课堂中开展合作、探究和创新,并在延伸问题的过程中,主动学习,完成知识构建,促进综合能力的发展,因此问题的本身价值也就不言而喻了。

(上海师范大学附属浦东临港中学　赵玉梅)

第六节　初中教师美育评价素养培育的实践研究

一、问题提出

在"双新"背景下,随着教育改革的深入,美育的地位日益凸显,《教育部关于全面实施学校美育浸润行动的通知》提出:"强化各学科教师的美育意识和美育素养……深化美育评价改革,发挥评价的牵引和导向作用,探索多元化教育评价方式,开展增值性评价、过程性评价、体验性评价、表现性评价、应用性评价,重在关注学生个体成长"。② 教师自身美育意识和评价素养的高低对美育教学有着深刻影响。广泛开展专业培训、能力监测和科学研究既有助于教师美育素养提升,也是落实国家教育文件的应有之义。另外,教师美育评价素养的现状确也呈现出诸多问题。因此,如何提升教师的美育意识和评价素养已成为教育研究的重要课题。

(一) 多学科渗透美育评价的局面尚未形成

以往艺术与其他学科教师间交流与合作机会较少,未深刻认识到美育在学

---

① 杨瑞,孙虹霞,夏嫱,等.基于提问与对话的互动教学对批判性思维培养的探索[J].基础医学教育,2024(06):528-532.
② 中华人民共和国教育部.关于全面实施学校美育浸润行动的通知(教体艺〔2023〕5号).

生全面发展中的作用,其评价自然局限在艺术类教师群体中。另外,如何将美育评价融入跨学科教学中这一论题研究较少,各学科教师使用多种评价方法和工具的能力也较弱,从而导致教师美育评价素养较低。

（二）教师美育评价素养的规范评价指标欠缺

由于多学科美育评价观念薄弱、评价标准模糊、评价能力不足、各学科美育涵养各有特点等原因,教师美育评价素养评价指标匮乏且尚未形成一套通用型的指标。因此,建立一套科学性强、有效性高、适用性广的教师美育评价指标,对明确美育评价方向、提升评价质量、促进教师发展等具有重要的作用。

（三）缺乏针对教师美育评价素养的研究和机制构建

目前国内外缺乏针对中小学教师美育评价素养的专题研究,相关研究大多集中在教师评价素养方面,且也呈现理论研究较多,实证研究较少的局面。我国当前的教师评价素养研究主要从"三维结构说"[1]或"四维结构说"[2]出发,发现我国教师虽然有着较高的评价意愿,但由于评价知识的匮乏、评价技能的欠缺,使其内部各要素的发展呈现极为不平衡的态势。另外,我国学者或学校内缺乏持续研究和实践的机制,这也造成相关研究后劲不足。

基于此,本研究将结合致远中学各科教师美育评价的实际情况,制订评价工具、研发评价标准,聚焦课堂教学评价改革。

二、指标落实

（一）指标构建

课题组在《浦东新区中小学教师评价素养关键能力通用指标(1.0版)》的基础上,综合国家政策、期刊文献,并结合致远中学以往开展美育评价和教师美育评价素养培训的经验,在高校专家的指导下,构建了"上海市致远中学教师美育评价素养指标框架"。构建方法和过程如下。

1. 研究方法设计

本研究采用扎根理论的方法,将编码程序分为开放性编码、主轴编码和选择

---

① 郑东辉.教师评价素养发展研究[D].上海:华东师范大学博士学位论文,2009.
② 赵雪晶.我国中学教师教学评价素养研究[D].上海:华东师范大学,2014.

性编码三个步骤。原因如下:一是程序化扎根理论有一套可以与量化研究匹敌的严谨的研究程序,①通过以政策文件为原始资料构建结构模型,将政策从国家层面的顶层设计转化为真正可落地的实践;二是鉴于学科教师美育评价素养的研究尚处初期,缺乏成熟的理论模型,采用该方法可有效建构范畴和模型,促进教师评价素养的科学发展。

2. 研究工具运用

本研究借助 Nvivo20 PLus 对政策文本进行自由编码,以期构建致远中学不同学科教师美育评价素养的结构模型。

3. 研究样本选择

由于我国尚未出台专门针对美术教师评价素养的政策文件,因此,选取了2023 年 10 月至 12 月间与义务教育阶段教师美育评价素养间接相关的 19 份政策文件作为研究样本(见表 1),涵盖国务院、教育部、上海市教委等官方来源,并随机抽取预留出 3 份政策文本进行后续饱和度检验。

表 1　义务教育美术教师美育评价素养相关政策文件

编号	样本名称	颁发机构	颁发时间
P1	《关于全面加强和改进学校美育工作的意见》	中共中央办公厅 国务院办公厅	2015 年 9 月 15 日
P2	《全面深化新时代教师队伍建设改革的意见》	中共中央办公厅 国务院办公厅	2018 年 1 月 20 日
P3	《深化新时代教育评价改革总体方案》	中共中央办公厅 国务院办公厅	2020 年 10 月 13 日
P4	《关于全面加强和改进新时代学校美育工作的意见》	中共中央办公厅 国务院办公厅	2020 年 10 月 30 日
P5	《全国学校艺术教育发展规划(2001—2010 年)的通知》	教育部	2002 年 5 月 13 日

---

① 吴肃然,李名荟.扎根理论的历史与逻辑[J].社会学研究,2020,35(02):75－98+243.

（续表）

编号	样本名称	颁发机构	颁发时间
P6	《关于积极推进中小学评价与考试制度改革的通知》	教育部	2002 年 12 月 18 日
P7	《中小学教师教育技术能力标准（试行）》	教育部	2004 年 12 月 15 日
P8	《小学教师专业标准（试行）》	教育部	2012 年 9 月 13 日
P9	《中学教师专业标准（试行）》	教育部	2012 年 9 月 13 日
P10	《中小学生艺术素质测评办法》	教育部	2015 年 5 月 26 日
P11	《义务教育质量评价指南》	教育部等六部门	2021 年 3 月 1 日
P12	《义务教育课程方案（2022 年版）》	教育部	2022 年 4 月 8 日
P13	《义务教育艺术课程标准（2022 年版）》	教育部	2022 年 4 月 8 日
P14	《基础教育课程教学改革深化行动方案》	教育部	2023 年 5 月 9 日
P15	《关于全面实施学校美育浸润行动的通知》	教育部	2023 年 12 月 20 日
P16	《关于小学阶段实施基于课程标准的教学与评价工作的意见》	上海市教育委员会	2013 年 8 月 7 日
P17	《上海市学校美育发展"十四五"规划》	上海市教育委员会	2022 年 1 月 20 日
P18	《上海市中小学艺术工作管理办法》	上海市教育委员会等六部门	2025 年 3 月 15 日
P19	《上海市义务教育质量绿色指标评价实施方案（2024 年修订版）》	上海市教育委员会	2024 年 3 月 19 日

4. 数据编码分析

2024 年 1—4 月，课题组在高校专家的指导下，利用 Nvivo20 Plus 对政策文件样本进行编码分析，提炼出"评价意识""评价知识""评价技能"及"评价价值取向"四大主范畴，并确立"初中教师美育评价素养指标"为核心范畴。围绕核心范畴的"故事线"可以概括为：初中教师的美育评价素养由评价意识、评价知识、评价技能及评价价值取向四个主范畴构成，其中以评价意识为起点，以评价价值取向为内在动力与导向,进而引导教师不断积累评价知识,发展评价技能,最终提升其美育评价素养。

5. 指标体系建构

在专家指导下,课题组历经五轮修订,于 2024 年 4 月成功构建了"致远初中教师美育评价素养指标框架"(见表 2—表 4)。该体系经检验在理论上达到饱和状态,可用于后续实践。

表 2　初中教师美育评价素养指标框架 1.0

一级指标	二级指标	指标阐述
价值取向	政策导向	1. 围绕提升学生文化理解、审美感知、艺术表现、创意实践等核心素养,运用多元化教育评价方式,全面考查学生发现美、感受美、表现美、鉴赏美、创造美的能力 2. 坚持德智体美劳五育并举,善于将美育及其评价融入各学科教育环节中,形成充满活力、多方协作、开放高效的学校美育新格局 3. 以社会主义核心价值观为引领,强化对中华美精神内容的评价,引领学生树立正确的历史观、民族观、国家观、文化观,陶冶高尚情操,塑造美好心灵,增强文化自信 4. 规范开展美育评价,避免锦标意识和功利化倾向
	学生参与	1. 注重学生主体性,促使学生积极参与美育活动评价 2. 能以协商的态度引导学生主动参与评价,不应独舞
	伦理原则	1. 尊重和保护学生的隐私、兴趣爱好和个性特点 2. 合法、合规、合理地实施评价,保障学生得到公平评价 3. 让学生了解美育评价的目标、内容和标准等
评价意识	评价规划	1. 能自觉地进行美育评价规划(包括外部、课堂、课后等) 2. 评价规划不仅要设计结果评价,还要关注过程评价、结果解读和交流反馈 3. 评价规划要面向全体、全流程,将评价结果与学生综合素质评价相联系
	全面评价	1. 认识到美育评价内容覆盖学校美育工作、美育教学活动及其延伸教学活动,要全面地开展美育评价工作

（续表）

一级指标	二级指标	指标阐述
评价能力	评价知识	1. 具备美育意识和素养,强化审美素养和创新意识自评,能专业地开展学生美育评价活动 2. 认识美育评价的价值在于了解学生已有水平、取得的成绩以及存在的问题,促进教学相长 3. 了解评价方法与工具的作用及优劣,知道在实际的美育评价工作中如何使用常见的评价方法和工具 4. 理解有关美育评价理论的基本概念和原理,掌握这些理论间的差异
	评价方法	1. 掌握、运用科学的美育评价方法(包括增值性评价、过程性评价、体验性评价、表现性评价、应用性评价等),将评价意识成功地转化为评价实践活动 2. 明确评价目的,综合各评价方法优缺点,选择适宜的评价方法,其中目标导向美育评价主要采用测量或终结性考试,过程导向的美育评价主要采用形成性评价或过程性观察 3. 善于参考相关教育评价方法,开发适合美育的评价方法
	评价过程	1. 积极搭建学生展示平台,设计有效展示学生艺术作品的机会或任务,准确收集和保存相关作品 2. 引导学生开展作品自评,甄选反映学生最高水平的作品进行公开展示与点评,并将其复制收藏 3. 及时关注学生在审美和人文素养方面的提升,对其进行激励性的过程性评价,对存在的负面现象和问题开展引导改正工作
	结果运用	1. 能合理、全方位地评定学生美育成就情况,并对其作出准确解释 2. 可以有效利用外部、课堂评价信息,给学生作及时反馈,帮助学生认清自己,改进不足 3. 采取多种方式向学生、家长、社会和教育机构交流美育评价结果,并恰如其分地使用评价术语,清楚地表达测评结果的意义、范围和建议,同时依此改进自身教学

表 3　初中教师美育评价素养指标框架 3.0

一级指标	二级指标	指标阐述
评价意识	评价态度	1. 能够认识美育评价对学生学习和发展的重要性 2. 知道并认可美育评价需纳入学生综合素质档案 3. 了解并认真对待全员艺术素质测评和初中艺术科目学业水平考试 4. 能够主动关注美育评价领域的最新发展和研究成果,愿意不断调整和完善自己的评价实践
	评价认知	1. 能够理解美育评价指向教与学的改进,有助于学生发现美、感受美、表现美、鉴赏美、创造美 2. 能够关注五育融合视角下学生的综合发展 3. 能够认识到美育评价要面向全体学生 4. 能够认识到美育评价的对象不仅包括学生的知识技能,还涵盖学习过程、情感、态度、价值观等多个方面
评价价值取向	评价观念	1. 能够树立科学成才观念,认可改变用分数给学生贴标签的做法,创新德智体美劳过程性评价,注重全面发展 2. 注重以学生为中心,能够做到面向人人、因材施教、知行合一 3. 能够注重观察、记录与分析,倡导基于证据的评价 4. 重在关注学生个体成长,鼓励个性化、多元化的学习成果
	道德伦理	1. 能够尊重和保护学生的隐私、兴趣爱好和个性特点 2. 能够合法、合规、合理地实施评价,保障学生得到公平评价
评价知识	评价术语	能够理解常用的美育评价术语的含义与用法
	评价原理	1. 能够知道美育评价的基本概念、原则和理论 2. 了解指导美育评价实践的基本准则和规范,如,道德性、公正性、科学性和可行性等
	评价方式	1. 了解多元的教育评价方式,包括增值性评价、过程性评价、体验性评价、表现性评价、应用性评价等 2. 知道在实际的美育评价工作中如何使用常见的评价方式
	评价工具	1. 了解常见的评价工具,包括测验、问卷、观察记录等,并知道如何选择和使用 2. 了解现代技术在教育评价中的作用与应用,如,线上评价系统、大数据分析等
	评价标准	1. 了解各类评价标准的内容、特点以及适用范围 2. 知道评价标准的制定过程

（续表）

一级指标	二级指标	指标阐述
评价技能	设计评价任务	1. 能够基于学生的文化背景、学习兴趣、学习动机、知识和技能等，设计具有情境性、真实性、过程性的评价任务，真实反映学生的美育学习情况 2. 能够在评价任务的设计中包含学习过程、学习结果等
	制定评价标准	1. 能够根据学生年龄，确定适当的参与范围，教师与学生共同制定美育评价标准 2. 能根据过程性学生表现，及时完善和修订美育评价标准
	选择评价方式	1. 能够根据教学情况和评价任务，选择一种或多种合适的评价方式 2. 能够基于证据，创新美育评价方式
	实施评价过程	1. 能够根据教学和评价目的，有针对性地收集学生的过程性成果 2. 能够及时关注学生在学习过程中行为规范、学习兴趣、学习习惯等方面的表现，进行激励性或引导性的过程性评价 3. 能够对学生的过程性表现进行准确记录 4. 能够引导学生对自己的成果进行自评 5. 注重家校间的互动与交流，能够了解学生在校外美育活动中取得的进步与成就
	分析评价结果	1. 能够以定性与定量相结合的方式形成学生美育成长画像 2. 能够基于美育成长画像，对学生美与发展的个性特征、优缺点等进行全面分析，用欣赏优点、激励成长的态度进行解读并作出具有情感的述评 3. 能够根据评价结果分析学生达到教学目标的程度，评估教学成效
	反馈与改进	1. 能够向学生、家长、其他非专业听众和其他教育工作者准确传达评估结果，包括评估结果对于学生的含义、局限性和影响等 2. 能够利用积累的美育评价信息了解每个学生迄今为止的进步，给到学生个性化发展建议、资源与服务 3. 能够利用积累的美育评价信息来制定合理的教学计划，更好地促进学生发展

表 4 初中教师美育评价素养指标框架 5.0

一级指标	二级指标	三级指标	指标描述
评价意识	评价思维	1. 逻辑性思维	教师具有运用推理、分析、演绎、归纳、辩证等理性逻辑开展美育评价活动的思维能力
		2. 系统性思维	教师具有从全局和整体视角出发,科学系统开展课堂美育评价和综合美育评价活动的思维能力
		3. 创造性思维	教师具有创新课堂美育评价方法、丰富美育评价内容,制定美育评价工具等思维能力
		4. 批判性思维	教师具有持续反思并改善美育评价活动,提升美育评价成效的反省性思维能力
	评价动机	1. 评价兴趣	教师展现出对美育评价活动的积极情感倾向和内在驱动力,包括对美育评价内容的深入研究、对美育评价方法的创新探索以及对美育评价反馈的积极回应等
		2. 主观意愿	教师展现出主动参与各类美育评价活动、做出各种评价行为的强烈意愿
		3. 评价态度	教师对待美育评价任务、评价对象和评价结果所持有的稳定而一致的心理倾向,包括客观、公正等积极态度
		4. 政策引导	教师根据美育评价相关政策的规定和指导,明确评价活动的具体要求与标准,以确保评价动机与政策要求保持一致
		5. 激励机制	通过各类外部奖励机制,激发并增强教师美育评价意识
		6. 考核要求	根据美育相关学科的考核标准与要求,对教师美育评价进行规范,确保评价的有效性
		7. 评价氛围	教师形成积极健康的美育评价氛围,提升教师主动参与美育评价活动的热情与意愿
		8. 专项培训	教师形成定期参加与美育评价相关的教师培训和自主研修的意识

（续表）

一级指标	二级指标	三级指标	指标描述
评价知识	评价标准	1. 政策文件要求	教师遵循和体现相关政策文件所规定的标准和要求，确保美育评价工作与政策导向保持一致
		2. 学业质量描述	教师开展美育评价所遵循的标准应符合各学科课程标准中学业质量描述的要求
		3. 以学定评	教师根据学生的实际学习情况和需求来确定美育评价内容和方式，确保评价能够真实反映学生的学习成果和发展水平
	评价术语	1. 针对学生的评价术语	教师知道使用各类美育评价术语评价学生在学业、态度和能力等多方面展现出的水平及发展潜力，如，知识掌握牢固、技能运用熟练、创新思维活跃等
		2. 针对教师的评价术语	知道如何使用术语评价教师在教学、评价和师德等方面表现出的专业素养和能力，如，教学能力精湛、评价方法多元、师生互动融洽等
		3. 针对课堂的评价术语	知道如何使用术语评价课堂教学在内容、实施和效果等方面所达到的质量和成效，如，课堂目标明确、课堂成效显著等
		4. 针对评价的评价术语	知道如何使用术语评价教师的评价过程和方法在公正性、准确性、客观性和可信度等方面的表现，如"教、学、评"一致性、评价客观性、评价氛围良好等
	评价方式	1. 表现性评价	教师让学生在真实或模拟的课堂环境中，运用先前获得的知识解决某个新问题或创造某种东西，以考查学生知识与技能的掌握程度，以及实践、问题解决、交流合作和批判性思考等多种复杂能力的发展状况
		2. 多主体评价	评价主体要多元，学生、教师、家长等共同参与评价过程，以获取更全面、多角度的评价信息
		3. 过程性评价	注重对学生学习过程中的表现、进步和变化进行持续、细致地记录和及时反馈，以全面评价学生的学习状态和成果
		4. 协商式评价	通过教师与学生之间的沟通与协商，共同制定评价标准和方法

（续表）

一级指标	二级指标	三级指标	指标描述
评价知识	评价方式	5. 增值性评价	不仅关注学生现有学习成果的评价,更重视学生在一段时间内学习进步幅度和增值情况的评价,以衡量学生发展的潜力和成效
		6. 终结性评价	对学生在某一学习阶段或任务结束后的学习成果进行综合性、总结性的美育评价,以评估其最终的学习效果
	评价方法	1. 行为观察	通过直接观察学生在学习中的行为表现,以获取真实的一手信息开展评价
		2. 情景测验	通过设计特定情景来测试和评价学生在课堂学习中的表现
		3. 纸笔测试	通过书面形式的试题来检验和评价学生的学习情况
		4. 档案袋	通过收集、整理和分析学生在学习过程中产生的各类作品、成果和反思等材料,以建立学生的个人学习档案,全面评价其学习和发展情况
		5. 评语	通过口头或书面的评语,对学生的表现、进步和需要进行具体、有针对性地评价,以提供个性化反馈和指导
	评价工具	1. 学科测试卷	设计用于检验和评价学生在某一学科领域知识掌握和应用能力的标准化测试工具
		2. 调查问卷	通过设计问卷形式的问题,收集和分析评价对象的意见、态度和行为等信息开展评价
		3. 现代信息技术	在评价中运用先进的数字技术和工具,如,数据分析软件、在线平台等,以提高评价的效率和准确性,促进评价的现代化和科学化
	自我反思	1. 交流反思	可以主动与学生、家长、同事、学校领导进行交流和沟通,对自己的评价能力与效果进行评价与反思
		2. 认知更新	持续跟踪学科前沿动态,及时更新和完善自身与美育评价相关的知识体系

（续表）

一级指标	二级指标	三级指标	指标描述
评价技能	评价设计	1. 明确评价目标	围绕核心素养内涵、课程总目标和学段目标，教师能够准确界定和阐述评价目的 确保美育评价活动紧密围绕教学目标和评价目标展开，更好地促进学生发展，实现"教、学、评"一致性
		2. 设定评价任务	依据教学目标和评价标准，合理设计具有针对性、可操作性的美育评价任务
		3. 选取评价方式	根据教学目标、评价目的、评价任务等，选择合适的评价方式，或能够尝试基于证据，创新美育评价方式
		4. 选择评价工具	能够基于评价目标、评价任务和评价内容等，合理选择并有效利用各种评价工具，以提高评价效率和客观性
		5. 确定评价标准	能够根据学生年龄，确定适当的参与范围，教师与学生共同制定美育评价标准 能够根据学生过程性表现，及时完善和修订美育评价标准
	评价过程	1. 行为观察	能够及时关注学生学习过程中在行为规范、学习兴趣、学习习惯等方面的表现，进行激励性或引导性的过程性评价
		2. 过程记录	能够对学生的过程性表现进行客观、准确地记录
		3. 作业（品）收集	能够根据教学和评价目的，有针对性地收集学生的过程性成果
	评价反馈	1. 解读评价结果	能够对评价结果以定性与定量相结合的方式形成学生美育成长画像 能够基于美育成长画像，对学生美与发展的个性特征、优缺点等进行全面的、个性化、发展性的解读，用欣赏优点、激励成长的态度进行解读，并妥善运用评价语言作出具有情感的述评
		2. 运用评价结果	能够利用评价结果为学生提供个性化学习指导，引导学生改进学习；能够利用评价结果优化教学设计和策略，改进美育教学工作，从而持续提升学习成效和教学质量 能够向学生、家长、其他非专业听众和其他教育工作者准确传达评估结果，包括评估结果对于学生的含义、局限性和影响等

（续表）

一级指标	二级指标	三级指标	指标描述
评价价值取向	立德树人	以德为先	在评价中树立育人为本、德育为先的理念，培养学生适应未来发展的正确价值观、必备品格和关键能力，引导学生明确人生发展方向，成长为德智体美劳全面发展的社会主义建设者和接班人
	以美育人	1. 坚持美育理念	在评价中坚持"以美启真、以美引善、以美导行、融美于德"的美育理念
		2. 提高学生审美与人文素养	通过发挥评价的功能来提高学生审美与人文素养
		3. 弘扬中华美育精神	在评价中应积极传承和发扬中华民族优秀的美育传统，引领学生树立正确的审美观念、陶冶高尚的道德情操、塑造美好心灵，遵循美育特点，以美育人、以美化人、以美培元
	素养导向	聚焦核心素养测评	围绕核心素养内涵、课程总目标和学段目标，依据课程的内容要求、学业要求和学业质量标准，进行全面、综合的评价
	道德伦理	1. 教育公平	教师在美育评价中要面向人人，以学生为主体，确保每个学生都能享有平等的教育评价的机会 教师要做到因材施教，根据学生个性差异实施针对性评价 教师在美育评价中要尊重学生人格、尊重学生的个体差异，并尊重学生艺术学习的选择性，不偏袒、不歧视任何学生，以公正、客观的态度评价每个学生
		2. 诚信原则	教师在开展美育评价时始终保持诚实、公正的态度确保评价数据的真实性和准确性，客观记录学生的成长和进步
		3. 保护隐私	尊重并保护学生的个人隐私 确保评价数据的保密性，避免不当泄露

（二）致远中学初中教师美育评价素养指标框架

"致远中学初中教师美育评价素养指标框架"（见表 5—表 8）分为"评价意识、评价知识、评价技能、评价价值取向"4 个一级指标，每个一级指标下设 2—4 个二级指标，共计 15 个；每个二级指标下设若干个三级指标。

表5 "评价意识"指标

一级指标	二级指标	三级指标	指标描述
评价意识	评价思维	逻辑性思维	• 具备条理清晰、合乎逻辑的思考方式 • 可以遵循逻辑的方法和规律,按照逻辑的程序开展评价工作
		系统性思维	• 具备全面、整体、关联性的思考方式,对学生开展全面评价和综合评价 • 将评价对象视为一个整体系统,从全局视角出发,把握学生的整体表现
		创造性思维	• 具有独特想象力和创造力,可以创新评价方法、丰富美育评价内容,制定评价工具等
		批判性思维	• 具有合理的、反思性的思维,通过一定的标准评价并改善思维,以实现客观的评价
	评价动机	评价兴趣	• 教师展现出的对美育评价活动的积极情感倾向和内在驱动力,包括对美育评价内容的深入研究、对评价方法的探索创新以及对评价反馈的积极回应等
		主观意愿	• 教师主动产生参与美育评价活动、发挥评价作用的强烈意愿
		评价态度	• 教师对待美育评价任务、评价对象和评价结果所持有的稳定而一致的心理倾向,包括客观、公正等积极态度
		政策引导	• 根据美育评价相关政策的规定和指导,明确评价活动的具体要求与标准,以确保评价动机与政策要求保持一致
		激励机制	• 通过奖励制度、晋升机会等激励机制,激发并增强评价者的评价动机
		考核要求	• 根据美育相关学科的考核标准与要求,对评价者的评价进行规范,以确保评价活动的有效性
		评价氛围	• 校园内积极健康的教师评价氛围有助于激发教师的评价热情,端正评价动机,促进教师主动参与评价活动
		专项培训	• 教师主动参与美育评价相关的教师培训和自主研修,通过系统地学习和实践,增强评价理论素养和评价专业能力,积累评价经验,进而端正和提升评价动机和效果

表6 "评价知识"指标

一级指标	二级指标	三级指标	指标描述
评价知识	评价标准	政策文件要求	● 遵循和体现相关政策文件所规定的标准和要求,确保评价工作与政策导向保持一致
		学业质量描述	● 评价标准应符合各学科课程标准中学业质量描述的要求
		以学定评	● 根据学生的实际学习情况和需求来确定评价内容和方式,确保评价能够真实反映学生的学习成果和发展水平
	评价术语	针对学生的评价术语	● 知道如何使用术语评价学生在学业、态度和能力等多方面展现出的水平及发展潜力,如,知识掌握牢固、技能运用熟练、创新思维活跃等
		针对教师的评价术语	● 知道如何使用术语评价教师在教学、评价和师德等方面表现出的专业素养和能力,如,教学能力精湛、评价方法多元、师生互动融洽等
		针对课堂的评价术语	● 知道如何使用术语评价课程在内容、实施和效果等方面所达到的质量和成效,如,课堂目标明确、课堂成效显著等
		针对评价的评价术语	知道如何使用术语评价教师的评价过程和方法在公正性、准确性、客观性和可信度等方面的表现,如,"教、学、评"一致性、评价客观性、评价氛围良好等
	评价方式	表现性评价	● 教师让学生在真实或模拟的生活环境中,运用先前获得的知识解决某个新问题或创造某种东西,以考查学生知识与技能的掌握程度,以及实践、问题解决、交流合作和批判性思考等多种复杂能力的发展状况
		多主体评价	● 评价主体要多元,学生、教师、家长等共同参与评价过程,以获取更全面、多角度的评价信息
		过程性评价	● 注重对学生学习过程中的表现、进步和变化进行持续、细致地记录和及时反馈,以全面评价学生的学习状态和成果
		协商式评价	● 通过教师与学生之间的沟通与协商,共同制定评价标准和方法
		增值性评价	● 不仅关注学生现有学习成果的评价,更重视学生在一段时间内学习进步幅度和增值情况的评价,以衡量学生发展的潜力和成效
		终结性评价	● 对学生在某一学习阶段或任务结束后的学习成果进行综合性、总结性的评价,以评估其最终的学习效果

（续表）

一级指标	二级指标	三级指标	指标描述
评价知识	评价方法	行为观察	● 通过直接观察学生在学习中的行为表现,以获取真实的一手信息开展评价
		情景测验	● 通过设计特定情景来测试和评价学生在模拟环境中的表现
		纸笔测试	● 通过书面形式的试题来检验和评价学生的学习情况
		档案袋	● 通过收集、整理和分析学生在学习过程中产生的各类作品、成果和反思等材料,以建立学生的个人学习档案,全面评价其学习和发展情况
		评语	● 通过口头或书面的评语,对学生的表现、进步和需要进行具体、有针对性地评价,以提供个性化反馈和指导
	评价工具	学科测试卷	● 设计用于检验和评价学生在某一学科领域知识掌握和应用能力的标准化测试工具
		调查问卷	● 通过设计问卷形式的问题,收集和分析评价对象的意见、态度和行为等信息开展评价
		现代信息技术	● 在评价中运用先进的数字技术和工具,如,数据分析软件、在线平台等,以提高评价的效率和准确性,促进评价的现代化和科学化
	自我反思	交流反思	● 可以主动与学生、家长、同事、学校领导进行交流和沟通,对自己的评价能力与效果进行评价与反思
		认知更新	● 持续跟踪学科前沿动态,及时更新和完善自身与评价相关的知识体系

表7 "评价技能"指标

一级指标	二级指标	三级指标	指标描述
评价技能	评价设计	明确评价目标	• 围绕核心素养内涵、课程总目标和学段目标,教师能够准确界定和阐述评价目的 • 确保评价活动紧密围绕教学目标和评价目标展开,更好地促进学生发展,实现"教—学—评"一致性
		设定评价任务	• 依据教学目标和评价标准,合理设计具有针对性、可操作性的评价任务
		选取评价方式	• 根据教学目标、评价目的、评价任务等,选择合适的评价方式 • 能够尝试基于证据,创新美育评价方式
		选择评价工具	• 能够基于评价目标、评价任务和评价内容等,合理选择并有效利用各种评价工具,以提高评价效率和客观性
		确定评价标准	• 能够根据学生年龄,确定适当的参与范围,教师与学生共同制定美育评价标准 • 能够根据学生过程性表现,及时完善和修订美育评价标准
	评价过程	行为观察	• 能够及时关注学生学习过程中在行为规范、学习兴趣、学习习惯等方面的表现,进行激励性或引导性的过程性评价
		过程记录	• 能够对学生的过程性表现进行客观、准确记录
		作业(品)收集	• 能够根据教学和评价目的,有针对性地收集学生的过程性成果
	评价反馈	解读评价结果	• 能够对评价结果以定性与定量相结合的方式形成学生美育成长画像 • 能够基于美育成长画像,对学生美与发展的个性特征、优缺点等进行全面的、个性化的、发展性的解读,用欣赏优点、激励成长的态度进行解读,并妥善运用评价语言作出具有情感的述评
		运用评价结果	• 能够利用评价结果为学生提供个性化学习指导,引导学生改进学习;能够利用评价结果优化教学设计和策略,改进美育教学工作,从而持续提升学习成效和教学质量 • 能够向学生、家长、其他非专业听众和其他教育工作者准确传达评估结果,以及评估结果对于学生的含义、局限性和影响等

表 8 "评价价值取向"指标

一级指标	二级指标	三级指标	指标描述
评价价值取向	立德树人	以德为先	● 在评价中树立育人为本、德育为先的理念,培养学生适应未来发展的正确价值观、必备品格和关键能力,引导学生明确人生发展方向,成长为德智体美劳全面发展的社会主义建设者和接班人
	以美育人	坚持美育理念	● 在评价中坚持"以美启真、以美引善、以美导行、融美于德"的美育理念
		提高学生审美与人文素养	● 通过发挥评价的功能来提高学生审美与人文素养
		弘扬中华美育精神	● 在评价中应积极传承和发扬中华民族优秀的美育传统,引领学生树立正确的审美观念、陶冶高尚的道德情操、塑造美好心灵,遵循美育特点,以美育人、以美化人、以美培元
	素养导向	聚焦核心素养测评	● 围绕核心素养内涵、课程总目标和学段目标,依据课程的内容要求、学业要求和学业质量标准,进行全面、综合的评价
	道德伦理	教育公平	● 教师在美育评价中要面向人人,以学生为主体,确保每个学生都能享有平等的教育评价的机会 ● 教师要做到因材施教,根据学生个性差异实施针对性评价 ● 教师在美育评价中要尊重学生人格、尊重学生的个体差异,并尊重学生艺术学习的选择性,不偏袒、不歧视任何学生,以公正、客观的态度评价每个学生
		诚信原则	● 教师在开展美育评价时始终保持诚实、公正的态度 ● 确保评价数据的真实性和准确性,客观记录学生的成长和进步
		保护隐私	● 尊重并保护学生的个人隐私 ● 确保评价数据的保密性,避免不当泄露

（三）调查研究

为了解上海市致远中学各学科教师的美育评价素养现状,结合上文"指标体系"中的各项指标,本项目组研制了教师美育评价素养调查问卷与访谈提纲,共对学校的 63 名教师进行了调查,并对其中的 28 位教师做了深度访谈。访谈对象包含学校领导、文科教师、理科教师和音体美教师,教龄覆盖 1 至 20 年,且都有组织或参与过美育相关活动的经历。

1. 问卷调查结果及分析

初中教师美育评价素养调查问卷共 14 题,其中 1—7 题为教师基本信息,8—10 题为教师评价素养学习情况,第 11—14 题为教师美育评价意识、知识、技能、价值取向等,最终结果可总结为以下五个方面。

(1)教师评价素养学习情况。依据调研结果,近一半教师在入职前接受过教师评价素养方面的培训,但仅有不到 13% 的人有过相关课题(项目)经历或完整学习过相关著作,可见教师评价素养已得到重视,但教师参与的相关研究或实践较为薄弱。(见图 1)

题8:您在入职前是否接受过教师评价素养方面的培训?

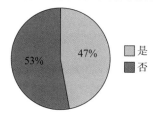

题9:您是否参加过教师评价素养方面的课题或项目?

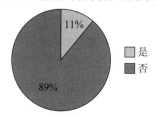

题10:截至目前,您是否完整学习过一本教师评价素养方面的著作?

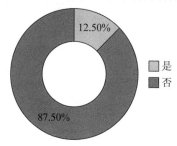

图 1 教师评价素养学习情况结果统计图

(2)教师美育评价意识现状分析。由图 2 可知,超过 65% 的教师在开展美育评价活动及相关研究的意愿、能力、技术、外部条件等方面持积极态度。整组数据表明目前学校与教师高度重视美育评价工作,大部分教师愿意接受美育评价课程与培训,有意在教学工作中创新评价方法及工具,运用多种评价方式对学生开展美育评价活动,并根据评价结果反思、优化教学。

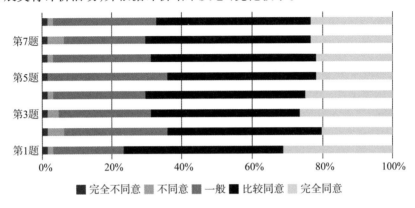

图2 教师美育评价意识现状结果统计图

(3)教师美育评价知识现状分析。根据图3数据,一半以上的教师能掌握并不断学习与评价相关的理论和技术知识,较多教师能够基于学科课程标准中的学业质量描述制订评价标准,针对不同的评价对象采用不同的评价术语,为后续美育评价活动的实践操作做好准备。但当前许多中小学教师仍存在美育评价素养缺失、评价方法匮乏、无法开发和创新评价工具等情况。

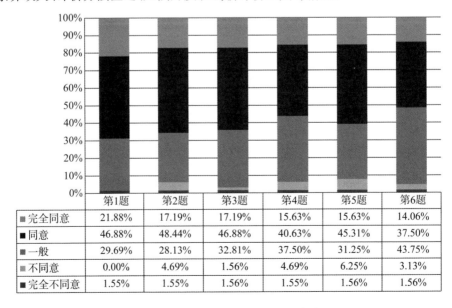

	第1题	第2题	第3题	第4题	第5题	第6题
完全同意	21.88%	17.19%	17.19%	15.63%	15.63%	14.06%
同意	46.88%	48.44%	46.88%	40.63%	45.31%	37.50%
一般	29.69%	28.13%	32.81%	37.50%	31.25%	43.75%
不同意	0.00%	4.69%	1.56%	4.69%	6.25%	3.13%
完全不同意	1.55%	1.55%	1.56%	1.55%	1.56%	1.56%

图3 教师美育评价知识现状结果统计图

（4）教师美育评价技能现状分析。据图4显示，接近70%的教师曾尝试过使用过程性评价、个性化评价结果对学生进行个性化指导，约60%的教师曾使用超过一种评价工具进行美育评价。此外，在美育评价目标方面，半数左右教师（占52.38%）表示能围绕核心素养内涵、课程总目标和学段目标设计具有针对性、可操作性的评价任务，确保美育评价目标紧密围绕教学目标和评价目标展开。

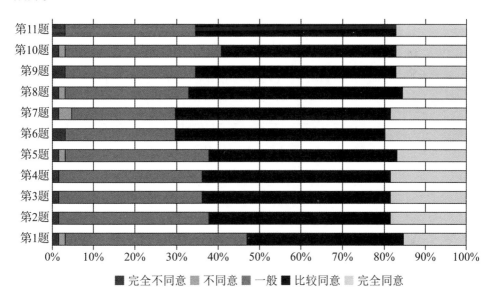

图4 教师美育评价技能现状结果统计图

（5）教师美育评价价值取向现状分析。从图5中可见，当前大部分中小学教师能够基于素养导向，客观公正地对学生进行全面综合的美育评价，并认为美育评价能够帮助学生树立正确的审美观、真善美品质与陶冶道德情操，从而形成积极向上的价值取向。

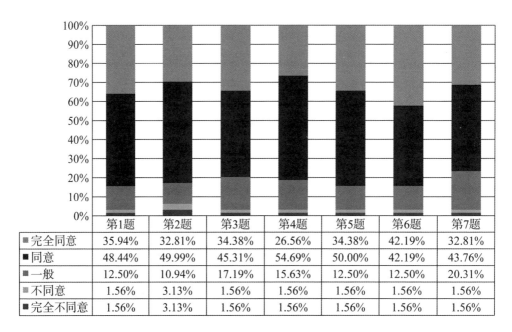

	第1题	第2题	第3题	第4题	第5题	第6题	第7题
■完全同意	35.94%	32.81%	34.38%	26.56%	34.38%	42.19%	32.81%
■同意	48.44%	49.99%	45.31%	54.69%	50.00%	42.19%	43.76%
■一般	12.50%	10.94%	17.19%	15.63%	12.50%	12.50%	20.31%
■不同意	1.56%	3.13%	1.56%	1.56%	1.56%	1.56%	1.56%
■完全不同意	1.56%	3.13%	1.56%	1.56%	1.56%	1.56%	1.56%

图5 教师美育评价价值取向现状结果统计图

2. 访谈调查及结果分析

本次访谈涉及校领导、文科教师、理科教师和音体美教师四个群体,为此针对性地设计了3个访谈提纲(见表9—表11),访谈结果如下。

表9 初中教师美育评价素养访谈记录表(学校领导)

受访人		性别		学历	
访谈时间	___月___日	职务		任教年级	
年龄		职称		任教学科	
访谈问题	1. 您认为每个学科教师应具备美育评价素养吗? 如果认为有必要,请讲讲您的理由				

（续表）

访谈问题	2. 您的学校在教师美育评价素养方面做过哪些工作或努力？请举例说明
	3. 您认为提升教师美育评价素养,学校、教师、学生与家长能做些什么？
	4. 您认为教师美育评价素养应包括哪些方面的内容？

表 10 初中教师美育评价素养访谈记录表（文理科教师）

受访人		性别		学历	
访谈时间	___月___日	职务		任教年级	
年龄		职称		任教学科	
访谈问题	1. 您对美育的认识是什么？它在您所授学科中的体现在哪里？				

（续表）

访谈问题	2. 您了解过美育评价吗？在平日对学生的评价过程中,有涉及到美育评价么？
	3. 您认为您所授学科的教师应具备美育方面的评价素养吗？请讲讲您的理由。
	4. 您认为在进行学生美育评价时,您遇到的最大困难或挑战是什么？您是如何应对的？
	5. 您认为提升教师美育评价素养,学校、教师、学生与家长能做些什么？

表 11　初中教师美育评价素养访谈记录表(音体美教师)

受访人		性别		学历	
访谈时间	___月___日	职务		任教年级	
年龄		职称		任教学科	
访谈问题	1. 您是否有过教师评价素养或教师美育评价素养的培训或学习经历？如果有,请您讲讲它们对提高您美育评价能力的价值				

（续表）

访谈问题	2. 您认为在进行学生美育评价时,您遇到的最大困难或挑战是什么? 您是如何应对的?
	3. 您认为提升教师美育评价素养,学校、教师、学生与家长能做些什么?
	4. 您认为每个学科教师应具备美育评价素养吗? 如果认为有必要,请讲讲您的理由

（1）校领导的积极态度。校领导们认为提升教师美育评价素养对教师的专业发展及学生的全面发展具有重要意义,同时,他们呼吁教育部门和社会各界给予更多的关注和支持。

（2）文理科老师的共识。文理科老师们几乎都能认识到,教师美育评价素养的提高对于提升教学质量、激发学生兴趣、培养学生创造力和审美能力具有积极作用,并建议通过制订明确的评价标准、增加趣味实验、鼓励学生参与评价、家校合作等方式推进。

（3）音体美老师的建议。音体美老师们对美育评价素养有着更深刻的理解，认为教师应通过不断学习和实践，提升自身的美育评价素养，以更科学、更公正的方式进行评价。同时，他们建议学校加强教师美育评价素养的培训力度，为学生的全面发展提供有力支持。

综上，可以看到校领导和各学科教师在意识上高度一致，充分肯定教师美育评价素养的重要性，并纷纷提出自己的见解和建议。旨在通过提升教师的美育评价素养，促进学生的全面发展。

三、实施举措

（一）搭建课题研究团队，形成定期研究机制

2023 年 5 月，我校搭建课题研究团队，确定初步研究方向并定期组织教研、培训活动，例如，课题组教师积极阅读教育评价专著和相关文献，厘清教师评价素养、美育评价、美育评价素养的定义，并定期组织好书共读及文献研究交流分享活动；参加上海市和浦东新区各类美育评价素养的外部培训，如，上海市中小学美育素养评价体系及试点推进项目研讨会、区级初中美育教研活动、浦东美术馆鉴赏教学评价培训等。2023 年 11—12 月，为了保证课题能顺利且高效推进，聘请上海师范大学美术学院硕士研究生导师徐耘春老师作为校外指导专家，通过外部协作力量和专业力量，扩展教师评价素养提升的学习情境，推动专业赋能。

（二）不同学科课程标准中与美育评价相关内容的梳理和分析

《教育部关于全面实施学校美育浸润行动的通知》提出："构建完善艺术学科与其他学科协同推进的美育课程体系，遵循美育特点，突出价值塑造。充分发挥艺术课程在学校美育中的主渠道作用，深入挖掘各学科蕴含的美育价值与功能……充分发挥相关学科的美育功能，挖掘和运用各学科蕴含的品德美、社会美、科学美、健康美、勤劳美、自然美等丰富美育资源。"

基于政策内容，我校项目组不同学科教师对新课标中与美育评价有关的内容进行了梳理和分析，挖掘各学科中的美育要素及评价相关要点，为后续课程开发及制订跨学科课程美育评价方案提供依据（见表 12、表 13）。

表 12　新课标美育要素及评价相关要点梳理表

教师	卫怡雯、王若曦	执教学科	音乐
要点梳理	1. 通过"欣赏",学生体验音乐的情绪与情感,了解音乐的表现要素、表现形式,感知、理解音乐的体裁与风格等,发展音乐听觉与感知能力,丰富音乐审美体验,深化音乐情感体验,提升审美感知和文化理解素养 2. 听赏与评述是重要的音乐学习任务,是培育学生审美感知和文化理解素养的有效途径,对学生丰富情感体验和审美体验、积累欣赏音乐的经验、理解音乐相关文化、提高审美情趣具有重要作用 3. 音乐作为各个要素集合的统一体,以整体的力量作用于人,对音乐的审美应建立在整体观念基础之上 4. 感知、了解中国民族音乐的体裁、形式和审美特征,能运用所学知识和听觉经验,区分民歌的基本体裁,对我国有代表性的民歌或器乐曲的体裁、特点、风格、意蕴等作出判断和简单描述 5. 感知、了解有代表性的世界民族民间音乐,以及优秀创作作品的体裁、形式、审美特征和风格类型,能作出判断和简单描述 6. 能综合运用所学知识分析和描述其体裁、形式、审美特征、风格特点和文化内涵,并联系相关文化背景解释风格形成的主要原因 7. 能感知和了解舞蹈、戏剧等综合性表演艺术的审美特征与风格特点,理解作品的表现内容和内在意蕴 8. 了解戏剧的基本要素和中国戏曲的基本表现手段,能表达自己的审美感受		

表 13　新课标美育要素及评价相关要点梳理表

教师	杨君	执教学科	语文
要点梳理	1. 通过积极的语言实践,积累语言经验,体会语言文字的特点和运用规律,培养语言文字运用能力,形成自觉的审美意识,培养高雅的审美情趣 2. 课程评价应准确反映学生的语文学习水平和学习状况,注重考查学生的语言文字运用能力、思维过程、审美情趣和价值立场 3. 总目标:热爱国家通用语言文字,感受语言文字及作品的独特价值,认识中华文化的丰厚博大,汲取智慧,弘扬社会主义先进文化、革命文化、中华优秀传统文化,建立文化自信,感受语言文字的美,感悟作品的思想内涵和艺术价值,能结合自己的经验,理解、欣赏和初步评价语言文字作品,丰富自己的情感体验和精神世界。能借助不同媒介表达自己的见闻和感受,学习发现美、表现美和创造美,形成健康的审美情趣 4. 阅读与鉴赏:欣赏文学作品,有自己的情感体验,初步领悟作品的内涵,从中获得自然、社会、人生的有益启示。能对作品中感人的情境和形象说出自己的体验,品味作品中富于表现力的语言。感受经典名著的艺术魅力,丰富自己的精神世界 5. 表达与交流:多角度观察生活,发现生活的丰富多彩,能抓住事物的特征,为写作奠定基础。写作要有真情实感,表达自己对自然、社会、人生的感受、体验和思考,力求有创意 6. 梳理与探究:注重理解中华优秀传统文化蕴含的核心思想理念、中华人文精神和传统美德,表达自己作为中华民族一员的归属感和自豪感 7. 语言文字积累与梳理:在语言文字运用情境中,发现、感受和表现语言文字的魅力。围绕汉字、书法、成语典故、对联、诗文等方面内容,策划并开展语文学习、展示和交流活动。加深对语言文字及其文化内涵的认识和理解。梳理学过的语言现象,欣赏优秀作品的语言表达技巧,初步探究语言文字的运用规律 8. 实用性阅读与交流:阅读表现人与自然的优秀文学作品,包括古诗文名篇,体会作者通过语言和形象构建的艺术世界,借鉴其中的写作手法,表达自己对自然的观察和思考,抒发自己的情感。学习欣赏、品味作品的语言、形象等,交流审美感受,体会作品的情感和思想内涵。在主题情境中,开展文学阅读和创意表达活动,引导学生感受文学之美,表达自己的独特感受,促进学生的精神成长。重视古代诗文的诵读积累,感受文学作品语言、形象、情感等方面的独特魅力和思想内涵,提升审美能力和审美品位

（三）研制课堂美育评价表

我校项目组立足课堂教学评价改革,基于美育评价指标框架,研制出 4 份教师课堂评价表。

首先,根据不同学科课程评价标准,设计出"初中教师课堂美育评价提示表"（见表 14）,帮助各学科教师高效梳理出课程评价要点。

其次,制订"初中教师课堂美育评价设计表"（见下页表 15）,帮助各学科教师在课程教学设计前细化评价目标、评价任务、评价方式、评价工具等。

表 14　初中教师课堂美育评价提示表

维度	核心要素	指标与要点	
1. ……		1	
		2	
		3	
		4	
		5	
		6	
2. ……		7	
		8	
		9	
		10	
		11	
		12	
3. ……		13	
		14	

表 15　初中教师课堂美育评价设计表

课程名称		执教学科		
授课教师		执教年级		
授课时间	___月___日第___节课	课程类型	□ 常规课	□ 活动课
评价设计	评价目标：			
	评价任务：			
	评价方式：			
	评价工具：			
	评价标准：			

注：可结合各学科课程标准中的相关内容进行撰写

　　第三,改进原有课程教学设计(即教案),在课程设计思路部分增加课程评价思路;在教学过程设计中,针对每一个课堂教学环节,增设 2 栏,分别填写对应的评价任务和评价方法;加入更详细的评价表设计栏,教师需在此栏中填入详细的评价量规;在课后作业设计部分,增加作业评分标准及情况反馈;在教学反思部分增加对教学评价的反思与改进(见表 16)。

表 16 "课程名称"教学设计表(改进版)

学校:_____ 　　　　　　　教师姓名:_____

教学对象:___年级___班　　　授课时间:___年___月___日第___节

课程名称	
课程类型	□ 国家课程　　□ 地方课程　　□ 校本课程　　　学科
课程标准模块	艺术实践: 学习任务:
使用教材	国家教材(版本+年级+课题)/自编校本教材(年级+课题)
设计思路	(分析本课性质和特点,分析学生知识与技能现状,提出总体教学思路、真实性学习任务、评价机制和教学策略与方法) 一、学情分析 二、课程设计思路 三、课程评价思路
国家课程标准	
课程目标	一、知道 二、能做 三、理解

（续表）

教学重难点	一、重点 二、难点			
教学资源	一、教具 二、学具			
教学过程设计				
环节	教师活动	学生活动	评价任务	评价方法

（续表）

课后作业设计
作业内容： 参考答案及评分标准： 作业情况反馈：
本课教学成果
评价表
如评价量规等
本课教学反思
教学设计的反思与改进： 教学实施的反思与改进： 教学评价的反思与改进： 作业设计的反思与改进：

第四，研制"初中教师课堂美育评价素养观察表"（见表17），每门课程安排2—3位老师进入课堂对跨学科美育评价示范课程进行观察，评价教师在教学中美育评价的内容，并提出改进意见，促进教师后续进一步评价优化。

表 17　初中教师课堂美育评价素养观察表

评课教师				授课教师			
执教学科				执教年级			
课程类型	□ 常规课　　□ 活动课			授课时间	＿＿月＿＿日第＿＿节课		
课程名称							
评价维度	评价内容	评价要求		评价等级(在对应栏打"✓")			
				未涉及	水平1	水平2	水平3
评价知识	评价标准	教师开展美育评价所遵循的标准应体现相关政策文件所规定的标准和要求,符合各学科课程标准中学业质量描述的要求,可以根据学生的实际学习情况和需求来确定评价内容和方式					
	评价术语	针对学生、教师、课堂、评价本身等不同的评价对象,可以采用不同的评价术语进行美育评价					
	评价方式	可以根据学情及具体教学目标,有针对性地选择表现性评价、过程性评价、增值性评价等评价方式。例如:当需要评估学生在真实环境中的实际操作能力和问题解决能力时可以选择表现型评价、当需要评估学生在一段时间内学业成就的变化可以选择增值性评价等					
	评价方法	可以根据学生特点和评价需求,选择适合的方法进行评价,如,档案袋、评语、情景测验、行为观察等					
	评价工具	了解评价表、观察表、问卷等常见评价工具,并且可以使用现代技术手段开展美育评价,提升美育评价工作的效率和准确性,全面收集和分析学生学习数据,实现精准指导学生					
	自我反思	通过与同行、学生、家长等多方沟通,教师可以全面、客观地审视自身的美育评价工作,准确评估美育评价能力和效果,并不断更新自己的美育评价理念和知识					

（续表）

评价技能	评价设计	可以基于学情、教学目标、学习情境等明确美育评价目标、设定评价任务,选择恰当的评价方式、方法,制定有针对性的评价工具和评价标准				
	评价过程	在教学过程中可以对学生的行为进行细致观察与记录,能够对学生的过程性作业(品)与最终作业(品),为评价提供依据				
	评价反馈	教师能够运用美育评价结果为学生提供个性化指导,帮助学生了解自己的学习情况和需要改进的地方,并能够以评价结果为参考,灵活调整教学策略,优化后续教学实践				
评价价值取向	立德树人	教师可以通过评价鼓励学生在学习和日常生活中弘扬真善美,培养学生的社会责任感,同时也要关注学生对自我发展的认知和规划,帮助他们了解自己的兴趣、特长和潜力,促进学生人格的健全,促进学生全面发展				
	以美育人	在美育评价中坚持"以美启真、以美引善、以美导行、融美于德"的美育理念,可以注意到学生在作业(品)、课堂表现等方面对美的感知和表达,引领学生树立正确的审美观念、陶冶高尚的道德情操、塑造美好心灵,提高学生审美与人文素养				
	素养导向	可以围绕核心素养内涵、课程总目标和学段目标,依据课程的内容要求、学业要求和学业质量标准,进行全面、综合的美育评价				
	道德伦理	在美育评价中坚守教育公平,尊重个体差异,公正客观评价每个学生;遵循诚信原则,同时保护学生隐私,尊重个人权益				

（续表）

观察总结	成效与特色	
	问题与不足	
	改进建议	

（四）构建学校全学科教师美育评价系列课程案例

2024年2月，课题研究团队确定了"艺术美育课程、跨学科美育课程和活动美育课程"3类14门美育课程作为课程评价实践典型改革案例，并陆续开展14门课程的教学评价实践(见表18)。

表18 美育评价实践课程案例一览表

课程模块	课程类型	美育评价实践课程名称	承担人
艺术美育课程	美术	《汉字中的四季色彩》	黄飘
	音乐	《管乐初体验》	王若曦
	舞蹈	《舞之美》	卫怡雯
	体育	《能量健身操》	邓晓霜
跨学科美育课程	语文	《诵读文字之"美"》	杨君
	语文	《〈西游记〉典型人物赏析》	张鸿
	英语	《英语诗歌的节奏韵律赏析》	唐怡雯
	生物	《自然笔记》	金晓润、夏吕非
	科学	《探植物颜色的奥秘》	金晓润
	数学	《几何兴趣班班徽设计》	李娜娜
活动美育课程	美术类活动	《浦东美术馆研学活动》	黄飘
	美术类活动	《校园艺术墙彩绘活动》	黄飘、田野
	音乐类活动	《声之韵》	王若曦
	戏剧类活动	《戏剧初体验》	王若曦

四、典型案例

（一）案例背景

为培育各学科教师的美育评价素养,本研究从课程评价改革入手,基于"初中教师美育评价素养指标框架 5.0"的关键指标制订了多个跨学科美育课程的"四表",其中较为典型的包括黄飘老师的美术课程"汉字中的四季色彩"和夏吕菲老师的跨学科科学美育课程"自然笔记"。

（二）案例深描

1. 课程概述

黄飘老师的美术课程"汉字中的四季色彩",关联的大概念为"色彩可以表达对世界的理解",在大概念的统领下,引导学生通过对基本问题的学习来理解大概念。基本问题是:"如何通过色彩表达对四季的理解,抒发内心的情感?"本课设计了真实性学习任务,学生在上一节课,将四个季节汉字的篆书笔画进行伸缩、变形,形成具有汉字结构美感的框架;在本节课中,学生将联系现实生活和内心感悟,完成某一个季节的色彩搭配装饰画,并加上简单的图案装饰。教师遵循"像艺术家一样创作的方式",引导学生体验"主题—欣赏—构思—创作—展评"的过程,学生通过创作和展示,表达自己对色彩知识、美术与传统文化、美术与多元文化之间关系的理解,逐渐落实艺术核心素养。

夏吕菲老师的跨学科科学美育课程"自然笔记",引导学生选取一种感兴趣的植物或动物,充分运用视觉、触觉、嗅觉、听觉等综合感官进行多角度、近距离的观察,用文字与绘画结合的方式记录观察内容,学生最终完成的"自然笔记"作品,需包含以下 7 个要素:时间、地点、天气、记录人、作品题目、文字和图画,表达对自然、科学最真实的审美感受。

2. 课程实施流程理论基础

2 个典型的课程在设计中均借鉴格兰特·威金斯在"追求理解的设计"理论（Understanding by Design,简称 UbD)中提出的逆向教学设计的三个阶段,构建相应的课堂实施流程:①确定预期结果;②确定适宜的评估证据;③设计学习体验和教学。①

3. 课程设计及实践过程

(1) 设计评价预期教学成果。黄飘老师的美术课程"汉字中的四季色彩",从知道、能做和理解三个层面预设教学目标,通过课程学习,学生能结合真实的生活体验,感知不同季节色彩给人带来的不同感受;能通过感悟、分析和比较等方法欣赏、评述色彩艺术大师运用主观性色彩的作品;能完成真实性学习任务——结合客观现实生活情景和主观内心感受,创作一幅具有形式美感的四季色彩装饰画(见图6);能撰写创作说明并向其他同学交流展示自己的作品、分享创作思路。该课程目标也将作为评价方案的依据。

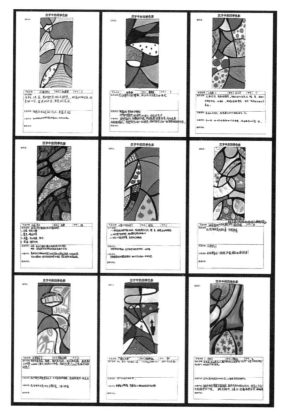

图6　黄飘老师美术课程"汉字中的四季色彩"学生作品图

① [美]格兰特·威金斯,杰伊·麦克泰格著.追求理解的教学设计(第二版)[M].闫寒冰,宋雪莲,等译.上海:华东师范大学出版社,2017.

　　夏吕菲老师的跨学科科学美育课程"自然笔记",结合学生智育、德育和美育的核心素养发展需求和兴趣取向,也从知道、能做和理解三个层面预设教学目标,通过课程学习,学生能综合掌握科学、地理、生物、艺术等学科的知识;能通过科学观察、资料搜集、信息分析,实验过程记录,完成自己感兴趣的一种动物或植物的"自然笔记"绘制(见图7),通过美术作品的形式将多学科知识可视化表达出来,加深对自然和美的感知体验;并能够客观地评价自己及他人的作品。该课程目标也将作为评价方案的依据。

图7　夏吕菲老师的跨学科科学美育课程"自然笔记"学生作品图

　　(2) 确定适宜的评估证据和评价方案。教师完成"初中教师课堂美育评价设计表"(见表19),在课程教学设计前细化评价目标、评价任务、评价方式、评价工具等。

　　黄飘老师的美术课程"汉字中的四季色彩",在 3 个课堂核心环节均设置不同的评价任务,采用不同的评价方式和工具,例如,在核心环节 1——探究"四季色彩的代表色"中,设计"找一找"四季色彩小游戏,学生根据 4 张抽象的几何色彩展板,找出代表的季节并说明判断理由,师生分别进行口头评价。在核心环节 2——探究"四季色彩的组合色"中,学生代表用 PPT 中的吸色和填色工具尝试色彩搭配,分享创作思路,师生分别对配色效果、语言描述的配色思路进行口头评价。在核心环节 3——探究"四季色彩的联想色"中,学生欣赏安德烈·德兰和大卫·霍克尼 2 位大师表现春季的主观性色彩作品,并回答问题"大师笔下的春季色彩跟自然景观有什么不同?""大师为什么会用这些色彩?"师生分别对学生代表的审美感受、文化理解等方面进行口头评价。在课堂展评环节,学生积极主动展示自己的作品,交流创作理念:"我为什么选择表达这个季节的色彩?""我是怎样构思画面的? 运用了什么样的色彩组合? 想表达自己什么样的情感?"教师和其他同学分别对学生代表的作品效果、创作理念等方面进行口头评价,课后用评价量规,对学生在欣赏、技法、构思、创作、展评等方面进行等级评价,并附上评语。

表 19 初中教师课堂美育评价设计表

课程名称	"汉字中的四季色彩"	执教学科	美术	
授课教师	黄飘	执教年级	六年级	
授课时间	2025 年 3 月 28 日第 4 节课	课程类型	☑ 常规课 □ 活动课	
评价设计	评价目标: 1. 通过评价,学生能结合真实的生活体验,找出四季色彩的客观性代表色和组合色,并说明理由 2. 通过评价,学生能通过感悟、分析和比较等方法欣赏、评述色彩艺术大师运用主观性色彩的艺术作品 3. 通过评价,学生能完成真实性学习任务,并加以完善——结合客观现实生活情景和主观内心感受,在上节课完成的四季汉字结构图的基础上,创作一幅具有形式美感的四季色彩装饰画,也可以加上简单的图案 4. 通过评价,学生能深入理解一个问题可以有多种解决方式,既可以用眼睛去观察四季的颜色,从客观的四季自然物像中汲取色彩灵感,也可以用心灵和想象力去感受更辽阔的色彩世界,用主观色彩来表达对四季的理解			

（续表）

评价设计	评价任务： 一、核心环节 1：探究"四季色彩的代表色" 在该环节中，设计"找一找"四季色彩小游戏，请 4 个学生代表展示 4 张抽象的几何色彩展板，其他学生分别找出代表的季节，并说一说判断理由 在该环节，教师和其他同学分别对学生代表的回答进行口头评价 二、核心环节 2：探究"四季色彩的组合色" 在该环节中，教师请 2—3 个学生代表用 PPT 中的吸管吸色和填色工具，尝试某个季节的色彩搭配，分享创作思路 在该环节，教师和其他同学分别对学生代表的配色效果、语言描述的灵感源和配色思路进行口头评价 三、核心环节 3：探究"四季色彩的联想色" 学生欣赏安德烈·德兰和大卫·霍克尼 2 位大师表现春季的主观性色彩作品，并回答问题"大师笔下的春季色彩跟自然景观有什么不同？""大师为什么会用这些色彩？" 在该环节，教师和其他同学分别对学生代表的审美感受、文化理解等方面进行口头评价 四、课堂展评环节 在学习任务单上完成课堂实践创作后，学生去讲台积极主动展示自己的作品，交流创作理念："我为什么选择表达这个季节的色彩？""我是怎样构思画面的？运用了什么样的色彩组合？想表达自己什么样的情感？" 在该环节，教师和其他同学分别对学生代表的作品效果、创作理念等方面进行口头评价，课后用评价量规，对学生在欣赏、技法、构思、创作、展评等方面进行等级评价，并附上评语
	评价方式： 1. 口头评价 2. 作品展示 3. 课堂观察 4. 评价量规等级评价 5. 评语评价
	评价工具： 1. 学习任务单 2. 评价量规

（续表）

| 评价设计 | 评价标准： |

评价量规 3-1

等级	欣赏评价标准
不合格	你没有达到以下细则所描述的任何标准
合格	你能找出某一个季节的代表色并解释原因 你能找出艺术家在作品中运用的几种典型的主观色彩去描绘某种事物 你能表达对艺术家作品的喜爱与否
良好	你能找出四季的代表色并解释原因 你能举例说明艺术家在哪些地方具体运用了哪些主观色彩，并简单说出这些色彩给你的审美感受 你能简单地评价艺术家的作品
优秀	你能找出四季的代表色并解释原因，充分描述四季的客观性色彩变化，及其所产生的审美感受 你能流畅地分析艺术家是如何用主观和客观色彩语言营造作品的审美感受、表达作品主题的 你能有见地地评价作品在艺术、历史、文化等方面的价值，表达自己的观点和理由
评语		我的得分	

评价量规 3-2

等级	作品技法、构思和创作评价标准
不合格	你没有达到以下细则所描述的任何标准
合格	你能使用简单的涂色工具，完成一幅简单的作品
良好	你能根据色彩材料的特性，创作出具有一定风格特点的作品 你的作品能切合主题，传达你的心声 你能简单地描述创作意图
优秀	你能很好地根据色彩材料的特性进行创作，以熟练的技法、有序的创作过程，使作品体现出独特的色彩风格 你的作品创造性地运用了某个季节客观性或主观性色彩，色彩搭配新颖、构图完整、主题鲜明、整体效果非常统一，视觉效果强烈 你的作品能很好地展现了有意义的主题和你的心声 你能结合主题，由表及里地写出创作意图
评语		我的得分	

（续表）

		评价量规 3-3	
评价设计		等级	作品展评评价标准
		不合格	你没有达到以下细则所描述的任何标准
		合格	你能简单评价自己的作品和自己的表现
		良好	你能从作品主题选取、色彩搭配、上色工具运用、创作思路、色彩情感等角度介绍自己的作品 你能欣赏并简单评价同伴的作品
		优秀	你能从作品主题选取、色彩搭配、上色工具运用、创作思路、色彩情感等角度介绍自己的作品,并且美术评价语言丰富,思路清晰,表达流畅 你能全面客观地评价同伴的作品,清晰地表达出同伴作品的优缺点,并提出自己的改进意见
		评语	我的得分

注:可结合各学科课程标准中的相关内容进行撰写

夏吕菲老师的跨学科科学美育课程"自然笔记",在 3 个课堂核心环节均设置不同的评价任务,采用不同的评价方式和工具,例如,在核心环节 1——介绍与引入中,教师引导学生梳理科学、地理、物理、生物等学科的基础知识,学生通过思维导图作业呈现对"自然笔记"概念的认识和理解,针对学生科学观察与认知体验的能力维度进行口头评价和课堂观察,辅助评价量规等级评价。在核心环节 2——观察与绘制中,学生通过科学观察和资料搜集完成实验记录即"自然笔记",教师对作品进行口头评价和评价量规等级评价。在核心环节 3——总结与分享中,学生分享自己的实验记录过程,并对自己和他人的学习过程和成果进行口头评价,教师也进一步进行口头评价和评价量规等级评价,并附上评语。

表 20　初中教师课堂美育评价设计表

课程名称	"自然笔记"趣绘探索	执教学科	科学/生物
授课教师	夏吕菲	执教年级	预备/初一/初二
授课时间	不固定(通常为春季学期)	课程类型	□ 常规课　☑ 活动课

	评价目标 经历本活动,学生将体验到更立体丰满的生物学知识,通过自主观察和探索结合反馈独立完成一份兼具严谨客观与美丽感受的"自然笔记"趣绘作品。在融合"学"与"感"的同时,深化学生对固有知识的构建和再理解、体验自然与生命的美丽与魅力,也能增进自己对生态环境的保护意识及探究实践能力
评价设计	**评价任务** "自然笔记"是图画和文字相结合的观察日记,本质上属于一种科学考察/观察/实验记录。一份完整的自然笔记需有以下 7 个要素:时间、地点、天气、记录人、作品题目、文字和图画。利用文字描述作为主体、具体形象的图画补充,基于客观现象与事实,充分运用视觉、触觉、嗅觉、听觉等综合感官对自然进行多角度近距离观察,最终获得大量的观察内容,用于记录、书写自我感悟、呈现出绚烂而真实的体验 **一、核心环节 1:介绍与引入** 在该环节中,教师要帮助学生梳理科学、地理、物理、生物、(甚至化学和劳技等)和艺术学科的基础知识和实践技能,引导学生对"自然笔记"有基础的概念认识与自主理解。学生需要对自然科学和美有基本的感知体验与认识发现,尝试完成"自然笔记"的要求、拟对聚焦的观察对象主题和完成的过程方法等作梳理(可利用思维导图等呈现方式)。针对学生科学观察与认知体验的能力维度进行口头评价和课堂观察,辅助评价量规等级评价 **二、核心环节 2:观察与绘制** 该环节是学生经历从科学考察观察开始,搜集资料、分析处理信息,正式完成实验记录即"自然笔记"绘制的整体过程。教师应重点关注学生行动表达与成果呈现的能力维度实行口头评价、课堂观察和评价量规等级评价下的作品展示;引导帮助学生关注可供作为素材与资源的自然、科学环境和知识点,培养实践和记录的规范和严谨性 **三、核心环节 3:总结与分享** 该环节旨在学生与教师讨论分享、阐释自己的实验记录过程和"自然笔记"内涵,并从个人情感与拓延等维度的能力出发,以一定的标准对自己和他人的学习过程和成果有所评价、甚至形成自主的认知与评价欣赏体系。教师需要进一步提供口头评价、作品展示、课堂观察和结合评价量规等级评价的等级评语
	评价方式: 1. 口头评价 2. 作品展示 3. 课堂观察 4. 评价量规等级评价 5. 评语评价 (主要以形成性评价结合学生讨论交流的自评互评、教师的表现性评价)

（续表）

评价设计	评价工具： 评价提示表和评价量规（详见"评价标准"），师生观察和讨论（甚至可形成投票竞选，详见"评价方式"）等
	评价标准： （基于"评价任务"对于绘制自然笔记的要求，对学生完成活动的过程并最终呈现出趣绘作品的书面结果评价量规）

评价量规 3-1

等级	科学观察与认知体验评价标准	
不合格	你没有达到以下细则所描述的任何标准	
合格	你能确定选题与观察对象 你能从观察过程中提出问题 你能对选题与观察对象进行观察，形成记录或描述	
良好	你能基于此选题，从生活中找到观察对象 你能基于观察提出问题，进一步发现问题产生的原因 你能围绕观察到的现象收集资料，进一步持续并客观地观察	
优秀	你能从生活中确定观察对象，从新颖创意的角度选题 你能基于观察提出问题，进一步发现问题产生的原因 你能围绕观察到的现象客观且持续地收集并整合资料，综合运用类比与比较等基础方法，获得证据支持	
评语		我的得分

评价量规 3-2

等级	行动表达与成果呈现评价标准	
不合格	你没有达到以下细则所描述的任何标准	
合格	你能使用简单的文字和图像描述，完成一则初步合格的自然笔记	
良好	你能根据所观察的自然生物特性，创作出具有一定风格特点的自然笔记 你的作品能切合主题，表达你的感受 你能利用文字简单地描述观察过程和创作意图	
优秀	你能很好地根据所观察的自然生物特性进行创作，以科学规范的描述方式、有序的记录与创作过程，使自然笔记体现出独特的记录风格 你的作品创造性地运用了某种记录方式或图文表达，资料收集与推理完整，版式布局合理美观，结合比例尺和放大镜等描绘生物形态 你的作品能很好地展现了严谨客观的主题和你的感受 你能结合主题，由表及里地描述观察过程和创作意图	
评语		我的得分

（续表）

	评价量规 3-3	
	等级	作品展评与个人情感评价标准
	不合格	你没有达到以下细则所描述的任何标准
	合格	你能简单评价自己的自然笔记和自己的记录表现
评价设计	良好	你能从作品主题选取、图文与色彩搭配、观察与记录的工具运用、创作思路、情感表达等多角度综合介绍自己的自然笔记 你能欣赏并简单评价同伴的自然笔记
	优秀	你能从作品主题选取、观察与资料收集、图文记录与设计、情感认识等角度介绍自己的自然笔记，并且美术评价语言丰富，思路清晰，表达流畅 你能全面客观地评价同伴的自然笔记，清晰地表达出同伴自然笔记的优缺点，并提出自己的改进意见
	评语	我的得分
	（基于"评价任务"对于绘制自然笔记的要求，对学生完成活动的过程并最终呈现出趣绘作品的书面结果辅以评价提示表）	

注：可结合各学科课程标准中的相关内容进行撰写

（3）设计学习体验和教学

两位老师在教学过程设计中，在每一个课堂教学环节增设了评价任务和评价方法（见表 21、表 22），使评价落到了实处。

表 21　黄飘老师美术课程"汉字中的四季色彩"教学过程设计表

教学过程设计				
环节	教师活动	学生活动	评价任务	评价方法
一、古诗导入（设置情境，引出主题）	教师朗诵宋代慧开赞美四季的诗： 春有百花秋有月， 夏有凉风冬有雪。 若无闲事挂心头， 便是人间好时节。 从四季如诗，引出四季如画，导入课程主题	欣赏诗歌，从文学语言中领悟四季的美	无	无

（续表）

环节	教师活动	学生活动	评价任务	评价方法
二、核心环节1 探究"四季色彩的代表色"（客观色）	1. 四季美景视频欣赏,教师播放四季美景视频并提问"大家觉得四季的景色美吗?" 2. "找一找"四季色彩小游戏,请4个学生代表展示4张抽象的几何色彩展板,其他学生分别找出代表的季节,并说一说判断理由 3. 教师展示课件,概括学生发言,师生共同总结四季的代表色:春季——青草生机绿色;夏季——阳光活力黄色;秋季——丰收浓郁橙色;冬季——寒冷纯净冰蓝色	1. 欣赏视频,联系真实的生活体验,初步感知四季的色彩变化,并回答自己的审美感受 2. 学生观察色彩展板,联系生活情景,积极发言,大胆猜测4张色彩展板分别对应的季节,并分享判断理由 3. 学生与教师一起总结四季的代表色,感受四季色彩各具特色的美	教师和其他同学分别对学生代表的回答进行口头评价	课堂观察口头评价
三、核心环节2 探究"四季色彩的组合色"（客观色）	1. 教师鼓励学生从四季的代表色出发,一起绘制四季的多彩画卷,完成四季色彩的组合搭配 2. "组一组"四季色彩搭配小游戏 教师示范用PPT中的吸管吸色和填色工具,尝试搭配出符合四季客观色彩变化的色彩组合电子作品,请2—3个学生代表来讲台尝试配色,分享创作思路,并请几位同学相互点评	学生代表利用信息技术,对自己最喜欢的季节进行线上配色,并分享交流自己的配色灵感源和思路,其他同学踊跃点评	教师和其他同学分别对学生代表的配色效果、语言描述的灵感源和配色思路进行口头评价	课堂观察口头评价

（续表）

环节	教师活动	学生活动	评价任务	评价方法
四、核心环节3探究"四季色彩的联想色"（主观色）	1. 教师介绍学生认识2位色彩艺术大师——安德烈·德兰和大卫·霍克尼 2. 引导学生欣赏2位大师表现春季的主观性色彩作品，并抛出问题鼓励学生主动思考："请同学们分析大师笔下的春季色彩跟自然景观有什么不同?""大师为什么会用这些色彩?" 3. 学生发言，教师总结:正如大卫·霍克尼说的一句话，"这个世界很美，但要用自己的心去看它"，我们可以学习艺术大师通过运用主观色彩展现自己内心对自然的真实情感	学生通过感悟、分析和比较等方法欣赏、评述色彩艺术大师运用主观性色彩的艺术作品，深入分析大师通过主观色彩表达的内心世界	教师和其他同学分别对学生代表的审美感受、文化理解等方面进行口头评价	课堂观察口头评价
五、课堂实践	1. 布置课堂实践作业和要求 ① 创作主题:以"四季"为汉字色彩主题 ② 创作要求: A. 在上节课汉字结构设计稿的基础上完成色彩和图案设计创作 B. 可用主观或客观的色彩进行搭配，也可结合你喜欢的艺术家的配色风格 C. 完成学习单中的创作说明 2. 教师示范 教师通过投影设备，以春季为例，展示创作思路、创作步骤、主客观色彩的运用并装饰简单的图案 3. 展示四季色彩灵感源，教师展示四季色彩灵感源滚动图片的PPT页面，鼓励学生大胆创作 4. 教师课堂上巡回指导	1. 聆听教师的要求，观察学习单 2. 学生认真观摩学习，学习构思过程和技法步骤 3. 结合灵感源图片和个性想法，运用独立创作色彩装饰画，并运用材料、工具和技法，创意构想，不断尝试探索，改进完善	1. 学生在学习任务单上完成作品并写上自我评价 2. 教师巡回指导，对学生创作过程中的优点和可改进之处进行口头评价	学习任务单文字评价、课堂观察、口头评价

（续表）

环节	教师活动	学生活动	评价任务	评价方法
六、展示评价	1. 将几位学生的作品挂在展示板上 2. 鼓励学生积极主动展示自己的作品，交流创作理念："你为什么选择表达这个季节的色彩？""你是怎样构思画面的？运用了什么样的色彩组合？想表达自己什么样的情感？" 3. 根据评价方案进行自评、互评、师评，并总结课程内容	学生主动展示作品，交流创作理念，在开放交流中，互相借鉴，反思进步	1. 教师和其他同学分别对学生代表的作品效果、创作理念等方面进行口头评价 2. 课后用评价量规，对学生在欣赏、技法、构思、创作、展评等方面进行等级评价，并附上评语	作品展示、口头评价、评价量规等级评价及评语评价
七、课后拓展	1. 教师介绍 PPT 中的 3 位色彩艺术大师——莫奈、凡·高和马蒂斯，鼓励学生一起喊出他们的名字并课后关注他们的色彩作品，学习大师对色彩的运用方法 2. 课程总结：春的生机，夏的绚丽，秋的诗意，冬的含蓄，构成了一年中最美的色彩风景。我们也可以向艺术大师学习，打开想象的大门，通过对色彩的主观运用，展现我们内心的独特情感。用眼睛观察四季的颜色，用心灵和想象力去感受更辽阔的色彩世界	配合教师喊出大师的名字，聆听教师总结	无	无

表22 夏吕菲老师跨学科科学美育课程"自然笔记"教学过程设计表

教学过程设计				
环节	教师活动	学生活动	评价任务	评价方法
介绍与引入	帮助学生梳理科学、地理、物理、生物、(甚至化学和劳技等)和艺术学科的基础知识和实践技能	对自然科学和美有基本的感知体验与认识发现;完成自然笔记的主题梳理	针对学生科学观察与认知体验的能力维度进行口头评价和课堂观察,辅助评价量规等级评价	课堂观察、口头评价、评价量规等级评价
观察与绘制	引导帮助学生关注可供作为素材与资源的自然、科学环境和知识点,培养实践和记录的规范和严谨性	经历从科学考察观察开始,搜集资料、分析处理信息,完成实验记录即"自然笔记"绘制	教师应重点关注学生行动表达与成果呈现的能力维度,进行口头评价、课堂观察和评价量规等级评价下的作品展示	课堂观察、口头评价、作品展示、评价量规等级评价
总结与分享	引导帮助学生参与合作与讨论、分享表达并形成自主的认识和评价体系	能与师生讨论分享、阐释自己的实验记录过程和"自然笔记"内涵;以一定的标准对自己和他人的学习过程和成果有所评价	从个人情感与拓延等维度的能力出发,以一定的标准对自己和他人的学习过程和成果有所评价,形成自主的认知与评价欣赏体系,在一定程度上能有意识地产出美的作品	课堂观察、作品展示、口头评价、评价量规等级评价、评语等第

(三)案例反思

1. 帮助学生高效达成美育培养目标

跨学科美育课程评价改革课堂中,教师在教学设计中挖掘更多美育元素,在评价设计中充分考虑学生的认知特点和不同学科的美育目标,探索表现评价,加强过程评价,重视综合评价,并凸显学生在学习和评价中的主体地位,全面提升学生的美育素养。

2. 学科教师灵活掌握美育评价方法

在课程实施过程中,教师将多种类型的评价贯串在教学的全过程中,掌握了不同阶段(包括诊断性评价、形成性评价、终结性评价等)使用不同评价的方法,评价技术上也已初步掌握各类定量、定性评价的工具。实现了以学定教、以评促学、以评优教。

五、成效与反思

1. 美育评价融入日常教学内容与评价中

各学科教师自觉将美育评价融入日常教学内容与评价中,其美育评价素养得到提升。本研究通过在各学科教案中增设过程性美育评价内容、制订多种美育评价工具、引入课堂教师美育评价素养观察评价等方式,选择部分典型课程开展美育教学评价改革,以评价促进教师美育评价素养的提升。

2. 研发初中教师美育评价素养指标框架

本项目组研制出"评价意识、评价知识、评价技能和评价价值取向"四维一体的初中教师美育评价素养指标框架,并在 3 类 14 门美育课程评价改革实验中取得一定成果,该指标在测评 3 类课程教师美育评价素养中的专业性、科学性和普适性得到体现。另外,在开发基本指标的同时也留出了发展性指标空间,大大提高了该指标的迭代性和推广性,为开拓更多特色美育评价方法筑牢根基。

3. 建立教师美育评价素养定期研究机制

为持续推动教师美育评价素养研究,本项目组在研制指标的过程中,将好书共读、理论学习、文献研究、专题培训、论坛聆听、专家咨询、跨学科课程实践等环节固化到学校课题和项目研究制度当中,形成了校本化的教师美育评价素养定期研究机制,构建了持续性的美育评价文化平台。

本研究的对象主要集中在校内,而校际差异是客观存在的,同一套工具或方法在不同学校使用需要做适配性研究。在研究过程中,受学校数量和规模限制,导致典型的案例较少,且未能在所有学科中展开实践,未来将继续加大研究力度,推出更多优质的教师评价范例。

(上海市致远中学　黄飘　艾馨)

第七节　基于"仰高文化"的教师评价素养提升的实践研究

评价是提升学生学业成就的重要途径,评价素养是实施学生学业质量评价时所具备的素养。教师评价素养是教师在教育教学活动中应当拥有的关于教育评价的知识、技能和相关的信念,是内化于教师日常评价行为之中、无需教师有意识加以监控的品质。作为教师的核心专业能力,教师评价素养关系到教师个人专业发展,关系到课堂教育教学质量,也关系到学生的身心健康和全面发展。基于"仰高文化"的教师评价素养的实践研究,是我校在百年文化品牌——"仰高文化"下开展的,基于我校教师评价素养的现状,我们采取了一系列重视、支持、改善和提升教师评价素养的研究策略。

一、问题提出

课题组通过调查问卷、访谈、听课等方式,提炼出了"仰高文化"背景下提升教师评价素养面临的突出问题、困惑。

（一）教师的评价理念认同度较高,但仍需适应核心素养的培养导向

通过调查我们发现,我校教师对评价的关注度和认可度的得分是比较高的,超过60%的教师认为教师评价素养水平高低直接影响学生学业成就评价的准确性。绝大多数教师有做好评价的意愿,同时也愿意按此信念去开展评价活动,但也有近50%的教师的评价观念仍停留在"双新"改革前,其评价观念未与核心素养的培养导向相结合,体现为:①重学业成绩,轻全面发展;②重横向对比,轻纵向发展;③重甄别选拔,轻诊断改进。

（二）教师的评价知能储备较丰富,但仍未达到教育评价的要求

调查结果显示,70%的教师都有过教育培训、评价学习的经历,部分教师还开展过相关的课题研究,因而教师在作业评价、命题能力等方面表现稍好,但其中67%以上的教师认为自身未将评价知识与技能应用到实践中,评价手段相对单一。对教师深度访谈后发现,2/3的教师认为评价方法对于一线教师而言难度较大,再加上工作任务重、评价素养低等因素影响,大部分教师在教学中常常沿

袭惯用的评价方案,很少会去开发评价工具或设计专门的评价方案。由此看来,大部分教师没有达到当前教育评价改革所倡导的评价要求。

(三)教师的评价范式发生转向,但缺乏对过程性评价的重视和反馈

超过90%的教师认识到,教育评价的范式已经从"对学习的评价"逐步转向了"促进学习的评价"和"促进教学的评价"。而实际教学中,大部分教师直接利用测试成绩作为评价学生学业质量的标准,缺乏过程性、描述性的评价方式。此外,教师往往采用集中评讲的方式来向学生反馈评价结果,当面批改、口头反馈、个别交流等方式应用得较少,学生较难从评价中获得改进的方向及建议。

基于问题解决的研究才是真实的研究。针对我校教师评价素养的现状,项目组找到了开展实践研究的出发点和着力点,旨在明确评价导向、提高教师队伍素质、注重过程性评价和多元评价,促进学生综合素质全面提升,进而促使我校教育质量提升。

二、指标落实

(一)制订基于"仰高文化"的教师评价素养的校级目标

根据浦东新区中小学教师评价素养关键能力通用指标,结合我校教师评价素养的现实样态,以"仰高文化"为背景,我们从提升课堂教学质量、评价学生学业成就和促进学生综合素质发展三个维度寻求教师评价素养提升的出发点和着力点。

首先,在"仰高"评价导向下,根据新课程核心素养设计评价任务,实现教—学—评的一致性,助力提升教学质量的提升;其次,构建基于"仰高文化"的科学评价体系,关注过程性评价,标准化与个性化相结合,定性定量地开展评价,促进学生学业成就的发展;最后,基于C30数字化教学平台,改变课堂教学模式,引导学生开展自我评价、同伴互评,增强学生自我总结、反思、改进的意识和能力,促进学生综合素质发展。

(二)构建基于"仰高文化"的教师评价素养的评价体系

1."仰高"德育分(品格修养)评价

为更好地规范学生的行为,并对其定量评价,项目组制订了"仰高"德育分(品格修养)评价方案,包含"仰高文化"的内涵解读——勤、敬、诚、肃,德育分评

价指标及操作方法。德育分评价方案针对"仰高文化"内涵下设勤、敬、诚、肃四个一级指标,每个一级指标下设二级、三级指标。针对20个三级指标,项目组给出了具体的指标内容、评价细则、评价人。德育分评价结果每学期汇总一次,这个评价结果虽然没有计入学生评价的记录之中,但却是学生评优、评先的重要依据。

2. 学业质量评价

(1)课堂教学评价。课堂教学评价可以由听课教师、专家以第三视角对教学设计、教学实施、策略方法进行评价,也可以由学生对课堂教学、教学互动、能力提升、资源运用等方面进行评价,因此项目组认为课堂教学评价是教师评价素养不可或缺的组成部分。

"仰高"课堂教学评价表:我校研制的"仰高"课堂教学评价表包含教学设计、教学过程、教学效果三个一级评价指标,每个一级评价指标下设相应的二级指标,项目组针对每个指标都给出了期望标准及评价,根据达成情况划分了A至E五个等级。通过课堂教学评价,旨在转变课堂教学评价、推进生和师评价、拓宽教师的评价视野,关注教学评价的细节,提升教师评价素养。

C30数字化教学平台评价:项目组将C30数字化教学平台引入课堂教学,力图改变传统的课堂教学模式,实现课堂教学的数字化转型,进而改变教师的教学观和评价观。通过C30数字化教学平台,教师可以了解每个班级的学情差异,精准定位,调整策略,落实目标,这是科学评价的前提。平台通过采集数据、自动分析、实时反馈,生成可视化的评价报告,学生会获得个人专属的"数字画像",教师获得全员、全过程、全方位的实时评价,这些评价会让教学更加精准、丰满、有效。

增设评价目标:"教—学—评一致性"背景下,设定评价目标意味着教师的课堂观察与教学评价角度的转变,由"身在此山中"由内往外的分析角度,转为"一览众山小"的全局统观视角。教师一般在深入研究,分析课程标准、教材内容、学生情况后,结合学校自身的硬件情况制订某课时的教学目标,在此基础上制订针对每一个教学目标的评价目标,实现教学目标与评价目标的有机融合。

(2)教学过程评价。项目组邀请教育评价学者、专家进行理论分析,开展国内外比较研究,并组织校内教师讨论,经过多轮研讨和改进,最终依据学科核心素养、评价阶段,确立了教学过程评价标准。学科教育教学过程评价指标(赋分)包括:学习常规(3分)、自学自研(5分)、合作学习(5分)、提出并回答问题(5分)、课下交流(5分)、作业练习(8分)、单元检测(7分)、读书(2分),共计40分。每一项又规定了具体的赋分标准,如"读书"一项规定,阅读一本与学科相关的书籍,提交800字以上的读书心得,得1—2分。

(3) 学期中测查评价。各学科在学期中增加测查的方式对学生进行全方位的评价,测查要以学科核心素养为基础,形式多样,在提高学生学业成就的同时,促进学生的全面发展。根据测查要求,项目组开发相应的测查评价标准,包含评价方式与评价标准等级和内容,以地理学科为例(见表1)。

表1　学期中测查评价标准

评价方式	任选一项: (1) 地理习作——读书心得、小论文等 (2) 地理制作——绘制地理图表,制作地理课件等 (3) 实地调查——实地参观,调查报告等			
评价标准	等级 A	等级 B	等级 C	等级 D
	(1) 主题含有地理概念,简练、明确 (2) 收集并阐释了地理信息;有一定数量的地理学科术语;数据真实;体现较高地理学科素养 (3) 语言文字表达流畅清楚;课件基本原创、美观、实用	(1) 主题含有地理概念 (1) 收集了地理信息并有一定阐释;包含地理学科术语;数据真实;体现一定的地理学科素养 (3) 语言文字表达比较流畅清楚;课件较美观实用	(1) 主题含有地理概念 (2) 收集了地理信息并有一定阐释;数据真实 (3) 语言文字表达比较流畅清楚;课件较美观实用	(1) 主题不明确 (2) 地理信息不足,解释不到位 (3) 语言文字表达不清楚

(4) 学期末学业评价。评价的最终目的是育人,因而项目组十分注重以过程性评价为主要形式的学业评价。学期末评价包含教学过程评价、学期中测查以及学期末测试三部分,占比分别为40%、30%、30%,两个学期的评价之和构成学年总评价(见表2)。

表2 学年末某学科学业评价

评价类型	第一学期评价			第二学期评价			总评价	
	教学过程评价	学期中测查	学期末测试	教学过程评价	学期中测查	学期末测试	第一学期评价	第二学期评价
评价内容	教学过程评价指标达成情况	习作、制作、调查等	测试成绩	教学过程评价指标达成情况	习作、制作、调查等	测试成绩		
赋分权重	40%	30%	30%	40%	30%	30%	50%	50%

3. 学生自我评价

在测量对象上，现有研究主要考虑教师本人，而忽略了学生的感知，学生作为评价的"消费者"，结合其视角有助于做出更加客观的判断，因此项目组专门设计了针对学习态度、学习过程与学习效果的"仰高"学生自我评价表。学生通过自我评价，可以及时了解、反思自身的学习状态、学习水平，转变学习态度，提升学习的主动性。

三、实施举措

贯彻落实基于"仰高文化"的教师评价素养的提升，需要从指导思想、研修保障、评价流程等方面开展研究，为教师评价素养的发展保驾护航。

（一）指导思想：明确"仰高"评价导向，适应核心素养的培养理念

《教育部关于全面深化课程改革，落实立德树人根本任务的意见》指出，要将教育教学的行为统一到评价目标上来。正是基于核心素养育人导向的评价观，我校确定了评价的指导思想：为培养"勤敬诚肃"的"仰高"人才服务。即不断弘扬和发展以"敬仰先哲、追求卓越、自立立人、和谐发展"为内涵的"仰高"育人目标，把学生培养成"勤于探究、敬业乐群、诚信笃志、持事振敬"的社会栋梁。

（二）研修保障：落实"仰高"评价的管理机制，提升教师评价素养

为确保教师评价素养的有效提升，真正激发教师评价研究的动力，我校从学

校层面建立管理、培训保障机制,保障以校为本的研修行动得以落实。

1. 统筹团队力量,形成常态化攻坚研究项目

为了搭建教师研究学生评价的平台,赋予教师参与学生评价管理的权力,学校成立了基于"仰高文化"的"教师评价素养研究"项目组。由校长担任项目负责人,研究室主任担任项目组长,每1—2个学科作为一个研究小组,小组负责人作为核心研究力量。项目立足于"仰高文化"背景下的教师评级素养的实践研究,构建研修与实践一体化的评价模式。

2. 线上与线下相结合,构建研修机制

项目组以上海高校慕课资源为载体,借助钉钉云平台,为全体教职员工开展教育质量综合评价线上研修,研修合格方可获得相应的绩效奖励。同时以"学科工作坊"和"任务工作坊"两大团队为主体,遵循"通识—专题—探究"的逻辑顺序,开展项目研究、学术讲座、交流分享等多种形式的线下评价进阶课程(见表3)。

表3 教师评价素养提升的研修体系

研修活动	研修形式	研修对象	研修类型	研修目标	研修内容
线上	钉钉云平台	全体教师	理论培训	学习上海市推进教师评价改革的逻辑与实践要点;了解教师评价的核心理念与基本类型	走进评价、学业评价专著研读
线下	项目研究、学术讲座、项目交流等	项目组教师、工作坊教师	通识理论与技术培训	了解教师素养评价的含义、结构特点及任务涉及的一般流程	上海市、浦东新区测评专家讲座
			专题测评技术培训	分别对非纸笔测评的不同形式进行深入学习	单学科、多学科测评的实施
			实践案例学习	研讨教师评价的优秀案例	课例展示、交流研讨

3. 建立任务工作坊,多形式开展研修

为了更好、更及时地解决教师事件中的真实问题,项目组开发了"仰高"青年

教师工作坊和"学科工作坊"两类活动形式,实现了学科新、老教研力量的连接。

"仰高"青年教师工作坊:针对青年教师的专业发展需求,在项目组负责人牵头下,将学校35岁以下青年教师组建形成"仰高"青年教师工作坊,通过"做中学、做中研"的方式,引导教师参加与教师评价素养有关的教学培训、科研指导、管理研究等。目前,经过一轮研修,"仰高"青年教师工作坊在教师的专业信念、课程与教学的前沿动态、教师评价素养专题、科学探究四个方面形成了系统的研修内容与任务。

学科工作坊:由学科教研组长和学科骨干教师组成"学科导师团",各学科其他教师作为学员,形成了不同学科的学科工作坊。每个学科工作坊每学年推选出一个优秀教师评价素养案例进行展示,"学科导师团"及其他学科学员进行点评、指导、互助。这样的学科协作交流有效保障了每一个案例都能坚守学科本质且达到一定的质量标准。

(三) 评价流程:构建"仰高"评价的实施步骤,注重过程性评价

为了能够规范地记录对学生的日常评价,并对评价进行具体分析和反馈,项目组构建了"仰高"评价的实施步骤。①制订学科评价标准。各项目小组以各学科核心素养为基础,统一制订本学科评价标准及相应的电子评价表格。项目组长负责向本项目组每一名教师解读本学科评价标准并获得认同。②评价记录。教师授课当天在电子评价表格上做记录,每两周上传一次记录;项目小组成员分工负责督查教师的网上评价记录。③评价分析、反馈和调整。项目组长汇总并分析教师的评价记录,反馈给项目小组长;小组长结合评价小组建议及学科情况,指导教师进行调整,以确保诊断、评价清楚到位。④评价结果认定。学生评价的最终成绩,包括教育教学过程评价、学期中测查评价、学期末测试评价等,小组认定后最终确定。

四、典型案例

经过几年的探索和实践,我校在教师评价素养提升方面取得了显著的成效。

(一) 加强评价任务的设计落实核心素养,提升课堂教学质量

评价任务是教学设计的重要环节,它上连学习目标,下接教学活动。以往教师在教学设计时较多关注的教学主题讲述什么内容、完成哪些任务、发展哪些素

养,而忽视对教学各环节有效性、达成度的评价。项目开展至今,愈来愈多的教师认识到评价是课堂的重要组成部分,在教育教学过程中要将评价任务镶嵌到教学活动中,保证教—学—评的一致性,落实学科核心素养。化学项目组李海芳老师以《浅谈新课标与新教材背景下教学设计的转变》为例,展示了她开展的评价任务设计—评价目标的设计(见图1)。

教学目标:
1. 知识与技能
学习氯气、氯化钠、氯化氢、次氯酸钙等含氯物质的性质, 以及这些物质的常见制法与用途
2. 过程与方法
学会通过观察、分析和实验探究活动,掌握学习元素单质及其化合物性质的基本方法
3. 情感态度与价值观
结合氯气、氯化氢、漂粉精等工业生产过程,体会化学工业与化学理论之间的联系与差别,形成注重实践、学以致用的意识和思想

转变⇩

教学目标:	评价目标:
1. 能根据事实数据、实验现象等归纳、理解氯单质及其重要化合物的性质及其变化, 能分析氯单质及其重要化合物的性质与用途的关联(宏观辨识与微观探析) 2. 认识化学变化的多样性, 能运用化学符号表征氯单质及其重要化合物之间的转化(变化观念与平衡思想), 能说明化学变化的本质特征和变化规律(证据推理与模型认知) 3. 能通过实验探究物质的性质与变化规律, 提出有意义的实验探究问题(科学探究与创新意识) 4. 能将含氯物质的知识与生产、生活实际结合, 分析、讨论真实情境中简单的化学问题(科学探究与创新意识), 关注化学产品和技术在实际应用中的贡献(科学精神与社会责任)	1. 通过对氯气性质探究的实验观察与讨论, 诊断学生科学探究物质性质的水平(基于经验水平与基于概念原理水平) 2. 通过含氯物质之间转化关系的交流, 诊断并发展学生对物质及其转化认识思路的结构化水平(孤立水平与系统水平) 3. 通过对"粗盐提纯方案"实验中信息与流程的讨论与点评, 诊断并发展学生探究物质性质的实验探究设计水平(孤立水平与系统水平) 4. 通过氯气尾气处理方案的设计、讨论与点评, 诊断并发展学生对化学价值的认识水平(学科价值视角与社会价值视角)

图1　"2.1 海水中的氯"的教学目标与评价目标

在课堂实施过程中,李老师组织多种形式的评价活动,多次捕捉到了学生的评价欲望,让学生充分地思考、交流、评价,每一位学生都参与到课堂评价活动中来,形成了民主、和谐、高效的课堂氛围。进行测试后发现,与其他未采用此评价任务的班级相比,该班级对"海水中的氯"相关知识点的掌握情况更扎实、得分率更高。

(二) 丰富过程性评价,完善评价体系,提升学生学业成就评价

项目组开发出了课堂教学评价、教学过程评价、学期中测查评价、学期末学业评价、学生自我评价、德育分评价等,构建出了基于"仰高文化"的评价体系,但评价还未停止更新。项目组鼓励全体教师不拘泥于现有的评价体系,不断丰富语言类评价、测试类评价、测查类评价、技能性检测评价等过程性评价,以形成多样化、个性化、发展型的评价体系,助力提升学生学业成就。以英语项目组为例,蒋超群老师创新性地采用"满分集画"评价方式,用绘画的形式对于进步或者默写满分的同学予以肯定和鼓励,丰富了测试类评价的类型。

体育周画做运动的小人,圣诞节推出圣诞限定款,亚运会期间就会画亚运会吉祥物……蒋老师的作业评价激励方式让学生惊叹老师才华横溢的同时,也感受到了老师的真心真情,学生的"在乎",家长的"感激"(见图2)。"老师每次画的画都是我坚持认真对待英语的动力,这样的形式在我们当中获得了一致的好评。""蒋老师的画和贺卡都特别可爱,也都很用心,这样的方式让大家在学英语上更有积极性和目标。感谢蒋老师!""每次打开默写本里面画的图案都是一个小惊喜,谢谢蒋老师每次用心地画画给我们的鼓励。"个性化的评价为教师更好地施教、创造和谐的师生关系提供了重要帮助。

图 2　个性化作业点评

（三）数字化转型赋能教师评价实践，促进学生综合素质发展

项目组基于 C30 数字化教学平台改变了原有的"满堂灌"式的教学模式，开发出了 C30 数字化教学平台支撑下的新授课、复习课、学科探究教学模式，引导、推动学生自主学习，通过智能化诊断分析、即时性精准反馈促进学生综合素质发展。在项目组持续不断的引领与支持下，教师的研究、实践、共享的兴趣和意愿被有效激发，所有学科小组均提供了相应的评价案例，以数学项目组为例，阮嘉莹老师在《恒成立、有解问题中的转化思想》一课中，共享了利用 C30 数字化教学平台实现学生习题互批互改的评价案例。

阮老师希望通过互批互改让学生真正成为课堂评价的主人，发现别人的错误，加深印象学得更牢固，也能发现其他同学与自己不同的做法，达到互相学习共同进步的效果；同时通过学生互批作业的方式让学生有成就感，是一种正向激励行为。评价案例实施后，学生的反馈是："C30 数字化教学平台互批功能很有趣，而且我也可以了解别人的方法。""我在批改别人作业时能够学习给他补充不足，很有成就感。""互批可以使我们了解对方的易错点，并且在下次做题时加以警戒。""要给别人批作业，我自己必须先懂，就不能混水摸鱼了。"……

五、成效与反思

经过探索和实践，我校在教师评价素养提升方面取得了令人满意的效果。在"仰高"评价导向指导下，评价既关注培养学生分析和解决问题的综合能力，又强调学生形成积极主动、认真踏实的行为品格，使获得知识与技能的过程同时成为学会学习、形成正确价值观和健康成长的过程。同时它搭建起学生与老师随时沟通的桥梁,实现了对学生的引领,促进了学生学会根据评价调整自己,管理学习过程,学会为自己的行为负责。

当然,对于教师评价素养提升的研究并没有就此结束,经过研究与反思,项目组决定在下一轮的探索中,在如下几个方面进一步加强研究。首先,更加注重"仰高"评价导向,使过程性评价为促进学生的全面发展服务。这需要在评价过程中既要处处以人为本,关注学生的身心健康和感受;又要采用科学多元的评价制度和评价策略,做到定量和定性相结合、课上和课下相结合、学校和家庭相结合。其次,研究制订更加科学的评价标准,同时探索如何灵活地把握评价标准,兼顾评价的标准化与个性化。科学的评价标准是科学评价的前提,同时每个学生又是独特的个体,有着不同的性格特征和心理需求,如何在评价的标准化与个性化之间取得平衡成为下一阶段的研究关键。最后,研发或引进电子系统评价平台,将学生学业数据、教师记录的电子评价表格、教师对学生的鼓励、提醒等评语统一上传至该平台。研制学生端和教师端,实现电脑与手机的对接,使学生能够在手机上方便搜索各自需要并感兴趣的评价数据,从而使评价产生更佳效果。

(上海市三林中学　吴国林)

第三章　提升中小学教师评价素养，促进学生学业成就

第一节　核心素养视角下小学语文教师阅读情境化命题能力提升的研究

一、问题提出

小学语文阅读情境化命题是指在一系列语文阅读题中,通过设置与学生日常生活相关的情境,考查学生在特定情境下运用语言文字的能力和分析、解决问题的素养。它不是简单的关于学生记忆知识点的测试,而是注重学生能否将所学的语文知识内化为解决实际问题和提升生活质量的工具。①

"阅读"贯串于小学各个阶段的发展性学习任务群以及学生的日常生活,不仅是学生获取知识的基础,而且对于培养学生的思维能力、理解能力和表达能力至关重要。但是,教师日常语文阅读命题仍存在以下问题。

（一）阅读命题标准与质量存在差异

1. 考查知识点和教授内容欠匹配

纵观现在语文阅读命题习惯可以发现,部分命题设计内容相对主观,没有依据新课标的要求以及各学段、各单元的语文要素来设计;没有明确目标具体考查学生哪方面的核心素养;考查的知识点和课堂教授内容匹配度不够,命题教师没

---

① 中华人民共和国教育部.义务教育语文课程标准(2022年版)[S].北京:北京师范大学出版社,2022.

有真正做到"教考一致"。

2. 阅读材料和命题设计欠新意

因为命题教师的评价意识还不够新颖,命题内容和形式比较单一。阅读材料选取不够新颖,较多都是借助以往命题资料,部分篇目重复命题,既没有从学生的学习和生活实际出发,也没有凸显社会发展和新时代主题,导致阅读试题缺乏情境性和驱动性。

命题设定相对老套,在已有基础知识考核板块的前提下,阅读题中也依然存在基础题考核,例如,"看拼音写词语""找出正反义词"和"造句"等毫无新意,既缺乏任务驱动也缺乏趣味性,过于简单机械,不足以考查学生的深层次阅读理解和思维能力,无法体现学生的高阶思维。

(二) 阅读情境化命题存在误区

有些命题教师错误地认为情境化就是在命题时给学生搭建一个情境框架,然后在框架里补充材料、设计任务。还有些情境化命题非语文要素的内容过多,容易分散学生答题时的注意力,忽略考查的最终目标。徒有形式、本末倒置的情境化命题,既与考查目标关联性不大,也不能激发学生的答题兴趣和考查学生的各项语文核心素养。

创设阅读情境更要关注到学生的实际生活情况和生活经验,设计普遍性的、与生活中的实际任务接轨的情境。

二、指标落实

基于以上存在问题,本校参加了浦东新区"教师评价素养"项目,参与教师对学生学业成就评价素养的实践进行了研究,并制订了《莲溪小学语文教师评价学生学业成就的评价素养关键指标》。具体而言,本校教师评价素养关键指标主要包括评价态度和评价能力两方面。(见图 1)

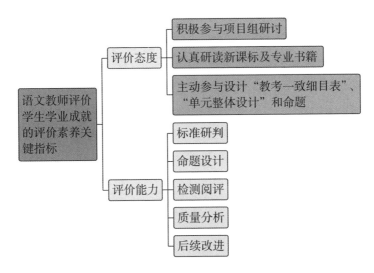

图1 莲溪小学语文教师评价学生学业成就的评价素养关键指标参考图

教师应具备专业的评价知识和评价能力,解决评价中产生的实际问题。评价能力将贯串于整个评价的过程,因此在评价能力部分,我校主要参考了区域指标内容中的"维度二:评价学生学业成就"中的一级指标与二级指标,从标准研判、命题设计、检测阅评、质量分析到后续改进五个方面制订校本化指标评价教师的评价能力。①

(一)标准研判

标准研判是指对新课标的研究与判断。研读"双新"学科课程标准与教材内容是命题教师工作的首要任务。这一步骤旨在确保教师能够全面准确地把握学科教学的核心要求和内容,为命题工作奠定坚实的基础。我校对于这一评价能力的校本化做法如下。

首先,研读"双新"学科课程标准。命题教师通过研读,把握学科教学总体方向,明确教学重难点,为命题工作提供有力的保障。

其次,梳理教材内容。命题教师深入研读教材,了解各单元的知识点、逻辑关系以及教学要求,确保命题内容能够紧密贴合教材,反映学科教学的实际需求。

在研读课程标准和教材之后,命题教师需要设计"教考一致细目表"。

"教考一致细目表"是命题工作的核心工具。它分为四个部分:"学段要求"

---

① 张志红.教师评价素养:成分、影响因素及评估[J].中国成人教育,2022(23):64-68.

"积累""阅读"与"写作",详细列出了每个年级从"积累""阅读"到"习作"的具体教学要求、命题要求和考试要求,为命题提供了明确的方向和思路。通过设计细目表,命题教师可以确保命题内容与教学要求相一致,避免出现偏离教学方向或超出学生能力范围的情况。

命题教师根据课程标准和单元语文要素,进行单元整体设计,确保教学内容的连贯性和系统性。在这一过程中,命题教师会深入研究课程标准,理解其对于教学目标的要求,同时结合单元语文要素,分析每个要素在单元中的地位和作用,从而构建出一个完整、有序的单元教学框架。

(二) 命题设计

命题设计是指根据考试目的、教学内容和学科特点,对试题的题目、选项、答案和评分标准等进行系统规划和设计的过程。在单元整体设计的基础上,命题教师进一步创设符合学科核心素养的情境题。我校设计的情境题不仅仅是为了创设情境而存在,不仅仅是搭建一个情境框架,然后在框架里随意补充材料、设计任务,让学生答题,而是在语文单元整体设计的基础上根据语文要素进行创设,确保情境题与单元教学内容紧密相连,形成有机的整体。

在创设情境题时,命题教师注重强调教与学的统一,学与用的迁移。他们通过设计具有实际意义的情境,引导学生将所学知识运用到实际生活中,培养学生的实践能力和创新精神。

(三) 检测阅评

在情境题批阅前,通过试批,预先查看一定数量学生的回答,根据学情,进行探讨对批阅标准进行调整与优化。规范的阅卷流程可提高阅卷质量。

(四) 质量分析

根据阅评结果,语文教师根据年级进行数据统计与分析。命题教师根据数据反馈完成年级质量分析报告,对教师进行情况反馈,解读质量分析报告并提出教学改进建议。

(五) 后续改进

语文教师在诊断基础上,分析共性关键问题,以评促教,设计导学单来提升学生在学业质量评价中存在的薄弱环节。鼓励指导教师积极开展个性辅导、家校协同、导师介入等多元方式帮助学业存在困难的学生针对性地解决问题。

除评价能力之外,评价态度也是重要的教师评价素养要素。因此,要求课题组教师积极参与课题组每次研讨、交流活动;认真研读新课标、《教师评价素养发展研究》;主动参与设计"教考一致细目表""单元整体设计"和命题设计,旨在端正教师的评价态度。

综上所述,本校的教师评价素养指标在区域指标的基础上进行了校本化解读,更加贴近学校实际情况。通过落实指标,提升教师评价素养,为学校的规范命题和教科研的可持续发展提供有力的保障。

三、实施举措

（一）评价工具的完善与优化

评价工具作为教师在评价中的重要辅助,其完善与优化工作显得尤为关键。

1. 优化"教考一致细目表"

第一套"教考一致细目表 1.0"（见表 1）,根据教材与教参梳理,从整本书的视角出发,囊括了一学期教授的语文知识点以及学生需要掌握的语文知识,对应细化到每个单元。能够很好地帮助命题教师厘清和分辨命题时需要考查的知识点,并能够快速准确地找到相应的单元。在经过思考与研讨之后,课题组教师在本学期试点完成了"教考一致细目表 2.0"（见表 2）。随着课题组对阅读中情境命题的深入研究,"教考一致细目表 2.0"版本在 1.0 版本上进行了完善与优化:"阅读"部分以单元为单位,根据情境题的特点和几种形式,与单元语文要素结合更紧密,使情境命题更加方便有效。

表 1 二年级上学期教考一致细目表 1.0

（阅读）

教	考
1. 能借助图片或关键词,了解课文内容,以及用自己的话讲故事或自然界的现象（第一单元）	
2. 初步了解不同树木的基本特点和四季农事,懂得动物是人类的好朋友,感受农民的辛勤劳作和丰收的喜悦,激发学生对大自然的喜爱之情（第二单元）	

（续表）

教	考
3. 阅读课文,能说出自己的感受或想法(第三单元)	
4. 体会"才""到底"等副词在句中的表达效果(第三单元)	
5. 引导学生在理解课文内容的基础上提取相关信息,以课文中的相关词语为抓手讲述课文内容(第三单元)	
6. 能联系上下文和生活经验,理解词句的意思(第四单元)	
7. 增强认识家乡,赞美家乡的情感(第四单元)	
8. 能分角色朗读课文,读好对话:读出不同句子的语气,初步了解反问句的作用(第五单元)	
9. 能联系生活实际,初步体会课文讲述的道理,体会故事寓意(第五单元)	
10. 感受课文语言的表达效果,学习表达;能仿照例句,把句子写具体(第五单元)	
11. 借助课文插图和联系上下文理解词句的意思,从而理解课文内容(第六单元)	题型:阅读 6 课文主要写了什么内容 考查能力:整体感知
12. 正确使用逗号、句号、问号、感叹号(第六单元)	题型:阅读 1 数句子 考查能力:整体感知
13. 能根据要求,摘录相关的语句(第六单元)	
14. 感受革命领袖和革命先烈的精神,并由衷产生敬意(第六单元)	
15. 能朗读比较两组句子,抄写其中优美的句子(第七单元)	
16. 能发挥想象说话;能发挥想象续编故事(第七单元)	
17. 通过故事内容,感受应该怎样与人相处;继续学习默读,试着做到不出声(第八单元)	
18. 从语言、动作中体会表达的有趣(第八单元)	
19. 初步认识总起句(概括句)、总结句,并体会其表达作用(第三单元)	

（续表）

教	考
20. 学习默读的方法,试着做到不出声(第七单元开始)	
21. 学习提取主要信息,了解课文主要内容,初步体会课文讲述的道理(第三单元)	
22. 读课文能说出自己的感受或想法(第七单元)	
23. 继续借助拼音读准字音、读通课文。在老师的引导下边读边圈画重点词句(第三、四、六单元)	

表 2　二年级上学期教考一致细目表 2.0

（阅读）

教	考
［第一单元］ 1. 朗读课文,注意语气和重音 2. 感受春天的美好,能用自己喜欢的方式表达对春天的喜爱	
［第二单元］ 1. 读句子,想象画面,加深对内容的理解,在此基础上试着有感情地朗读课文 2. 能用多种方法猜测词语的意思	
［第三单元］ 1. 运用形声字的构字特点来识字,并能根据形旁表义的特点,理解字义 2. 初步感受祖国山河的壮美和文化的悠久	
［第四单元］ 1. 在第二单元语文要素"读句子,想象画面"的基础上,运用学到的词语,把想象的内容写下来 2. 简要复述课文内容	
［第五单元］ 1. 根据课文内容,或从不同的角度,或联系生活实际,谈谈简单看法 2. 读好对话的语气	
［第六单元］ 1. 提取主要信息,了解课文内容 2. 联系生活经验,了解课文内容	

（续表）

教	考
［第七单元］ 1. 借助提示讲故事	
［第八单元］ 1. 根据课文内容展开想象	

2. 制订评价素养关键能力指标参考表

为了提升教师评价素养关键能力,学校制订了"莲溪小学语文教师评价学生学业成就的评价素养关键指标参考表"(见表3),让教师在评价过程中有关键能力的指标可以进行参考,知晓自己应该在评价过程中达到哪种水平。

表3　莲溪小学语文教师评价学生学业成就的评价素养关键指标参考表

评价维度	评价内容	评价指标	完成	未完成
评价态度	标准研判	● 积极参与项目组每次研讨、交流活动		
		● 认真研读新课标、《教师评价素养发展研究》		
		● 研读"双新"学科课程标准与教材内容		
		● 主动参与设计"教考一致细目表""单元整体设计"和命题设计		
		● 梳理学科教学目标与学业水平标准,设计"教考一致细目表"		
评价能力	命题设计	● 根据课程标准和单元语文要素,进行单元整体设计		
		● 根据单元整体设计,创设符合学科核心素养的情境题		
		● 情境题强调教与评的统一,学与用的迁移		
		● 情境题强调学生关键能力、必备品格与跨学科综合运用能力的测评		
		● 情境题难易符合课程标准要求,有区分度		

（续表）

评价维度	评价内容	评价指标	完成	未完成
评价能力	检测阅评	• 根据课程标准,对学生应知应会的要求设定评价标准		
		• 在批阅情境题前预先查看一定数量学生的回答,根据学情,设定批阅标准		
		• 评价标准的制定要鼓励学生的发散性与批判性思维的发展		
	质量分析	• 统计测量数据,如平均分、标准分等		
		• 根据数据,完成质量分析报告的撰写		
		• 反馈、解读质量分析报告		
		• 在有证据的诊断基础上,分析共性关键问题,以评促教,并设计导学单		
	后续改进	• 积极开展个别辅导、家校协同、导师介入等多元方式帮助学业存在困难的学生针对性地解决问题		

（二）评价路径的探索与实践

借助"教考一致细目表"和"莲溪小学语文教师评价学生学业成就的评价素养关键能力指标参考表"两种评价工具,教师在评价实践中遵循以下路径进行阅读情境化命题设计。

1. 根据"教考一致细目表",寻找适合情境命题的语文要素

语文要素不仅是语文教学的核心,也是培养学生语文素养和综合能力的基础。为了有效地围绕语文要素进行单元整体设计,语文教师需要对每一个要素进行深入分析和理解,明确其在整个单元教学中的地位和作用。

2. 根据语文要素设计问题链,构建达成单元目标的支架

在单元整体设计过程中,需要注重每一课的问题链设计。问题链不仅有助于引导学生深入思考,还能够帮助学生建立对知识的系统认识。在设计问题链时,应考虑语文要素的特性,设计出具有层次性、连贯性、启发性等问题,以激发学生的探究兴趣,推动他们的思维成长,并指导学生掌握语文要素的应用技巧。

3. 根据单元整体设计,将语文要素迁移至阅读情境命题

迁移的过程旨在检测学生对语文要素、语文能力的综合运用能力。①

(1) 移至文学体验情境,完成知识再运用。语文要素移至文学体验情境可以引导学生对文本的整体感受、对人物形象的感知与体会、对语言及情感的把握以及对文本内容和形式的理解与评价,培养学生文学鉴赏能力和审美能力。

(2) 移至跨学科学习情境,完成知识的综合运用。语文要素迁移至跨学科学习情境中可以检测学生在综合运用跨学科知识的过程中,发现、分析、解决问题的能力。

(3) 移至日常生活情境,将知识转化为解决问题的能力。学生灵活运用语言以及语文核心素养完成与日常生活密切相关的语文任务,有助于提升他们的实际应用能力,增强他们的社会责任感。

(三) 分析与改进

质量调研分析是"教—学—评"一体化中的重要一环。课题组成员分年级组织语文教师进行试卷的数据分析,课题组成员大量翻阅错题实例,倾听学生完成试题时的真实想法,对照命题前的单元整体设计和教考一致细目表,依托真实数据,撰写质量分析报告。报告针对本次考试中的劣势题型,作出分析与总结,找出教与学中存在的问题及其原因。同时,判断命题教师创设的情境是否立足教材,是否合理有效,是否能够考查学生的学科关键能力和核心素养的发展情况。

之后,课题组成员在专题研讨会上对质量调研的情况进行反馈、交流,并提出改进建议。通过两份工具表,对命题教师的评价素养开展调查,为后续提升教师命题素养的研究与改进提供参考依据。

在调查结果中,对本学年的语文学科学业评价活动总体感到非常满意的教师达到了87.5%;82.5%的教师认为本次学业评价活动难易适度;95%的教师认为本次学业评价活动完全依据"双新"学科课程标准、教材内容与学情设计;95%的教师认为本次试题有效地考查了学生的综合素质。高达97.5%的教师认为在本次学业评价活动的质量分析中,命题组教师能够根据质量分析报告中的数据

---

① 李敬卫.核心素养导向的小学语文大单元命题设计与研究——以部编版小学《语文》二年级下册第六单元阅读鉴赏类命题为例[J].新校园,2022(10):17-20+24.

对学生的学业水平进行准确、客观的学业述评,97.5%的教师认为自己能够根据命题组教师的反馈,积极通过个别辅导、家校协同、导师介入等方式帮助学生针对性地解决问题。

四、典型案例

依托评价工具,开展促进学习的评价

(一)案例背景

作为本校教师评价课题组的成员,本学期末我的任务是为四年级的语文质量调研监控进行命题。命题要求试卷的"课外阅读"试题,不仅仅是对学生语文知识的考查,还要作为一次单元语文要素的复习巩固。因此,我依托校本评价工具着手命题。

(二)案例深描

1. 深入研读教材,确定适合情境命题的语文要素

深知本次命题的重要性,因此,我研读了四年级语文教材及教学大纲,依托"四年级第二学期教考一致细目表",决定将第七单元的语文要素作为考查情境命题的重点。

2. 根据语文要素设计单元问题链,构建达成单元目标支架

四年级下册第七单元的语文要素是:从人物的语言、动作等描写中感受人物的品质。围绕单元语文要素,我提出以下基本问题。

(1)围绕人物,作者写了哪些内容?设计的意图是让学生在初读时把握整体、把握文本结构和内容。

(2)人物的品质是如何通过人物的言行表现出来的?设计的意图是让学生在阅读时捕捉人物的动作、语言等描写,感受人物的品质。

(3)为什么从这些动作、语言描写中就能感受到人物的品质?设计意图是让学生在阅读中沉浸文字,关注表达,侧重情感的体会。

通过以上问题链,我在命题前构建了达成单元目标的支架,这一步骤帮助我在命题时准确地考查学生需要掌握的知识点和语文要素。

3. 精选课外篇目,迁移巩固单元语文要素

为了巩固学生所学的单元语文要素,我选取《英雄张富清》作为课外阅读的篇目,并精心设计了试题,将非情境化、机械化的测验转向真实的情境化测验,旨在既考查学生的语文知识,又复习巩固单元语文要素。

我在试题中融入了本单元相关的知识点。针对本单元问题链的第(1)小问:围绕人物,作者写了哪些内容? 我设计了一道文学体验类情境题目:用简洁的语言概括张富清的英雄事迹。要求学生从文中找到围绕人物,作者写的主要事件并进行概括。在考查学生"整体把握文章的主要内容"能力的同时,告诉学生阅读此类文章的方法是首先了解作者写了主要人物的哪些事件。

针对本单元问题链的第(2)小问:人物的品质是如何通过人物的言行表现出来的? 我设计了一道文学体验类情境题目:读完短文,你觉得张富清是个怎样的人? 选择以下两个品质,并结合人物的动作、语言等描写写出理由。本题要求学生能够根据阅读判断人物的品质,并能够在文章中找到人物言行的佐证予以说明。考查学生"从人物的语言等描写中感受人物的品质"能力的同时,考查学生的思维能力和语言运用能力。

同时,我在命题中将课内的语文知识迁移到了日常生活类情境题,设计试题:一个人的言行总能在不经意间透露出他的优秀品质,请你根据以下校园之星的颁奖词选出最合适的选项。结合"从人物的语言、动作等描写中感受人物的品质"这一语文要素,设计与学校生活密切相关的任务,让学生灵活运用语言以及核心素养来解决问题。①

4. 设定评价标准,规范检测阅批

命题的同时,根据课程标准,我对学生应知应会的要求设定评价标准。在集体试批前,我预先查看一定数量的回答,根据学情,弹性地设定批阅标准,旨在促进学生的发散性与批判性思维的发展。

5. 借助大数据分析,掌握学习质量的真实情况

通过数据可知道,本次的日常生活类情境题的准确率达到91.5%,完成情况

---

① 蔡艳.素养立意下实用性阅读命题的研究——以小学语文五年级下册为例[J].中小学课堂教学研究,2023(07):77-80.

还是较好的,比起第一学期期末质量监控的阅读情境题的准确率81.7%,是有大幅提升的,体现了本次的情境化命题是切实有效的,难度适宜并且贴合学生日常语文学习。

6. 撰写质量分析报告,征求后续改进建议

在有证据的诊断基础上,我及时完成质量分析报告的撰写。在期末的研讨会上,向语文教师反馈本次考查的情况,分析共性的关键问题,给予后续改进建议,如,希望教师要在教学过程中对语文要素和阅读能力进行教授和落实,时时关注生成的效果,也可以在课后进行一些类文训练进行巩固。希望教师可以精心设计每课练习,多创设具体情境,增加有任务驱动和趣味性的题型,在训练中提升学生的深层次阅读理解和思维能力。此外,我针对错误率高的题目设计了导学单,用于后续学生的辅导。

(三) 案例反思

依托校本评价工具,我顺利完成了本次四年级语文质量调研监控的命题,在命题过程中完整实践了课题组研究的阅读情境化命题路径,在实践中进一步转变了自己以往对评价的观念,逐步从评价学生的低阶能力向评价学生高阶思维能力转换。

五、成效与反思

我校教师在为期一年的课题研究中,有收获,亦有不足。

(一) 收获

1. 学校层面

评价理念的范式转型:从"经验驱动"到"标准引领"。通过专家讲座与文献共读,教师群体突破了传统评价的碎片化思维,以"教考一致"为核心构建了语文命题的科学框架。例如,"教考一致细目表"的制订,将课程标准转化为可操作的命题标准,实现了教学目标与评价任务的结构化对接。这一过程验证了"逆向设计"理论在评价改革中的有效性,体现了"目标—教学—评价"三位一体的系统性。

2. 教师层面

教师成长的协作生态:从"个体经验"到"群体智慧"。课题组的成立打破了

教师孤立研究的状态,通过"单元问题链设计""情境命题迁移"等集体实践,形成了"案例研讨—策略生成—模型提炼"的协作路径。例如,青年教师的技术敏感性与成熟教师的情境设计能力互补,推动了"学习支架迁移模型"的生成。

3. 评价工具方面

工具开发的迭代逻辑:从"机械套用"到"动态生成"。命题流程的规范化与工具量表的初步应用,体现了"数据—证据—改进"的循证研究思维。通过教学案例的嵌入(如情境命题案例库),工具量表逐步从"标准化模板"向"适应性指南"转型。

(二) 不足反思

1. 教师群体发展的"马太效应"与分层赋能机制缺失

年龄与经验的两极分化暴露了"同质化培训"的局限性。中老年教师的"经验固化"与青年教师的"技术依赖"形成张力,需借鉴"分层培养模型":针对青年教师开展"评价技术工作坊",强化课堂诊断能力;为中老年教师设计"案例式研修",激活经验的理论转化潜能。

2. 工具量表的"专业壁垒"与认知负荷失衡

量表表述的模糊性源于理论研究与实践语境的割裂。需将专业术语转化为"问题描述—行为示例—改进建议"的三段式表述,并嵌入具体教学情境(如单元命题中的"文化语境设计案例"),降低教师理解成本。

3. 评价素养提升的"运动式"困境与长效机制缺位

星级评审制度虽激发了短期积极性,但未形成"评价—教学—专业发展"的闭环。需构建"增值性评价"体系:通过大数据追踪教师命题质量、学生学业表现的动态关联,生成"个体—学科—学校"三级诊断报告,为教师提供精准改进路径。

(上海市浦东新区莲溪小学　徐雨婷)

第二节　提升小学教师校本作业设计的评价素养实践研究

教师评价素养对于教育质量至关重要。作业作为教学的重要环节,不仅考查学生知识掌握与能力培养,更是落实核心素养的关键。我校以市课程领导力项目、区教科研重点课题为引领,立足于课堂教学,关注学科核心素养,聚焦校本作业的设计。注重校本作业的设计与评价,期望每位教师都具备相关评价素养,以有效推进学生作业设计与评价的改革实践。

一、问题提出

校本作业设计作为小学教师评价素养的核心组成部分,对于提升教学质量和精准评估学生学习效果具有至关重要的作用。然而,我校在教师设计校本作业评价方面存在短板,主要体现为评价标准模糊、评价方法单一以及评价结果反馈不足等问题。这些问题不仅影响了学生的学习积极性和学习效果,也制约了教师的专业成长。

（一） 作业设计评价标准模糊,评价的科学性有待提升

根据前期调研,我们发现,教师在校本作业设计过程中,评价标准往往模糊不清。这种模糊性导致教师在设计作业时缺乏科学的评价依据,可能更多地依赖于个人经验和主观判断。评价标准的模糊性不仅影响了作业评价的准确性和公正性,还可能对学生的学习动力和方向产生误导。

此外,教师在设计校本作业时,缺乏明确、细化和科学化的指导原则和评价指标,这使得作业设计的质量和效果难以量化评估。因此,提升作业评价依据的科学性成为当前亟待解决的问题。

（二） 作业设计的评价方法单一,评价的全面性有待提升

当前,我校校本作业设计的评价方法存在单一性问题,这限制了对学生全面发展的深入评估,同时也折射出教师在作业评价素养方面的欠缺。根据学校前期的调研数据,在调研的 89 名教师中,我们了解到教师最常使用的三种作业类型中(见图 1),77%的教师选择口头作业,70%的教师选择书面作业,43%的教师选择阅读作业。各有 13%左右的教师会布置长周期作业、分层作业、项目化作业。值得注意的是,没有教师尝试布置跨学科作业,也没有教师布置选项外的其他作业。单一的评价方法显然无法满足对学生多元化能力的全面评估需求,因此,提升教师校本作业设计评价方法的全面性和多样性,已成为我们亟待努力的方向。

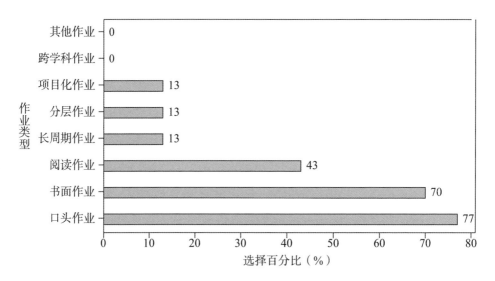

图1 教师最常使用的作业类型百分比

（三）作业评价缺少个性化，评价的有效性有待提升

根据调研发现，超过半数的学生在完成校本作业后很少或从未收到过教师的个性化反馈。这种缺乏有效反馈的情况使得学生难以了解自己的不足和需要改进的地方，从而降低了作业评价的有效性。

另外，近四成的教师表示，由于时间和精力有限，他们在提供详细的作业反馈方面存在困难。这进一步凸显了校本作业评价结果反馈不足的问题，以及提升评价有效性的紧迫性。

综上所述，校本作业设计在评价标准、评价方法和评价结果反馈方面均存在明显的问题和不足，提升教师的校本作业评价素养成为我校亟待解决的问题。

二、指标落实

为了解决这些问题，我们深入研读并理解了浦东新区"教师评价素养"实验区域指标，并结合本校的实际情况，制订具体举措，以进一步落实这些指标。

（一）研读理解区域指标，聚焦校本作业设计

教师评价素养指标不仅与区域指标相呼应，还融入了学校的特色和需求。特别是在学业成就领域的"校本作业设计"方面，我们深受区域指标的启发。

区域指标强调评价的科学性、多元化和及时反馈,这为我们设计校本作业提供了明确的指导。在科学性方面,我们注重作业设计的针对性和有效性,确保作业能够真实反映学生的学习情况。在多元化方面,我们尝试设计不同类型的作业,如实践性作业、探究性作业等,以满足学生多样化的学习需求。在及时反馈方面,我们重视作业的批改和反馈环节,确保学生能够及时了解自己的学习状况并得到有针对性的指导。

(二) 明确落实素养指标,制订校本评估量表

教学评价素养是指教师在教学过程中从事各种评价活动所需的素质和能力。依照教学评价素养的理论,我们认为,评价素养是由评价态度、评价知识和评价技能三要素所构成的。这些要素建构了教师校本作业设计评价素养,即教师校本作业评价态度、教师校本作业评价知识和教师校本作业评价技能。

教师校本作业评价态度与教师的观念有关,形成观念,养成态度,产生行为。

教师校本作业评价知识是指教师掌握并且不断学习与作业评价相关的理论知识和技术知识,是评价活动实践操作的基础性准备。

教师校本作业评价技能是指教师在作业评价的过程中,运用作业的评价技术,诊断学生学习进展,并通过作业评价的反馈功能,调整教学策略,从而实现教与学的共同发展。[①]

图2 教师校本作业评价素养的三要素

① 赵雪晶.我国中学教师教学评价素养研究[D].上海:华东师范大学,2014.

为明确我校教师评价素养的具体指标,确保这些指标能够具体、可量化地落实,更好地提升教师的评价素养,我们设计了"万科实验小学校本作业教师评价素养评价量表"(见表1)。这些工具旨在帮助教师更全面、客观地评价学生的学习情况,并为教学改进提供有力支持。以下是对工具的详细介绍。

表1 万科实验小学校本作业教师评价素养评价量表

教师姓名:_____

(1)校本作业教师评价态度评价量表

序号	评价项目	具体行为描述	对作业设计的引导	评分标准	自评得分	他评得分
1	过程性评价的理解与实践	能积极运用过程性评价,观察记录学生学习过程,提供及时反馈	设计作业时注重学生的思考过程和解题策略	5分:非常重视 4分:比较重视 3分:一般重视 2分:较不重视 1分:非常不重视		
		了解并能够解释过程性评价对学生学习的重要性				
		尝试运用过程性评价,但频率不高或效果有限				
		对过程性评价有一定了解,但实践中很少运用				
		对过程性评价缺乏了解,几乎不运用				
2	结果性评价的合理运用	能根据课程目标和学生实际,合理运用结果性评价,如,测试、考试等	作业设计包含明确的评价目标和标准答案			
3	关注并促进学生的全面发展	在评价中,不仅关注学生的知识与技能,还注重学生的情感态度、合作能力等方面的发展,注重学生核心素养的培养	作业内容涵盖知识、技能、情感态度等多方面			

（续表）

序号	评价项目	具体行为描述	对作业设计的引导	评分标准	自评得分	他评得分
4	考虑学生个体差异	教师在设计作业时,会充分考虑学生的不同学习水平、兴趣和能力,提供分层次的作业选项	评价标准体现不同层次学生的要求			
		作业中会包含不同难度的题目,以满足不同学生的需求,确保每个学生都能在作业中找到适合自己的挑战点				
5	明确评价标准	评价标准会具体细化到每个题目或任务,让学生清楚了解每个部分的要求和期望达成的目标	作业评价标准清晰具体,便于学生理解			
		教师会提供作业样例或评分标准,帮助学生更好地理解如何达到作业要求,以及如何提升作业质量				
6	与课程目标对齐	教师设计的作业内容会紧紧围绕课程目标和教学内容,确保作业能够帮助学生巩固和拓展课堂所学知识	评价标准与课程目标一致,确保评价有效性			

（2）校本作业教师评价方法评价量表

评价方法	熟悉程度		使用频率	
	评价标准	自评	评价标准	自评
纸笔测试	5分:非常熟悉		5分:经常使用	
	4分:比较熟悉		4分:常常使用	
口头反馈	3分:一般熟悉		3分:有时使用	
	2分:较不熟悉		2分:偶尔使用	
智慧校园评价	1分:非常不熟悉		1分:从不使用	

（续表）

评价方法	熟悉程度		使用频率	
	评价标准	自评	评价标准	自评
学生自评/互评				
阅读作业				
跨学科作业				
长周期作业				
分层作业				
项目化作业				

（3）评价反馈时效性追踪表

学生姓名	作业反馈日期	作业反馈方法	作业反馈内容摘要	反馈时效性评分（1—5 分,1 分表示非常不及时,5 分表示非常及时）

1. 评价态度的准备

态度是一种内部准备状态,它使某些类型行为的出现成为可能,但它不是实际的行为反应本身态度,这种内部准备状态有可能直接或间接地影响个体的行为反应。[①] 作业评价态度是评价活动中的基础部分。我校通过校本作业教师评价态度评价量表［见表 1（1）］来帮助教师对"评价态度"和"个性化评价标准制订"进行自我评价。

该量表中第 1—3 评估项目旨在帮助教师了解自己的评价态度,从而调整和优化评价行为。通过定期自评,教师可以不断提升自己的评价素养和意识。量表内容包括对评价重要性的认识、对学生学习成果的期望等方面。

同时,该量表第 4—6 评估项目为教师制订个性化评价标准提供了指导。它列出了制订标准时需要考虑的关键因素,确保评价标准既科学又合理。这有助于教师更好地满足学生的个性化需求,提升评价的针对性和有效性。

---

① 皮连生.学与教的心理学［M］.上海:华东师范大学出版社,2009.

2. 评价技能的掌握

教师的评价技能体现在教师能否设计合理的评价方案,运用恰当的评价方法,利用评价进行及时的反馈,解释评价结果,帮助学生提高。我校设计"评价方法掌握情况自评表"和"评价反馈时效性追踪表"来掌握教师校本作业的评价技能。

(1)评价方法掌握情况自评表。通过这份调查表,我们可以了解教师掌握的评价方法,以及他们对不同评价方式的熟悉程度和使用频率。这有助于我们发现教师在评价方式上的短板,为后续的培训提供方向。

(2)评价反馈时效性追踪表。评价反馈的及时性对于评价实效非常关键,此表用于记录教师给学生作业评价反馈的时间、方法和内容。通过定期分析这些数据,我们可以评估教师是否及时给学生作业有效的评价反馈,以及反馈的质量如何。

这些评价工具不仅有助于教师更全面、客观、及时地评价学生的学习情况,还为教学改进提供了有力支持。通过这些工具,我们期望教师能够更直观地理解和落实评价素养的各项指标,进而提升他们的评价素养,并促进学生的全面发展。同时,我们将不断完善这些工具,推动教师在实践中不断探索和创新评价方法。

三、实施举措

在实施教师评价素养提升计划的过程中,我们充分利用了评价工具,结合实际问题进行了一系列有效的探索,并根据实践反馈不断优化和迭代这些评价工具。具体举措如下。

(一)建立体系化的评价标准,以增强评价的科学性

为了构建科学的评价体系,我们首先明确了教师校本作业设计评价素养的三要素,即教师校本作业评价态度、教师校本作业评价知识和教师校本作业评价技能。这些核心评价指标包括多个维度,旨在全面、客观地衡量教师校本作业设计质量水平。每个指标都经过精心设计和论证,确保其具有可操作性和对标达标价值。

(二)采用多元化评价方法,以全面培养评价素养

1. 依托多种评价量表,发现待解决问题

(1)诊断教师评价素养现状。我们首先利用"评价态度自我评估量表"对教

师进行了全面的评价素养诊断。通过量表数据,教师能准确地识别自己在评价理念上的短板和误区,为后续的培训提供了有针对性的方向。

(2)制订个性化评价标准。结合"个性化评价标准制订检查表",我们指导教师根据学生的实际情况和学科特点,制订了个性化的评价标准。这不仅提升了评价的准确性和有效性,还促进了教师对学生个体差异的关注。

(3)了解评价方法掌握程度。通过"评价方法掌握情况调查表",我们发现了教师在评价方法上的不足,校本作业设计的评价方法存在单一性问题。

(4)确保评价反馈的及时性。利用"评价反馈时效性追踪表",我们监控了教师给予学生评价反馈的时效性。通过定期的数据分析,我们及时提醒教师加快反馈速度,确保了评价反馈的及时性和有效性。

2. 优化迭代评价量表,提升评价的精确性

在实践过程中,我们不断收集教师的反馈意见,对评价量表进行了优化迭代。具体举措如下。

(1)调整量表项目。根据教师的反馈,我们对"评价态度自我评价量表"中的评估项目进行了微调,使其更加贴近教师的实际工作场景和需求。通过对比不同版本的量表,来详细阐述我们是如何根据实践反馈进行优化的。

表 2　评价态度自我评价量表(初始版本)

序号	评估项目	评分标准	自评得分
1	作业对过程性评价的重视程度	5分:非常重视 4分:比较重视	
2	作业对结果性评价的重视程度	3分:一般重视 2分:较不重视	
3	作业是否关注学生全面发展	1分:非常不重视	

反馈与问题:

① 量表中的评价项目较为笼统,不够具体。

② 评分标准缺乏明确的界定,导致教师在自评时存在主观性。

③ 缺乏对教师实际行为的考查。

基于上述反馈,我们对量表进行了优化。

表3 评价态度自我评价量表(优化版本)

序号	评价项目	具体行为描述	对作业设计的引导	评分标准	自评得分
1	过程性评价的理解与实践	能积极运用过程性评价,观察记录学生学习过程,提供及时反馈	设计作业时注重学生的思考过程和解题策略	5分:非常重视 4分:比较重视 3分:一般重视 2分:较不重视 1分:非常不重视	
		了解并能够解释过程性评价对学生学习的重要性			
		尝试运用过程性评价,但频率不高或效果有限			
		对过程性评价有一定了解,但实践中很少运用			
		对过程性评价缺乏了解,几乎不运用			
2	结果性评价的合理运用	能根据课程目标和学生实际,合理运用结果性评价,如,测试、考试等	作业设计包含明确的评价目标和标准答案		
3	关注并促进学生的全面发展	在评价中,不仅关注学生的知识与技能,还注重学生的情感态度、合作能力等方面的发展,注重学生核心素养的培养	作业内容涵盖知识、技能、情感态度等多方面		

优化点:

① 具体行为描述:在评价项目中增加了具体行为描述,使教师能够更清晰地理解评价项目的具体要求,减少自评时的主观性。

② 评分标准细化:对评分标准进行了细化,使教师能够根据自己在实践中的具体表现进行更准确的自评。我校借助"深瞳优学"第三方数据平台对作业设计目标进行分析(见图3),帮助教师对自己作业设计的结果性评价和学生全面发展这两方面有更精准的认识。

③ 实践导向:优化版本更加注重教师在实际教学中的评价行为,而不仅仅是态度上的认同。

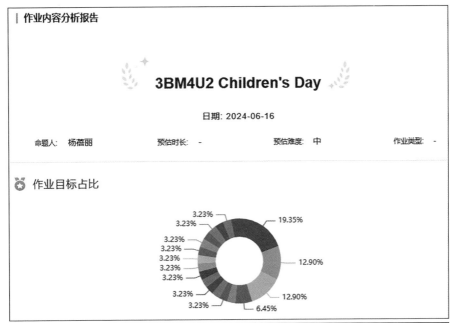

作业目标	学习水平	涉及题数	涉及题号	占比
能读懂语篇，根据要求提取信息，并用完整句子表达，大小写和单词拼写正确	-	6	【9.1.1、9.1.2、9.1.3、9.1.4、9.1.5、9.1.6】	19.35%
能正确辨析字母和字母组合在单词中的发音	-	4	【2.1】【2.2】【2.3】【2.4】	12.90%
能读懂语篇，补全所缺信息，单词拼写正确，注意大小写	-	4	【4.1】【4.2】【4.3】【5.1】	12.90%
能在句子中选择正确的介词	-	2	【3.2】【3.3】	6.45%
能正确改写一般现在时主语为第三人称复数，动词为情态动词的否定句形式	-	1	【7.2】	3.23%
能在句子中正确写出一般现在时主语为第一人称单数时肯定句中的行为动词构成	-	1	【6.4】	3.23%
能在句子中正确写出let后的行为动词构成	-	1	【6.5】	3.23%

图3　英语三年级下册 M4U2 作业内容分析

　　教师根据自我评价量表的得分,明确自己在作业设计中应更加关注过程性评价还是结果性评价,以及如何平衡两者,从而促进学生全面发展。通过对比初始版本和优化版本的评价量表,可以清晰地看到我们在实践反馈的基础上,对量表进行了哪些具体的改进和优化。这些优化旨在使量表更加贴近教师的实际工作场景和需求,提高自评的准确性和有效性。同时,我们也根据类似的逻辑对其他评价工具进行了相应的优化迭代。

(2)增加评价方法选项。为了更深入地了解教师对各种评价方法的掌握情况,我们对"评价方法掌握情况调查表"进行了更新。根据当前最新的教育评价趋势和实践需求,我们精心挑选并增加了若干新的评价方法选项。这些新增的选项不仅反映了教育领域的前沿动态,也确保了调查表能够更全面地反映教师在评价方法方面的实际能力和熟练度。通过这一改进,我们能更准确地评价和提升教师队伍的整体评价素养。

表4　评价方法掌握情况调查表(初始版本)

评价方法	熟悉程度		使用频率	
	评价标准	自评	评价标准	自评
纸笔测试	5分:非常熟悉		5分:经常使用	
口头反馈	4分:比较熟悉		4分:常常使用	
智慧校园评价	3分:一般熟悉		3分:有时使用	
学生自评/互评	2分:较不熟悉		2分:偶尔使用	
	1分:非常不熟悉		1分:从不使用	

表5　评价方法掌握情况调查表(优化版本)

评价方法	熟悉程度		使用频率	
	评价标准	自评	评价标准	自评
纸笔测试				
口头反馈				
智慧校园评价				
学生自评/互评	5分:非常熟悉		5分:经常使用	
阅读作业	4分:比较熟悉		4分:常常使用	
跨学科作业	3分:一般熟悉		3分:有时使用	
长周期作业	2分:较不熟悉		2分:偶尔使用	
分层作业	1分:非常不熟悉		1分:从不使用	
项目化作业				

我们通过这些具体举措,不仅解决了实际问题,还不断优化了评价量表和工具,使其更加符合教师的实际需求和工作场景。这将有助于进一步提升教师的评价素养,促进学生的全面发展。

(三) 完善评价结果的反馈机制,以确保评价的有效性

在"评价反馈时效性追踪表"中,我们通过第三方数据收集分析平台增强了数据分析功能,能够自动生成时效性报告,并产生长期的数据,为教师提供更准确、更直观的反馈,从而优化了数据的分析功能。

图 4　Y 教师的作业设计及批改数据

(四) 学校建立激励机制,为评价改革提供全方位支持

为了深入推进评价改革并确保其成功实施,我们加强了学校机制建设,为教师提供了全方位的支持。具体而言,我们精心组织了专家系列培训,旨在帮助教师深入理解并掌握多种评价方法。

此外,我们还开设了教育研究工作坊活动,为教师提供了一个交流与学习的平台,使他们能够在实际操作中不断提升自己的评价能力。

为了进一步激发教师的学习热情和创新精神,我们还举办了"奋斗杯"教学比赛,鼓励教师在实践中运用并展示他们所掌握的各种评价方法。通过这些举措,我们成功地提高了评价的多样性和灵活性,为教师评价素养提升的顺利推进奠定了坚实的基础。

四、典型案例

依托"评价方法掌握情况调查表"丰富教师作业评价方法

（一）案例背景

本案例以 4BM3U1 Sounds 的第一课时 Sounds at home 的单课作业设计为核心，Z 老师通过"评价方法掌握情况调查表"的自评，反思在校本作业设计时评价方法的使用，设计前后两次作业活动，旨在通过运用不同评价方法加深学生对知识的理解与运用。

（二）案例深描

1. 作业名称：4BM3U1 Sounds（P1）Sounds at home

2. 作业目标：

（1）通过作业，能初步学习字母组合-are，-ear，-air 在单词中的发音规律。

（2）通过作业，能在语境中初步感知、理解和学习 quiet，loud，bell，television（TV），sound，noisy，ring，watchTV 等形容声音轻响的形容词和名词类词汇，注意名词的单复数形式。

（3）通过作业，能在语境中初步感知、理解和学习现在进行时态的一般疑问句 Is/Are …（doing）？这一单元核心问句以及回答。

（4）通过作业，能通过学习，辨别生活中各种各样的声音，学会关注不同的生活空间中声音的轻响，感知声音无处不在。

3. 作业设计：

（1）第一次的校本作业设计。（见图 5）

4BM3U1 Period 1

Ⅰ. Read and write （正确抄写下列句子）

is it noisy outside   yes   there   are   some   children   outside

_____

Ⅱ. Look and write （看一看，写一写）

Ⅲ. Choose the best answer （选择题）

(   ) 1. Peep... Peep... What can you _____?
　　　A. listen　　　　B. hear　　　　　C. ear

(   ) 2. Let's watch _____ together.
　　　A. football　　　B. students　　　C. television

(   ) 3. Listen, the thunder（雷声）is very _____. I am afraid.
　　　A. quiet　　　　B. quite　　　　C. loud

(   ) 4. — Is he _____ a cake now?　— Yes.
　　　A. make　　　　B. makes　　　　C. making

(   ) 5. Ting... Ting... It's a _____.
　　　A. watch　　　　B. bicycle　　　　C. book

(   ) 6. There are three _____ in the hall.
　　　A. TV　　　　　B. TVS　　　　　C. TVs

(   ) 7. The bell is not loud. It's _____.
　　　A. quiet　　　　B. quite　　　　C. quilt

(   ) 8. Woof... Woof... I _____ hear a dog.
　　　A. can　　　　　B. can't　　　　C. am

评价:

Teacher's evaluation (教师评价)	Handwriting(书写情况) ☆　☆　☆　☆　☆	Accuracy(正确率) ☆　☆　☆　☆　☆
Self-evaluation (学生自评)	Attitude(完成态度) ☆　☆　☆　☆　☆	Correction(订正情况) ☆　☆　☆　☆　☆

图 5　4BM3U1 Sounds at home 第一次校本作业设计

此份作业是我校英语教师在开学前所设计的校本作业"能量加油站"中对应课时的作业,其中包含三种练习:句子的正确抄写,看图片写单词和选择题,作业评价为教师评价和学生自评。

在学期初,Z 老师对于自己设计的校本作业练习进行了评价方法的自评(见

表6),从表中,Z老师自己意识到在评价方法的熟悉程度上对于纸笔测试比较熟悉,对于智慧校园评价和学生自评/互评比较熟悉,阅读作业和跨学科作业是一般熟悉,但是长周期作业、分层作业和项目化作业是较不熟悉。在使用频率上,Z老师自认为经常使用纸笔测试和口头反馈,常常使用智慧校园和学生自评/互评,有时会使用阅读作业,但是在跨学科作业、长周期作业、分层作业和项目化作业的使用是比较少的。因此,在后续的作业设计中,Z老师意识到自己的问题所在,进行了第二次的校本作业设计。

表6 Z老师的"评价方法掌握情况调查表"

评价方法	熟悉程度		使用频率	
	评价标准	自评	评价标准	自评
纸笔测试		5		5
口头反馈		4		5
智慧校园评价		4		4
学生自评/互评	5分:非常熟悉 4分:比较熟悉 3分:一般熟悉 2分:较不熟悉 1分:非常不熟悉	4	5分:经常使用 4分:常常使用 3分:有时使用 2分:偶尔使用 1分:从不使用	4
阅读作业		3		3
跨学科作业		3		2
长周期作业		2		2
分层作业		2		2
项目化作业		2		2

(2) 第二次的校本作业设计。

情境陈述:

周日早上,Tony在家里陪爷爷奶奶。他听到了家里很多不同的声音,让我们来跟着Tony一起听一听这些声音吧!

对标素养:

英语学科核心素养(语言能力 文化意识 思维品质 学习能力)

[内容表述]

 ① Listen and read.(听录音,正确朗读文本内容。)

② Think and write.(在方框内写出与画线部分发音相同的单词。)

After lunch, Tony is playing a sound game. He's making some long 'trains'.

Can you help him?

bear

square

hair

③ Task：Sounds at my home.(我家的声音)

What are your family doing on Sunday morning？Is it quiet, loud or noisy?

A. **Think and complete..**(想一想，填一填)

Who	What	How (quiet/loud/noisy…)
Father		
Mother		

B. **Think and draw.**(想一想，画一画)

C. **Think and write.** (想一想，写一写)

It is Sunday morning now. My family are at home.

Look! My father is _____. It's _____. (quiet/loud/noisy…)

My _____. _____.

My _____. _____.

And I am_____. _____.

表 7　Z 老师的 Sounds at home 第一课时作业评价表

评价内容	自评	组评	师评
1. 能知晓字母组合 -are，-ear，-air 在单词中的发音规律	☆ ☆ ☆ ☆ ☆	☆ ☆ ☆ ☆ ☆	☆ ☆ ☆ ☆ ☆
2. 能在初步感知、理解和学习 quiet，loud，bell，television（TV），sound，noisy，ring，watch TV 等形容声音轻响的形容词和名词类词汇，注意名词的单复数形式	☆ ☆ ☆ ☆ ☆	☆ ☆ ☆ ☆ ☆	☆ ☆ ☆ ☆ ☆
3. 能在语境中初步感知、理解和学习现在进行时态的一般疑问句 Is/Are ...（doing）？这一单元核心问句以及回答	☆ ☆ ☆ ☆ ☆	☆ ☆ ☆ ☆ ☆	☆ ☆ ☆ ☆ ☆
4. 能辨别生活中各种各样的声音，学会关注不同的生活空间中声音轻响，感知声音无处不在	☆ ☆ ☆ ☆ ☆	☆ ☆ ☆ ☆ ☆	☆ ☆ ☆ ☆ ☆

为了形成聚焦学生核心素养发展的课堂评价指标，学校特开展了"研智慧作业，促核心素养"的"奋斗杯"教师教学比赛，全体教师从指向核心素养的课堂教学设计开始，分析教材、分析学情、确立课堂教学目标及重难点，在教学过程中注重发展学生的思维能力，为核心素养奠基。

第二份作业是 Z 老师在参加学校"奋斗杯"教学比赛中设计的校本作业，包含三个大题：①听录音，正确朗读文本内容；②在方框内写出与画线部分发音相同的单词；③"我家的声音"。"我家的声音"板块共有三个子任务：想一想，填一填；想一想，画一画和想一想，写一写。要求学生在理解 Tony 家的声音的基础上，描述一下周末自己家里的一些常见的声音，并在此过程中尝试运用现在进行时展开具体详细的描述，学会关注不同的生活空间中的轻响程度，感知声音无处不在。

与第一份作业相比，第一份作业设计了三种纸笔测试练习：句子的正确抄写、看图片写单词以及选择题。而第二份作业则涵盖了口头朗读、阅读、跨学科以及项目化等多种类型的作业,显然在作业评价方法上做出了多种新的探索和尝试。

在评价方式方面,第一份作业主要采用教师评价和学生自评两种方式。相较之下,第二份作业的评价内容更为具体细致,不仅如此,还创新性地引入了"组评"方式,从而有效提升了学生之间的评价参与度。

同时,第二份作业的一大亮点是与大数据技术的深度结合,实现了对学生答题情况的精准分析。特别是在第一大题和第二大题中,教师借助"三个助手"中的"作业辅导助手"平台,对学生的答题数据进行了全面收集与深入分析。这一过程主要考查学生对字母组合-are,-ear,-air在单词中发音规律的掌握情况,以及他们对本单元核心词汇和句型的理解程度。这样的数据分析有助于教师更准确地把握学生的学习状况,进而为后续的教学提供有力支持。

(三) 案例反思

1. 教师评价素养成效

(1) 提升评价方法的熟悉程度:教师通过填写调查表,可以全面了解自己对纸笔测试、表现性评价、作品展示和项目化作业等多种评价方法的熟悉程度。Z老师在意识到自己评价方法的熟悉程度和使用频率问题的基础上,在第二次的校本作业设计时,尝试使用多种评价方法。

(2) 优化评价方法的使用:调查表中的数据反馈可以帮助教师认识到自己在使用各种评价方法时的偏好和不足。例如,调查显示,Z老师过于依赖纸笔测试,而忽视了其他评价方式。这促使Z老师调整策略,增加其他的多元化评价方法,从而更全面地评价学生的学习成果。

(3) 增强自我反思与提升意识:填写调查表的过程也是教师自我反思的过程。通过对比自己与其他教师在评价方法掌握情况上的差异,教师可以发现自己的不足,从而制订学习计划,逐步掌握并熟练运用多种评价方法。

2. 学生评价素养成效

(1) 获得更全面准确的评价:由于教师提升了评价方法的掌握程度和使用多样性,学生能够获得更全面、准确的评价。这不仅有助于发现学生的优点和不足,还能为学生提供更有针对性的学习建议。

（2）提高学习兴趣和原动力：多样化的评价方法能够满足不同学生的学习需求和兴趣，从而提高他们的学习兴趣和动力。学生平时对纸笔测试不感兴趣，可能在项目化作业中表现出色。教师可以通过增加项目化作业的评价方法，激发学生的学习热情。

（3）增强师生沟通与反馈的满意度：教师可以通过调查表了解学生对不同评价方式的接受程度和反馈意见，从而更好地调整评价策略以满足学生的需求。这种沟通与反馈机制有助于增强师生之间的互动和信任。

综上所述，"评价方法掌握情况调查表"的使用不仅提升了教师在评价方法上的专业素养和使用多样性，还间接满足了学生学习的全面性、准确性和个性化需求，从而提高了教学质量和学习效果。

五、成效与反思

经过一段时间的实践与研究，我校在提升小学教师设计校本作业评价素养的征途上，取得了一定的成果，同时也明确了后续改进的重点方向。

（一）评价标准从传统走向个性，促进教师评价素养科学发展

在校本作业设计的实践中，我们见证了教师在评价理念上的显著变迁。那些过时的、单一的评价模式正逐步被取代，而一种更加关注学生个性化差异及其全面发展的新思潮正在兴起。这种变化已经深深植根于每位教师的日常教学实践中，使得他们在设计作业时能够充分考虑到学生的多元需求与特质，从而确立更为合理和先进的评价标准。

新标准的实施，让教师的评价更为全面与客观，有效打破了旧有模式的束缚。这无疑为学生的多元发展注入了新的活力，显著提升了他们的综合素养。但进步的脚步不应停歇，我们需要持续反思并优化这些标准，确保其始终能够适应时代的变迁，真正为学生的全面成长保驾护航。

（二）评价方法多元精准，激活教学创新的原动力

在校本作业的设计与实施中，教师正积极地通过问卷调查等手段，全面了解并实践各种评价方法。这不仅涵盖了传统的笔试和口试，更引入了项目化作业、实践活动等丰富多彩的评价形式。同时，借助大数据及现代教育技术的力量，比如，智慧校园系统、教学辅助软件等，教师得以对学生进行更为精确的

评价。

评价方法的多样化使教师能够更深入地洞察学生的学习状况,准确判断他们的长处与短板。这种变化极大地激发了学生的学习兴趣,提升了他们的学习效果。但值得注意的是,不同的评价方法可能更适用于特定的学科或学生群体,因此我们需要灵活选择,避免盲目跟风或"一刀切"的做法。

(三)评价结果反馈及时高效,引领教学质量提高的方向

在校本作业设计的实践中,我们高度重视评价结果的及时反馈与有效应用。教师们通过量表、问卷等方式积极收集学生的反馈,并据此及时调整教学策略与评价方法。同时,学生也能根据这些反馈清晰地认识到自己的学习状况,从而明确改进的方向。

评价结果的及时反馈对于教学质量的提升具有至关重要的作用。它不仅助力教师持续优化教学方法与评价策略,更促进了学生的自我认知与自主发展。但在此过程中,我们也应充分尊重学生的隐私与感受,选择恰当的反馈方式,以免给学生带来不必要的压力。未来,我们还将进一步探索如何更有效地运用这些评价结果来指导教学实践与学生的全面发展。

(四)后续的改进重点

(1)进一步发散评价方法的多样性:探索更多元化的评价方法,以适应不同学生的学习风格和需求。加强对评价方法的培训和实践,确保教师能够熟练运用各种评价方法。

(2)不断优化评价量表与反馈机制:定期更新评价量表,确保其与时俱进,反映最新的教育理念和实践。建立有效的反馈机制,确保教师和学生能够及时获得准确的评价反馈。

(3)强化学生的自主学习与评价:创设更多有利于学生自主学习的情境和任务,培养他们的创新思维和问题解决能力。鼓励学生参与评价过程,提高他们的自我评价和同伴评价能力。

(4)创新师生沟通与互动的形式:定期组织师生座谈会或开展问卷调查,收集学生对评价方法和学习体验的意见和建议。根据学生反馈及时调整教学策略和评价方式,以满足学生的实际需求。

这些具体而生动的变化,正是我校在提升小学教师设计校本作业评价素养

方面所取得的显著成效的有力证明。我们坚信,只要教师继续努力,不断探索和创新,我们的教育之路将会越走越宽广,学生的未来也将更加光明。

(上海市浦东新区万科实验小学 杨蓓丽)

第三节 基于学生学业成就的教师评价素养提升研究[①]

一、问题提出

教师对学生的评价是日常教学中不可缺少的一部分,在"双新"背景下,以核心素养为育人导向的基础教育对教师评价素养的要求与日俱增。针对学校青年教师较多、教育教学经验相对不足的现状,提升教师在核心素养导向的学生学业成就评价领域的素养是当前的迫切需求。长期以来,教师评价工作受"五唯"思维的影响,过于注重分数和升学等定量指标,缺乏对学生全面发展的关注。而"双新"改革要求教师能够设计与核心素养培养相适应的学习任务和评价,运用多元化的评价手段,帮助学生发现长处、克服弱项,促进学生的全面发展。学校意识到,只有切实提升教师在这一领域的评价素养,才能为学生的核心素养培养提供有力支撑,确保学校教育改革目标的实现。

二、教师评价素养的校本化指标

在"双新"背景下,如何有效提升核心素养导向学生学业成就领域的教师评价素养是本研究开展的关键,而建立一个适合学校校情、学情的教师评价素养指标则是推动教师评价素养提升的重要指导。基于浦东新区教师评价素养的重要指标(维度二:评价学生学业成就),学校设计了教师评价素养的校本化指标,如表1所示。

[①] 张淑艳,吴茜.基于学生学业成就的教师评价素养提升研究[J].教育,2024(23):17-19.

表 1　教师评价素养的校本化指标

一级指标	二级指标
1. 标准研判	能够设计出符合"双新"理念的学科大单元学历案
2. 命题设计	（1）能够根据 2022 新课标的要求命题指向核心素养的、形式多样化的题目
	（2）能够基于学习管理系统,对每个题目所涉及的关键能力、必备品格与跨学科综合运用能力进行有效标定
	（3）能够根据校情、学情、考情,基于 2022 新课标设计有区分度的题目
3. 检测阅评	（1）能够根据 2022 新课标的要求,设计学科任务的表现性评价量规
	（2）能够有效引入学生来参与学科任务的表现性评价量规的编制与修订
	（3）对于所设计的有区分度的题目,能够选择一定比例和有代表性的学生样本进行评阅,并在此基础上灵活调整评分标准
	（4）能够有效设计指向核心素养的开放性题目,并基于学生的回答对学生素养水平做出客观评价
4. 质量分析	（1）能够用教育统计测量学的话语体系对学生的学业水平进行描述与分析
	（2）能够结合学科特点,以定性与定量结合的方式对学生的学业水平进行准确、客观的述评
	（3）能够以发展性的视角对个体学生的学业质量和学习状态进行主观性评价和解读,以发挥评价的激励作用
5. 反馈改进	（1）能够基于学习管理系统所沉淀的过程性学习数据,将数据转化为证据,发现学生共性关键问题,在此基础上进行教学改进
	（2）能够基于学习管理系统所沉淀的过程性学习数据,将数据转化为证据,发现学生的个性化问题,并在此基础上通过教师—家长—同伴—社会多方协同的方式对学生开展个性化支持

　　这套指标从标准研判、命题设计、检测阅评、质量分析、反馈改进五个维度对学校核心素养导向学生学业成就领域的教师评价素养的提升提出了要求。

　　在标准研判维度,学校选择以"大单元"教学为切入点,鼓励教师队伍深入探索教育教学创新,设计并实施大单元学历案,并在大单元教学过程中开展素养导向的多元评价。

在命题设计维度,学校对教师理解"双新"并充分应用数字技术赋能命题设计提出了一定的要求。学校引进了 ClassIn 学习管理系统,希望通过过程评价、素养评价功能的有效应用。其中,一个重要的具体表现就是能够结合学校、学生的实际情况设计有区分度的命题。

在检测评阅维度,学校一方面关注教师对评价工具的设计和应用,即能够设计合适的学科表现性评价量规,并充分发挥学生的主体性参与量规设计中来;另一方面关注教师对高质量命题的有效实施,包括开放性命题的设计和评估以及根据学生的实际情况对评分标准进行自由裁量。

在质量分析维度,学校对教师开展评价的学术水平提出了一定的要求,希望教师能够使用教育统计学和测量学的相关术语,结合质性和量化等方式对学生的学业水平进行客观描述,同时也能基于以评促学的理念结合一定主观性的话语从发展性视角出发激励学生的成长和进步。

在反馈改进维度,学校注重个性与共性兼顾、整体与部分并重,要求教师能够在 ClassIn 学习管理系统的赋能之下,通过科学、实证的方法应用数据,发现学生的个体问题和班级的群体问题,并有效开展个性化支持。

总体而言,学校设计的教师评价素养关键能力的校本化指标对学校教师而言具有一定的挑战性,属于"跳一跳,摘桃子"的目标,学校在此基础上引入数字技术,借力驱动教师的评价素养提升。

三、实施举措

"双新"背景下,上海市建平实验张江中学在提升核心素养导向学生学业成就领域的教师评价素养的实施过程中,坚持以问题为导向、以学生为中心、以教师专业成长为目标,多方统筹推进教师评价素养提升的有效实施。

首先,学校建立了一套多层面的机制保障。在学校层面,成立了由校长任组长,课程教学中心、学生发展中心、各学科组长等多方代表参与的"教师评价素养提升工作领导小组",定期分析诊断问题,统筹推进工作。同时,要求各学科教研组每学期将"评价素养提升"作为例行研讨内容。在教师层面则建立了师徒结对、学习圈等多种形式的专业发展机制,鼓励教师间开展同事互评、案例分享、集体备课等活动,共同提升评价素养。此外,学校还把教师评价素养作为教学考核的重要指标,充分发挥考核的激励导向作用。

其次,学校不断完善核心素养导向的学业水平评价工具。一方面,学校借助 ClassIn 学习管理系统,将评价目标、评价要点与各学科核心素养进行深度对标,设计了一系列评价表单,涵盖标准研判、命题设计、过程评价等诸多环节。另一方面,学校针对性地组织教师开展评价工具的研讨与设计,不断更新评价量表、优化命题设计,确保评价更加契合"双新"理念。在此基础上,学校还建立了学生及家长参与的多元评价机制,让评价更加全面客观。

再次,学校重视学生学业数据的收集与分析应用。利用 ClassIn 系统的数据追踪和分析功能,教师能够及时掌握学生的学习过程、学业水平等多维度信息,为诊断问题、优化教学提供依据。同时,学校要求教师定期分析学生学习中的薄弱环节,制订个性化的辅导措施,并将改进情况反馈至学生及家长,充分发挥评价的促进作用。此外,学校还邀请专家开展教育统计分析等培训,提高教师的评价理论素养和实践能力。

通过一系列的实施举措,学校有效保障了教师评价素养校本化指标的落实和评价工具的应用,有效赋能各学科教师评价素养的提升。

四、典型案例

针对学校青年教师较多、教育教学经验相对不足的实际状况,以及长期以来教师评价工作过于注重分数和升学等定量指标,缺乏对学生全面发展的关注等问题,上海市建平实验张江中学意识到,在"双新"背景下深化学生学业评价改革,提升教师在核心素养导向学生学业成就评价领域的评价素养,对学校教育质量提升至关重要。

2023 年,上海市教委发布《上海市中小学生全员导师制工作方案》,将中小学全体教师按照一定机制与每一名学生匹配,为学生发展提供全面指导、为家庭教育提供协同指导。全员导师制的全面推广为多元化评价的开展提供了良好的土壤。学校以此为契机,从"学业述评"的视角切入,充分利用全员导师制开展带来的势能,积极探索建立"学生—导师—家长"联动的多元化学业评述机制,并针对重点学科开展了学业评述实践,以期为学生的全面发展提供更加精准的诊断和引导。

（一）案例深描

结合教师评价素养关键能力的重要校本化指标,学校研制了建平实验张江中学校本化学业述评指标框架,如表2所示。

表2 建平实验张江中学校本化学业述评指标框架

一级指标	品德发展	学业发展	个性表现	劳动素养	实践创新
二级指标	理想信念	学习态度	自我认知	劳动意识	创新品质
	人格品质	学习方法与习惯	自我管理	劳动能力	实践能力
	公民素养	学科素养	人际关系		
	行为习惯	学业水平			

在此基础上,学校结合全员导师制的理论框架,自主研发了"学业述评卡",包括教师、学生、家长等多个版本,构建了"学生自评—同伴互评—班主任评语—导师评语—家长评语"的多元化评述模式。

在学生自评中,学生以生动细腻的语言描述了自身在学业表现、品德表现、个性表现、劳动素养和实践创新等方面的特点与变化,例如,某位女生写道:"我发现我对弱者有很强的保护心,在某次同学受到欺负的时候能够挺身而出,受到了同学们的肯定。"

在同伴互评方面,学生发挥了观察者的视角,以同理心和良好的同伴意识评价他人,例如,某位同学写道:"李同学是一个善于反思自己,在默默中让朋友感受到温暖的人。"

班主任和导师的评语则更加注重客观描述学生的具体表现,从多个维度进行综合评价,例如,班主任在评价一位学生时写道:"你是一个聪明热情、活泼好动的男孩,你尊敬师长,能与同学们打成一片,但在学习上也许有些不够踏实专注,学习与做人是一体的,应虚心求教,掌握分寸。"与此同时,家长也成为学业评述的重要主体。

此外,学校还在数学等重点学科开展了学业评述实践。教师在每次单元课程结束时,细致地观察、记录每位学生的学习情况,并根据解答问题、感受知识应用价值、学习态度等4个评价维度进行评价,同时给出诊断和指导性建议。学生也参与到量规的制订和修订中来,形成师生共育的局面。这种做法不仅有助于教师全面了解学生的学习状况,也有利于学生更好地认识自己,主动调整学习策略。

(二) 案例反思

通过多元化的学业评述实践,学校有效落实了核心素养导向的学业评价,为学生的全面发展提供了更加精准的诊断和引导。

一方面,学生的自我认知和同伴认知更加深入,教师和家长的评价更加客观全面,各方的育人合力也进一步凝聚。这种基于核心素养的学业评述方式,有助于学生更好地认识自己,增强自我管理和自我完善意识,为未来发展奠定良好基础。

另一方面,通过在重点学科开展的评述实践,教师和学生的互动更加紧密,教学相长的氛围日益浓厚。教师能够全面了解学生的学习状况,及时诊断、有针对性地指导;学生也能更好地认识自己的优缺点,主动调整学习策略,真正做到以学生为中心。

总的来看,学校的多元化学业评述实践,充分体现了"双新"理念下学业评价改革的方向,有力支持了教师评价素养的提升,为打造"百姓满意的家门口好学校"注入了新动力。下一步,学校将继续深化探索,推动多元主体的育人合力,引领学生全面健康成长。

五、成效与反思

上海市建平实验张江中学在推进核心素养导向学生学业成就领域的教师评价素养提升过程中,取得了可喜的成效,同时也积累了丰富的实践经验,值得进一步总结和深化。

从学校发展的角度看,本研究为学校教学质量的整体提升注入了新动力。通过建立健全多样化、个性化的评价体系,学校不仅充分激发了学生的学习兴趣,更帮助学生在全面发展中找到了前进的方向。这种以学生为中心的评价理念,充分彰显了建平实验张江中学追求质量提升、学生全面发展的教育目标。

从教师专业发展的角度来看,本研究也推动了教师评价素养的全面提升。经过系统培训和不断实践,学校教师逐步深化了对核心素养内涵的理解,在教学设计、教学实施和教学评价等环节,不断创新方法,提升水平。尤其是在评价工具的研发与应用上,教师熟练应用专业知识,设计出更加科学、细致的评价指标体系,为学生个性化发展提供了更加精准的诊断依据。这种评价素养的提升,不仅体现在专业知识的掌握上,更广泛地体现在教师整体工作理念和方法的变革上,为建设一支"三全"素质出色的教师队伍奠定了基础。

学校的这一改革实践,既有创新意义,也彰显了学校坚定不移的发展决心。未来,我们将继续深化对核心素养的认知和实践,推动以学生为中心的评价方式,为培养德智体美劳全面发展的社会主义建设者和接班人做出新的贡献。

(上海市建平实验张江中学　张淑艳　吴茜)

第四节　教师学业述评要素建构与实施的实践研究

一、问题提出

(一) 学校教育评价改革的背景与现状

2012 年教育部印发的《中学教师专业标准(试行)》明确将"教育教学评价"列为教师应具备的六大专业能力之一,强调教师应学会利用评价工具,掌握多元评价方法,多视角、全过程评价学生发展。2020 年 10 月,中共中央、国务院出台《深化新时代教育评价改革总体方案》,重点部署了 5 个方面 22 项改革任务。其中,在突出教育教学实绩方面指出,要"探索建立中小学教师教学述评制度,任课教师每学期须对每个学生进行学业述评……"在此背景下,教育评价改革受到了前所未有的重视。

我校以培养"全人+创新力"的育人目标为己任,通过"敬成教师、思成学生——思敬书院"平台,拓展教师学科素养,完善教师发展的评价范式与标准,提高教师自主发展的内驱力,从而促进教师育人能力的全面发展。学校在十四五发展规划中明确写道:学校必须立足实际,综合考量学生、教师和学校的特点设计课程计划,根据中高考改革和教育评价改革需要重新调整课程结构,创新评价方式,以评促教、以评促学,保证教育质量并实现稳步提升,让评价引领教学,让教学成就教育。

在此背景下,我校教师在教育教学评价方面进行大胆尝试,探索出"计分+简单描述"的每周评价小模式。教师的初衷是希望将教师对学生的一句评价、一声夸赞,以及学生每天的表现能够以某种形式记录下来,成为学生前进的动力。经过两三个学期的摸索后,形成了一个简单的模式:行规、作业评分表(小组长)+简述(学生)+盖章(教师)。每周五,由班长和小组长共同负责,将学生每日记录在小组长那里的表现和各自在家校联系本上的表现记录转化成积分,加以合并统计,形成对学生学业表现的量化评价(见表1)。

表1 龚路中学每周评价积分表

组别:	第_____周 星期_____ ( )月( )日					
组员姓名						
准时到校						
校服整齐,佩戴红领巾						
作业完成并及时上交						
上课积极思考,举手发言						
语文作业得优						
语文默写通过						
值日情况						
英语当日背诵						
午休数学作业完成						
违纪/作业被批评						
为班级做贡献(打扫、工作)						
考试情况						
好人好事						
今日积分						

班主任审核签名:_____

（二）学校教育评价改革面临的问题

学校目前评价改革愿景强烈，教师层面已开始了积极的探索，但是也面临着诸多困难与问题。

（1）校内很多班级都在使用类似表 1 的表格对学生进行综合评价，以促进学生的发展。虽然表 1 的评价已经开始关注学生德育、智育、劳育等的发展，但是教师的参与面还不够，没有能够关注到五育并举，全面发展，更没能体现学校"全人+创新力"的育人目标。

（2）如表 1 所示，评价虽然涉及了学科要求，但仅停留在表层行为方面，例如，"语文作业得优""英语当日背诵"等，没有深入到学科核心素养的发展层面；即使评价内容提及了"上课积极思考，举手发言"，然而发言的质量如何，思维是否发散且有深度，是否体现了核心素养的发展，都无法真正被关注到位。

（3）目前以"学科教师身份"参与评价的教师明显偏少。通过观察近两年的学校教研活动主题，可知在定期的教研活动交流中，教师虽然重视学科核心素养的落实，但是着力点更多的是放在教学设计方面，以及学生的行为习惯如何养成、教学的进度、难点等问题，却忽略了再好的教学设计如果没有评价和反馈，那么其有效性也是会打折扣的。就目前而言，研发有价值的学科评价表是我们要攻克的一大难点。

（4）学生是学习的中心，是评价的主体，但目前的学生评价以投票、举手表决为主，多出于个人喜好，说不清楚原因；或如表 1 这般非常显性的观察性评价，并不能真正促发学生的自我反思和能力提升。

（5）传统的数据留存方式不利于统计与分析，缺乏反馈与思考，对于反映学生的学业情况和促进综合素质发展，缺乏有力支撑和改进。

因此，学校亟须为教师评价素养提升提供支持，开发便捷可操作的评价平台，设计有针对性的评价培训活动，组织教师实施评价、解释评价、反哺教学，助力教师专业发展与学生成长。

二、指标落实

依据《浦东新区中小学教师评价素养关键能力通用指标（1.0 版）》中维度三：促进学生综合素质发展，学校组织教师认真研读了一级指标"评价设计"下设的二级指标"评价任务""评价方式";一级指标"评价过程"下设的二级指标"行为观察";一级指标"综合述评"下设的二级指标"个性述评"等内容。同时,在学习教育部《关于加强和改进普通高中学生综合素质评价的意见》(教基二〔2014〕11号)和《上海市深化高等学校考试招生综合改革实施方案》(沪府发〔2014〕57号)等文件精神的前提下,以《上海市深化高等学校考试招生综合改革实施方案》(以下简称《方案》)所提出的"品德发展与公民素养""修习课程与学业成绩""创新精神与实践能力""身心健康与艺术素养"4个维度为依据,并充分考虑学校的文化、发展特色、学生情况,建构符合本校学生综合素质评价的必要因素(见表2),以此来培养全面而有个性的学生,促进教师评价素养提升,推动学校特色发展和教与学方式的变革。

表2　龚路中学学生综合素质评价要素

维度	要素
品德发展与公民素养	文明礼貌
	勤奋进取
	遵纪守信
	热爱劳动
	社会责任感
	家庭责任感
	自尊自律
	环保意识
修习课程与学业成绩	课堂表现
	作业态度
	创优高效
	学业成绩(高中学段)
	学科素养
创新精神与实践能力	实践能力
	创新精神
	合作意识
身心健康与艺术素养	体质与健康
	健康心理状态
	健康生活方式
	审美情趣
	艺术活动与表现

（1）将结果性评价与过程性评价相结合。在评价的过程中,重视过程性评价、表现性评价。评价设计应重视学生年龄特征,体现情境性、真实性、过程性,①真实反映出学生综合素质变化情况。

（2）教师与学生共同制订评分标准（规则）。在评价标准制订方面,教师与学生对共同制订评分标准,达到彼此认同、理解,便于教师解释评价结果和学生自我反思。同时要求学生能够根据过程性表现,及时修订评分标准（规则）,鼓励学生个性化、多元化学习的成果生成。

（3）创新评价方式与创建便于管理平台。首先,在评价方式方面,我们认为应创新评价方式,倡导基于证据的评价,创建便于管理和分析的平台,②以积累过程性数据,便于观察、记录与分析。其次,在具体实现任务时,鼓励教师设计多样化的评价方式,如,演讲、PPT、方案策划、观察日志、学生作品等。注重动手操作、作品展示、口头报告等多种评价方式的综合运用,记录典型行为表现,推进表现性评价。③

（4）形成因材施教的个性化述评范式。通过过程性数据、描述性语言的积累,对学生发展的个性特征、优缺点进行全面分析,用欣赏优点、激励成长的态度完成一份学业述评报告。教师结合述评报告向学生、家长解释学生学习成果,反哺自身的教学,同时,学生进行自我反思,达到教与学的双向进步。

在具体实施过程中,我们以《方案》所提出的 4 个维度为依据,结合学校所拟定的"龚路中学学生综合素质评价要素",从与学生学业关系更密切的"修习课程与学业成绩""创新精神与实践能力"两个维度开始,先行先试。在这两个维度之下确立了"课堂表现、作业态度、创优高效、学业成绩（高中学段）、学科素养、实践能力、创新精神、合作意识"8 个评价要素,每个评价要素之下建立 2—4 个关键表现（除"学科素养"要素外）。如,在"课堂表现"要素之下建有:"上课注意力集中,专心听讲、记笔记""不扰乱课堂纪律,遵守课堂秩序""对知识有求知欲和好

① 崔允漷.促进学习:学业评价的新范式[J].教育科学研究,2010(03):11－15+20.

② 丛文.关于"学生学业述评"的思考与架构[J].牡丹江教育学院学报,2021(03):112－113.

③ 高海雪.基于论证的初中英语作业评价质量标准建构及效度研究[D].西安:西安外国语大学:2023.

奇心""积极参与课堂互动与交流"等关键表现(见表3)。针对实施过程性评价,撰写学生学业述评报告,解释评价并改进教学,推进教学评价改革,提升教师评价素养。

表3 龚路中学校本化学业述评要素与关键表现(1.0版)

板块	评价要素(奖章形式)	关键表现(根据学科、年级进行适度调整)	评分人
修习课程与学业成绩	课堂表现	1. 上课注意力集中,专心听讲,做好圈画	任课教师
		2. 不扰乱课堂纪律,遵守课堂秩序	
		3. 对知识有求知欲和好奇心	任课教师
		4. 积极参与课堂互动与交流	
	作业态度	5. 学习任务及时自觉完成	任课教师
		6. 学习任务完成质量良好	
	创优高效	7. 能够制订有效的学习计划(及时预习和复习等)	任课教师
		8. 掌握有效的学习策略,提高学习效率	
	学业成绩(高中阶段)	9. 近期该学科检测表现突出(达到班级前5名)	任课教师
		10. 近期该学科检测有较大进步	
	学科素养	11. 根据各学科课程标准以及年级段要求制订	任课教师
创新精神与实践能力	实践能力	1. 有较强的动手能力,积极参加社会实践活动	任课教师及班主任
		2. 积极参加学校的学科拓展活动,并能完成一定的作品	任课教师
	创新精神	3. 具有丰富的想象力和创新意识	任课教师
		4. 掌握探究的策略与方法	任课教师
		5. 能够独立思考,善于提出问题和解决问题	任课教师
	合作意识	6. 团结互助,善于与他人合作共同完成任务(团队协作性活动表现突出等)	任课教师及班主任
		7. 尊重并理解他人,主动与他人交流,能接受他人合理的意见建议	任课教师及班主任
		8. 能够合理评价和约束自己的行为	任课教师及班主任

三、实施举措

（一）组建团队，梳理校本化学业述评要素

1. 组建团队，确定试点班级

（1）由书记（主持工作）领衔，分管教育教学的副校长总负责，学校科研负责人具体落实。核心成员包括课程教学部、学生发展部、教师发展部主任、副主任、干事及各教研组长、备课组长及试点班相关教师。

（2）在多方学习及探讨基础上，结合本校实际制订推进方案。

（3）确定的试点班级和试点学科。高中：选定高一（6）班，试点学科：语文、数学、生物、地理、思政、艺术、信科。

初中：选定初一（3）班，试点学科：语文、数学、英语、艺术。

2. 细化学业述评校本化评价要素的关键表现（见表3）

在此基础上，各试点班级教师结合学科课程标准要求和年级段要求细化"学科素养"要素的关键表现。

（二）搭建学业述评平台，信息技术赋能成效

如何运用信息技术快速地收集、整理、分析评价数据决定着教师评价的成效。学校将与绿蜻蜓平台合作，建设校本化学业述评平台。具体操作如下。

1. 搭建平台

在平台支持下，我们分别搭建了"高中学业述评体系"和"初中学业述评体系"。每个体系之下根据8个评价要素（见表3）设置类目，每个类目之下可见2—4个关键表现，"学科素养"要素下的关键表现则因学科和年级不同而有多有少。此外还开设了评语功能。借助"问卷""投票"等功能还可以进行学生自评和互评。

图1 龚路中学学业述评平台

3 学业表现类					+ 新增条目	☑ 条目类别改名
课堂表现	1.上课注意力集中，专心听讲、记笔记 2.不扰乱课堂纪律，遵守课堂秩序 3.对知识有求知欲和好奇心	公共评语库1：无		公共评语库2：无	☑	↱
作业态度	5.学习任务及时自觉完成（作业及时上交等）6.学习任务完成质量良好（常规作业、考试等）	公共评语库1：无		公共评语库2：无	☑	↱
创优高效	7.能够制定有效的学习计划（及时预习和复习等）8.掌握有效的学习策略，提高学习效率	公共评语库1：无		公共评语库2：无	☑	↱
学业成绩	9.各类考试表现突出或有进步	公共评语库1：无		公共评语库2：无	☑	↱
学科素养	结合各学科实际情况而定	公共评语库1：无		公共评语库2：无	☑	↱

图 2　龚路中学学业述评平台条目

2. 要素转化为评价奖章

在平台协助下将学业述评的 8 个评价要素转化为实体的评价奖章，暨"合作意识章""课堂表现章""学科素养章"等，每个奖章的背后都有一个专属的二维码。

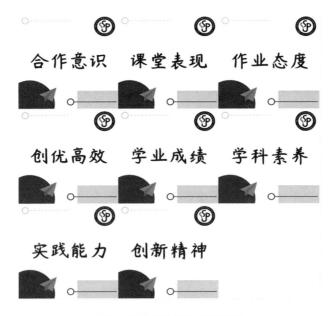

图 3　龚路中学学业述评奖章

3. 一周一评，学生自主扫码，平台自动记录

任课教师或班主任每周根据"关键表现"进行一次评价并发放奖章（因为教师是根据"关键表现"进行评价并发放奖章的，而奖章是根据"评价要素"所设置的,所以有可能会出现同一种奖章拿到多个的现象),学生扫描奖章上的二维码,结果自动记录到个人的学业述评平台,形成每周综合评分,并自动生成学生个人周报表。当累计分值达到一定数值,可以形成学生个人画像。

表4 学业述评数据记录情况

【高中学业述评体系】0417-0418评价数据汇总 学生个人报表（洪欣怡）

综合分析 **评价记录**

评价板块	评价条目	评语&备注	评分	评价时间	评价人
作业态度	作业态度		+1	2023-04-17	学生自扫码
学科素养	学科素养		+1	2023-04-17	学生自扫码
创优高效	创优高效		+1	2023-04-17	学生自扫码
实践能力	实践能力		+1	2023-04-17	学生自扫码
学科素养	学科素养		+1	2023-04-17	学生自扫码
实践能力	实践能力		+1	2023-04-17	学生自扫码
作业态度	作业态度		+1	2023-04-17	学生自扫码
课堂表现	课堂表现		+1	2023-04-17	学生自扫码
课堂表现	课堂表现		+1	2023-04-17	学生自扫码

【高中学业述评体系】0417-0418评价数据汇总 学生个人报表

综合分析 评价记录

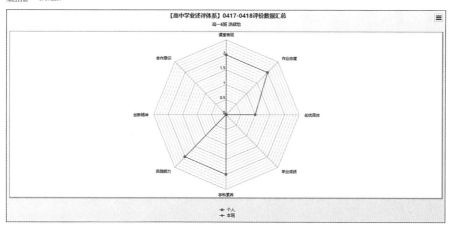

图4 学业述评个人数据报表

4. 梳理过程性的互动评价数据

学生需要每周自主梳理一次,撰写自评小结并上传,教师给予相应的反馈;同时教师可以对自己本周的教学进行适当反思,改进自己的教学;每半学期组织一次全班交流互评,上传平台;每学期末教师通过梳理过程性的数据,进行一次学业述评。

图5　学生自评情况

（三）全面实施，优化学业述评要素

试点班级完整尝试检验要素建构的合理性、平台的可操作性等，完成一个周期的学业述评，并做出适度调整。在此基础上，扩大试点，结合调整内容进一步实施，完成第二个周期的学业述评，分析校本化学业述评作品的质效，总结提炼本校学业述评的经验、方式，进一步提升教师评价素养，促进教、学、评一体化发展。

（四）学业述评实施保障

1. 师资培育

（1）精选参与实践研究的试点教师。参与本次实践研究的试点教师均为学科专业发展诉求较高、学科专业素养较高、具有一定信息技术能力、工作积极努力的教师。

（2）灵活开展师资培训。

① 专家赋能，专业指导，提升教师评价素养。依托总项目组，华师大、二工大等高校师资力量，开设或参与教学评价（含学业述评）相关讲座和专题工作坊，帮助教师树立正确的评价理念——"评价的核心目的在于服务、协助和促进学生学习"；提升教师基于本学科而建构的学科教学法知识；帮助教师了解多元的评价方法，学会合作开发并运用科学又简易的评价工具。

② 依托"思敬书院·书屋"平台，建立教师学业述评共同体。依托学校已成

熟的"思敬书院·书屋"平台(即"学科书屋""德育书屋""项目书屋"),大力发挥学习共同体的力量,形成教师学业述评的团体合力,共同探索学科学业述评要素及关键表现,促进评价理念、评价知识、评价方法、评价工具等在教师之间的共享。

③ 鼓励教师开展基于本学科本年级学业述评要素建构的小课题研究,优先支持他们申报和立项区级课题。

2. 平台保障

学校重视教师专业发展,建有"思敬书院·书屋"组织架构,在该架构之下设有"学科书屋""德育书屋""项目书屋",且建有专门的交流场所,教师可以用不同身份进入不同的"书屋"进行学术探讨与教育教学切磋交流。

此外,学校与绿蜻蜓平台早有合作,已经建有考试评价系统,学生综合素养评价系统正在建设完善中,有利于将考试评价、学业评价、综合素质评价进行整合开发。

3. 经费保障

学校在公用经费中预算支出有关专项经费,用于和学业述评有关的平台建设、师资培训。

四、典型案例

(一)实践背景

学校作为浦东新区教师评价素养实验校之一,在大力推进学业述评,提升教师评价素养的背景下,教师积极参与相关培训。在"思敬书院·学科书屋"的学习共同体之下,分年级研制校本化学业述评要素及关键表现,设计适合的评价方法进行过程性评价。收集过程性评价信息,进行数据分析,向学生反馈,组织交流,反哺教学,最后形成一份有质量的学业述评报告。在此背景下,高一(6)班作为第一批试点班级,相关教师积极响应,做出了比较成功的实践样例。

(二)案例深描

学校层面围绕"修习课程与学业成绩""创新精神与实践能力"两个维度,确立了"课堂表现""学科素养""创新精神"等八个评价要素,并借助平台将八个评价要素转化成"龚路中学学业述评奖章"。每个评价要素之下建立2—4个关键表现(除"学科素养"要素)。

随后,高一(6)班试点教师——语文、数学、生物、地理、思政、艺术、信科,由各自备课组长组织在"学科书屋"的共同体之下,基于学科核心素养发展要求和最新的学科课程标准,结合本年级学生发展程度,关注能力建构,细化"学科素养"要素下的关键表现,同一年级单个学科建立了4—8个不等的关键表现,形成了《龚路中学高一年级校本化学业述评要素(1.0版)》。

表5　生物、地理学科素养关键表现

生物	1. 理解和掌握生物学的基础知识概念(生命观念)	生物教师
	2. 具有能够理解或解释生物学相关事件和现象的意识和观念(生命观念)	
	3. 能够用生命观念认识生物的多样性、统一性、独特性和复杂性,形成科学的自然观和世界观(生命观念)	
	4. 能够掌握和运用归纳与概括、演绎与推理、模型与建模、批判性思维、创造性思维等方法,探讨、阐释生命现象及规律(科学思维)	
	5. 掌握科学探究的基本思路和方法,提高实践能力(科学探究)	
	6. 能够以造福人类的态度和价值观,积极运用生物学的知识和方法,关注社会议题,辨别迷信和伪科学(社会责任)	
	7. 结合本地资源开展科学实践,尝试解决现实生活问题(社会责任)	
地理	1. 能够根据条件描述并概括某一区域的自然或人文地理特征	地理教师
	2. 能够进行区域内与区域之间的特征比较,分析区域内各要素之间的相互影响,区域之间的差异与联系,并分析原因	
	3. 能够从自然与人文地理各要素的相关性与复杂性的角度,综合分析问题	
	4. 能够从时间和空间的视角,综合分析地理事物或现象的产生和演变	
	5. 能够认识到人与地理环境之间的相互影响与相互作用,具备可持续发展等理念,并客观评析地理现象或决策	
	6. 能够秉持正确的人地协调观,并对资源、环境、人口等问题提出切实可行的对策或措施	
	7. 能够从地图、图表、材料等图文信息中提取有用的信息,用于分析问题	
	8. 能够运用已掌握的地理知识或经验,分析并解决新情境下的地理问题	

在评价要素和关键表现确立好之后,教师每周进行一次评价并发放奖章,学生扫描奖章上的二维码,自动记录到个人的学业述评平台,总计完成了10次。6月初学校发放了第一阶段的调查问卷,要求学生撰写自评小结。

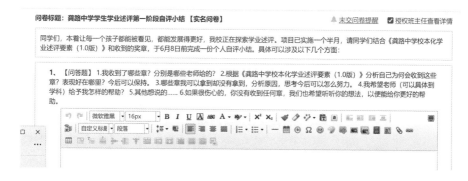

图6 学生自评问卷

通过问卷调查,可知学生在这种学业述评的形式之下对自己的学习有了一定程度的反思,有些同学受到了激励和鼓舞,例如,平时性格温和成绩中等的女生凌同学一直以为自己不受关注,可是这次老师发章的时候,她却收到了好几个老师给的"作业态度""课堂表现""学科素养"等章,她一下子意识到原来老师一直关注着自己,这给了她很大的鼓舞和信心。有些同学反思了自己的学习态度和学习方法,例如,张同学自我反思自己拿到的章也不少,但是"课堂表现"章很少,今后要在课堂上积极回答问题。除此之外,他还收到了数学"学科素养"章,这让他很开心,他表示今后要在数学学习上更认真。可见这是一个热爱数学的孩子。还有些同学对某些学科的老师提出了自己的学习需求,例如,有的同学希望物理老师把题目讲得细一点等,虽然物理老师没有参与本次试点,但是学生反映出来的问题同样值得关注。

表6 学生自评问卷反馈

年级	班级	学号	问题:1. 我收到了哪些章？分别是哪些老师给的 2. 根据《龚路中学校本化学业述评要素(1.0版)》,分析自己为何会收到这些章？表现好在哪里？今后可以保持 3. 哪些章我可以拿到却没有拿到,分析原因,思考今后可以怎么努力 4. 我希望老师(可以具体到学科)给予我怎样的帮助 5. 其他想说的…… 6. 如果很伤心的,你没有收到任何章,我们也希望听听你的想法,以便能给你更好的帮助

（续表）

高一	高一(6)班	01	收到了很多章,感谢老师
高一	高一(6)班	02	我收到了来自很多老师的章,其中作业态度的章最多,课后能够及时认真完成作业。学业成绩的章也不少,而我能够取得这样的成绩离不开老师的辛勤指导。但是课堂表现的章很少,今后应该在课堂上也积极发言回答问题。除此之外我没有收到数学学科的章,对于数学应该更认真仔细,减少不必要的错误,努力提高自己
高一	高一(6)班	03	1. 学科素养,作业态度,创新精神,实践能力,合作意识,课堂表现,创优高效,地理,政治,语文,艺术,信息科技 2. 上课认真,积极回答问题,创新实践,脚踏实地,认真完成课后作业 3. 都拿到了 4. 物理,上课时题目讲得细一点 5. 无
高一	高一(6)班	04	我拿到了合作意识的章,各科老师都有给,其他那些没拿到的章,我今后会更加努力去获取
高一	高一(6)班	05	各门学科我都收到了一些章,有社会实践、课堂表现、上课态度、作业态度等。我会继续努力学习,保持良好的品德,继续获得这些章
高一	高一(6)班	06	1. 课堂表现,合作意识,创优高效,学业成绩,实践能力,作业态度,学科素养,创新精神,都是语文老师,地理老师,政治老师,信科老师,艺术老师给的 2. 课上的表现,作业情况,考试成绩都还行 3. 今后可以继续努力 4. 无 5. 无 6. 数学的章
高一	高一(6)班	07	1. 课堂表现,创新精神,学业成绩,学科素养,实践能力,创优高效,作业态度 2. 按时交作业,上课认真,态度好 3. 没有吧 4. 讲讲一些容易错的题

　　针对学生在问卷中的反馈情况,高一年级组及时组织教师进行了讨论。例如,针对有不少同学提出"做这个事情的意义是什么呢""扫码有什么用呢""能换奖品吗"等问题,班主任及时向学生说明了做学业述评的价值和意义,解释了《龚路中学高一年级校本化学业述评要素(1.0版)》各个评价要素及关键表现,

并引导学生从不同角度关注自己的学业、分析优势与劣势、制订可行的改进计划,等等。此外,围绕学生反馈出来的各学科教学问题,教师反思了自己的教学并进行了改进。例如,数学学科王老师表示,很高兴学生喜欢自己的课堂教学,她会继续把学生喜欢的数学建模、课堂互动坚持下去,同时也会多寻找一些有助于学生理解的例题,讲解方面可以再细致一些;地理学科张老师表示,自己教学经验尚浅,但是很幸运能参加这次试点,逼着自己对地理学科核心素养和学科课程标准进行了细致的学习,收获非常大,在大半年的实践中,自己明显感觉到自己眼里有了学生,无论是教学设计、课堂教学过程,还是批改作业,都会从学生的视角出发看待问题,不断调整,不再像之前一样只关注自己的教学任务是否完成,也很高兴受到了学生们的喜欢。

暑假里,教师梳理了过程性的数据,完成了本学期学业述评。通过对教师本学期的述评内容和上一学期的评语进行词云分析得知,进行学业述评后,教师的述评内容更关注学习态度、学科核心素养发展情况。

表7 实验班教师学业述评内容选摘

序号	学生编号	学生性别	年级	教师学科	内容
1	GL—10620	男	高一	地理	该生头脑灵活,思维敏捷,常怀好奇心,但是如果能将更多的耐心放在学习上,会取得更好的成绩,在进行发散思维的同时,先需要获得扎实的基础知识,在这方面需要多加提升
2	GL—10621	男	高一	地理	该生上课发言十分积极,思维活跃,且具有一定的自我思想,作业按时完成且质量较好,初步具备地理综合思维以及区域认知能力,能够怀揣求知欲,对问题和书本知识提出自己的见解和意见想法,对自我具有一定的要求,但是对奖章的兴趣较弱
3	GL—10622	男	高一	地理	该生平时上课态度较为认真,作业也能给按时完成,但是课后在即时复习方面和思考问题方面较为缺乏,望今后能够均衡发展,取得更好的成绩
4	GL—10623	男	高一	地理	该生上课认真听讲,作业及时完成,表现总体上都比较好,但是学习成绩较不稳定,不能很好地将所学知识进行迁移运用,一定要注意学习方法,合理安排预习复习,做到高效学习,才能不断进步

（续表）

序号	学生编号	学生性别	年级	教师学科	内容
5	GL—10624	男	高一	地理	该生作业态度良好，字迹端正，能够按时完成作业，上课表现较为认真，能够跟随教师思路，圈画书中重点，记好笔记，在地理核心素养方面的达成情况中，能够初步形成区域认知能力，对于综合思维的掌握情况一般
6	GL—10602	女	高一	信科	GJT同学上课时注意力集中，专心听讲，做好相应的笔记，学习态度与作业态度非常好，课中能认真思考提问，课后能够及时认真完成作业，学科学业成绩也很不错，值得鼓励。课中、课后乐于与同学探讨问题，帮助同学，共同学习，值得肯定，也希望能够继续保持
7	GL—10603	女	高一	信科	HXY同学在信息学科的学习上态度积极，上课认真听讲，积极回答问题，脚踏实地，认真完成课后作业，对于不理解的地方敢于提问，值得鼓励，在作业态度、合作意识、课堂表现等各方面表现不错，但如何将各方面好的表现在学科学业成绩中体现还需要引起注意与思考。在创新精神与实践能力方面，在今后的学习过程中有待提高
8	GL—10604	女	高一	信科	HJM同学上课时注意力集中，专心听讲，在书本上做好圈画，能够按时完成各类学习任务与课后作业，总体质量不错，乐于和同学共同探讨问题，提出问题，对知识有求知欲和好奇心。各方面总体表现不错，学科学业成绩表现优异。此外，在课上的一些动手实践活动中，动手能力较强，高效完成学习活动，在学业成绩、课堂表现等各方面表现出色，值得鼓励，希望继续保持
9	GL—10605	女	高一	信科	JYT同学上课认真听讲，积极回答问题，能够独立、按时完成作业，作业质量不错，上课积极参与，能够及时发现问题，小组合作探讨，解决问题，整体表现良好，学科学业成绩也不错，也有很大进步空间。在作业态度、课堂表现等方面总体表现优异，值得鼓励，希望继续保持

图 7　2022 学年第二学期高一年级评语词云

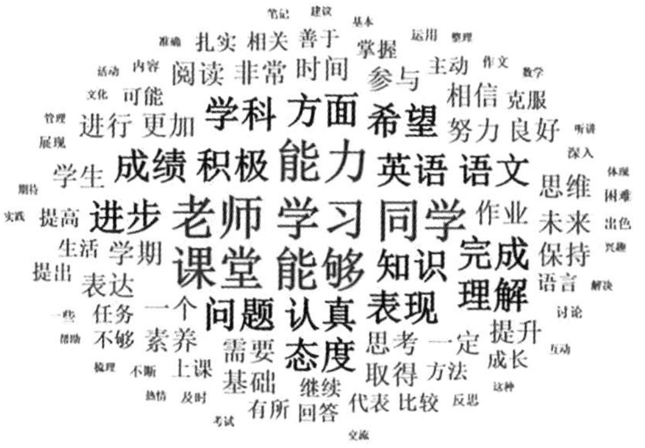

图 8　2023 学年第一学期高一学业述评词云

（三）案例反思

1. 改进平台赋分方式

根据目前的平台建设,我们采用发放奖章的方式,虽然很好地调动了学生参与的积极性,但是能够得到仅有八个述评要素维度的数据,尚不能清楚地呈现学生各个评价要素之下各关键表现的变化情况,不利于准确分析学生的学业变化、学业优势与困难。为了能够得到更有价值的数据,平台的布局及数据积累方式有待调整。

2. 规范教师评价行为

在学业述评过程中,如何围绕述评要素及关键表现调整教学方式、丰富检测手段、设计多样化的任务、作业及与之匹配的评价量表,规范教师的评价行为是进一步需解决的问题。

五、成效与反思

（一）成果与成效

在教育评价改革大背景下，如何转变评价理念、拓宽评价知识、增进评价能力、掌握评价手段和工具、运用评价结果是教师评价素养提升的关键所在。在本轮实践探索中，学校教师队伍的评价素养总体得到了提升。

1. 树立了正确的评价理念

评价究其本义在于对学生的学习情况、进展、成果进行衡量和评估，进而考查学校教育对学生学习是否产生了积极或消极的影响。通过参加市级"评价改革创领未来"专家指导交流会，聆听柳夕浪老师的专题讲座，共读了柳夕浪《撬动未来的杠杆》、郑东辉《教师评价素养发展研究》等书籍，引导教师树立"评价的前提是看见不同情境下的'活生生'的人""评价的核心目的在于服务、协助和促进学生学习"等理念。正如试点班级高一（6）班地理学科张老师所言，在参与实践和学习的过程中，逐步形成了"从学生的视角出发看待问题，不断调整，不再像之前一样只关注自己的教学任务是否完成"。

在本轮实践中，不仅教师的评价视角重点关注了"学生的成长"，同时教师也注重引导学生参与自评与互评，并向学生解释评价什么、怎么评价，让学生清楚学什么、学到什么程度、自己的问题在哪里，大大地发挥了评价的反馈激励作用，一定程度上实现了以评促学，以评促教的要求。

2. 打造了一支大胆尝试探究的教师队伍

打造了一支以试点班级教师为引领，具备较高学业述评能力的教师队伍，并逐步在学校范围内形成教师学业述评共同体。目前已有 32 位教师（中青年教师为主）直接以"学科教师身份"参与到学业述评当中来，另有 47% 的教师以评价共同体成员的身份参与到学业述评中，在教研组、备课组等的共同体之下帮助主力教师出谋划策，确立评价要素、设计教学活动、评价内容、研发评价表等。

其中，英语教研组在季艾艾老师的带领下，以"基于校本综评平台的初中英语学业述评工具研发与运用研究"为题，成功申报立项 2024 年上海市浦东新区教育科学研究区级一般课题（2024B001）。

再如,在组织学生学习"高中生物必修 1 第 3 单元:细胞的结构"时,生物组的教师群策群力,设计大单元教学内容,并将评价充分考虑在教学的过程中。结合"学科素养"关键表现及学科年级要求、单元要求,设计了"细胞三维结构模型制作"单元任务活动,并设计了评价表(见表 8、表 9)。

表 8　细胞模型制作评价表(互评、师评)

编号	科学性 (60%)			创造性 (20%)	美观性 (10%)	环保性 (10%)
	各结构形态准确,种类齐全	各结构大小比例合适	各结构空间位置准确	材料运用或功能展示等有创意	作品精美	材料环保
1						
2						
3						
4						

表 9　细胞模型制作评价表(自评、师评)

	评价内容	达成情况 (A. 非常满意　B. 满意　C. 还需努力)
建模过程	充分查阅资料,了解细胞各结构的特征	
	完成建模方案的设计,小组展示模型	
	材料选择合理有创意	
	小组成员分工合作,相互协助,效率高	
活动结果	构建的模型达成了方案中的设想	
	构建的细胞结构模型符合科学事实	
	完成交流与评价	
活动心得	本次建模中,你认为关键步骤是什么?你有哪些收获?还有哪些困惑?你是否对细胞的结构与功能的关系有了更多的认识,试举一例说明	
教师点评	(记录绿蜻蜓平台)	

3. 研编了一套校本化学业述评要素集

在试点班实践初显成效的基础上,学校组织了研讨会,就试点班的成功点与改进点进行了充分研讨,并将成功经验传授给更多青年教师,组织力量扩大评价参与率。通过整合教研组、备课组的力量,依据学科核心素养及课程标准,突出学校"全人+创新力"的育人目标,从与学生学业关系更密切的"修习课程与学业成绩""创新精神与实践能力"两个维度,确立了"课堂表现、作业态度、创优高效、学业成绩(高中学段)、学科素养、实践能力、创新精神、合作意识"八个评价要素,每个评价要素之下建立2—4个关键表现,其中"学科素养"要素则根据年级要求、学科要求及本校学情进行设置,至今已研制了预备至初二、高一、高二年级相关学科的学业述评要素及关键表现,初步完成了《龚路中学学业述评要素集》。该套要素集既关注到了德智体美劳全面发展,又突出了学校的育人目标,既有表层的行为关注点"作业态度",更专注深层的学科素养发展。

4. 搭建了一个信息化述评平台

传统的纸质形式或电子表格形式,数据留存困难,分析不便。而此次我们借助绿蜻蜓平台搭建了符合我校需要的学业述评平台,不仅平台操作简便,关键是数据的留存再也不是问题,同时还能自动生成周报表、月报表、学期报表,显示学生不同维度上的发展趋势,积累一定数据后还能生成学生画像;同时还有问卷、留言等互动功能,便于师生交流,帮助学生和教师及时进行反思,促进教与学的发展。

(二) 反思与改进

1. 找准落脚点,规范评价行为,提升评价能力

在学业述评过程中,如何围绕述评要素及关键表现调整教学方式、丰富检测手段、设计多样化的任务、作业及与之匹配的评价量表,规范教师的评价行为是我们要进一步解决的问题。目前阶段,我们正在尝试以大单元教学的方式组织学习活动,并将评价融入学习活动过程。在本轮实践中生物教研组教师已经给我们做出了成功的示范(见表8、表9),当然我们仍需要更为专业的教师给予指导,帮助我们提升评价能力,也需要同伴的力量,切磋研商,共同进步。

2. 调整平台布局,增设"评语"功能,深挖数据价值

根据实践反馈,为了能够得到更有价值的数据,学校将对平台的布局及数据积累方式进行调整。为了能够清楚地呈现学生各个评价要素之下各关键表现的变化情况,便于准确分析学生的学业变化、学业优势与困难,我们将按照年级,根

据"关键表现"进行赋分,每个关键表现分值为 1 分。并增设"评语"功能,教师可以利用"评语"功能随时进行描述性评价反馈。这样可以帮助学生及时了解自己的学业情况,做出调整。对于教师而言,也可以通过即时的"评语"功能积累对于学生的描述性评价,便于更好地掌握学情,反思改进教学;同时也有利于有质量、个性化地完成学期末的学业述评报告。

(上海第二工业大学附属龚路中学　崔辉　陶红　王静　张晓华)

第五节　数字赋能提升教师评价素养的实践研究

一、问题提出

(一) 背景

教学评价作为教师教学研究与实践成果的检验方式,其评价结果为检验教学结果与改进教学提供依据,为学生在学习上的进步情况提供反馈。同时,既反映教师的教学质量和水平,调动教师工作的积极性,明确教学工作中的需要加强的方面,也可以提高学生的积极性和学习效果。所以,学校通过各类的培训、项目研究、课题开展等形式,多维度去提升教师评价素养,以期取得一定的成果。

(二) 问题与困惑

2023 年,学校成为上海市浦东新区第一批"教师评价素养"实验校,在"双新"背景下,基于教学改革的要求和学校教育评价的实际需求,开始了通过数字技术赋能提升教师学生学业成就评价素养的实践探索。从 2022 年起,学校挑选了 30 位教师一对一访谈,涵盖了各个年级和学科。通过对调研结果进行数据分析,发现学校在学生学业成就评价方面面临着一系列亟待解决的突出问题和困惑。

1. 评价理念的更新迫在眉睫

长期以来,传统的评价体系过于注重分数和终结性评价,而忽略了过程性评价和学生的全面发展。新课标倡导评价促进学习的理念,这就要求教师更新评价观念,注重对学生学习过程、学习能力和综合素质的评价。

2. 评价方法单一,缺乏多样性和创新性

当前教师在学生学业成就评价过程中,主要依赖于传统的纸质考试和简单的分数统计,缺乏对学生学习过程和状态的深入分析和评价。这种单一的评价方法导致评价结果片面,无法全面反映学生的学习状况和能力水平。

3. 教师评价工具和技术的使用有待加强

《深化新时代教育评价改革总体方案》指出,充分利用信息技术,提高教育评价的科学性、专业性、客观性。[①] 随着教育数字化的推进,信息技术在教育评价中的应用越来越广泛,然而很多教师对这些新技术的应用不够熟练,无法充分利用数字化平台进行数据分析和评价。

4. 标准化与个性化评价的平衡存在困惑

标准化评价可以保证评价的公平性和科学性,但往往忽视了学生的个体差异,而个性化评价虽然能够关注学生的独特性,但在操作过程中容易缺乏统一的标准,影响评价的客观性和可比性。

(三) 实际需求

面对这些问题和困惑,学校在提升教师学生学业成就评价素养方面的需求也愈发迫切。学校需要通过系统的培训和学习,帮助教师更新评价理念,掌握现代评价方法和技术。其次,学校需要建立科学的评价体系和标准,指导教师在评价过程中既要关注学生的知识掌握情况,又要关注学生的学习过程和综合素质发展。最后,学校希望借助数字技术赋能,提升教师针对学生学业成就的评价素养。

二、指标落实

学生学业成就评价是我们了解课程实施质量的重要渠道,而课程标准则是学生学业成就评价的依据。[②] 因此,学校在落实教师的学生学业成就评价素养指标方面,应将新课标的理念与要求融入指标制订的全过程,通过对标准研判、命题设计、检测阅评、质量分析和反馈改进五个关键维度的深入研究,形成了具有

---

① 中共中央、国务院印发《深化新时代教育评价改革总体方案》(2020 - 10 - 13).

② 邵朝友,张斌,王少非.论学生学业成就评价与课程标准的一致性[J].教育研究与实验,2011(06):50 - 55.

校本化特征的评价体系(见表1)。这一体系不仅符合区域教育管理部门的要求,更是结合了学校的办学特色和实际需求,注重学生的全面发展和个性化成长。学校以区域指标为纲领,积极探索符合学校自身的校本评价指标。

表1　北蔡高级中学教师评价素养校本化指标(评价学生学业成就)

一级指标	二级指标
1. 标准研判	制定符合新课程、新教学理念的学科教学设计,以学生为中心、以活动为载体、以思维品质培育为导向、以知识系统化为目标
2. 命题设计	1. 根据新课程的要求,设计指向核心素养、形式多样化的作业题目和学习任务 2. 有效应用数字化平台,在命题时明晰题目、任务所涉及的学科核心素养和跨学科核心素养 3. 对校情和学情做出有效评估,基于新课程、新教学设计出有区分度的高质量题目
3. 检测阅评	1. 根据新课程的理念和学习目标的要求,在学科任务中设计表现性评价量规 2. 和学生共同协商制订、优化挑战性学科任务的表现性评价量规 3. 使用数字化工具对重点题目进行预批阅,达到对学生快速摸底、分层的目的,并在此基础上制订评阅标准
4. 质量分析	1. 运用教育统计学、测量学的专业语言描述和评价个体水平和班级水平的学业水平现状 2. 结合学科特点采用多样化的评价方式,能以质性评价和量化评价相结合做出准确、客观的评价 3. 以发展的眼光看待个体和班级水平的学业评价结果,并结合学生和家长的心理特征做出建设性的解读
5. 反馈改进	1. 科学分析数字化平台所积累的过程性评价数据,在班级层面形成证据、发现问题,实现以评促学、以评促教 2. 有效识别个体层面的关键学业问题,并通过教师、家庭、同伴的多方合力对学生实施个性化支持和干预

（一）标准研判维度

标准研判作为教师评价素养的首要指标，在北蔡高级中学得到了高度重视。学校强调教师不仅需要制订符合新课程、新教学理念的学科教学设计，还要能够有效融入学校特色的"SAIL"课堂教学范式。S 即 Student（学生）——以学生为中心，注重评估学情，深研课程标准，精选教学内容。做到 3 个关注：关注学生个性化发展需求、关注学生差异性学习特点、关注学生非智力因素培育；A 即 Activity（活动）——以师生、生生间活动为载体、调整教学方法，增强师生互动，构建民主开放课堂；创设更多学习空间，提升学生体验性和实践性；倡导小组探究学习，提升学生沟通合作能力；I 即 Intellectual（智慧）——以培育学生高品质思维为导向，设定具有一定挑战性的学习目标，激发学生学习动机；创设问题情境，培育学生高阶思维能力；构建解决问题支架，提升学生解决问题能力；L 即 Linked（联结）——关注学习的关联与系统化，在教学内容与教学方式选择与运用中，贯彻四个关联：与学生已有知识体系与能力水平充分关联，提升学生学习态度与效能；与生活实际问题、学科前沿领域关联，提升学生对学科价值的认知，激发志趣；开展跨学科关联学习，提升学生综合解决问题能力；充分关联与运用数字化手段，提升学生互联网+时代的自主性学习能力。

（二）命题设计维度

在命题设计方面，学校要求教师根据新课程的要求，设计指向核心素养、形式多样化的作业题目和学习任务。学校鼓励教师有效利用 ClassIn 等数字化平台，在命题时明确并设定题目、任务所涉及的学科核心素养和跨学科核心素养。学校通过专项培训和技术支持，确保教师能够熟练使用这些平台，设计出具有高区分度和高质量的题目。同时，教师需要有充分的经验和能力对校情和学情进行有效评估，以便在新课程和新教学设计的背景下，更好地满足学生的个性化需求。

（三）检测阅评维度

在检测阅评环节，学校同样设立了严格的标准。教师在设计学科任务时，需要根据新课程理念和学习目标的要求，制订表现性评价量规。促进素养养成的表现性评价实施应确保学生深度卷入评价全过程，比如，在课程开始前就与学生分享或共建评分规则,学生以此来进行自我监控和自我管理。① 因此,学校强调教师应与学生共同协商,制订和优化挑战性学科任务的表现性评价量规。通过这种协商机制,学生的参与感和责任感得以增强,评价过程变得更加透明和公正。此外,利用数字化工具对重点题目进行预批阅,能够帮助教师快速了解学生的学习情况,实现分层教学,并在此基础上制订科学的评阅标准。学校通过技术培训和资源支持,帮助教师掌握这些数字技术工具的使用,提高评阅的效率和准确性。

(四) 质量分析维度

质量分析是评价学生学业成就的重要环节。学校要求教师掌握教育统计学、教育测量学的相关基础知识,并能够使用专业语言描述和评价个体及班级水平的学业现状。在此基础上,教师需要结合学科特点,采用多样化的评价方式,做到质性评价和量化评价相结合,确保评价结果的准确性和客观性。学校通过建立专业的评价团队和开展定期的培训和研讨,帮助教师提升在质量分析方面的专业能力。此外,学校强调教师要以发展的眼光看待学业评价结果,不仅要对个体和班级的现状进行分析,还要结合学生和家长的心理特征,提出建设性的建议和改进措施,促进学生的持续发展。

(五) 反馈改进维度

在反馈改进方面,学校对教师从班级群体和学生个体开展反馈改进的素养都提出了要求。一方面,教师要能够科学分析数字化平台积累的过程性评价数据,在班级层面形成证据、发现问题,实现以评促学、以评促教。另一方面,教师也需要有效识别个体层面的关键学业问题,并通过教师、家庭、同伴的多方合力,对学生实施个性化支持和干预。学校通过建立完善的反馈机制,确保评价结果能够及时传达给学生和家长,并在此基础上制订个性化的学习和发展计划,帮助学生克服学习中的困难,提升学业成就。

三、实施举措

学校通过构建多层面的保障机制、不断完善评价工具、深化数据收集与应用等举措,有效推动了教师评价素养的提升,为学生的全面发展提供了有力支撑。

---

① 周文叶,毛玮洁.表现性评价:促进素养养成[J].全球教育展望,2022,51(05):94-105.

（一）机制保障

学校通过建立健全多层面的保障机制,确保教师评价素养的提升工作能够顺利实施并持续推进。

首先,学校高度重视教师评价素养提升工作,将其纳入学校整体发展战略。其次,学校制订了切实可行的管理制度和工作措施。学校出台了《教师评价素养提升工作方案》,明确了工作目标、主要任务、实施步骤和责任分工。

在数字技术方面,学校加大了数字化基础设施的建设和应用支持力度,引进了 ClassIn、简练英语和 C30 等数字化工具平台,并定期组织教师进行数字化工具的培训,确保教师能够熟练掌握和运用。

（二）评价工具完善与优化

针对学生学业成就评价过程中存在的问题,学校不断完善并优化评价工具。尤其是将数字技术应用于学业评价,确保评价更加科学、公正、有效。"数字化学业评价"作为教育部发布的《教师数字素养》教育行业标准文件①中界定的四项关键能力维度之一,其重要性不言而喻。

（1）学校组织各学科教师重新审视并修订了学生学业成就评价方案。根据新课程标准和学校办学特色,教师们深入研究并明确了各学科的评价目标、评价内容和评价方式。

（2）学校制订了科学的评价标准和工具。以语文、数学、英语等核心学科为重点,学校邀请相关专家和优秀教师组成工作小组,对各学科的命题、量规等评价工具进行了深入的研究与设计。命题不仅关注学科知识技能的掌握,还重点通过开放式、任务型命题考查学生的学科核心素养水平。

（3）学校充分发挥数字化优化评价工具的优势,借助 ClassIn 等数字化平台,学校建立了覆盖教学全过程的学生学业成就数据库。教师可以实时了解学生的学习情况,并有针对性地进行诊断和辅导。

（三）数据收集与分析

数字化评价能力的核心是教师能有效利用网络信息平台,收集学生学习数

---

① 中华人民共和国教育部关于发布《教师数字素养》教育行业标准的通知(2022－12－02).

据、管理数据、分析数据、应用数据的意识和能力。① 在提升教师评价素养的过程中,北蔡高级中学高度重视利用各类数字化平台,进行数据的收集与利用,不断推进数据驱动下的评价改进。

(1) 学校建立了多元化的数据收集机制。除了依托 ClassIn 等数字化平台收集学生的学习行为数据外,学校还组织教师开展课堂观察、作业批改、学生访谈等形式的过程性数据收集,以全面把握每个学生的学业发展状况。

(2) 学校构建了数据分析和应用的保障体系。学校成立了数据分析专家团队,负责对收集的学生学业成就数据进行深入分析。专家们结合学科特点和学校实际,提出针对性的诊断和改进建议。

(3) 学校将数据分析结果与教学实践深度融合。基于数据分析,学校制订了针对性的教学干预措施。对于学业成绩较低的学生,学校采取"一对一"的辅导模式,帮助他们弥补知识和技能的薄弱环节。对于学业成绩优秀的学生,学校则设计了更具挑战性的拓展性学习任务,激发他们的学习热情。

(4) 学校建立了持续改进的机制。学校定期组织教师进行教学反思,并将学生学业成就数据的变化趋势纳入考量。

四、典型案例

(一) 基于数字化转型的数学学业评价探索

1. 案例背景

高中数学是具有代表性的科学学科,学科知识本身相对抽象,要求学生具备缜密的思维逻辑,知识前后关联性强,学生有个别知识点短缺会影响知识链的后续学习。最常见的解决方法是题海战术,但这种方法耗时较长并且针对性较低,长期题海战术也会影响学生的学习动力。我校数学教师以沪教版新教材必修二教学为例,就教师数学学业评价素养在高中数学学科中探索与实践的情况予以阐述。

2. 案例深描

我校数学学科教师团队在构建数字化教学流程的基础上,利用信息化平台,分别从备课、上课、布置作业、课外辅导以及学业成绩评定的数字化五个应用场景开展研

---

① 雷俊安,赵复婧.教育数字化转型中教师能力结构的研究[J].教师,2023(36):84-86.

究,探讨提升教学效率和评价素养的方式方法。通过分析课标、教材、学情、实施等,我校数学组教师形成了指向学生学业成就提升流程的整体构架,如图1所示。

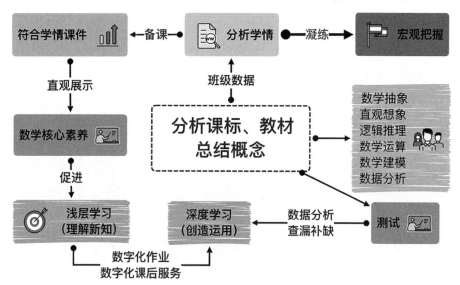

图1 指向学生学业成就提升的教学流程的整体构架

在此基础上,基于数字化转型的数学学业评价探索主要关注以下几个方面。

(1) 基于大数据的成绩评价分析。利用大数据平台进行数据分析,可以直观地了解班级学生知识掌握的具体情况,从而为接下来的教学方式和策略提供信息。例如,某学期高一3个班级的期中学业成绩可以通过信息化平台制作评定分析图。

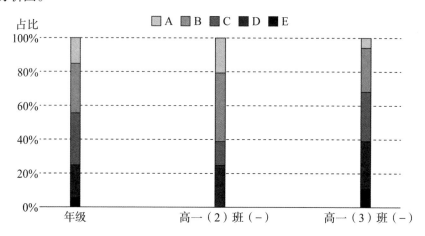

图2 北蔡高级中学高一期中成绩统计图

从分数分布上看,不同班级的学生数学水平存在差异,高一(2)班高分段的学生相对较多,高一(3)班高分较少。教师根据与学生相处期间的了解,结合数据分析设计教学内容与教学环节,可以在课上布置符合学生认知水平的思考题、拓展题,增强学生挑战数学的欲望。

(2)基于知识点的成绩可视化分析。为进一步了解班级学生知识点掌握情况,基于学业水平成绩,可以应用信息化平台对学生测试思维现状进行深入分析形成雷达图,精准把握两个班级薄弱知识点,从而找到具体的促进方法。

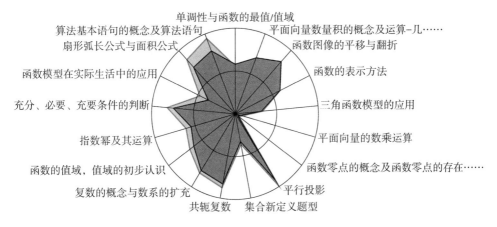

图3 学生知识点掌握程度雷达图

(3)基于学业成就的分层作业设计。"分层作业"是核心素养导向的课程建设中的一环,作业的内容应符合数学课程标准规定的范围与深度。基于学业成就数据和过程性作业的数字化记录,可以指导分层作业的布置。

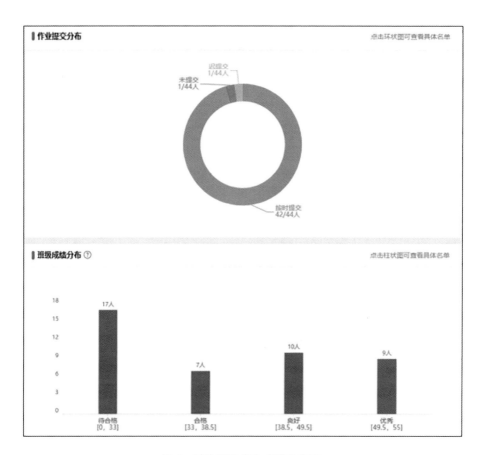

图4　某次班级学生成绩分布图

在此基础上,为了避免学生长期做符合自己学业水平的作业,导致数学较薄弱的学生丧失挑战高水平问题的机会、数学具备优势的学生失去通过基础题培养信心的途径这样的问题,教师也会适时适当地布置难度范围更加广泛的作业。从而在巩固学科核心素养的同时避免题海战术,有效把控落实学科命题设计的难易度与区分度要求,也体现了教师针对命题设计与质量分析的反思与改进。

(4)基于个人档案的个性化学业评价。数学学习是一场马拉松,各知识点间环环相扣。大部分学生的状态有高涨与低落,长期学业成绩评定结果进行数据保存,形成了每个学生的个人测试"档案",通过图表分析后教师可以及时发现学生状态变化,做到关心学生身心发展。例如,下图为信息化平台统计的高一某位学生2022—2023学年学业成绩评定数据,年级共300位学生,该学生刚入学时基础较差,通过教师线上、线下等多渠道引导以及学生的不懈努力,数学学习得到明显提升。

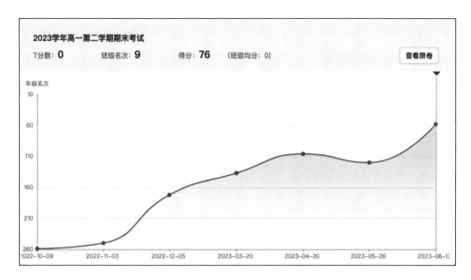

图5 某学生 2022—2023 学年学业数据

教师在平台名单中能看到每位学生学业成绩趋势,当学生评定数据波动较大,如下图所示,针对这类学生继续扎实基础以及注重回归课本,波动的形成原因正是基础题不牢固,显得分数像"过山车"。

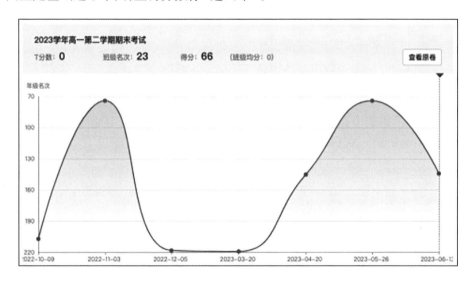

图6 某学生学业数据波动较大

通过学生学习情况的数据分析,教师可以清晰定位每个学生的身心状态,从而帮助学生扬长避短。

3. 案例反思

新课程理念的高中数学教学,更关注学生在探索过程中感受数学知识的密切联系,体验并感受数学的学习乐趣,用现代化教学方式,提高学生的辩证思考能力,学会用数学眼光理解现实世界,为学生分析实际问题的能力打下坚实基础。我校通过成绩可视化分析、分层作业布置和学生档案设置,让教师借助数字工具落实"学为中心"的教学理念,从而提升教师针对学生学业成就的评价素养。

(二) 高中英语主题阅读的混合式教学评价探究

1. 案例背景

新课标要求,普通高中英语课程应重视现代信息技术背景下教学模式和学习方式的变革,科学地组织和开展线上线下混合式教学。在英语学科的教学工作中,我校基于主题式阅读,在线下和线上平台开展混合式学习,进行多元评价,提高教师针对学生阅读学业成就的评价素养。

2. 案例深描

我校英语组教师在高中英语主题阅读教学中引入混合教学多元评价,遵循过程性评价与终结性评价相结合、教师评价与学生评价相结合、线上评价与线下评价相结合、量化评价和质性评价相结合的原则,促进教学评价过程化、评价主体多元化、评价平台多维化、评价指标全面化,以期提高学生核心素养,为高中英语教学提供适时调控与导向反拨功效。主要工作包括以下几项。

(1) 教学评价过程化。我校英语教师通过前测、课堂观察、课后作业、知识拓展和项目输出等全过程开展总结与评价,从而使高中英语主题阅读的混合式教学体现教学评价的过程化。如,在主题为"身心平衡"的单元学习中,教师先通过预习问题进行前测,了解学生的已有知识。在课堂教学中,教师组织学生深入文本,理解主题内容。课后学生完成作业,教师进一步评估学生的知识掌握程度。然后学生进行知识拓展,学习相关视频等资料。最后学生进行项目输出,如,设计并分享自己喜欢的作家作品等。

(2) 评价主体多元化。除了教师对学生学习进行评价外,我校英语教师还充分发挥了学生的主体作用,从而体现了高中英语主题阅读的混合式教学评价主体的多元化。如,在博物馆主题的学习中,不仅教师评价学生的项目作品,学生还可以对自己的学习参与度和完成度进行自我评价,以及对小组间同伴的作品进行评价。在每节课结束时,学生也需要对自己的学习进行自我总结。这样可以提高学生的学习兴趣和积极性,有利于学生元认知能力的发展。

表 2　海报项目评价量表

Aspects	4—5 points	2—3 points	0—1 points	Assessment			
				Self	Peer	Teacher	Total
Content (40%)	present complete information with a clear theme and positive thoughts	present part of the information with a vague theme and fairly positive thoughts	fail to present the important information, present negative thoughts				
Art (20%)	present an amazing layout with texts and pictures	present a fairly plain layout with texts and simple decorations	lack the art of layout with only texts				
Language (40%)	present unique vocabulary with rhetorical devices	present simple and plain vocabulary	present simple vocabulary with grammar mistakes				

表 3　教材语篇评价

Checklist	Me	Teacher
I can describe two famous art museums in the world		
I can have my own idea of the function and value of museums		
I can explain why the British Museum is an encyclopedic museum		
I can have my own idea of whether exhibits in the British Museum should be returned to their original countries.		
4—5 excellent　2—3 fairly good　0—1 not quite good		

（3）评价平台多维化。我校英语教师将线上平台评价和线下纸笔评价有机结合，发挥各自的优势，从而实现了高中英语主题阅读的混合式教学评价平台的多维化。如，在词汇主题学习中，线上通过 ClassIn 等平台开展过程性评价，了解学生的学习情况，为教学调整提供依据。线下教师可以通过观察学生课堂表现、提问互动、作业反馈等形成评价。

（4）评价指标全面化。我校英语教师在评价时既采用了基于数据的量化评价，也采用了质化评价，从而实现了高中英语主题阅读的混合式教学评价指标的全面化。量化评价通过各类平台的数据反映学生的学习行为和认知水平。质化评价则通过观察学生的课堂表现、作业反馈、项目展示等方式，评价学生的学习过程、态度、能力等。

3. 案例反思

基于主题阅读的混合多元教学评价，将形成性评价与终结性评价有机结合，在师生共同参与下，采用线上线下评价平台，对学习过程进行量化与质性分析，不仅提升了学生的核心素养，而且促进了教师教学方式的改革，还为英语教学起到了调控与反拨作用。但是，混合教学的多元评价模式仍然处于探索阶段，如何明确学习评价的标准、监督同伴评价与自我评价、如何区分有效数据和无效数据公平客观评价，都对今后的混合评价提出了挑战，都有待于进一步探索与研究。

五、成效与反思

在全面推进本课题的过程中，学校取得了显著的成效，但也面临了一些需要进一步反思和改进的问题。

首先，学校在 2024 年 6 月份集中开展了问卷调查，80% 以上接受问卷调查的教师在评价理念上有了显著的提升。通过本次研究，教师逐渐树立了科学的评价观念，更加关注学生的学习过程和综合素质发展。这不仅有助于提升学生的学习兴趣和动力，也为学生的全面发展提供了更为科学的依据。

其次，在评价方法上，教师逐渐掌握了多样化的评价手段，不再单一依赖纸质考试和分数统计，而是开始使用数字化平台进行数据分析和评价，提升了评价的科学性和准确性。

在反馈改进方面，教师通过科学分析数字化平台积累的过程性评价数据，能够及时发现并解决班级和个体层面的学业问题。这种及时的反馈机制不仅提升了教学效果,也增强了学生的学习成就感和参与感。

总体而言,学校在提升教师学生学业成就评价素养方面取得了显著成效,通过系统培训、数字技术应用、标准化与个性化评价的平衡探索,教师的评价素养得到了显著提升,包括评价理念的更新、评价效率与效果的提升以及评价反馈及时性与个性化增强,形成了以数据驱动的评价范式的转型。促使教师评价实践从经验判断转向询证决策,从关注考试成绩等最终结果转向学生个人发展的支持,学生的学业成就也得到了更为全面和科学的评价,最终实现"以评育人"价值的回归。然而,教师的评价素养是一个长期的攻坚难题。学校在一年的实践中发现,通过区域、学校到学科组、教研组的协同联动来提升教师的评价素养,是一项具有长期性与复杂性的系统性改革工程。现有的探索成果为接下来的评价素养提升工作做好了铺垫,但是仍然停留在相对初级的阶段,数字技术与素养导向的学业成就评价尚需进一步深度融合;同时,通用性评价指标难以精准对接学科核心素养培育需求,亟须建立"共性标准+学科定制"的动态指标体系;此外,尽管教师在数字技术的掌握和应用能力上有了很大进步,但仍有部分教师数字化教学能力有待提高,学校需要进一步加强对教师的技术培训,实施分层精准培训,培育一支能够充分发挥数字技术在学业成就评价中具有优势的教师专业队伍。

我校通过数字赋能重构了教师学业成就评价素养的发展路径,为教育评价的数字化转型提供了可复制的校本化范式。未来需持续推进数字技术应用与学科教学逻辑的有机融合,构建兼具科学性与人文性的评价生态系统,最终实现"以评促学、以评育人"的可持续发展目标。

(上海海事大学附属北蔡高级中学 刘季青 陈思源)

第四章 提升中小学教师评价素养，发展学生综合素质

第一节 学校课程改革视角下的中小学跨学科表现性评价研究

一、问题提出

上海市实验学校东校建校于 2004 年,在这二十多年里,学校一直以国家育人目标为准则,深度而适切地执行着国家的各项教育方针与政策。2023 年 9 月成为浦东新区教师评价素养实验校的第一批成员校,正式加入新一轮学校课程改革视角下的评价研究队伍。在上海市实验学校东校的课程改革实践中,通过深入的调研和师生调查,发现教师评价体系的构建和实施是学校面临的一个突出问题和挑战。这些问题的解决,需要学校、教师和教育行政部门的共同努力,通过不断地探索和实践,逐步完善跨学科主题学习的评价体系,促进教师专业发展,提高教学质量,最终实现学生核心素养的培养。具体分析如下。

（一）对教师评价素养的关注不足

学校通过对 183 名教师的问卷调查和 13 名教师的访谈数据系统分析发现,尽管一些教师已经开始尝试构建和执行跨学科评价体系,但大多数教师对评价的理念、方法和技巧的理解还不够深入。特别是在设计和实施跨学科课程评价体系方面,他们的掌握程度相对薄弱。这种情况使得跨学科课程改革在一些学科教师看来门槛较高,难以落地实施。教师需要系统的培训计划,帮助他们提升跨学科教学能力,特别是在设计和实施表现性评价方面。因此,学校基于评价研

究的素养导向趋势,提出了一种插电式培养模式。这种模式旨在通过灵活、高效的培训方式,帮助教师快速掌握跨学科教学的关键技能,从而推动教育创新和教师专业成长。

（二）评价机制与工具的创新需求

在实施跨学科主题学习的过程中,学校需要设计机制让教师能够参与到评价体系的设计和实施过程中。然而,现有的评价工具和方法可能无法全面评估学生的跨学科能力和核心素养。[①] 学校需要开发和引入新的评价工具和方法,如项目评价、同伴评价等,以更全面地评价学生的学习过程和成果。教师作为学习评价的设计者和实施者,学校需要设计机制让教师能够参与到评价体系的设计和实施过程中,确保评价体系能够真正反映学生的学习需求和体验。在评价工具创新方面,传统的评价方法可能无法全面评估学生的跨学科能力和核心素养,学校需要开发和引入新的评价工具和方法,如,项目评价、同伴评价等,以更全面地评价学生的学习过程和成果。

（三）技术支持和家校社合作资源的需求

随着信息技术的发展,学校需要利用技术手段来支持评价体系的实施,如,在线评价平台、数据分析工具等,以提高评价的效率和准确性。此外,家长对学校教育的评价体系也有一定的期待和需求。学校需要与家长建立沟通机制,让家长了解评价体系的目的和方法,争取家长的支持和参与。教育环境和学生需求在不断变化,学校的评价体系也需要具备持续改进和适应性,以应对未来教育的挑战。

二、指标落实

在新一轮课程改革背景下,表现性评价作为推动学生核心素养发展的重要手段,对教师评价素养提出了更高要求。学校聚焦浦东新区教师评价素养区域指标,致力于提升教师评价素养,确定了校本践行落实指标的重点,并形成具有学校特色的评估工具及运用规范,指标落实的具体内容如下。

---

① 檀慧玲,王玥,沈漪佳.教师评价素养发展的挑战与对策:基于深化教育评价改革和实施新课标的省思[J].教育科学研究,2023(08):34-41.

（一）内化区域指标明确,校本践行重点

浦东新区教师评价素养区域指标为我们提供了一个宏观的教育评价框架,它涵盖了学生应达到的关键能力与素养。我校首先组织教师团队深入研读区域指标,通过工作坊、研讨会等形式,确保每位教师都能准确理解指标的内涵与要求。在此基础上,我们结合学校实际情况,对区域指标进行校本化解读,确立了教师评价素养的校本践行重点。具体内容如下。

1. 跨学科表现性评价技能的提升

培养教师设计具有挑战性和创新性的表现性任务,如,项目设计、实验操作、案例分析等。教授教师如何实施多元化评价,包括同伴评价、自我评价、口头报告、书面报告等多种形式。训练教师利用数据分析工具,基于评价结果进行教学决策,如,调整教学策略、优化学习资源等。

2. 中小学跨学科表现性评价工具的开发

根据学科特点和学生需求,开发适宜的评价工具,如,评价量表、观察记录表、作品分析框架等。结合信息技术,开发电子评价平台,便于教师收集、存储和分析评价数据。鼓励教师创造性地使用评价工具,如,利用思维导图评价学生的创意思维,使用模拟软件评价学生的实践操作能力。

3. 跨学科表现性评价工具的实践应用

鼓励教师可以根据课程内容和学生特点,设计跨学科的综合任务,教师则可以通过观察、记录和分析学生的表现来进行评价。评价结果应作为教学改进的依据,帮助教师了解学生的学习需求,调整教学方法,提高教学质量。

4. 跨学科表现性评价文化氛围的营造

学校应致力于创造一个开放和包容的教育评价环境,鼓励所有教育利益相关者,包括学生、教师和家长,积极参与到评价标准的制订和评价过程的实施中。

（二）基于学校特色精心规划研究路径

我校为九年一贯制学校,实施从小学一年级到初中三年级的连贯教育,为评价的连续性和发展性提供了可能;此外,我校"三生"文化:生命、生活、生态,这一文化理念贯串于学校的教育教学活动中。另外学校积极推进项目化学习,强调学生的主动探究和实践能力培养。基于学校特色我校为教师规划了清晰的专业发展路径。

1. 基础培训,评价理论技能打基础

为评价素养有待提高的教师提供基础培训,涵盖评价理论、工具使用、评价方法等,确保教师具备科学评价学生的基本能力。

2. 进阶研讨,经验交流促创新

组织进阶研讨活动,为有经验的教师提供深入交流的平台,分享教学评价经验,共同探讨创新评价策略,提升评价的实效性。

3. 课题研究,专业发展增深度

鼓励教师参与课题研究,将教学评价作为研究主题,通过研究活动促进教师专业素养的进一步提升,形成教研结合的良性循环。

(三) 开发针对性表现性评价素养评估工具

教师评价素养的评估工具的设计必须基于教育评价理论和实践,确保评价的有效性和可靠性。[①] 此外,评估工具要符合学校的教育理念和实际需求,体现学校特色,同时需要易于操作,能够为教师提供实际的帮助和指导。因此,我校首先基于跨学科实践情况开发了我校教师跨学科评价素养的评价量规,从六个维度构建了具有操作性和实践性的评价量规(见表1)。

表1 教师跨学科评价素养评价量规

评价维度	优秀(3分)	良好(2分)	有待提高(1分)
跨学科整合能力	教师能无缝整合不同学科知识,设计综合性评价任务,展现深度和创新	教师能结合不同学科元素,设计具有一定的跨学科特征的评价任务	教师在跨学科知识整合上表现出困难,评价任务单一
表现性任务设计	教师设计的任务具有高度的相关性和挑战性,能评价学生的综合能力	教师设计的任务与学习目标相关,但可能缺乏足够的挑战性或综合性	教师设计的任务与学习目标关联性不强,缺乏挑战性

① 周文叶.促进深度学习的表现性评价研究与实践[J].全球教育展望,2019,48(10):85-95.

（续表）

评价维度	优秀(3分)	良好(2分)	有待提高(1分)
评价过程的透明度	教师确保评价过程公开透明,学生能够清晰了解评价标准和自身表现	教师评价过程基本透明,但学生对评价标准的理解和自我表现的认识可能不够深入	教师评价过程不够透明,学生对评价标准和自身表现的认识有限
评价方式多样性	教师运用多种评价方法(如同伴评价、自我评价、口头报告等),有效促进学生反思和学习	教师使用有限的几种评价方法,具有一定的效果,但缺乏多样性	教师主要依赖传统评价方法,缺乏创新和多样性
评价工具的技术整合	教师熟练运用教育技术工具,如,在线评估平台,有效支持评价过程,并能根据需要进行个性化定制	教师使用教育技术工具,但可能在个性化和深入应用方面存在不足	教师在技术整合方面存在困难,评价工具的应用较为基础,缺乏深度利用
评价反馈的有效性	教师提供的具体、及时、积极的反馈显著促进学生学习,帮助学生明确改进方向	教师提供的反馈具有一定效果,但可能不够具体或不及时	教师提供的反馈笼统、不及时,对学生学习的促进作用有限
评价结果分析与应用	教师深入分析评价结果,用于指导教学改进和学生个性化学习路径的制订	教师分析评价结果,但应用可能较为表面,未能深入指导教学和学习	评价结果的深度分析与应用有限

　　为促进教师深入理解和有效应用跨学科评价素养评价量规,学校特制订针对性的评价表(见表2),旨在简化教师在跨学科课堂教学中的评价过程,并提供实用的教学反馈。

表 2　教师跨学科评价素养评价表

授课教师		授课班级	
授课时间		节次	
主学科		所跨学科	
评价维度		得分	
跨学科整合能力		（　）优秀　（　）良好　（　）有待提高	
表现性任务设计		（　）优秀　（　）良好　（　）有待提高	
评价过程的透明度		（　）优秀　（　）良好　（　）有待提高	
评价方式多样性		（　）优秀　（　）良好　（　）有待提高	
评价工具的技术整合		（　）优秀　（　）良好　（　）有待提高	
评价反馈的有效性		（　）优秀　（　）良好　（　）有待提高	
评价结果分析与应用		（　）优秀　（　）良好　（　）有待提高	
优秀:3 分　良好:2 分　有待提高:1 分		得分	
教师跨学科表现性评价素养文字描述： 评价人：			

　　评价量规和评价表组成的评估工具旨在帮助教师获得及时的反馈,建立持续改进和专业发展的循环,不断提升教师的跨学科评价素养,从而提高教学质量和学生的学习成效。评价工具的设计考虑了以下三个方面,以确保其实用性和有效性。

　　1. 明确的评价标准

　　评估工具提供了详细的评分标准,涵盖跨学科整合能力、表现性任务设计、评价过程透明度、评价方式多样性等关键维度;每个评价维度下,列出了具体的评分指标,指导教师如何根据课堂教学的实际情况进行评分。

2. 实用的反馈机制

通过定期使用评价表，教师可以跟踪自己的专业发展进程，发现优势和需要改进的地方。此外，评价表鼓励教师在评价过程中尝试新的教学方法和评价工具，以促进教学创新和学科整合。

3. 支持教研团队协作

评估工具不仅用于教师自我评价，也为教研团队提供了丰富的数据资料。评价表的设计简洁明了，便于其他教师在观课过程中快速记录和评估，然后基于量化评分和质性文字描述共同探讨和解决教学评价中遇到的问题，促进团队成员之间的互动研讨和协同发展。

三、实施举措

（一）构建"插电式"教师培训，引导教师评价素养发展

自 2022 年国家基础教育新版课程方案正式实施以来，学校已经开始积极探索如何将国家课程与学校实际情况相结合实现校本化实施。然而，对于学校和一线教师来说，如何在跨学科教学中有效地进行表现性评价，是一个相对传统教学与评价方式而言的全新挑战。面对这一挑战，学校聚焦跨学科表现性评价研究，构建了"插电式"教师培养模式。这一模式的核心在于提供即时、灵活、针对性强的专业发展机会，有效地促进教师表现性评价素养的发展，同时带动整个教育团队向着更高的教育目标迈进（见表3）。

表 3　聚焦跨学科表现性评价的"插电式"教师培训举措

举措目的	举措内容
跨学科表现性评价理念更新	模块化培训课程：引入案例研究，展示表现性评价在不同学科和教学环境中的实际应用，确保教师理解如何通过评价促进学生的深度学习
跨学科表现性评价技能提升	专家工作坊：提供实操演练，使教师能够亲身体验设计和实施表现性评价任务的过程 教育技术平台培训：培训教师有效利用 ClassIn，以支持表现性评价的实施，探索技术在收集、分析和呈现评价数据方面的潜力，提高评价的效率和准确性

（续表）

举措目的	举措内容
跨学科表现性评价工具开发	同行互助小组：促进跨学科合作，鼓励教师共享资源，共同开发适应不同学科需求的评价工具。利用在线协作工具，支持教师远程合作和资源共享
跨学科表现性评价实践优化	项目实践：设立跨学科项目，鼓励教师探索和实践将表现性评价融入课程设计。提供定期的跟进会议和研讨，以监控项目进展并及时提供反馈 教学观摩与反馈：组织教学观摩活动，让教师观察同行的表现性评价实践，提供具体反馈和建议；利用视频录制和分析，帮助教师客观审视自己的教学和评价实践
跨学科评价文化建设	反思和评估：建立校本评价研究小组，定期组织研讨会，分享教师的评价实践经验和反思。通过问卷调查、访谈和课堂观察等多渠道收集数据，全面评估评价实践的效果 校本课程开发：鼓励教师参与校本课程的开发，将表现性评价理念融入课程设计，让教师能够专注于课程开发和评价实践的创新

（二）表现性评价素养评估工具应用与优化

为了确保教师表现性评价素养评估工具的有效性和适用性，促进教师专业成长，提高教学质量，并推动学校课程改革的深入发展，学校评估工具的应用与优化措施如下。

1. 形成性评估与教学策略调整

教师在教学过程中运用评估工具进行自我评估，以形成性评估支持教学实践的持续改进。通过教学观察、学生反馈和课堂作品分析等多维度数据，帮助教师及时识别教学中的优势和不足。举办工作坊和研讨会，教授教师如何根据形成性评估结果调整教学策略，如改进教学设计、增强学生参与度等。

2. 评估结果反馈与共享机制

通过透明的评估结果反馈机制，确保教师能够及时了解自己的表现和改进空间。通过教师会议、个别面谈或在线平台等方式，与教师分享评估结果，并提供具体的行动指南。鼓励教师之间的交流和讨论，建立一个支持性的同行评价文化机制，促进教师相互学习和共同成长。

3. 评估工具的持续优化与创新

通过收集和分析评估数据,定期审查和更新评估工具,确保其始终符合教育改革和学校发展的需求。利用数据分析结果,识别教师评价素养的发展趋势和存在的问题,为教师提供针对性的支持和培训。鼓励教师参与评估工具的开发和优化过程,贡献自己的经验和创意,使评估工具更加贴合实际教学需求。

（三）在线评价体系的实施与整合

为了确保学校的评价体系在技术支持、家校合作以及教师专业发展等方面得到有效的整合和优化,应对教育的挑战并促进学生全面发展,具体举措如下。

1. 在线评价平台的开发与应用

构建绿蜻蜓多功能的在线评价平台,集成学生表现记录、成绩跟踪和即时反馈功能。平台应支持多种评价方法,包括自我评价、同伴评价和教师评价,以适应不同学科和评价需求。

2. 数据分析与可视化工具的培训

为教师提供数据分析工具的培训,帮助他们理解如何使用这些工具来分析评价数据,识别学生学习趋势。利用数据可视化技术,使复杂的数据易于理解和交流,增强教师、学生和家长对评价结果的认识。

3. 家校沟通与合作机制的建立

设立定期的家校沟通会议,确保家长了解评价体系的目的和方法,以及如何参与和支持。通过绿蜻蜓网站建立家校联络平台,提高信息的透明度和家长的参与度。

4. 教师专业发展与评价素养提升

组织专业发展研讨会和工作坊,专注于评价工具的使用和评价方法的创新。鼓励教师参与评价实践和研究,以促进其专业成长和评价技能的提升。

四、典型案例

（一）案例背景

2022 年版的国家课程方案与各学科课程标准,为实施核心素养下的基础教育课程指明了评价方向,其中多数学科提出"表现性评价"的指导建议。以综合实践活动课程为例,注重学生典型行为与态度特征的表现性评价为主,以关注整体、兼顾个体的过程性评价、形成性评价等为辅,部分兼以终结性评价,共同组成综合实践活动课程的评价设计依据,以凸显对学生有效学习的质性综合考量,凸显高质量的、指向核心素养育人的多元评价。本研究以五年级综合实践活动案例"健康食光"为例进行分析。

（二）案例深描

我校自然教师结合上海科教版五年级下册《自然》教材中的《营养与消化》单元,以及科学核心概念6"生物体的稳态与调节"和跨学科概念"结构和功能",设计了五年级综合实践活动"健康食光"。本项目鼓励学生从不同学科的角度来思考问题,旨在引导学生深入探究营养与健康的关系,理解食物的消化过程以及不良饮食习惯对身体健康的影响,并通过科普展演的形式为校园做出力所能及的贡献,项目进行了整体设计（如图1）。在小学五年级综合实践活动"健康食光"中,整体设计体现了教—学—评一致性的原则,这是项目的一个显著特色。项目的学习目标紧密结合了综合实践活动四个维度的学习目标和批判性思维、问题解决、自主学习三个方面的跨学科素养,确保了学习内容、项目任务与学习目标的一致性。项目中的任务活动,如,访谈调查、模拟实验、分析阐释和科普展演等,都是为了引导学生在完成一个个子任务的过程中达成学习目标。

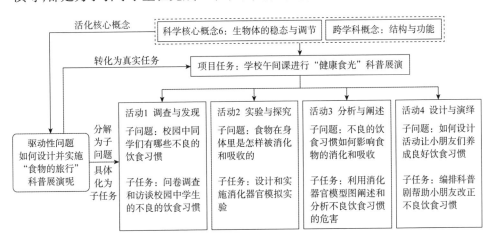

图1 "健康食光"课程整体设计

（三）案例反思

"健康食光"项目中的问题—任务—评价一致性设计,确保了学生能够在一个连贯的学习过程中,不断地得到反馈和指导,从而更好地实现学习目标。具体的表现性评价创新智慧如下。

1. 多样化表现性评价工具贯串始终

本项目中表现性评价贯串始终,每一个学习活动都设计了针对性的表现核查表或者评价量规,例如,在活动1"调查与发现"中,学生的任务是访谈校园中学生的饮食习惯并基于记录进行分析归纳,基于学生在本任务的学习表现设计了评价核查表(见表4)。

表4 "调查与发现"任务达成评价核查表

核查维度	核查内容(达到要求打✓,没达到打×)	自评	互评
批判性思维	基于校园访谈结果分析归纳出至少2个常见的不良饮食习惯		
	在其他小组展示调查结果时能够基于评价量表合理评价并提出建设性优化意见		
沟通协作	能在校园中访谈至少3位同学并对过程进行完整的记录		
	小组协作对访谈记录进行分析和归纳总结		
价值体认	调查时乐于与他人沟通和交流,访谈过程流畅且自信		

除了核查表之外,"健康食光"项目中还设计了评价量规这类评价工具。在活动4"设计与演绎"中,学生面临的真实任务是设计和实施"健康食光"科普展演并在学校公开展示。在这一任务中学生需要形成项目作品——"健康食光"科普展演。设计者基于项目作品的要求和综合实践活动的学习目标,设计了"设计与演绎"作品评价量规(见表5)。

表5 "设计与演绎"任务评价量规

评价维度	水平3(3分)	水平2(2分)	水平1(1分)
展演科学性	展演时科学分析不良饮食习惯对食物消化与吸收的影响	展演时简单说了不良饮食习惯对消化与吸收的影响,但不够说服力	展演时只说哪些饮食习惯不好,但是并未分析原因

（续表）

评价维度	水平3(3分)	水平2(2分)	水平1(1分)
展演吸引性	展演时面对观众，通过声调起伏和适合动作，能吸引大部分观众的注意力	大多时候面对观众，有些动作和声调变化配合，能吸引部分观众	大多时候没有面对观众，平铺直叙难以吸引观众
团队协作性	成员各司其职，每人承担不同的任务	小组1—2人没有参与科普展演	小组1人负责整个科普展演
时间把控性（知识闯关不限时）	展演时间控制在5—10分钟之内	展演时间控制小于5分钟	展演时间大于10分钟

2. 多途径引导学生理解评价标准

（1）师生共同制订评价标准

学生理解评价标准的最佳方式就是师生一起制订评价标准，该方式能够让学生明晰各个评价维度不同表现水平的关键要素，对项目任务的完成有更加清晰的图景，进而促进其更好地表现与取得项目成果。师生共同制订评价标准是将教学和评价的过程有机地融合起来，充分体现学生的主体性，成为自信的学习表现者。例如，在"食物的缕析"项目中，小组自由地表达"校园科普展演"的设计方案之后，教师引导学生将讨论结果进行条理性的分析归纳，共同商讨形成了"设计与演绎"任务评价量规（见表5）。

（2）提供表现样例理解评价标准

师生共同制订评价标准相对耗费时间，且对教师教学组织能力要求较高，很多时候评价标准是教师事先开发好的。评价标准是语言描述，对于信息读取、分析能力有限的小学生来说，描述不具体会产生歧义，描述得太具体又产生较大的认知负荷。为此，可为学生提供表现样例，引导学生基于评价标准对样例进行分析。在"健康食光"项目活动4的"设计与演绎"中（见表5），教师事先制订好评价标准，与此同时呈现表现样例——其他班级匿名同学的"科普展演"视频，然后引导学生基于评价量规进行针对性点评。通过提供样例让学生明晰任务要求和合格表现,引导学生在自己完成任务的过程中诊断不足和调整优化。

五、成效与反思

(一) 研究成效

1. 基于"插电式"教师培训模式全面提升教师评价素养

在教师专业发展方面,我校实施的"插电式"培养模式取得了显著成效。该模式通过模块化培训课程和灵活的学习机会,满足了教师个性化发展的需求,激发了教师参与培训的积极性。专家工作坊、同行互助小组和实践项目的实施,为教师提供了将理论知识应用于实践的平台,显著提升了教师在实际教学中应用表现性评价的能力。反思和评估机制的引入,促进了教师的自我反思和持续学习,推动了教学方法的不断创新。此外重点课题组的培训和研究,深化了教师对跨学科表现性评价理念和方法的理解,使教师能够在教学中更有效地应用这些评价工具。

2. 评估工具的开发与应用优化学校教育实践

(1) 提高教师评价素养。通过教师评价素养评估工具的开发与应用,教师能够获得针对个人教学实践的具体反馈,识别自己的优势和提升空间,进而制订个性化的专业发展计划。定期使用评估工具,不仅鼓励教师持续关注评价技能的提升,如创新评价方法的应用和评价工具的开发,而且促进了教师在实践中的学习和成长,从而提高了教师的评价素养。

(2) 持续优化学校教育环境。评估工具的应用对学校教育环境的优化效果显著。学校通过评估工具收集的数据进行分析,识别教育环境中存在的问题和需求,使教师能够更好地设计和实施综合性评价,推动学校教育向更加综合和深入的方向发展。不断优化教育实践,提高学校教育环境的适应性和有效性。

3. 在线评价体系助力精准教学和家校合作

(1) 促进师生针对性的教与学。智能化数据分析工具的应用,帮助教师更准确地识别学生的学习需求和优势,从而设计出更加个性化的教学方案,实现精准教学。此外,通过参与线上自我评价和同伴评价,学生不仅对自己的学习成果有了更清晰的认识,而且帮助学生形成自主学习的习惯,为培养终身学习的能力奠定基础。

(2)家校合作进一步加强。在家校合作方面,通过定期的家长会议、即时的通讯平台和共同参与的评价活动,教师和家长能够共享学生学习的信息,共同探讨和解决学生在学习过程中遇到的困难,进而为学生营造了一个更加支持和鼓励的学习环境。

(二)研究反思

1. 落实"跨学科主题学习"是本轮课程改革的突破口

新课程方案与新课程标准均已明示各学科 10% 的跨学科教学指向,跨学科课程的实施与评价研究是大势所趋。因此下阶段,如何在课题研究中全面推进教师评价素养的提升,将课程改革的影响内化为教师自身专业发展的推力,并使其起到提升总体教育质量的作用,是下阶段需要着重探索的板块。下一阶段学校将对标新课程方案与新课标,继续进行学校各试点学科的评价体系研究,并最终提炼学校课程体系中有关跨学科主题学习的评价体系。在此过程中,验证和推演评价研究对教师教法与学生学法的深刻影响,以及对学校课程整体改革的影响。

2. 锁定以"评价"为核心的课程实践推进

尽管本课题已按计划完成前期研究,并初步取得一定成果,然而,跨学科主题学习及其评价在校内普及的广度,目前仍受限于一些现实情况,无法在全学科展开,尤其是一些与中考正面关联的考试学科,且关联性越强,开展与实施的条件就越是欠缺。下一步将摸索跨学科主题学习与传统学科学习的关系与链接点,积极打开局面,探索有利于现行评价机制形成的良性因素。在"教—学—评"一致性的大背景下,指向核心素养的课堂教学最终要形成教师的长线发展、学生的持续健康成长,因此,"评价"始终是学校课程整体实施方案建设和学科课程建设、课堂实施、学生学习、教师发展的关键,所以追求"评价"效率的研究至关重要,要持之以恒。

(上海市实验学校东校　舒兰兰　白云云)

第二节　学生综合素质评价中教师评价素养提升的实践研究

一、问题提出

在推进教育现代化和深化教育评价改革的背景下,我校面临着如何构建科学的评价体系,确保评价结果的公正性、客观性和有效性的重大挑战。传统的评价方式往往侧重单一的学业成绩,忽视了学生的多元化发展和个体差异性,[①]导致评价结果无法全面、真实地反映学生的综合素质。因此,我们需要重新审视评价体系的构建,确保评价能够真正反映学生的真实能力和发展水平。

在教师评价素养层面,存在的问题主要体现在以下几个方面。

（一）评价理念存在偏差

重学业成绩,轻全面发展:多数教师仍过分关注学生的学业成绩,将其作为评价学生的主要甚至唯一标准,而忽视了学生在品德、身心健康、艺术素养、社会实践等方面的综合发展。这种评价理念不利于学生的全面发展和个性特长的发挥。

重横向比较,轻纵向发展:教师往往习惯于将学生与其他学生进行横向对比,依据排名或位次来评价学生,而较少关注学生自身的纵向发展,即学生与自己相比的进步和变化。这种评价方式容易挫伤学生的自信心和积极性,不利于学生的持续进步。

（二）评价能力有待提高

专业知识欠缺:部分教师缺乏教育测量与评价的专业知识,[②]如测验、考试命题能力等,导致评价活动缺乏科学性和有效性。教师在命题时不善于使用专业

---

① 曾丽红,黄海燕.基于核心素养的学习评价体系构建与思考[J].中小学管理,2021(03):34-36.

② 赵雪晶.我国中学教师教学评价素养研究[D].上海:华东师范大学,2014.

工具,如,"双向细目表""命题规范表"等,难以保证试卷的质量。

评价方式单一:教师在评价过程中往往采用单一的考试或测验方式,忽视了观察记录、作品展示、口头报告等多种评价方式的应用。这种单一的评价方式难以全面反映学生的综合素质和个性特长。

评价结果反馈不足:教师在评价后往往只简单地给出分数或等级,缺乏对学生具体表现的详细分析和反馈。学生只能从评价中知道自己所处的位置,但无法明确自己在哪些方面做得好、哪些方面需要改进以及如何改进。

(三) 评价伦理与责任感缺失

评价过程中的不公正现象:部分教师在评价过程中可能存在主观偏见或不公正现象,如,对学生有偏见或歧视等。这种不公正现象会严重影响评价的客观性和公信力。

缺乏评价责任感:部分教师对评价工作缺乏足够的重视和责任感,将其视为一项例行公事或额外负担。这种态度导致教师在评价过程中不够认真、细致和全面,无法充分发挥评价的作用。

(四) 评价研究与探索不足

缺乏评价研究意识:部分教师缺乏评价研究的意识和能力,不善于将评价工作与教学研究相结合。他们往往只关注教学内容和方法的改进,而忽视了对评价工作的深入研究和探索。

评价研究资源匮乏:学校和教育部门在评价研究方面的投入不足,缺乏必要的资源和支持。这导致教师在评价研究过程中面临诸多困难和挑战,难以取得显著成果。

综上所述,教师评价素养层面的问题涉及评价理念、评价能力、评价伦理与责任感以及评价研究与探索等多个方面。为了解决这些问题,需要采取一系列措施,如,加强教师培训、完善评价制度、强化评价伦理教育等,以提升教师的评价素养和水平。

二、指标落实

从区域指标中提到的评价设计、评价过程和综合述评的指标要求,对我校教师开展学生综合素质评价具有多方面启示和指引。

（一）评价设计的启示与指引

明确评价目标：评价目标应聚焦促进学生的全面发展，而不仅仅是学业成绩。我校教师明确综合素质评价的目标，即关注学生的品德、学业、身心健康、艺术素养、社会实践等多方面的发展。在制订评价方案时，围绕这些目标设计具体的评价指标和评价标准。

构建多元评价体系：综合素质评价需要构建多元化的评价体系，[①]包括评价内容、评价主体、评价方法等多个方面。我校教师考虑将学生的自我评价、同伴评价、教师评价、家长评价等多种评价方式相结合，形成全面、客观的评价结果。同时，注重过程性评价与结果性评价的结合，关注学生的成长过程和发展变化。

制订科学的评价指标：评价指标应具体、可操作、可量化，能够真实反映学生的综合素质水平。我校教师根据国家和地方的教育政策要求，结合学校实际情况和学生特点，制订科学合理的评价指标。这些指标涵盖学生的品德行为、学习能力、身心健康、艺术素养、社会实践等多个方面。

（二）评价过程的启示与指引

注重评价过程的公正性和透明度：评价过程应公开、公正、透明，确保评价结果的客观性和公信力。我校教师建立健全的评价机制，明确评价程序和标准，确保评价过程的公正性和透明度。同时，加强对学生评价信息的保密工作，保护学生的隐私权益。

加强评价过程中的沟通与反馈：评价过程应是一个双向互动的过程，需要教师和学生之间的充分沟通和反馈。我校教师及时向学生和家长反馈评价结果，帮助他们了解学生的学习情况和存在的问题。同时，鼓励学生积极参与评价过程，提出自己的意见和建议，促进评价工作的不断改进和完善。

关注评价结果的运用与改进：评价结果的运用是评价工作的重要环节，需要将其与教育教学工作紧密结合。我校教师根据评价结果及时调整教学策略和方法，针对学生的不同特点和需求进行个性化教学。同时，将评价结果作为学生评优评先、升学就业等方面的重要依据之一。

---

① 曾丽红,黄海燕.基于核心素养的学习评价体系构建与思考[J].中小学管理,2021(03):34-36.

（三）综合述评的启示与指引

强调综合素质评价的重要性：综合素质评价是全面反映学生发展水平的重要手段之一，对于促进学生的全面发展具有重要意义。我校教师充分认识到综合素质评价的重要性，将其纳入教育教学工作的重要议程。通过加强宣传和教育引导工作，提高师生对综合素质评价的认识和重视程度。

注重评价结果的全面性和客观性：综合述评应全面、客观地反映学生的综合素质水平和发展情况。我校教师在进行综合述评时充分考虑学生的多方面表现和发展变化，避免片面性和主观性。同时，注重评价结果的客观性和准确性，确保评价结果的公正性和公信力。

提出针对性的改进建议：综合述评不仅是对学生综合素质水平的总结和评价，更是对学生未来发展提出针对性建议的重要机会。我校教师在进行综合述评时针对学生的不同特点和需求提出具体的改进建议和发展方向。这些建议具有针对性和可操作性，能够帮助学生更好地认识自己、发展自己。

三、实施举措

支持教师开展学生综合素质评价并在这一过程中提升教师评价素养，是一个涉及多个方面的系统工程。我校采取了以下措施。

（一）支持教师开展学生综合素质评价

明确评价目标与内容：确立清晰的评价目标，即促进学生全面发展，包括品德、学业、身心健康、艺术素养、社会实践等多方面。根据评价目标，设计具体的评价内容和标准，确保评价的全面性和针对性。

提供评价工具与资源：为教师提供多样化的评价工具，如观察记录表、评价量表、电子评价系统等，以便教师能够更便捷地进行评价。① 整合校内外资源，如，邀请专家进行讲座、提供评价案例库等，帮助教师更好地理解和运用评价工具。

加强培训与交流：定期组织教师参加综合素质评价的培训，提升教师的评价

---

① 罗海风，罗杨，刘坚.人工智能时代的教育评价改革[J].中国考试，2024(03)：8－17+97.

理念、方法和技能。鼓励教师之间的交流与合作,分享评价经验和心得,形成相互学习、共同进步的良好氛围。

建立反馈与改进机制:建立学生综合素质评价的反馈机制,确保评价结果能够及时反馈给教师和学生。根据评价结果,指导教师进行教学方法和策略的改进,提升教学质量。

(二) 提升教师评价素养

学习评价理论与方法:鼓励教师学习并掌握评价理论和方法,如,形成性评价、综合评价等,了解不同评价方法的优缺点和适用范围。通过阅读专业书籍、参加研讨会等方式,不断提升自己的评价理论水平。[①]

实践与评价相结合:鼓励教师在日常教学中积极运用评价工具和方法,将评价与教学紧密结合。通过实践不断积累经验,反思和改进评价过程,提升评价能力。

注重评价结果的运用:指导教师充分运用评价结果,了解学生的学习情况和需求,为教学提供有针对性的指导。同时,将评价结果作为学生评优评先等方面的重要依据之一,发挥评价的激励作用。

培养评价伦理与责任感:强调评价过程中的伦理原则,如,公正性、客观性、保密性等,确保评价结果的准确性和公信力。培养教师的评价责任感,使其充分认识到评价工作的重要性,全身心投入评价工作。

参与评价研究与探索:鼓励教师参与和评价相关的研究和探索工作,如,参与课题研究、撰写评价论文等。通过研究和实践不断探索新的评价方法和策略,为提升教师评价素养提供有力支持。

综上所述,我校支持教师开展学生综合素质评价并提升教师评价素养需要从明确评价目标与内容、提供评价工具与资源、加强培训与交流、建立反馈与改进机制等多个方面入手。同时,教师也需要不断学习和实践评价理论与方法、注重评价结果的运用、培养评价伦理与责任感以及参与评价研究与探索等具体行动来提升自己的评价素养。

---

① 赵雪晶.我国中学教师教学评价素养研究[D].上海:华东师范大学,2014.

四、典型案例

"80 天环游世界"项目化学习

（一）案例背景

"80 天环游世界"项目化学习课程是上海戏剧学院附属浦东新世界实验小学综合实践活动的一大亮点。该课程旨在通过跨学科整合,培养学生的综合素质和实践能力。然而,如何有效评价学生在项目化学习中的表现,成为一个需要解决的问题。

（二）案例深描

1. 设计评价环节

为了评价学生在项目化学习中的表现,学校依托校本评价工具,设计了"环游点评台"评价环节。这一环节包括过程性评价和总结性评价两个部分。过程性评价主要关注学生在项目实施过程中的表现,如,团队协作、创新思维等;总结性评价则侧重于对整个项目成果的评估。

2. 实施多元评价

项目成果评价。教师评估学生项目化学习的最终成果,如,项目报告、模型、展示等,以了解其知识掌握程度和创新能力。

学习过程评价。教师观察学生在项目化学习过程中的参与度、合作情况、问题解决能力等,及时记录学生在探究、实验、讨论等环节中的表现,评价其学习态度和方法的有效性。

情感态度评价。关注学生在项目化学习中的兴趣、自信心、毅力等情感态度。教师通过访谈、问卷调查等方式,了解学生对项目主题的兴趣程度、对挑战的态度以及面对困难时的反应。

能力发展评价。教师评估学生在项目化学习中的思维能力、创新能力、沟通能力、团队协作能力等综合素质。观察学生在项目策划、执行、总结等阶段的能力展现,以及这些能力在项目中的实际应用情况。

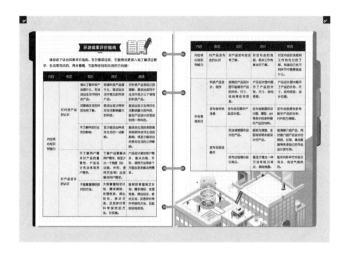

图 1　环游成果评价指南

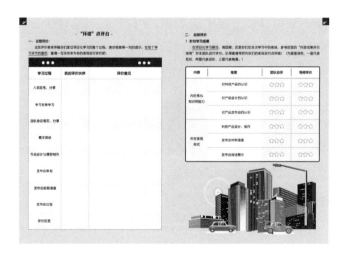

图 2　学生环游评价图

（三）案例反思

通过"80天环游世界"项目化学习的评价实践，学生不仅掌握了跨学科的知识和技能，还培养了团队协作、创新思维等综合素质。他们在项目实施中展现出高度的主动性和创造性，形成了良好的学习氛围和合作精神。同时，教师也提高了项目化教学评价的能力，为今后的项目化学习提供了有益的经验和借鉴。

1. 学生变化

学生的综合素质和实践能力得到了显著提升。他们在项目化学习中学会了如何与他人合作、如何解决问题、如何创新思考。这些能力不仅对他们的学业发展有帮助,还将对他们未来的职业生涯产生深远影响。同时,他们也形成了良好的学习态度和习惯,为终身学习打下了坚实的基础。

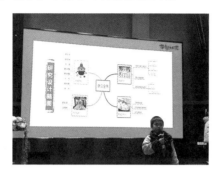

图3 学生项目成果思维导图

2. 教师变化

教师通过参与项目化教学评价的实践和研究,提高了跨学科整合和评价的能力。他们学会了如何设计科学的评价指标体系、如何收集和分析数据、如何为学生提供有效的反馈和建议。这些经验不仅丰富了他们的教学经验库,还为他们今后的教学工作提供了有力的支持。

图4 师生互动评价榜

五、成效与反思

(一)经验总结

1. 建立校本化评价体系,支持课程有效实施

在提升教师评价素养和优化学生综合素质评价的过程中,确定科学、合理的评价标准和指标体系是至关重要的一环。我校通过组织教师、学生和家长代表

共同参与,对现有的综合素质评价指标进行了全面而深入的修订和细化。在这一过程中,我们注重确保修订后的指标具有明确的操作性和量化标准,能够全面而准确地反映学生的综合素质发展情况。同时,我们也增加了指标的定义和解释,以帮助教师更好地理解和应用这些指标。这一举措不仅提升了评价标准的科学性和适用性,也极大地增强了教师对于评价工作的信心和积极性。

在实施过程中,我们充分利用了教师和家长的专业知识和经验,结合学生的实际情况,对评价标准进行了有针对性的修订。例如,在学业成绩方面,我们除了关注学生的考试成绩外,还增加了对学生学习态度和方法的评价;在道德品质方面,我们则更加注重学生的诚信、友善和责任感等方面的表现。这些具体的修订措施使得评价标准更加贴近学生的实际需求,也更加符合社会对人才培养的要求。

2. 健全评价流程机制,提升教师评价积极性

教师的评价积极性对于提升评价质量具有至关重要的作用。为了激发教师的评价积极性,我校采取了多项措施。首先,我们引入了"世界星评价 3.0"系统,这一系统能够全面采集和分析学生的全场景数据,为教师提供丰富、准确的信息支持。这不仅提高了教师的工作效率,也使得评价结果更加客观、公正。其次,我们定期组织教师参加数据分析和评价技能的培训,通过培训,教师掌握了先进的数据分析工具和方法,并学会了如何将这些技能应用于实际教学中。这不仅提升了教师的专业素养,也进一步激发了他们的评价积极性。

在实施过程中,我们注重培养教师的数据意识和分析能力。通过举办数据分析比赛、分享会等活动,教师在实践中不断学习和提升。同时,我们也建立了激励机制,对在评价工作中表现突出的教师进行表彰和奖励,以进一步激发他们的积极性和创造力。这些措施的实施使得教师的评价积极性得到了显著提升,评价质量也得到了大幅提高。

3. 探索评价结果应用,撬动育人方式变革

教师拥有更全面的评价结果,无疑是对学生教育过程中的一大福音。我校这样的评价方式不仅能够帮助教师更全面地了解学生,还能促使教师更加关注学生的学习过程,从而实现更加个性化和精准的教学。教师通过全面的评价结果来发现学生在学习过程中存在的问题和不足,然后针对这些问题和不足进行有针对性的指导和帮助。同时,教师也通过关注学生的学习过程来发现学生的

优点和特长,给予学生更多的鼓励和支持,让学生在学习中得到更多的成长和进步。

项目实施过程中,教师评价素养、优化评价制度、促进学生全面发展等方面均取得了显著成效。机制保障与专项工作小组的成立确保了工作的系统性和有序性;评价制度的创新与优化为学生提供了更加全面、准确的评价支持;教师培训与技能提升则进一步提升了教师的专业素养和评价能力。

(二) 未来思考

1. 多方参与

我们深刻认识到,评价标准的制订和修订不应仅由学校或教师单方面决定。因此,我们积极组织教师、学生和家长代表共同参与评价标准的修订过程。这种多方参与的方式不仅确保了评价标准的科学性和适用性,还增强了各方对评价工作的认同感和责任感。

2. 技术创新

在评价工作中,我们积极引入大数据和人工智能技术。这些技术的应用极大地提高了数据收集和分析的效率和准确性,为评价工作提供了强有力的技术支持。通过技术创新,我们能够更加全面、深入地了解学生的综合素质发展情况。

3. 持续培训

教师作为评价工作的主要执行者,其评价能力的高低直接影响到评价工作的质量。因此,我们定期组织教师进行数据分析和评价技能的培训。通过持续培训,教师的专业素养和评价能力得到了显著提升,为评价工作的顺利开展提供了有力保障。

(1) 深化评价研究:随着教育改革的不断深入和人才培养模式的不断变革,我们需要继续深入研究评价制度和方法。未来,我们将探索更加科学、有效的评价方式,以更好地适应新时代人才培养的需求。

(2) 拓展评价领域:当前,我们的评价主要集中在学业成绩、道德品质等方面。然而,随着社会的不断发展和人才培养目标的不断拓宽,我们需要将评价范围拓展到更多领域。

(上海戏剧学院附属浦东新世界实验小学　周怡)

后记

赋能教师评价素养,助力学生成长发展

2020 年中共中央、国务院印发的新中国第一个关于教育评价系统性改革的文件《深化新时代教育评价改革总体方案》中开篇指出:"教育评价事关教育发展方向,有什么样的评价指挥棒,就有什么样的办学导向。"我们的基础教育正处于转型性变革阶段,正在从以升学为导向的标准化培养转向综合素质和创新人才的培养,那么,与之相适应的评价也必须进行改革和创新,教师的评价素养是教育评价改革成败的关键与核心。由此看来,提高教师评价素养势在必行。

上海市浦东教育发展研究院(以下简称"浦东教发院")作为区域的教育专业研究指导机构,着眼于浦东新区教育评价整体改革与实践,紧紧围绕学校、教师、学生三大改革主体实施了评价改革的系列举措。对此,浦东教发院顶层架构了"互促互进"五大科研课题,打出一套教育评价改革组合拳,通过具有引领性、探索性、关键性的课题研究,整合理论与实践,联通区域与学校,搭建研究立交桥,贯彻落实教育评价改革要求。五大课题以《基础教育"教师评价素养"模型构建与区域应用的行动研究》为驱动引领课题,以《素养导向下的学生五育融合评价指标体系研究》《全员导师制背景下教师学业述评要素建构和校本制度创新研究》《区域学校发展性督导评估实践研究》《综改背景下中小学、幼儿园自我督导体系建设研究》四个课题为重点突破课题,五大课题围绕浦东新区教育评价改革总体目标,各有侧重、科学有序、形成系列,充分发挥了教育评价综合改革的主导作用。

本书作为上海市教育科学研究项目《基础教育"教师评价素养"模型建构与

区域运用的行动研究》(课题编号：C2023094)的研究成果，该研究成果是在国家系列教育评价政策亟须落实、整体教育评价改革进入攻坚克难时期、迫切需要区域层面寻找教育评价改革突破口的背景下应运而生的。目前国内关于教师评价素养的理论研究已有一定基础，但实践领域的探索还不够充分、不够科学有序，为此，区域层面需要顶层设计，明确评价指标，系统规划与规范评价过程。本项目通过围绕教师评价素养"为什么""怎么样""是什么""怎么做""如何用"这五个问题来回应区域教师评价素养提升的需求。2023 年至今，我们深耕一线实践，以 41 所浦东新区"教师评价素养"实验校(第一批)为引领，区校联动、以点带面、以先行引领实践突破，逐渐破解教师评价素养难题，孵化了系列成果。因此，本书试图呈现浦东新区从区域定位开展基础教育教师评价素养提升的理念与设计、过程与方法、成果与反思、成效与借鉴，以期为相关研究与实践提供有效经验与鲜活案例。

在本书撰写过程中，我们特别重视两个方面，一是强调"教师"视角，关注教师在教育评价中主体性的发挥；二是强调研究成效，关注评价课题研究能否起到推动教育质量改善、学生发展的作用。在内容编排上，本书力求理论性与实用性、系统性与操作性相结合，分为区域篇与实践篇两个部分。

区域篇，侧重教师评价素养的区域整体架构，意在为读者提供一个关于基础教育教师评价素养提升的系统性的区域框架，具体包括：区域教师评价素养提升的研究驱动与理论廓清、基础教育教师评价素养的区域指标体系设计与应用、基础教育教师评价素养的区域现状及改进、基础教育教师评价素养提升的区域实施策略，共计四章内容。

实践篇，侧重教师评价素养的校本探索，通过丰富的鲜活的案例使读者直观地了解相关评价指标、评价策略等在具体评价场景中的应用效果，具体包括：提升学前教师评价素养，优化"一日活动"；提升中小学教师评价素养，改善课堂教学质量；提升中小学教师评价素养，促进学生学业成就；提升中小学教师评价素养，发展学生综合素质，共计四章内容。

同时，在谋篇布局上，区域篇与实践篇紧密相关，实践篇中统一了相同的体例"问题提出—指标落实—实施举措—典型案例—成效反思"，这样读者可以看到区域评价模型的分类探索、从区域指标到校本指标的落实与完善、区域培训与校本研修的对接、围绕课题的区校共研共进等方面的区—校联动举措。

作为课题主持人、本书的编著者,本人带领团队共同策划了该项成果,并负责整体的框架设计,章节作者的组织联络以及最终的统稿合成。具体任务分工介绍如下:

区域篇:第一章呈现的是区域教师评价素养提升的研究驱动与理论廓清,由张琼文、邓娜撰写。第二章呈现的是基础教育教师评价素养的区域指标体系设计与应用,由王宇撰写。第三章呈现的是基础教育教师评价素养的区域现状及改进,由李百艳、王宇撰写。第四章呈现的是基础教育教师评价素养提升的区域实施策略,由张琼文、孙翔宇、褚钰、邓娜撰写。

实践篇:第一章呈现的是学前教育中提升教师评价素养以优化"一日活动"的校本探索,第一节由戚映敏撰写,第二节由周密撰写,第三节由顾燕撰写,第四节由茅琴美、金筱隽撰写,第五节由李莉、陈旻慧撰写,第六节由程丽、陈艳撰写,第七节由赵青、奚慧韵撰写。第二章呈现的是中小学中提升教师评价素养以改善课堂教学质量的校本探索,第一节由娄华英撰写,第二节由汪致华撰写,第三节由陈飞、胡梁撰写,第四节由顾继军撰写,第五节由赵玉梅撰写,第六节由黄飘、艾馨撰写,第七节由吴国林撰写。第三章呈现的是中小学中提升教师评价素养以促进学生学业成就的校本探索,第一节由徐雨婷撰写,第二节由杨蓓丽撰写,第三节由张淑艳、吴茜撰写,第四节由崔辉、陶红、王静、张晓华撰写,第五节由刘季青、陈思源撰写。第四章呈现的是中小学中提升教师评价素养以发展学生综合素质的校本探索,第一节由舒兰兰、白云云撰写,第二节由周怡撰写。

本书的出版,凝聚了众多教育工作者的智慧与实践。首先,要感谢浦东新区教育局对本项目的大力支持!感谢华东师范大学李政涛教授、上海新纪元双语学校李海林校长、华东师范大学公共管理学院葛大汇教授、上海市教育科学规划领导小组办公室方建锋副主任、上海市教育评估院郭朝红研究员、上海教育出版社教辅分社李光卫副社长、上海市特级教师国庆波校长等专家组对本项目研究的专业指导!感谢浦东教发院项目组成员的辛勤付出与通力合作!最后,感谢41所项目实验校的躬耕细作与创新探索!正是这些教育同仁的智慧碰撞,才铸就了这本凝聚浦东经验的成果集萃。

　　研究面临结题,此书即将付梓,但是教育评价改革没有完成时,学习探索永远在路上。尽管所有参与课题研究与本书撰写的教育同仁为此倾注了心血与智慧,但是不足与疏漏之处在所难免,恳请各位方家指正为盼。

李百艳

图书在版编目（CIP）数据

慧教育：提升教师评价素养的浦东实践成果集萃 /
李百艳，王宇编著. —上海：上海教育出版社，2025.
6. — ISBN 978-7-5720-3612-5

Ⅰ. G451.1-53

中国国家版本馆CIP数据核字第20257G1F29号

责任编辑　张嘉恒
封面设计　周　亚

慧教育：提升教师评价素养的浦东实践成果集萃
李百艳　王　宇　编著

出版发行	上海教育出版社有限公司
官　　网	www.seph.com.cn
地　　址	上海市闵行区号景路159弄C座
邮　　编	201101
印　　刷	上海颛辉印刷厂有限公司
开　　本	700×1000　1/16　印张 28.75
字　　数	454 千字
版　　次	2025年6月第1版
印　　次	2025年6月第1次印刷
书　　号	ISBN 978-7-5720-3612-5/G·3229
定　　价	98.00 元

如发现质量问题，读者可向本社调换　电话：021-64373213